清华大学汽车工程系列教材

汽车文化
（第3版）

Automobile Culture
(Third Edition)

马　骁　帅石金　丁海春　编著
Ma Xiao　Shuai Shijin　Ding Haichun

清华大学出版社
北京

内 容 简 介

汽车文化涵盖的内容非常宽广。从广义上来讲，凡是在汽车发明、设计、生产和使用过程中形成的一切物质财富和精神财富，都称为汽车文化。一般地，可以将汽车文化分为两大类：一类是与汽车直接相关的文化，如汽车发明、汽车造型、汽车竞赛、汽车品牌与车标、汽车美容、汽车改装、汽车技术，以及在汽车演变和发展过程中出现的名人轶事和名车等；另一类是汽车衍生出来的文化，如汽车收藏、汽车博物馆等。

本书主要对汽车本身涉及的相关文化进行描述，重点介绍汽车基本概念、汽车起源和发展过程中出现的车史文化、造型文化、名人文化、名车文化、车标文化、赛车文化以及技术文化，使读者在了解和掌握汽车基本知识的同时，培养对汽车的兴趣和爱好，提高对汽车的鉴赏能力。

版权所有，侵权必究。举报：010-62782989，beiqinquan@tup.tsinghua.edu.cn。

图书在版编目（CIP）数据

汽车文化/马骁，帅石金，丁海春编著. —3版. —北京：清华大学出版社，2020.8（2024.9重印）
清华大学汽车工程系列教材
ISBN 978-7-302-54704-4

Ⅰ. ①汽⋯ Ⅱ. ①马⋯ ②帅⋯ ③丁⋯ Ⅲ. ①汽车－文化－高等学校－教材 Ⅳ. ①U46-05

中国版本图书馆 CIP 数据核字（2019）第 296848 号

责任编辑：许　龙
封面设计：常雪影
责任校对：刘玉霞
责任印制：杨　艳

出版发行：清华大学出版社
网　　址：https://www.tup.com.cn, https://www.wqxuetang.com
地　　址：北京清华大学学研大厦 A 座　　邮　编：100084
社　总　机：010-83470000　　　　　　　　邮　购：010-62786544
投稿与读者服务：010-62776969，c-service@tup.tsinghua.edu.cn
质量反馈：010-62772015，zhiliang@tup.tsinghua.edu.cn

印装者：三河市龙大印装有限公司
经　　销：全国新华书店
开　　本：185mm×260mm　　印　张：22　　插　页：3　　字　数：545 千字
版　　次：2007 年 9 月第 1 版　　2020 年 8 月第 3 版　　印　次：2024 年 9 月第 4 次印刷
定　　价：58.00 元

产品编号：055292-01

第3版前言

从2007年《汽车文化(第2版)》出版至今已经13年。十多年来,世界汽车产业格局发生了巨大的变化,中国汽车工业的快速发展在全球独树一帜,从2009年开始中国汽车产销量跃居全球第一,自主品牌汽车市场占有率逐年提升,中国汽车正处于由大变强的发展过程中。汽车安全、节能和环保技术的发展也日新月异,呈现出电动化、智能化、网联化和共享化的新"四化"发展趋势。汽车竞赛如一级方程式(F1)赛的规则和技术,这些年也有较大变化。人们在对汽车提出代步和输运等基本功能要求之外,越来越多的人开始对汽车的外形、色彩、速度、品牌和技术等有了更高的品质追求。为了及时反映世界汽车工业的变迁和技术进步,并满足车辆专业学生和汽车爱好者对汽车新知识的了解,迫切需要对《汽车文化》教材进行更新再版。

本书在总体保持《汽车文化(第2版)》框架的基础上,增加了第7章"节能与新能源汽车"和第8章"智能网联汽车"等新技术的介绍;在第4章"著名汽车公司及其车标"中,完善了美国、德国、日本和中国等汽车生产国汽车公司的演变和品牌的变迁;在第6章汽车竞赛中更新了汽车竞赛的比赛规则和赛车技术的发展。

本书由马骁副教授、帅石金教授和丁海春博士编著,其中马骁副教授和帅石金教授负责整个教材内容更新的策划和组织,马骁副教授负责补充完善汽车品牌和车标等内容,帅石金教授负责节能与新能源汽车、智能网联汽车部分的编写,丁海春博士负责更新和完善汽车运动内容,以及新能源汽车和智能网联汽车资料的收集等。感谢博士生果泽先在汽车竞赛、插电式混合动力及附录部分辅助资料搜集和文字编撰工作,感谢博士生刘世宇和巩艺飞在汽车发展史,汽车品牌和车标部分辅助资料搜集和文字编撰工作。

由于作者水平有限,且编写时间仓促,书中难免有疏漏之处,欢迎读者批评指正。

作 者
2020年1月于清华园

第 2 版前言

本书第 1 版在出版后不到一年的时间里进行了两次印刷,说明在中国渴望了解汽车的人越来越多,作者在此衷心感谢全国各地读者的支持!

目前,中国汽车工业正处于高速发展时期,汽车产量已超过德国跃居世界第三,中国已成为仅次于美国的第二大汽车消费市场,并会在不久的将来超过美国成为世界第一大汽车消费市场。尤其值得一提的是,在中国这一潜在的巨大汽车市场中,自主汽车品牌无论在数量上还是在品质上都有了很大的提升。此外,汽车运动在中国也受到越来越多人的喜爱,但一级方程式(F1)汽车赛的竞赛规则在这两年中变动较大。为了及时跟踪世界和中国汽车工业的发展步伐,满足广大汽车爱好者了解汽车运动最新变化的要求,本书作者在保持第 1 版框架不变的基础上,根据近期收集的资料,在第 4 章的"中国汽车公司及其车标"一节中增加了一些新出现的中国自主汽车品牌的介绍,在第 6 章的"一级方程式汽车赛"一节中更新了 F1 赛车、车队和比赛规则等内容。另外,作者根据读者反馈的信息,更新和完善了一部分汽车相关资料和图片。

由于作者水平有限,书中不妥之处,恳请读者批评指正。

作　者
2007 年 5 月于清华园

第 1 版前言

曾几何时,拥有一辆属于自己的轿车还是中国百姓心中遥远的梦。进入 21 世纪,随着我国国民经济的快速发展和人民生活水平的迅速提高,汽车开始走入平常百姓家,并逐渐成为人们日常生活和工作的重要组成部分。为了更好地享受汽车带给人类的文明,人们迫切需要了解汽车文化及相关的知识。

关于汽车文化的定义,目前还没有统一的规定。一般来说,可以将汽车文化笼统地定义为人类在汽车发明、设计、生产和使用过程中所创造的物质财富和精神财富的总称。汽车之所以能形成一种大众文化,是因为它具备大众文化所具有的基本特征,如有较长的历史,与人们的生活息息相关,能给人带来快乐和美的享受等。

汽车既是一个普通的代步交通工具,也是一个移动的人间殿堂,它代表了乘驾者的身份、地位、性格、爱好、财富,同时集交通、消费、娱乐、艺术为一身,深入到人类社会之中,形成了独特的汽车文化。

自从德国人卡尔·本茨和戈特利布·戴姆勒发明了现代意义上的汽车至今,汽车已有 100 多年的历史。这期间,每一家汽车公司的发展,每一个汽车品牌的演进,好似一篇篇动人的乐章,令人荡气回肠,引人思绪缠绵。世界汽车史中包含的知识、故事、乐趣和深邃寓意构成了汽车文化最华彩的篇章。

汽车既是现代化的交通运输工具,又是流动的艺术品,以其奇美的造型和靓丽的色彩使世界变得多姿多彩。汽车外形的发展充分体现了汽车功能与外表美的和谐统一,是科学技术与艺术完美结合的典范。汽车造型与色彩给汽车文化增添了浪漫的情调和遐想的空间。

世界著名汽车公司对汽车品牌和车标极具匠心的设计,赋予汽车以品质和内涵,体现了企业的文化和精神。每一个成功品牌的后面都隐含着汽车企业文化和精神的力量。汽车品牌及车标构成了汽车文化的重要内容。

汽车运动使汽车这一冷冰的钢铁机器充满了柔情蜜意,汽车运动的激烈、惊险、浪漫、刺激,不仅使成千上万的车迷为之痴狂,还使汽车技术日新月异。

汽车新技术的发展充分体现了"以人为本,回归自然"的理念,汽车在满足人们对安全性、经济性、舒适性和驾驶乐趣要求的同时,也对人类赖以生存的社会和自然环境给予了充分的关注。

本书通过对汽车基本知识、汽车发展史、汽车外形与色彩、汽车公司品牌与车标、汽车名人、汽车运动、汽车新技术与未来汽车等的介绍,培养学生对汽车的兴趣和爱好,提高对汽车的鉴赏能力。此外,本书也为汽车爱好者和车迷以及汽车相关专业的技术人员和管理人员提供必要的专业基础知识。

由于作者水平有限,且编写时间仓促,书中可能会有疏漏和不妥之处,欢迎读者批评指正。

作 者
2006 年 3 月

目录

1 汽车概述 ·· 1
  1.1 汽车的定义 ·· 1
  1.2 汽车总体构造及生产平台 ··· 1
      1.2.1 汽车的基本组成 ··· 1
      1.2.2 汽车的整体布局 ··· 14
      1.2.3 汽车生产平台 ·· 22
  1.3 汽车行驶原理 ··· 24
  1.4 汽车特征参数与性能指标 ··· 25
      1.4.1 汽车的主要特征参数 ··· 25
      1.4.2 汽车的主要性能指标 ··· 27
  1.5 汽车分类与编号 ·· 32
      1.5.1 国内汽车的分类 ··· 32
      1.5.2 国外汽车的分类 ··· 39
      1.5.3 车辆识别代号编码 ·· 44
  本章小结 ··· 48
  思考题 ·· 49

2 汽车史话 ·· 50
  2.1 车轮和车的发展史 ··· 50
      2.1.1 车轮和车的发明 ··· 50
      2.1.2 中国古代的车 ·· 51
      2.1.3 自走式车辆的幻想与探索 ·· 52
  2.2 蒸汽机汽车的发展史 ·· 52
      2.2.1 蒸汽机的发明 ·· 53
      2.2.2 蒸汽机汽车的发明 ·· 54
  2.3 电动汽车的发展史 ··· 57
  2.4 内燃机汽车的发展史 ·· 60
      2.4.1 内燃机的发明 ·· 60

2.4.2　经典的车用内燃机 …………………………………………… 62
　　2.4.3　内燃机汽车的发明 …………………………………………… 67
2.5　世界汽车工业发展史 ………………………………………………… 70
　　2.5.1　德国是汽车工业的摇篮 ……………………………………… 70
　　2.5.2　法国的单件小批生产 ………………………………………… 71
　　2.5.3　福特公司的大批量生产 ……………………………………… 72
　　2.5.4　通用汽车公司建成现代化公司 ……………………………… 72
　　2.5.5　西欧、日本发展廉价汽车 …………………………………… 73
　　2.5.6　日本发展丰田生产方式 ……………………………………… 74
　　2.5.7　以法规管理汽车企业 ………………………………………… 75
　　2.5.8　西班牙、巴西引进外资 ……………………………………… 76
　　2.5.9　韩国汽车借船出海 …………………………………………… 77
　　2.5.10　世界汽车工业的重组潮流 …………………………………… 78
2.6　中国汽车工业发展史 ………………………………………………… 79
　　2.6.1　新中国成立前的汽车业 ……………………………………… 79
　　2.6.2　新中国汽车工业发展史 ……………………………………… 80
　　2.6.3　21世纪初至今我国汽车工业发展 …………………………… 86
本章小结 ……………………………………………………………………… 89
思考题 ………………………………………………………………………… 90

3 汽车外形和色彩 …………………………………………………………… 92
3.1　汽车外形 ……………………………………………………………… 92
　　3.1.1　确定汽车外形的因素 ………………………………………… 92
　　3.1.2　汽车外形的发展 ……………………………………………… 93
　　3.1.3　低空气阻力系数汽车设计要点 ……………………………… 105
3.2　汽车色彩 ……………………………………………………………… 107
　　3.2.1　汽车色彩与联想 ……………………………………………… 107
　　3.2.2　汽车色彩设计 ………………………………………………… 110
　　3.2.3　汽车色彩现状与未来趋势 …………………………………… 113
本章小结 ……………………………………………………………………… 114
思考题 ………………………………………………………………………… 114

4 著名汽车公司发展历程与品牌 ………………………………………… 116
4.1　美国汽车公司 ………………………………………………………… 116
　　4.1.1　通用汽车公司 ………………………………………………… 116
　　4.1.2　福特汽车公司 ………………………………………………… 128
　　4.1.3　克莱斯勒汽车公司 …………………………………………… 130
4.2　意大利汽车公司 ……………………………………………………… 132
　　4.2.1　菲亚特汽车公司 ……………………………………………… 132
　　4.2.2　法拉利汽车公司 ……………………………………………… 134

目录

- 4.2.3 玛莎拉蒂汽车公司 ... 135
- 4.2.4 阿尔法—罗密欧汽车公司 ... 136
- 4.2.5 蓝旗亚汽车公司 ... 137
- 4.2.6 阿巴斯汽车公司 ... 138
- 4.3 德国汽车公司 ... 139
  - 4.3.1 戴姆勒—奔驰汽车公司 ... 139
  - 4.3.2 宝马汽车公司 ... 145
  - 4.3.3 大众汽车公司 ... 149
- 4.4 法国汽车公司 ... 159
  - 4.4.1 标致汽车公司 ... 159
  - 4.4.2 雷诺汽车公司 ... 163
- 4.5 日本汽车公司 ... 165
  - 4.5.1 丰田汽车公司 ... 165
  - 4.5.2 日产汽车公司 ... 168
  - 4.5.3 本田汽车公司 ... 171
  - 4.5.4 马自达汽车公司 ... 174
  - 4.5.5 三菱汽车公司 ... 176
  - 4.5.6 富士汽车公司 ... 177
  - 4.5.7 铃木汽车公司 ... 178
  - 4.5.8 五十铃汽车公司 ... 179
- 4.6 韩国汽车公司 ... 180
  - 4.6.1 现代汽车公司 ... 180
  - 4.6.2 起亚汽车公司 ... 181
- 4.7 英国汽车公司 ... 183
  - 4.7.1 捷豹汽车公司 ... 183
  - 4.7.2 路虎汽车公司 ... 184
  - 4.7.3 Prodrive 公司 ... 185
- 4.8 中国汽车公司 ... 187
  - 4.8.1 中国第一汽车集团公司 ... 187
  - 4.8.2 北京汽车集团有限公司 ... 189
  - 4.8.3 上海汽车工业(集团)总公司 ... 191
  - 4.8.4 长安汽车集团有限公司 ... 192
  - 4.8.5 东风汽车公司 ... 194
  - 4.8.6 安徽江淮汽车集团股份有限公司 ... 195
  - 4.8.7 长城汽车股份有限公司 ... 196
  - 4.8.8 比亚迪股份有限公司 ... 197
  - 4.8.9 奇瑞汽车有限公司 ... 198
  - 4.8.10 浙江吉利控股集团有限公司 ... 199
  - 4.8.11 广州汽车集团股份有限公司 ... 201

4.9 其他国家汽车公司 202
　　4.9.1 俄罗斯瓦兹汽车公司 202
　　4.9.2 俄罗斯嘎斯汽车公司 203
　　4.9.3 印度塔塔汽车公司 203
　　4.9.4 瑞典萨博汽车公司 204
本章小结 206
思考题 207

5 汽车名人 209
5.1 卡尔·本茨 209
5.2 戈特利布·戴姆勒 210
5.3 威廉姆·迈巴赫 211
5.4 费迪南德·波尔舍 212
5.5 亨利·福特 213
5.6 威廉·杜兰特 214
5.7 阿尔弗雷德·斯隆 215
5.8 沃尔特·克莱斯勒 216
5.9 安德烈·雪铁龙 217
5.10 阿尔芒·标致 218
5.11 恩佐·法拉利 219
5.12 丰田喜一郎 220
5.13 饶斌 221
5.14 孟少农 221
本章小结 222
思考题 223

6 汽车竞赛 224
6.1 汽车竞赛的起源 224
6.2 赛车组织机构 226
　　6.2.1 国际汽车联合会 226
　　6.2.2 中国汽车摩托车运动联合会 227
6.3 汽车竞赛及赛车分类 228
　　6.3.1 汽车比赛分类 228
　　6.3.2 赛车分类 228
　　6.3.3 赛车执照分类 229
6.4 一级方程式汽车赛 230
　　6.4.1 概述 230
　　6.4.2 赛车 231
　　6.4.3 赛道 240
　　6.4.4 车队 242

　　　　6.4.5　赛车手 …………………………………………………………………… 244
　　　　6.4.6　F1 比赛规则 ………………………………………………………………… 247
　　　　6.4.7　比赛旗语 …………………………………………………………………… 252
　　6.5　电动方程式锦标赛 ………………………………………………………………… 254
　　　　6.5.1　概述 ………………………………………………………………………… 254
　　　　6.5.2　比赛形式与规则 …………………………………………………………… 255
　　6.6　汽车拉力赛 ………………………………………………………………………… 256
　　　　6.6.1　概述 ………………………………………………………………………… 256
　　　　6.6.2　世界拉力锦标赛 …………………………………………………………… 257
　　　　6.6.3　达喀尔拉力赛 ……………………………………………………………… 259
　　6.7　勒芒 24 小时耐力赛 ……………………………………………………………… 261
　　　　6.7.1　概述 ………………………………………………………………………… 261
　　　　6.7.2　赛事历史 …………………………………………………………………… 262
　　6.8　印第 500 英里大奖赛 ……………………………………………………………… 264
　　6.9　卡丁车赛 …………………………………………………………………………… 266
　　6.10　其他形式的汽车竞赛 …………………………………………………………… 267
　　　　6.10.1　世界房车锦标赛 ………………………………………………………… 267
　　　　6.10.2　德国房车大师赛 ………………………………………………………… 268
　　　　6.10.3　老爷车赛 ………………………………………………………………… 269
　　　　6.10.4　太阳能汽车赛 …………………………………………………………… 270
　　　　6.10.5　直线加速赛 ……………………………………………………………… 271
　　　　6.10.6　大脚车表演赛 …………………………………………………………… 272
　　　　6.10.7　创车速纪录赛 …………………………………………………………… 273
　　本章小结 ………………………………………………………………………………… 274
　　思考题 …………………………………………………………………………………… 275

7　节能与新能源汽车 ………………………………………………………………………… 276
　　7.1　内燃机汽车节能减排新技术 ……………………………………………………… 276
　　　　7.1.1　汽油车 ……………………………………………………………………… 276
　　　　7.1.2　柴油车 ……………………………………………………………………… 285
　　7.2　新能源电驱动力汽车 ……………………………………………………………… 289
　　　　7.2.1　蓄电池电动汽车 …………………………………………………………… 289
　　　　7.2.2　燃料电池电动汽车 ………………………………………………………… 296
　　　　7.2.3　插电混合动力汽车 ………………………………………………………… 300
　　本章小结 ………………………………………………………………………………… 307
　　思考题 …………………………………………………………………………………… 308

8　智能网联汽车 ……………………………………………………………………………… 309
　　8.1　分级与关键技术 …………………………………………………………………… 309
　　　　8.1.1　定义与分级 ………………………………………………………………… 309

	8.1.2	智能网联技术架构与体系	311
	8.1.3	汽车自动驾驶技术	313
	8.1.4	V2X 网联技术	314
8.2	发展现状与趋势		315
	8.2.1	美国、日本和欧洲	315
	8.2.2	中国	317
8.3	典型驾驶辅助相关技术		320
	8.3.1	基于卫星定位的汽车导航技术	320
	8.3.2	平视显示仪	321

本章小结 ………………………………………………………………… 323
思考题 …………………………………………………………………… 323

参考文献 …………………………………………………………………… 324

附录 A　世界著名汽车博物馆与汽车展览 ……………………………… 325

附录 B　车标 ……………………………………………………………… 339

附录 C　F1 旗语 ………………………………………………………… 344

1 汽车概述

汽车作为一种交通运输工具,对人们来说并不陌生。可真要问:什么是汽车?汽车的行驶原理是怎样的?汽车是如何分类的?汽车有"身份证"吗?未必都能说得清楚。本章主要介绍汽车的基本知识,包括汽车的定义、总体构造及生产平台、行驶原理、主要特征参数与性能指标,以及汽车的分类与编号等。

1.1 汽车的定义

汽车的英文叫法有多种,如 Automobile、Motor、Vehicle、Car、Truck、Bus 等,但最能反映汽车本质特征的英文叫法是"Automobile",即依靠自身动力移动的装置。日文的汽车为"自动车",与英文"Automobile"的本意是一致的。汉语本来没有"汽车"这个词,曾把它称为"火轮车",后来才叫"汽车",这种叫法也许是源于早期的汽车是由蒸汽机驱动之故。

GB/T 3730.1—2001《汽车和挂车类型的术语和定义》是这样定义汽车的:由动力驱动,具有四个或四个以上车轮的非轨道承载的车辆。主要用于:载运人员和(或)货物;牵引载运人员和(或)货物的车辆;特殊用途。

根据这一汽车定义,我国汽车产品具有以下特征:

(1) 由动力装置驱动。这里所说的动力装置,可以是各种发动机,也可以是电机,但人力车、畜力车不能算作汽车。

(2) 具有四个或四个以上的车轮。两轮摩托车和三轮机动车不属于汽车的范畴,但整车整备质量超过 400kg 的三轮车辆可作为汽车对待。

(3) 不依靠轨道承载。有轨电车不属于汽车,但与电力线相连的车辆如无轨电车属于汽车。

(4) 用作载运人员和(或)货物及牵引挂车或特殊用途。有些进行特种作业的轮式机械,如轮式推土机、铲运机、叉式起重机以及农田作业用的轮式拖拉机等,尽管也具有汽车的基本特征,但由于其主要用途不是运输,因此将它们分别划入工程机械和农业机械范畴。

1.2 汽车总体构造及生产平台

1.2.1 汽车的基本组成

汽车主要由发动机、车身、底盘和电器等四大部件组成(图 1.1),这些大部件通常也称为总成。

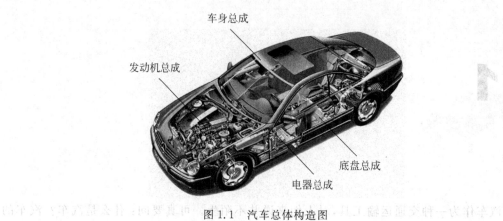

图1.1 汽车总体构造图

1. 发动机总成

发动机是汽车的"心脏",为汽车提供必需的驱动力,主要有内燃机和电机两种动力形式,其中内燃机是汽车的主流动力。由于石油是不可再生能源,以及内燃机排放造成的大气污染日趋严重,因此汽车越来越多地采用电驱动力系统,包括采用蓄电池或燃料电池驱动的纯电动力系统,以及电机与内燃机联合驱动的混合动力系统等。

根据运动机构不同,内燃机分为往复活塞式和旋转活塞式(图1.2)。往复活塞式内燃机利用一个或者多个活塞将缸内压力通过曲柄连杆机构转换成旋转动能。旋转活塞式内燃机又称为转子发动机,活塞在旋转过程时,燃烧室容积随着活塞转动而周期性变化,从而完成进气—压缩—做功—排气四个行程。目前绝大部分汽车都采用往复活塞式内燃机作为动力。转子发动机没有曲柄连杆机构,转子转一圈有三个燃烧室做功,相同功率的转子发动机相对于往复活塞式内燃机尺寸小、重量轻、振动和噪声低,其输出轴的转速是活塞转子自转速度的3倍,这与往复活塞式内燃机的活塞与曲轴是1∶1的运动关系不同。转子发动机最大的问题是油耗和有害物排放较高以及耐久性能较差,经典的转子发动机车型有马自达公司生产的RX7、RX8。

(a) 往复活塞式　　　　　　　(b) 旋转活塞式

图1.2 往复活塞式和旋转活塞式内燃机

往复活塞式内燃机按气缸排列有直列、V型、W型和H型水平对置等排列形式。

(1) 直列发动机。一般缩写为L,比如L4代表直列4缸。直列是使用最广泛的气缸排列形式,尤其是在2.5升以下排量的发动机上。常见的直列发动机有L3、L4、L5、L6,其中L3、L4、L5发动机往往需要安装平衡轴来抑制发动机的一阶与二阶振动,而L6发动机一阶振动和二阶振动自平衡,机械稳定性和平顺性出色。但由于L6的长度较长,不利于空间布置,目前只有宝马、奔驰等少数汽车生产厂家有L6车用发动机(图1.3)。

图1.3 奔驰M256直列6缸汽油机

(2) V型发动机(图1.4)。将气缸分成两组,把相邻两列气缸以一定夹角(两列气缸中心线的夹角,通常为60°,部分为90°)布置在一起,从侧面看气缸呈V字形,故称V型发动机。与直列发动机相比,V型发动机缩短了机体的长度和高度,而更低的安装位置便于设计出风阻系数更低的车身;同时,V型布置还可抵消一部分振动,使发动机运转更平顺。常见的V型发动机有V6、V8、V10、V12。

(a) 别克君越V6发动机　　　　　　(b) 劳斯莱斯V12发动机

图1.4 V型发动机

(3) W型发动机。是德国大众专属发动机技术,将V型发动机的每侧气缸再进行小角度的错开,就成为W型发动机。或者说W型发动机的气缸排列形式是由两个小V形组成一个大V形,属V型发动机的变种。W型与V型发动机相比可将发动机做得更短一些,能节省发动机所占的空间,同时重量也可轻些,但它的宽度更宽。W型发动机最大的问题是发动机由一个整体被分割为两个部分,在运行时必然会引起很大的振动。针对这一问题,大众在W型发动机上设计了两个反向转动的平衡轴,让两部分的振动在内部相互抵消。使用W型发动机的只有大众旗下品牌的车辆,比如大众辉腾、宾利欧陆和奥迪A8使用的W12以及布加迪使用的W16(图1.5)。

(a) 大众W12发动机　　　　　　(b) 布加迪W16发动机

图1.5　大众W型发动机

(4) H型水平对置发动机。两列气缸夹角为180°,其制造成本和工艺难度高,目前世界上只有保时捷和斯巴鲁(图1.6)两个汽车厂在生产水平对置发动机。其最大优点是重心低,由于它的气缸平放,不仅降低了汽车的重心,还能让车头设计得又扁又低,能增强汽车的行驶稳定性。同时,水平对置的气缸布局是一种对称稳定结构,这使得发动机的运转平顺性比V型发动机更好。更低的重心和均衡的分配也为车辆带来了更好的操控性。其缺点是横置的气缸因为重力的原因,会使机油流到底部,使气缸一侧得不到充分的润滑。此外,但高精度的制造要求也带来了高养护成本,并且由于机体较宽,因而并不利于整车布局。

图1.6　斯巴鲁H型水平对置发动机

根据使用燃料不同,车用内燃机还可以分为汽油机和柴油机等常规燃料发动机,以及天然气(CNG)发动机、液化石油气(LPG)发动机、甲醇发动机、乙醇发动机、二甲醚(DME)发动机、氢气发动机等替代燃料发动机。

2. 车身总成

车身是驾驶员工作的场所，也是装载乘客和货物的场所。车身应为驾驶员提供方便的操控条件，以及为乘客提供舒适安全的环境，并保证货物完好无损。根据有无车架，可将车身分为承载式车身和非承载式车身。

1) 承载式车身

承载式车身没有车架，车身就作为发动机和底盘各部件的安装基体，车身兼有车架的作用并承受全部载荷（图1.7），可直接安装悬挂、发动机、传动等部件。优点：重量轻，整体弯曲和扭转刚度好；车室地板低，车辆高度尺寸小；以薄板加工为主，可用点焊焊接，易于批量生产。缺点：路面和发动机的噪声及振动容易传到车身；因为由整个车身来确保刚度，所以很难改造。承载式车身主要用于乘用车。

2) 非承载式车身

非承载式车身（图1.8）通过橡胶软垫或弹簧与车架作柔性连接。车架是支撑全车的基础，承受着在其上所安装各个部件的各种载荷。车身只承受所载人员和货物的重力及惯性力。对非承载式车身，汽车底盘部分有专门的底盘受力结构即车架，用来安装悬挂、发动机、传动等机械结构。优点：除了轮胎与悬架系统对整车的缓冲吸振作用外，橡胶垫还可以起到辅助缓冲、适当吸收车架的扭转变形和降低噪声作用；底盘和车身可以分开装配，然后总装在一起，可以简化装配工艺；有车架作为整车的基础，便于汽车上各总成和部件的安装，同时易于更改车型和改装成其他用途的车辆；车架对车身还有一定的保护作用。缺点：由于设计时不考虑车身承载，故必须保证车架有足够的强度和刚度，导致整车自重增加；由于底盘和车身之间装有车架，使整车高度增大。非承载式车身主要用于载重货车、专业越野车。但是随着技术革新，一些硬派越野车也逐渐开始使用承载式车身。

图1.7 承载式车身

图1.8 非承载式车身与车架结构

3. 底盘总成

底盘接受发动机的动力输出，使汽车产生运动，并保证汽车按照驾驶员的操纵正常行驶。底盘由以下几个系统组成。

1) 传动系统

传动系统将发动机输出的动力传给驱动轮，包括离合器、变速器、传动轴、驱动桥等部件。下面主要对变速器进行介绍。常见的变速器有手动变速、自动变速、自动机械变速、双离合变速和无级变速等几种结构形式。

（1）手动变速器

手动变速器（manual transmission，MT）如图 1.9 所示。手动变速器用手拨动变速杆改变变速器内的齿轮啮合位置，改变传动比，从而达到变速的目的。踩下离合器时，才能拨动变速杆。如果驾驶者技术好，装手动变速器的汽车在加速、超车时比自动变速汽车快，也省油。未来手动变速箱的发展趋势是挡位数不断提高，以使发动机的转矩和转速更好地匹配汽车复杂的工况需求。

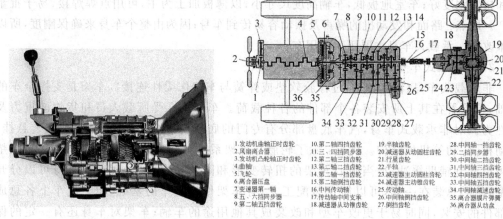

图 1.9　手动变速器

（2）自动变速器

自动变速器（automatic transmission，AT）如图 1.10 所示。自动变速器由液力变扭器、行星齿轮和液压操纵系统组成，通过液力传递和齿轮组合的方式达到变速变矩。其中液力变扭器是 AT 最重要的部件，由泵轮、涡轮和导轮等构件组成，兼有传递扭矩和离合的作用。自动变速器的挡位一般分为 P（驻车挡）、R（倒挡）、N（空挡）、D（前进挡）、2（挡）、1（挡）或 L（低速挡）等。自动变速器具有操作容易、驾驶舒适、能减少驾驶者疲劳的优点，受到驾驶者的欢迎，市场占有率逐步提高。未来 AT 的发展趋势是向多挡位的 AT 变速器发展，市场上已经有不少装配 9AT 和 10AT 的车型。

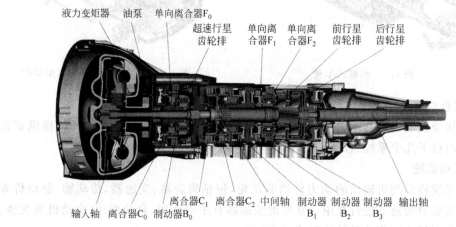

图 1.10　自动变速器

(3) 电控机械自动变速器

电控机械自动变速器（automated mechanical transmission，AMT）如图 1.11 所示。AMT 可以看作自动的手动变速器，即在通常的手动变速器和离合器上配备一套电子控制的液压操纵系统，以达到自动切换挡位的目的。AMT 能根据车速、油门、驾驶员命令等参数，确定最佳挡位，控制原来由驾驶员人工完成的离合器分离与接合、换挡手柄的摘挡与挂挡，以及发动机油门开度的同步调节等操作过程，最终实现换挡过程的自动化。简单来说，AMT 就是在手动变速器的基础上发展而来，保留了手动变速器的换挡结构和离合器，但实现了换挡的自动化。因此 AMT 实际上是由一个电脑系统来完成操作离合器和选挡的两个动作。AMT 技术难度相对较低，但存在换挡过程中动力中断影响驾驶舒适性的问题。AMT 主要应用于一些 A0 级别的乘用车和商用车如货车。

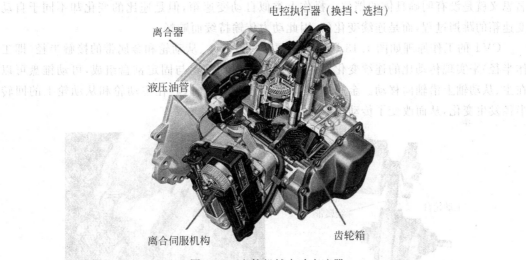

图 1.11　电控机械自动变速器

(4) 双离合变速器

双离合变速器（dual clutch transmission，DCT）如图 1.12 所示。双离合变速器结合了手动变速器和自动变速器的优点，采用两套离合器相互交替工作来到达无间隙换挡的效果。两组离合器分别控制奇数挡和偶数挡，在换挡之前，DCT 已经预先将下一挡位齿轮啮合，在得到换挡指令之后，DCT 迅速向发动机发出指令，发动机转速升高，此时先前啮

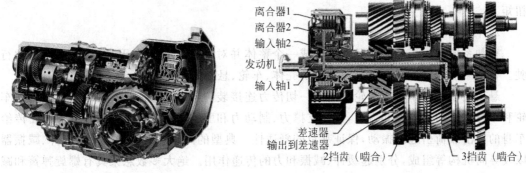

图 1.12　双离合变速器

合的齿轮迅速接合,同时第一组离合器完全放开,完成一次升挡动作,其他换挡动作类推。两组离合器相互交替工作,切换挡动作极其迅速而且平顺,动力传输过程几乎没有间断。与采用液力变矩器的 AT 比较,由于 DCT 换挡更直接,动力损失更小,所以其燃油消耗可以降低。不过 DCT 也存在一些固有的弊端,比如,由于没有采用液力变矩器,又不能实现手动变速器"半联动"的动作,所以对于小排量发动机而言,低转速下扭矩不足的特性就会暴露出来。

目前常见的双离合变速器有大众的 DSG、福特的 Powershift、三菱的 SST、保时捷的 PDK 以及奥迪的 Stronic 等。

(5) 无级变速器

无级变速器(continuously variable transmission,CVT)就是我们常说的无级变速箱,顾名思义就是没有明确具体的挡位。操作上类似自动变速箱,但是速比的变化却不同于自动变速箱的跳挡过程,而是连续变化的,因此动力传输持续而顺畅。

CVT 的工作原理如图 1.13 所示。主要通过改变主、从动轮和金属带的接触半径(即工作半径)来实现传动比的连续变化。主、从动轮由可动锥盘与固定锥盘组成,可动锥盘可以在主、从动轴上沿轴向移动。金属带沿 V 形槽方向移动时,其在主动轮和从动轮上的回转半径发生变化,从而改变了传动比。

图 1.13　CVT 工作原理

CVT 优点:动力输出是线性的,在实际驾驶中非常平顺;挡位设定更为自由,更容易达到传动系统中的齿轮比、速比以及发动机性能、耗油、废气排放的平衡;传动机械效率、省油性优于普通的 AT,仅次于 MT。CVT 缺点:相比传统 AT,它的成本要略高;而且操作不当,出问题的概率更高;传动的金属带能够承受的力量有限,因此不能承受过高的扭矩。

2) 行驶系统

行驶系统将汽车各总成及部件连成一个整体并对全车起支承作用,以保证汽车正常行驶。行驶系统包括车架、前轴、驱动桥的壳体、车轮、悬架等部件。

悬架是车架与车桥或车轮之间的一切传力连接装置的总称,主要作用是传递作用在车轮和车身之间的一切力和力矩,比如支撑力、制动力和驱动力等,并且缓和由不平路面传给车身的冲击载荷引起的振动,保证乘员的舒适性。典型的汽车悬架结构由弹性元件、减振器以及导向机构等组成,分别起缓冲、减振和力的传递作用。绝大多数悬架具有螺旋弹簧和减振器结构,但不同类型悬架的导向机构差异很大。汽车悬架虽然由一些杆、筒以及弹簧等简单构件组成,但却是一个难达到完美要求的汽车总成。悬架既要满足汽车操纵稳定性的要求,又要保证汽车的舒适性要求,这两方面的要求往往是相互矛盾的。为了取得良好的舒适性,需要缓冲汽车的振动,这样弹簧就要设计得软些,但弹簧软了却容易使汽车发生刹车"点头"、加速"抬头"以及严重侧倾偏向,不利于汽车的转向,容易导致汽车操纵不稳定等。根据结构不同,悬架可分为独立悬架和非独立悬架两种(图1.14)。根据调节控制方式不同,悬架可分为被动悬架和主动悬架两种。

(a) 独立悬架　　　　　　　　　(b) 非独立悬架

图1.14　独立与非独立悬架系统

(1) 独立悬架

独立悬架系统每一侧的车轮都是单独地通过弹性悬架系统悬挂在车架或车身下面的。优点是重量轻,减少了车身受到的冲击,并提高了车轮的地面附着力;可用刚度小的较软弹簧改善汽车的舒适性;可以使发动机位置降低,汽车重心也得到降低,从而提高汽车的行驶稳定性;左右车轮单独跳动,互不相干,能减小车身的倾斜和振动。但是,独立悬架系统存在着结构复杂、成本高、维修不便的缺点,同时因为结构复杂,会侵占一些车内乘坐空间。现代轿车大多采用独立悬架系统,按其结构形式的不同,独立悬架系统又可分为横臂式、纵臂式、多连杆式、烛式以及麦弗逊式悬架系统等。

麦弗逊(Macpherson)式悬架(图1.15)是随前置发动机前轮驱动(FF)车型的出现而诞生的。FF车型不仅要求发动机要横向放置,而且还要增加变速箱、差速器、驱动机构、转向机,前悬架空间不得不压缩,因此才设计出空间省、成本低的麦弗逊式悬架。

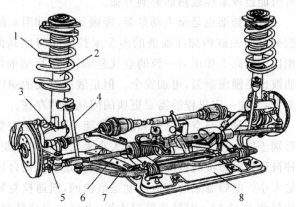

1—螺旋弹簧;2—筒式减振器;3—转向节;4—连接杆;
5—球头;6—下摆臂;7—横向稳定杆;8—前托架

(a) 典型的麦弗逊式悬架　　　　　　　　　(b) 富康轿车前悬架

图1.15　麦弗逊式悬架

（2）非独立悬架

非独立悬架系统的结构特点是两侧车轮由一根整体式车架相连，车轮连同车桥一起通过弹性悬架系统悬挂在车架或车身的下面（图1.16）。非独立悬架系统具有结构简单、成本低、强度高、保养容易、行车中前轮定位变化小的优点；但由于其舒适性及操纵稳定性较差，在现代轿车中只有成本控制比较严格的车型才会使用，更多地用于货车和大客车。

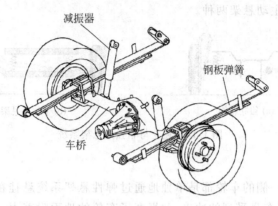

图1.16 钢板弹簧非独立式悬架

（3）主动悬架

随着科技的进步，越来越多的高端车型采用了可软可硬、能高能低的主动悬架，如空气悬架、液压悬架和电磁悬架。

空气悬架由空气弹簧和可调减振器组成，具有调节车身高低和改变阻尼的能力，是全主动悬架。悬架可按需调整到最佳，拥有良好的适应性。同时，空气悬架还能调节阻尼，例如在过弯时硬一些，得到更好的支撑，正常行驶软一些，过滤掉多余振动。因为空气悬架的结构更为复杂，所以故障率更高。尤其是空气弹簧和减振器，在使用过程中还要不断调整，很有可能造成泵体过热而影响寿命。

液压悬架也是全主动悬架，能做到高低和阻尼的调节。每个车轮都有一个液压分泵，根据分泵向油缸内加注油液的多少来控制车身的高低，阻尼则是通过控制阀门大小来调节。相比于最高工作压力一致的空气悬架，液压悬架的体积要更小，易于布置。就算油封老化，油液也是慢慢泄漏，更加安全。但是液压悬架的响应速度要差一些，变化范围也没有空气悬架大，行驶一定里程后需要更换的问题仍然存在。

电磁悬架与空气悬架和液压悬架不同，不能改变高度，只能调节阻尼，属于半主动悬架。有别于以上悬架是靠改变阀门大小来实现阻尼控制，电磁悬架是在减振器油液之中加入一种被称为电磁液的特殊液体，主要成分是碳氢化合物和微小的铁粒，通过控制电磁液控制阻尼大小。电磁悬架的响应速度是最快的，凯迪拉克轿车所应用的磁流变减振器反应速度可达每秒1000次。对城市路况来说，电磁半主动悬架已经足够用，不但有更快的调节速度，可靠性也更高。

3）转向系统

转向系统保证汽车能按照驾驶员选择的方向行驶，由转向器及转向传动装置组成。

现代汽车越来越多地采用助力转向系统，即通过增加外力来抵抗转向阻力，让驾驶者只需更少的力就能够完成转向。助力转向最初是为了让一些自重较重的大型车辆能够更轻松地操作,但是现在已经非常普及,它让驾驶变得更加简单和轻松,并且让车辆反应更加敏捷,一定程度提高了安全性。常见的助力转向有机械液压助力、电子液压助力和电动助力三种。

(1) 机械液压助力

机械液压助力(hydraulic power steering,HPS)是最常见的一种助力方式,它诞生于1902年,由英国人Frederick W. Lanchester发明,而最早的商品化应用则推迟到了半个世纪之后,1951年克莱斯勒把成熟的液压转向助力系统应用在Imperial车系上。由于其技术成熟可靠,而且成本低廉,被广泛普及。

机械液压助力的方向盘与转向轮之间全部是机械部件连接(图1.17),操控精准,路感直接,信息反馈丰富;液压泵由发动机驱动,转向动力充沛,大小车辆都适用;技术成熟,可靠性高,平均制造成本低。由于依靠发动机动力来驱动油泵,能耗比较高,所以车辆的行驶动力无形中就被消耗了一部分;液压系统的管路结构非常复杂,各种控制油液的阀门数量繁多,后期的保养维护成本高;整套油路经常保持高压状态,使用寿命也会受到影响,这些都是机械液压助力转向系统的缺点。

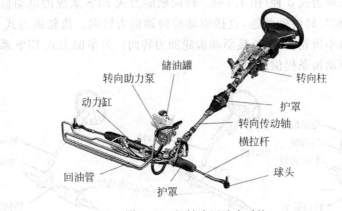

图1.17 机械液压助力系统

(2) 电子液压助力

由于机械液压助力需要大幅消耗发动机动力,所以人们在机械液压助力的基础上进行改进,开发出了更节省能耗的电子液压助力转向(electro-hydraulic power steering,EHPS)系统。这套系统的转向油泵不再由发动机直接驱动,而是由电动机驱动,并且加装了电控系统,使得转向辅助力的大小不仅与转向角度有关,还与车速相关。机械结构上增加了液压反应装置和液流分配阀,新增的电控系统包括车速传感器、电磁阀、转向电子控制单元等。

电子液压助力拥有机械液压助力的大部分优点,同时还降低了能耗,反应也更加灵敏,转向助力大小也能根据转角、车速等参数自行调节,更加人性化。不过引入了很多电子控制单元,其制造、维修成本也会相应增加,使用稳定性也不如机械液压式的牢靠。随着技术的不断成熟,这些缺点正在被逐渐克服,电子液压助力已经成为很多家用车型的选择(图1.18)。

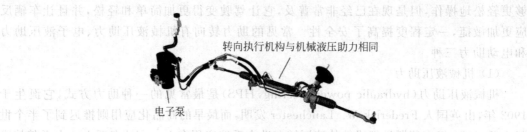

图1.18 电子液压助力转向系统

(3) 电动助力

电动助力转向(electric power steering,EPS)系统是由电动助力机直接提供转向助力,省去了液压动力转向系统所必需的动力转向油泵、软管、液压油、传送带和装于发动机上的皮带轮,既节省能量,又保护了环境。另外,还具有调整简单、装配灵活以及在多种状况下都能提供转向助力的特点。EPS系统主要由扭矩传感器、车速传感器、电动机、减速机构和电子控制单元(ECU)等组成。根据助力电机的安装位置不同,EPS系统可分为转向轴助力式、齿轮助力式、齿条助力式3种(图1.19)。转向轴助力式EPS系统的电动机固定在转向轴一侧,通过减速机构与转向轴相连,直接驱动转向轴助力转向。齿轮助力式EPS系统的电动机和减速机构与小齿轮相连,直接驱动齿轮助力转向。齿条助力式EPS系统的电动机和减速机构则直接驱动齿条提供助力。

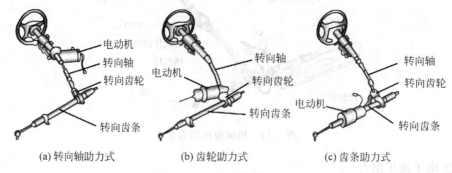

图1.19 电动助力转向系统

驾驶员在操纵方向盘进行转向时,转矩传感器检测到转向盘的转向以及转矩的大小,将电压信号输送到ECU,ECU根据转矩传感器检测到的转矩电压信号、转动方向和车速信号等,向电动机控制器发出指令,使电动机输出相应大小和方向的转向助力转矩,从而产生辅助动力。

4) 制动系统

制动系统使汽车减速或停车,并保证汽车能可靠地停驻(图1.20)。

汽车制动系统由以下几部分组成:供能装置,包括供给、调节制动所需能量以及改善传能介质状态的各种部件,其中产生制动能量的部分称为制动能源;控制装置,包括产生制动动作和控制制动效果的各种部件,如制动踏板、制动阀等;传动装置,包括将制动能量传输到制动器的各个部件,如制动主缸和制动轮缸等;制动器,即产生制动摩擦力矩的部件。制动器有鼓式制动器和盘式制动器两种。

1 汽车概述

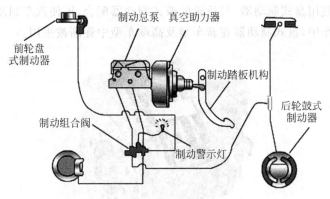

图 1.20　汽车制动系统

(1) 鼓式制动器

鼓式制动器(图 1.21)也称为块式制动器,是靠制动块在制动轮上压紧来实现刹车的。鼓式制动器是早期使用的制动系统,其刹车鼓 1902 年就已经使用在马车上了,直到 1920 年左右才开始在汽车上得到广泛应用。鼓式制动器的主流是内张式,它的制动块(刹车蹄)位于制动轮内侧,在刹车时制动块向外张开,摩擦制动轮的内侧,达到刹车的目的。鼓式制动器在轿车领域已经逐步退出而让位给盘式制动器。但由于成本比较低,目前仍然在一些经济类轿车中使用,主要用于制动负荷比较小的后轮和驻车制动。

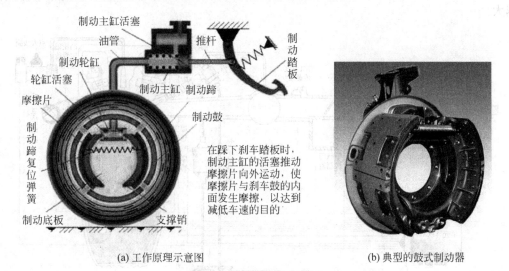

(a) 工作原理示意图　　　　　(b) 典型的鼓式制动器

图 1.21　鼓式制动器及其工作原理

(2) 盘式制动器

盘式制动器(图 1.22)也是采用液压控制,主要零部件有制动盘、分泵、制动钳、油管等。盘式制动器散热快、重量轻、构造简单、调整方便。特别是高负载制动时耐高温性能好,制动效果稳定,而且不怕泥水侵袭,能够在恶劣路况下正常使用。很多轿车采用的盘式制动器有平面式制动盘、打孔式制动盘以及划线式制动盘,其中划线式制动盘的制动效果和通风散热能力均最好。

盘式制动器已广泛应用于轿车,现在大部分轿车的全部四个车轮都使用盘式制动器,少数轿车只有前轮使用盘式制动器,与后轮的鼓式制动器配合,可使汽车制动时有较高的方向稳定性。在商用车中,盘式制动器在新车型及高端车型中逐渐被采用。

图1.22 盘式制动器

4. 电器总成

电器设备由电源组、发动机起动系和点火系、汽车照明和信号装置等组成。此外,现代汽车都装有各种电子设备,如发动机电控系统(图1.23)和整车综合管理电子系统(图1.24)等所示。随着信息化和智能化科技的发展,汽车电器在汽车制造中所占成本比例将越来越大。

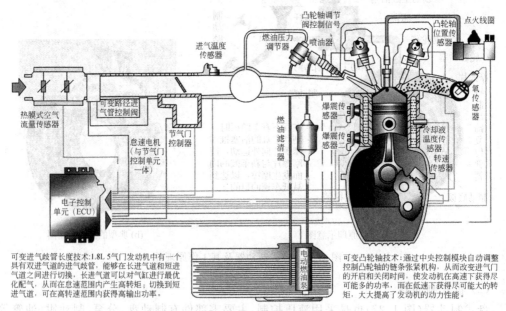

图1.23 发动机电控系统示意图

1.2.2 汽车的整体布局

汽车整体布局是指如何安排一辆汽车的各个组成部件及系统在整车中所处的相对位置。汽车的布局元素包括发动机、传动系统、座舱、行李舱、排气系统、悬挂系统、油箱、备胎

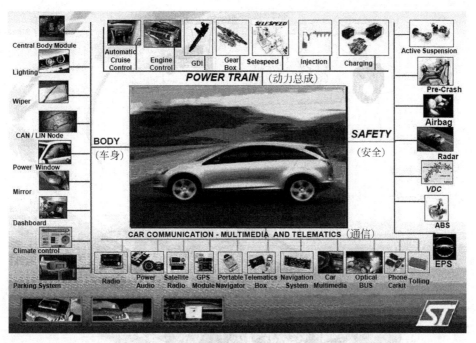

图 1.24　现代汽车综合管理电子系统

等。其中发动机、传动系统和座舱是决定布局的"三要素"。按这三要素可将布局方式分为前置发动机前轮驱动(Front-engine Front-drive,FF)、前置发动机后轮驱动(Front-engine Rear-drive,FR)、中置发动机后轮驱动(Middle-engine Rear-drive,MR)、后置发动机后轮驱动(Rear-engine Rear-drive,RR)和四轮驱动(4-Wheel Drive,4WD)五大类型。一个优秀的布局方案应该在使各部件工作良好的基础上满足应有的使用功能,如载人、运货、越野等。下面对五种布局方案作简单介绍。

1. FF 布局

发动机横置在车头,经过变速箱直接驱动前轮(图 1.25),省略了传动轴装置,减轻了车重,结构比较紧凑;有效地利用了发动机舱的空间,驾驶室内空间更为宽敞,并有利于降低地板高度,提高乘坐舒适性;发动机靠近驱动轮,动力传递效率高,燃油经济性好。FF 是目前绝大部分微、小、中型轿车采用的布局方式。

FF 在操控性方面也具有优势。由于重心偏前且由前轮产生驱动力,在操控性方面具有明显的转向不足特性,属于一种安全的稳定倾向,是民用车的理想操控特性。FF 抗侧滑能力也比 FR 强,但驱动轮附着利用率较小,上坡时驱动轮的附着力会减小;前轮的驱动兼转向结构比较复杂,发动机和传动系统集中在发动机舱内,布局拥挤,限制了采用大型发动机的可能性,这是大型轿车不采用 FF 的主要原因。

FF 的缺点:前桥既是转向桥又是驱动桥,结构及工艺复杂,制造成本高,维修保养困难;前桥负荷较后轴重,并且前轮又是转向轮,故前轮工作条件恶劣,轮胎寿命短。

针对 FF 结构发动机舱布局拥挤这个问题,近年来出现了纵置发动机的 FF 布局,从而可以采用中大型的发动机。例如配 2.8L V6 的奥迪 A6,就是属于为数不多的中大型 FF 轿车。发动机纵置是指发动机与汽车的前桥垂直,发动机横置是指发动机和汽车前桥平行。

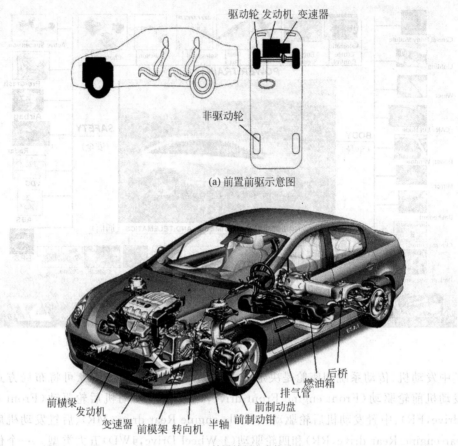

(a) 前置前驱示意图

(b) 前置前驱汽车构造图

图1.25　前置前驱FF布局

简单地讲就是你站在车头前面向发动机，如果发动机横着放在你眼前，就是横置发动机；竖着放在你眼前，就是纵置式发动机（图1.26）。

(a) 横置发动机

(b) 纵置发动机

图1.26　横置发动机与纵置发动机FF布局

从力学角度来说，力的传输损耗与力的传输距离和力的方向变化次数有关。横置发动机的曲轴、变速器的输入/输出轴以及车桥都是平行的，因此前驱车最适合的就是横置发动机,动力传输距离短,方向一致,传动效率高。

大多数中、高级车型采用纵置发动机。第一,为复杂的前悬架腾出足够的布置空间。悬架直接关系到汽车的操控性能,而悬架的结构显然是悬架性能的关键,所以高级车型多采用双横臂、多连杆的悬架结构,还要再搭配可调刚度及高度的空气弹簧和可调阻尼力的减振器,这无疑会拥有大量的布置空间。而纵置的动力总成占用横向空间少,能够为悬架腾出这些空间。第二,减轻前桥轴荷,用于均衡整车轴荷。整车最具重量的发动机和变速器总成的布置无疑是左右前后轴荷配比的关键因素。纵置发动机可以让变速器的位置尽量向后伸,使动力总成的重心位于前桥之后,而横置发动机却难以做到这一点。轴荷分配不合理的横置发动机轿车甚至达到了前 70% 后 30%,其性能可想而知。第三,体积庞大的大排量发动机难以横置。

2. FR 布局

发动机纵置于车头,纵向与变速箱相连,经过传动轴驱动后轮(图 1.27)。对于后驱车,因为动力要传递到后桥上,在传动距离无法缩短的情况下,就要尽可能减少动力传输方向的转换,使用纵置发动机就可以使曲轴与传动轴平行,减少了传动方向的转换,降低了能量的损失。这是后驱车多采用纵置发动机的原因之一。早期的汽车绝大部分采用 FR 布局,目前 FR 布局主要应用在中、高级轿车上。它的优点是轴荷分配均匀,即整车的前后重量比较平衡,因此操控稳定性比较好。后轮作驱动轮时,轮胎的附着利用率要优于前轮驱动,这是中、大型轿车都采用后轮驱动的主要原因。FR 的缺点是传动部件多、传动系统重量大,贯

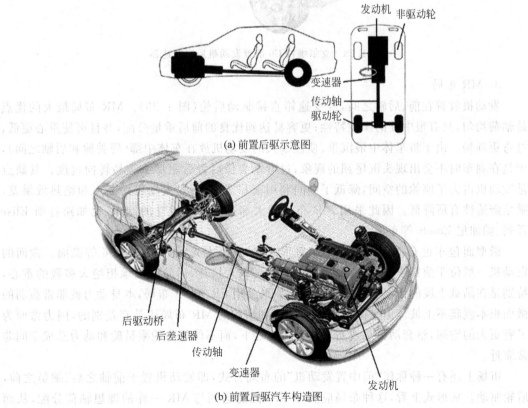

图 1.27 前置后驱 FR 布局

穿座舱的传动轴占据了座舱的地板空间,影响了脚部空间和乘坐舒适性。同时降低动力传动系的传动效率,影响了燃油经济性;此外,在雪地或易滑路面上起动加速时,后轮推动车身,易发生甩尾现象。

传统的 FR 布局,发动机和变速箱在车头,轴荷分布依旧很难实现 50:50。因此一些跑车采用前置发动机、后置变速器的办法。发动机还在前面,只是把变速器移到后面,而驾乘人员就被夹在发动机和变速器之间。已经有很多车型采用这样的布置方式,包括克尔维特、阿斯顿马丁 DBS、奔驰 SLS、阿尔法—罗密欧 8C 以及日产 GTR(四驱车)等车型。

图 1.28 为克尔维特 C6 构型,采用了前置发动机、后置变速器的布局。它采用了跑车中极为罕见的非承载式车身搭配脊梁式车架,传输动力的传动轴就在车子的脊梁里,脊梁是封闭的,传动轴可以自由地在里面高速转动,转速当然是完全与发动机转速相同,变速器位于后桥之前,后桥为断开式车桥。巨大的 V8 发动机纵向布置在前机舱里。其前后悬架均为双横臂式独立悬架。

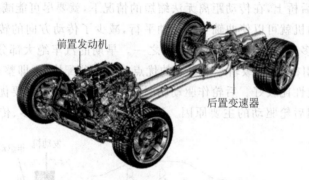

图 1.28 克尔维特 C6 前置发动机后置变速器

3. MR 布局

发动机放置在前、后轴之间,经变速箱直接驱动后轮(图 1.29)。MR 布局最大的优点是轴荷均匀,具有很中性的操控特性;更容易达到优良的前后重量分配,并且可使重心更低,过弯更顺畅。由于将车体中最沉重、惯性最大的发动机放在车体中部(驾驶舱和后轴之间),于是在刹车时不会出现头沉尾翘的现象;过弯不会像后置后驱那么容易转向过度。其缺点是发动机占去了座舱的空间,降低了空间利用率和实用性;对发动机的隔声和绝热效果差,乘坐舒适性有所降低。因此采用 MR 布局的大都是追求操控性的跑车,比如路特斯 Elise 系列、帕加尼 Zonda 等车型。

微型面包车也有很多采用 MR 布置形式,如五菱宏光、北汽威旺 306 等微面。微面的发动机一般位于前排座椅下方,微面主要用途是载人拉货,后轮往往承担绝大多数的重心,特别是在满载上坡的情况下,重心在车尾,如果采用 FR 或 FF 布局,本身动力就非常羸弱的微面根本就爬不上坡。但是微面的 MR 布局和超跑的 MR 布局还是有差别的,因为微面为了有更大的空间,整套动力总成布置在乘员舱之下,而不像超跑的乘员舱和动力总成空间非常靠近。

市场上还有一种称作"前中置发动机"的布局方式,即发动机置于前轴之后、乘员之前,后轮驱动。从形式上看,这种布局应属于 FR,但能达到与 MR 一样的理想轴荷分配,从而提高操控性。本田 S2000 属于这种类型的布局。

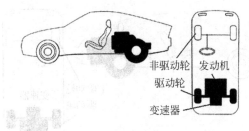

(a) 中置后驱示意图

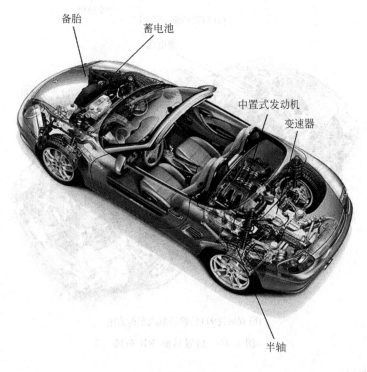

(b) 中置后驱汽车构造图

图 1.29 中置后驱 MR 布局

4. RR 布局

发动机放置在底盘后部（后轴），经变速箱直接驱动后轮（图 1.30）。RR 布局早期广泛应用在微型车上，如奔驰 SMART，因为其结构紧凑，既没有沉重的传动轴，又没有复杂的前轮转向兼驱动结构。RR 的缺点是后轴荷较大，在操控性方面会产生与 FF 相反的转向过度倾向，即高速过弯的稳定性差，容易侧滑。RR 是大、中型客车较为流行的布置方式，现在采用 RR 布局的轿车已经很少，保时捷 911 是典型的 RR 布局。

后置发动机的车型较少，也是因为发动机和变速箱的重量较大，会直接使车辆的静止重心靠近尾部，导致车辆接近极速时容易甩尾，另外也影响了刹车时的稳定性。所以多年来，保时捷都在通过悬挂底盘的调校、电子系统的优化和逐渐前移的发动机位置来改善 RR 布局的先天劣势，甚至开始研发四驱版 911，大大改善了行驶稳定性及湿滑路面的行驶能力。在其全新一代车型上，还增加了后轮主动转向功能作为选装，使其后轮的动态可控性更好。

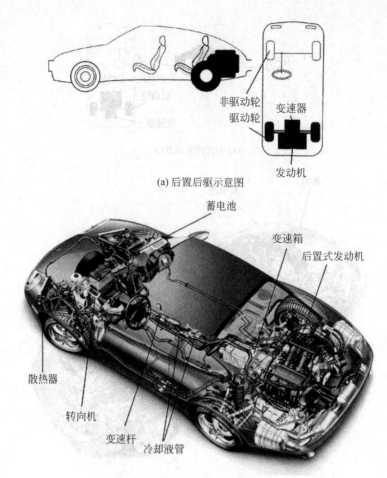

(a) 后置后驱示意图

(b) 保时捷911后置后驱汽车构造图

图1.30 后置后驱 RR 布局

5. 4WD 布局

无论是前置、中置还是后置发动机,都可以采用四轮驱动(图1.31)。由于四个车轮均有动力,附着利用率高,驱动越野性好,但重量大、占空间是 4WD 的缺点。此外,动力流失率即传动损失比单轴驱动大。四轮驱动过去只用于越野车,近年来随着限滑差速器技术的发展和应用,已经能够精确地调配转矩在各车轮之间的分配。因此出于提高操控性的考虑,采用四轮驱动的高性能跑车也越来越多。

图1.31 四驱工作布局

常见的四驱形式可以分为三大类：分时四驱、全时四驱、适时四驱。

分时四驱是一种驾驶者可以在两驱和四驱之间手动选择的四轮驱动系统，由驾驶员根据路面情况，通过接通或断开分动器来选择两轮驱动或四轮驱动模式，这也是越野车或四驱SUV最常见的驱动模式。它的优点是结构简单，稳定性高，坚固耐用。但缺点是必须车主手动操作，有些甚至结构复杂，不止一个步骤，同时还需要停车操作，这样不仅操作起来比较麻烦，而且遇到恶劣路况不能迅速反应，往往错过了脱困的最佳时机；另外，分时四驱没有中央差速器，所以不能在硬地面（铺装路面）上使用四驱系统，特别是在弯道上不能顺利转弯。一般情况下，分时四驱车辆并不是长时间处于四驱状态，正常行驶状况下，采用的是两轮驱动，当需要通过恶劣路面时，驾驶员通过分动杆把两轮驱动切换成四轮驱动，从而提高车辆的通过性能。分时四驱的车型一般配有分动装置（分动箱挡杆或者按钮）。图1.32为分时四驱吉普"牧马人"车型的分动箱挡杆。

图1.32　吉普"牧马人"车型的分动箱挡杆

全时四驱（all wheel drive，AWD）是指汽车在行驶的任何时间，所有轮子均独立运动。全时四驱车会比两驱车（2WD）拥有更优异与安全的驾驶性能，尤其是碰到极限路况或是剧烈驾驶时。理论上，AWD会比2WD拥有更好的牵引力，将发动机动力输出经传动系统分配到四个轮胎与分配到两个轮胎上做比较，结果是AWD的可控性、通过性以及稳定性均会得到提升，即无论车辆行驶在何种天气以及何种路面（湿地、崎岖山路、弯路）时，驾驶员都能够更好地控制每一个行迹动作，从而保证驾驶员和乘客的安全。目前采用AWD技术的车型主要有奥迪quattro、大众4MOTION、奔驰4MATIC、讴歌SH-AWD等。

适时四驱是指只有在适当的时候才会四轮驱动，而在其他情况下仍然是两轮驱动的驱动系统，即根据车辆的行驶路况自动切换为两驱或四驱模式，不需要人为操作。相比全时四驱，适时四驱的结构简单得多，不仅可以有效地降低成本，而且也有利于降低整车重量。由于适时四驱的特殊结构，它更适合于前横置发动机前驱平台的车型，这使许多基于这种平台打造的SUV有了装配四驱系统的可能。适时四驱的缺点在于，在前后轴传递动力时，会受制于结构本身的缺陷，无法将超过50%以上的动力传递给后轴，这使它在主动安全控制方面没有全时四驱的调整范围那么大；相比分时四驱，它在应对恶劣路面时，适时四驱的物理结构极限偏低。全球采用适时四驱技术的车型大致有两大分支：一分支是以采用瑞典HALDEX公司提供的四驱为代表的欧系车，如大众的途观、帕萨特R36、高尔夫R20、奥迪TT3.2quattro、A3quattro、福特德国的KUGA，路虎的神行者2等；另一分支是以日本JECKT公司提供的四驱为代表的日系车，如丰田的RAV4和汉兰达等。

1.2.3 汽车生产平台

汽车生产平台是指由汽车制造厂商设计的、几个车型共用的产品平台。在汽车刚诞生的初期,汽车的主流生产方式是全手工制造,显然在产能和成本上难以满足普通大众的需求。直到20世纪初,福特公司在制造T型车时创造出影响整个世界工业的生产工艺——流水线。流水线生产方式大幅降低了生产周期和成本,同时降低了售价,使汽车终于走进了千家万户。然而,一条流水线一般只能生产一款汽车。随着社会经济的快速发展和市场需求的快速变化,一个型号的汽车产品生命周期越来越短,一个产品对应一条生产线的生产方式逐渐变得不能适应市场竞争。在20世纪80年代,产生了一种称为"汽车平台"的概念。汽车平台与车辆的基本结构相关,出自于同一平台的不同车辆具有相同的结构要素,例如车门立柱、翼子板、车顶轮廓等。同一平台车型的轴距一般情况下是相同的,同时一些配件是通用的。有时候很多种不同品牌的车在一个平台,而同一品牌的不同年度车型反而不在一个平台。下面介绍几种常见的生产平台。

1. 大众MQB(Modular Querbaukasten)平台(图1.33)

MQB平台取代了原有的PQ25、PQ35和PQ46平台。该模块化平台在大众、奥迪、斯柯达和西雅特这4个品牌中得到极为广泛的应用,并生产从A00、A0、A到B四个级别的车型。涵盖车型:第七代大众高尔夫、第三代奥迪A3、第三代奥迪TT、第三代斯柯达明锐、第三代西雅特Leon。MQB平台的发动机采用横向前置布局,在此基础上可调整轮距、轴距和悬挂,开发出不同车型。不同车型可以通用大量零部件,可共线生产,从而大幅提高了生产灵活性并降低了成本。但是,一旦平台某一款车型的零部件出现问题,将会波及相当数量的车型。

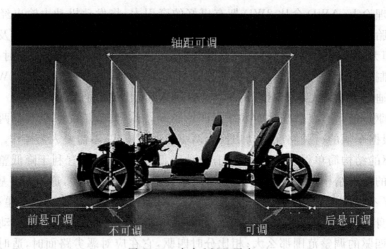

图1.33 大众MQB平台

2. 大众MLB(Modularer L Ngsbaukasten)平台

MLB平台是指纵置发动机模块化汽车生产平台,由奥迪主导研发的这一平台主要用于生产大众集团B、C到D级的轿车、SUV等车型,奥迪A6、Q5和全新Q7等车型都基于此平台开发生产。这一平台最大的特点就是发动机的纵置布局,利于整车的前后配重比,同时纵置发动机更容易与奥迪四驱系统 quattro 中的托森差速器相匹配。

3. 丰田 TNGA(Toyota New Global Architecture)平台

丰田新一代 TNGA 生产平台的架构理念,可以使车辆的成本进一步降低,并拥有更好的性能,全新普锐斯就是 TNGA 平台下的第一款产品。在 TNGA 生产模式下,丰田车系将更加巧妙地共用零部件和总成,并与供应商更紧密地合作来降低成本。丰田自从创立了精益生产模式之后便成为各个厂商效仿的对象,TNGA 形成规模以后,丰田在精益化生产方面又是一次大的进步。雅力士、普锐斯、卡罗拉、凯美瑞、RAV4 乃至普瑞维亚等车型都被囊括在该平台内。在 TGNA 框架下,丰田将开发三个细分底盘平台:B(小型车)、C(中型车)和 K(发动机前置前轮驱动中大型车)。采用上述三种平台打造的车辆将占丰田车辆总产量的 50%。

4. 沃尔沃 SPA(Scalable Platform Architecture)平台

SPA 平台是指大多数沃尔沃车型的汽车生产平台,不论车辆大小和复杂性,可以建在同一条生产线。独有的可扩展平台架构(SPA)有几个平台,共享基本相同的底盘结构、悬架、电气系统和传动系统。现在的车型系列,如沃尔沃 S60、V60 和 XC60 已形成一个集群。联合相同的模块和接口以及可扩展的系统和组件,可为基础的车型系列建立一个灵活的生产体系。新的引擎系列包括四缸汽油和柴油发动机,创新方案还包括全新的 8 速自动变速器和新型飞轮动能回收系统(KERS)。

5. 宝马 CLAR(Cluster Architecture)平台

CLAR 平台是宝马后驱车生产平台,宝马 3、5、7 及其衍生车型都诞生于这个平台,特点是高度轻量化。

6. 宝马 UKL(Untere Klasse)平台

UKL 平台是宝马前驱车生产平台,主要生产 MINI、1 系及其衍生车型,特点是成本低。

7. 奔驰汽车生产平台

奔驰作为高端品牌汽车,也需要通过减少生产平台的数量来严格控制成本,包括共享设备和零部件,提高质量以及缩短新车的生产及上市时间等。为此,奔驰汽车的生产平台从以前的 9 个削减为现在的 5 个。目前仅留下 MFA 前驱平台、MRA 后驱平台、MHA 跨界车型、MSA 运动车型平台以及 SUV 平台,主要平台如表 1.1 所示。

表 1.1 奔驰生产平台

平台	含义	适用车型
MFA	前轮驱动架构	CLA、B 级、GLA 车型
MRA	后轮驱动架构	C 级、GLK 级、E 级、S 级轿车和轿跑也采用该平台的部分零件
MHA	模块化高端架构	GL 级车型
MSA	模块化跑车架构	两门 SL 和 SLK 车型

1.3 汽车行驶原理

要使汽车行驶,必须具备两个基本行驶条件:驱动条件和附着条件。

1. 驱动条件

汽车必须有足够的驱动力以克服各种阻力。

汽车的驱动力来自发动机。发动机发出的转矩经由传动系统传到车轮上变为转矩 M_t,驱动车轮旋转。由此,在驱动轮与地面接触处向地面施加一个力 F_0,其数值为 M_t 与车轮半径 r 之比:

$$F_0 = M_t/r \tag{1-1}$$

与此同时,地面对车轮施加一个与 F_0 数值相等、方向相反的反作用力 F_t(图1.34)。F_t 就是驱动力。

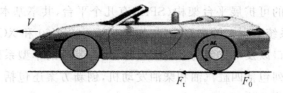

图 1.34 驱动力产生示意图

汽车的行驶总阻力 $\sum F$,包括滚动阻力 F_f、空气阻力 F_w、上坡阻力 F_i 和加速阻力 F_j:

$$\sum F = F_f + F_w + F_i + F_j \tag{1-2}$$

滚动阻力 F_f 主要是由于车轮滚动时轮胎与路面摩擦而产生;空气阻力 F_w 是由于汽车行驶时与其周围的空气相互作用而产生;上坡阻力 F_i 是汽车重力沿坡道向下的分力;F_j 是由于汽车加速惯性而产生。

汽车行驶的过程是驱动力能否克服各种阻力的交替变化过程:

(1) 当 $F_t = \sum F$ 时,汽车匀速行驶;

(2) 当 $F_t > \sum F$ 时,汽车加速行驶,同时空气阻力亦随车速的增大而急剧增大(与车速成平方关系);

(3) 当 $F_t < \sum F$ 时,汽车减速直至停驶。

2. 附着条件

驱动力的最大值一方面取决于发动机可能发出的最大转矩和变速器换入最低挡位时的传动比,另一方面又受轮胎与地面的附着作用限制。

当汽车在平整干硬路面上,车轮的附着作用是由于轮胎与路面存在着摩擦力。这个摩擦力阻碍车轮的滑动,使车轮能够正常地向前滚动并承受路面的反作用力——驱动力。如果驱动力大于摩擦力,车轮与路面之间就会发生滑动。在松软的地面上,除了轮胎与地面的摩擦之外,还有嵌入轮胎花纹凹部的软地面凸起部所起的抗滑作用。由附着作用所决定阻碍车轮滑动的力的最大值称为附着力,用 F_φ 表示。附着力与车轮承受垂直于地面的法向力 G 成正比:

$$F_\varphi = G \cdot \varphi \tag{1-3}$$

式中，G 为附着重力，即汽车总重力分配到驱动轮上的那部分力；φ 为附着系数，随轮胎和路面性质不同而变化，一般由试验确定。

由此可知，附着力是汽车所能发挥驱动力的极限，其表达式为

$$F_t \leqslant F_\varphi \tag{1-4}$$

在冰雪或泥泞的地面上，由于附着力很小，汽车的驱动力受到附着力的限制而不能克服较大的阻力，导致汽车减速甚至不能前进，即使加油门开度或换入低挡，车轮也只会滑转而驱动力不会增大。为了增加车轮在冰雪路面的附着力，可采用特殊花纹的轮胎、镶钉轮胎或在普通轮胎上绕装防滑链。非全轮驱动汽车的附着重力仅为分配到驱动轮上的那一部分总重力，而四轮驱动汽车的附着重力则为全车的总重力，因而其附着力较前者显著增大。

1.4 汽车特征参数与性能指标

1.4.1 汽车的主要特征参数

1. 质量参数

1）整备质量

整备质量即自重，指汽车完全装备好（但不包括货物、驾驶员及乘客）的质量。除了包括发动机、底盘和车身外，还包括燃料、润滑油、冷却水、随车工具和备用轮胎的质量。

2）载质量

货车在硬质、良好的路面上行驶时所允许的最大额定装载质量。客车和轿车的载质量一般以乘坐人数表示，其额定载客人数为车上的额定座位数。

3）总质量

汽车在满载时的总质量，即汽车整备质量与额定载质量之和。

2. 尺寸参数

汽车的主要尺寸参数有车长、车宽、车高、轴距、轮距、前悬、后悬、接近角、离去角和离地距等（图 1.35）。

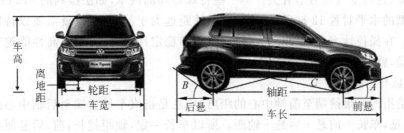

图 1.35 汽车的外形尺寸参数

1）车长

车长是指汽车长度方向两极端点间的距离。车长是对汽车的用途、功能、使用方便性等影响最大的参数，因此一般以车长来划分车身等级。车身长意味着纵向可利用空间大，但过长的车身会给调头、停车造成不便。一般中小型乘用车长 4m 左右，接近 5m 长的可算作大

型车了。按我国有关规定,公路车辆的极限总长是:货车及半挂牵引车≤12m;乘用车及客车≤18m;汽车带挂车≤20m。

2) 车宽

车宽是指汽车宽度方向两极端点间的距离。车宽主要影响乘坐空间和灵活性。对于乘用车,如果要求横向布置的三个座位都有宽阔的乘坐感(主要是足够的肩宽),那么车宽一般都要达到1.8m。近年来,出于对安全性的更高要求,车门壁的厚度有所增加,因此车宽也普遍增加。日本对车宽的限制比较严,大部分在1.8m以内,欧洲车和美国车则倾向增大车宽。但是车身过宽会降低在市区行走、停泊的方便性,因此对于轿车来说,车宽2m是一个公认的上限,接近或超过2m的车都会很难驾驶。按我国有关规定,公路车辆的极限总宽≤2.5m。

3) 车高

车高是指汽车最高点至地面间的距离。车高直接影响重心(操控性)和空间。大部分轿车高度在1.5m以下,与人体的自然坐姿高度相比低很多,主要是出于降低全车重心的考虑,以确保高速拐弯时不会翻车。MPV、面包车等为了营造宽阔的乘坐(头部空间)和载货空间,车身一般比较高(1.6m以上),但随之使整车重心升高,过弯时车身侧倾角度大,这是高车身的一个重大缺陷。此外,在日本和中国香港等国家和地区,大部分的室内停车场都有高度限制,一般为1.6m,这也是确定车高的重要考虑因素。按我国有关规定,公路车辆的极限总高≤4m。

4) 轴距

轴距是指汽车前轴中心至后轴中心的距离。在车长确定后,轴距就是影响乘坐空间最重要的因素,因为绝大多数的两厢和三厢轿车,乘员的座位都是布置在前后轴之间的。长轴距使乘员的纵向空间增大,直接得益的是对乘坐舒适性影响很大的脚部空间。在行驶性能方面,长轴距能提高直路巡航的稳定性,但转向灵活性下降,转弯半径增大。

5) 轮距

轮距是指同一车轴左右轮胎胎面中心线间的距离。轮距直接影响汽车的前后宽度比例。与其他尺寸相比,轮距更受机械布局(尤其是悬挂系统类型)的影响,是造型设计师需要在早期就确定的参数。一般轿车的前轮距比后轮略大(相差10~50mm),即车身前半部比后半部略宽,这与空气动力学有关。但一些特殊布局的汽车,如法拉利的512TR,由于后轴安放了大型的水平对置12缸发动机,使其后轮距远大于前轮距,这就需要以特别的造型设计来配合。在操控性方面,轮距增大,转向极限和稳定性会提高,很多高性能跑车车身叶子板都向外抛,就是为了尽量扩大轮距。

6) 前悬与后悬

前悬是指汽车最前端至前轴中心的距离,后悬是指汽车最后端至后轴中心的距离。由图1.35可见,车长=前悬+后悬+轴距。所以车长一定,轴距越长,前、后悬便越短。最短的悬长可以短至只有车轮,即为车轮半径1/2。一般轿车的悬长不能过短,要考虑机械零件的布局。例如FF轿车,发动机一般会安置在前轴的前方,因此前悬必须有一定的长度。但前悬也不应过长,以确保爬坡通过性,越野车为了保证爬坡、越台的能力,前悬都很短。一些高性能跑车的前后悬取值主要出于对前后重量平衡和动态重心转移的考虑。近年来为了满足严格的正面撞击测试法规,有加长前悬的趋势,目的是容纳车架的撞击缓冲结构。后悬可以比前悬稍长一些。

7) 接近角与离去角

接近角是指汽车前端突出点向前轮引的切线与地面的夹角(图1.35中 A 角)。离去角是指汽车后端突出点向后轮引的切线与地面的夹角(图1.35中 B 角)。接近角和离去角越大,表示汽车的通过性越好。当汽车前端或尾部触及地面而不能通过时,则分别称为触头失效或托起失效(图1.36)。

图1.36 汽车触头失效与托起失效示意图

8) 离地距

离地距是指车体最低点与地面的距离。后驱车的离地最低点一般在后轴中央,前驱车一般在前轴,也有些轿车的离地距最低点在前防撞杆下缘。离地距必须确保汽车在行走崎岖道路、上下坡时的通过性,即保证不刮底。但离地距高也意味着重心高,影响操控性,一般轿车的最低离地距为130~200mm,可满足正常道路状况的使用要求。越野车离地距普遍大于200mm。赛车由于安装了扰流车身部件,并且要降低重心,离地距可以低至50mm,前提是赛车跑道路面平坦。由于汽车与越野地面间的间隙不足而被地面托住、无法通过的情况,称为间隙失效(图1.37)。

9) 纵向通过角

纵向通过角是指车辆满载、静止时,分别通过前、后轮外缘作垂直于汽车纵向对称平面的切平面,当两切平面相交于车底较低部位时的夹角(图1.35中 C 角),这是车辆能通过的最大角度。当汽车中间底部的零部件碰到地面而被顶住时,称为顶起失效(图1.38)。

图1.37 汽车间隙失效示意图

图1.38 汽车顶起失效示意图

1.4.2 汽车的主要性能指标

汽车性能是指汽车满足使用要求的程度,也是衡量汽车好坏的重要指标。通常用来评定汽车性能的指标有动力性、燃油经济性、制动性、操控稳定性、平顺性和通过性等。汽车安全性也是一个非常重要的性能指标,但国内外还没有统一的评定标准。

由于汽车的种类繁多,需要满足的使用要求各不相同,在设计汽车时往往有针对性地满足一两项主要性能而把其他性能放在次要位置。例如,家用经济型轿车需要强调燃油经济性而把动力性放在较次要位置;而跑车则强调动力性而把燃油经济性放在次要位置等。因此,评价一辆汽车性能的优劣,要综合考虑各方面的因素。

1. 动力性

汽车的动力性用汽车在良好的路面上直线行驶时所能达到的平均行驶速度表示。汽是一种高效率的运输工具,运输效率的高低在很大程度上取决于汽车的动力性。所以,动力性是汽车各种性能中最基本、最重要的性能。

从获得尽可能高的平均行驶速度的观点出发,汽车动力性主要用以下三方面的指标来评定:

(1) 汽车的最高车速。最高车速是指在水平良好的路面(混凝土或沥青)上汽车能达到的最高行驶车速。

(2) 汽车的加速时间。加速时间表示汽车的加速能力,它对平均行驶车速有很大影响,特别是轿车,对加速时间更为重视。常用原地起步加速时间和超车加速时间来表示汽车的加速能力。原地起步加速时间是指汽车由 1 挡或 2 挡起步,并以最大的加速强度(包括选择恰当的换挡时机)逐步换至最高挡后某一预定的距离或车速所需的时间。一般常用静止行驶到 1/4mile(1mile=1609.344m)或静止行驶到 400m 所需时间(用 s 作单位)来表示汽车原地起步加速能力;也有用静止加速到 60mile/h 或静止加速到 100km/h 所需时间来表示加速能力。超车加速时间是指用最高挡或次高挡由某一较低车速全力加速至某一高速所需的时间。因为超车时汽车与被超车并行,容易发生安全事故,所以超车加速能力强,并行距离短,行驶就安全。对超车加速能力还没有统一的规定,采用较多的是用最高挡或次高挡由 30km/h 或 40km/h 全力加速行驶至某一高速如 80km/h 或 100km/h 所需的时间。

(3) 汽车能爬上的最大坡度。汽车的上坡能力是用满载(或某一载质量)时汽车在良好路面上的最大爬坡度 i_{max} 表示(如果汽车能爬上角度为 θ 的坡,则 $i_{max} = \tan\theta \times 100\%$)。显然,最大爬坡度是指 1 挡的最大爬坡度。轿车最高车速大,加速时间短,经常在较好的路面行驶,一般不强调它的爬坡能力。货车需要在各种地区的各种道路上行驶,所以必须具备足够的爬坡能力,一般 i_{max} 在 30% 左右。越野汽车要在坏路或无路条件下行驶,因而爬坡能力是一个很重要的指标,其最大爬坡度可达 60% 左右。

2. 燃油经济性

在保证动力性的前提下,汽车以尽可能少的燃油消耗量经济行驶的能力,称作汽车的燃油经济性。

汽车的燃油经济性常用一定运行工况下汽车行驶百公里的燃油消耗量或一定燃油量汽车行驶的里程来衡量。在我国及欧洲,燃油经济性指标的单位为 L/100km,即行驶 100km 所消耗的燃油体积数(L),该数值越大,汽车燃油经济性越差。美国为 MPG(mile/gallon,1gallon=3.785L),即每加仑燃油行驶的里程数,这个数值越大,汽车燃油经济性越好。MPG 与 L/100km 换算方式为 235/MPG 数。例如,一辆车 MPG=25,那么用 235 除以 25,等于 9.4,换算成 L/100km 就是 9.4L/100km。日本汽车的油耗测试单位是 km/L,表示每升油能够跑多少公里,该数值越大,表示燃油效率越高,车辆油耗越经济。

燃油消耗量的测试方法,有流量计法和碳平衡法两种。流量计法是在发动机油管上串联流量计,需要拆、装发动机供油管路来直接测量消耗了多少燃油。碳平衡法则是通过元素守恒的原理,通过测量汽车排气流量和含碳气体浓度,来测算消耗的燃油量。碳平衡法虽然是间接测算,但是只需将仪器管路与排气管对接即可测量,而且具有较高的准确率。因此,碳平衡法是目前主流的油耗测量方法。

工况燃油消耗量的测量要求车辆的运行状态良好,一般要求车辆经过 3000km 的磨合期且车辆的行驶里程不能超过 15000km 才可以进行试验,测试期间不开启空调。测试过程共分为两步:第一步,在标准环境下的平直路面测试车辆不同时速下的行驶阻力,以便在后面转毂试验中模拟行驶阻力,更加贴合实际情况。一般情况下,将车辆加速至150km/h,随后空挡滑行,使用V-BOX仪器测试其行驶阻力。第二步,在底盘测功机上接好仪器后,按照测试工况要求驾驶车辆,测得燃油消耗量,同时保证车前方有变速风机模拟行驶时的气流,主要是为了给发动机进气和冷却系统提供"冷空气"。

对于传统内燃动力乘用车及商用车,根据测量得到的燃油消耗量与测试过程车辆行驶里程的比值,即可得到一定运行工况下汽车行驶百公里的燃油消耗量。对于轻型混合动力电动汽车,根据GB/T 19753—2005《轻型混合动力电动汽车能量消耗量试验方法》的要求,混合动力汽车燃油消耗量的计算方法如下:

平均燃油消耗量=(纯电行驶里程×纯电行驶燃油消耗量+25km×电池用光后燃油消耗量)/(纯电行驶里程+25km)

其中,平均燃油消耗量就是前面提到的百公里综合燃油消耗量。

如果纯电燃油消耗量为0,那么上述公式就简化为:

平均燃油消耗量=(25km×电池用光后燃油消耗量)/(纯电行驶里程+25km)

等速行驶百公里燃油消耗量是常用的一种评价指标,指汽车在一定载荷(我国标准规定轿车为半载、货车为满载)下,以最高挡在水平良好路面上等速行驶100km的燃油消耗量。先测出每隔10km/h或20km/h速度间隔的等速百公里燃油消耗量,然后在图上连成曲线,称为等速百公里燃油消耗量曲线。

等速行驶工况并没有全面反映汽车的实际运行情况,特别是在市区行驶中频繁出现的加速、减速、怠速以及停车等行驶工况。因此,在对实际行驶车辆进行跟踪测试统计的基础上,各国都制定了一些典型的循环行驶试验工况模拟实际汽车运行状况。

世界上关于轻型车排放油耗试验的试验工况主要有三个,分别为新欧盟测试循环NEDC(New European Driving Cycle)工况(图1.39)、美国环保署联邦测试循环工况FTP-75(图1.40)以及日本JC08工况(图1.41)。三种工况的适用范围有所不同,NEDC工况主要在欧洲、中国、澳大利亚等国家使用;FTP-75工况主要在美国、加拿大、南美等国家使用;JC08工况主要在日本使用。三种工况有着不同的标准,同一辆车经过三种循环工况测试,最终数据也会不同。较新的测试有世界统一轻型车测试循环(WLTC),见图1.42。

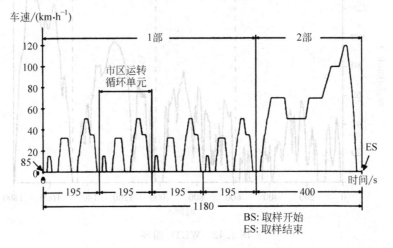

图1.39 NEDC测试工况

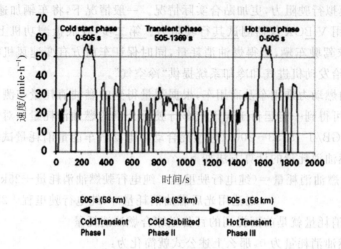

图 1.40　FTP-75 测试工况

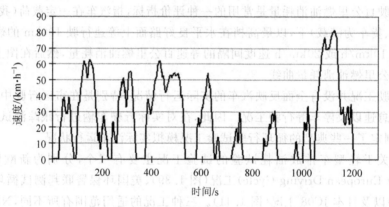

图 1.41　JC08 测试工况

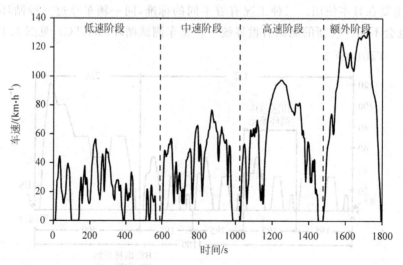

图 1.42　WLTC 循环

近些年,全球加强了汽车排放限制,摒弃了 NEDC 测试工况,采用全新的"世界轻型车测试程序"(WLTP),该测试工况在 2020 年前后得到实施。

3. 制动性

汽车行驶时能在短距离内停车且维持行驶方向的稳定性,在下长坡时能维持一定车速的能力,以及在一定坡道上能长时间停车不动的驻车性能,称为汽车的制动性。汽车的制动性也是汽车的主要性能之一。

汽车的制动性主要由下列三方面指标来评价:

(1) 制动效能。指在良好路面上,汽车以一定初速制动到停车的制动距离或制动时汽车的减速度,它是制动性能最基本的评价指标。制动距离与汽车的行驶安全有直接的关系,是指汽车空挡时以一定初速,从驾驶员踩着制动踏板开始到汽车停止为止所驶过的距离。制动距离与制动踏板力以及路面附着条件有关。制动减速度反映了地面制动力,因此它与制动器制动力(车轮滚动时)及附着力(车轮抱死拖滑时)有关。由于汽车的动力性存在差异,对制动效能的要求也就不同,一般轿车、轻型货车的行驶速度高,所以要求其制动效能也高;而重型货车行驶速度相对较低,其制动效能的要求也就稍低一些。

(2) 制动效能的恒定性,即抗热衰退性能。是指汽车高速行驶或下长坡连续制动时制动效能能保持的程度。因为制动过程实际上是把汽车行驶的动能通过制动器吸收转换为热能,所以制动器温度升高后,摩擦力矩将显著下降,这种现象就称为制动器的热衰退。制动器温度升高后,能否保持冷态时的制动效能,已成为设计制动器时要考虑的一个重要问题。此外,涉水行驶后,制动器还存在水衰退问题。

(3) 制动时的方向稳定性。是指制动时汽车不发生跑偏、侧滑以及失去转向能力的性能,常用制动时汽车按给定路径行驶的能力来评价。若制动时发生跑偏、侧滑或失去转向能力,则汽车将偏离原来的路径。一般把汽车在制动过程中维持直线行驶或按预定弯道行驶的能力称为制动时汽车的方向稳定性。在试验时常规定一定宽度的试验通道(如 1.5 倍车宽或 3.7m),制动时方向稳定性合格的车辆在试验过程中不允许产生不可控的效应使它离开这条通道。

汽车的制动性主要通过路上试验来评定。一般要测定冷制动及高温下汽车的制动距离、制动减速度、制动时间等参数。另外,还要测定在转弯与变更车道时汽车制动的方向稳定性。

4. 操控稳定性

汽车的操控稳定性是指在驾驶者不感到过分紧张、疲劳的条件下,汽车能遵循驾驶者通过转向系及转向车轮给定的方向行驶,且当遭遇外界干扰(比如侧向力、转弯向心力等)时,汽车能抵抗干扰而保持稳定行驶的能力。

随着道路条件的不断改善,特别是现代高速公路的发展,汽车以 100km/h 或更高车速行驶的情况是常见的。现代轿车的设计最高车速一般超过 200km/h,有的运动型轿车甚至超过 400km/h。汽车的操控稳定性不仅影响到汽车驾驶的操控方便程度,也是决定高速汽车安全行驶的一个主要性能,所以人们称之为"高速车辆的生命线"。

汽车操控稳定性涉及的问题较为广泛,需要采用较多的物理参量从多方面来进行评价。常用汽车的稳定转向特性来评价。转向特性包括不足转向、过度转向以及中性转向三种状况。不足转向特性的汽车,在固定方向盘转角的情况下绕圆周加速行驶时,转弯半径会增大;过度转向特性的汽车转弯半径则会逐渐减小;中性转弯特性的汽车则转弯半径不变。由于过度转向特性的汽车在转弯时容易发生剧烈的回转,从而导致翻车事故的发生,因此在汽车设计中要尽量杜绝汽车具有过度转向特性。汽车的转向特性与汽车的前后桥轴荷分配、轮胎和悬架种类以及转向结构形式等有关。易操控的汽车应当有适当的不足转向特性,以防止汽车出现甩尾现象。

5. 行驶平顺性

汽车行驶时,路面不平以及发动机、传动系和车轮等部件旋转会激发汽车的振动。通常,路面不平是汽车振动的基本输入。因此,平顺性主要是指路面不平引起的汽车振动,频率范围为 0.5~25Hz。

平顺性主要是保持汽车在行驶过程中产生的振动和冲击环境,对乘员舒适性的影响在一定界限之内,因此,平顺性主要根据乘员主观感觉的舒适性来评价,对于载货汽车还包括保持货物完好的性能。由于平顺性主要是根据乘坐的舒适度来评价的,所以又称为乘坐舒适性。

6. 通过性(越野性)

汽车的通过性(越野性)是指汽车能以足够高的平均车速通过各种坏路和无路地带(如松软地面、凹凸不平地面等)及各种障碍(如陡坡、侧坡、壕沟、台阶、灌木丛、水障等)的能力。

通过性主要取决于地面的物理性质及汽车的结构参数和几何参数。同时,它还与汽车的其他性能,如动力性、平顺性、机动性、稳定性等密切相关。

与间隙失效有关的汽车整车几何参数,称为汽车的通过性几何参数。例如,最小离地间隙、纵向通过半径、横向通过半径、接近角、离去角等(参见 1.4.1 节)。

1.5 汽车分类与编号

1.5.1 国内汽车的分类

1. 依据 GB/T 9417—1988《汽车产品型号编制规则》分类

在过去相当长的时间里,我国是根据 GB/T 9417—1988《汽车产品型号编制规则》将汽车划分为 8 大类。

(1) 载货汽车。依据公路运行时厂定最大总质量(GVW)划分为:微型货车($GVW \leqslant 1.8t$);轻型货车($1.8t < GVW \leqslant 6t$);中型货车($6.0t < GVW \leqslant 14t$);重型货车($GVW > 14t$)。

(2) 越野汽车。依据越野运行时厂定最大总质量划分为:轻型越野汽车($GVW \leqslant 5t$);中型越野汽车($5t < GVW \leqslant 13t$);重型越野汽车($13t < GVW \leqslant 24t$);超重型越野汽车($GVW > 24t$)。

(3) 自卸汽车。依据公路运行时厂定最大总质量划分为:轻型自卸汽车($GVW \leqslant 6t$);中型自卸汽车($6t < GVW \leqslant 14t$);重型自卸汽车($GVW > 14t$)。

(4) 牵引车。包括半挂牵引车、全挂牵引车。

(5) 专用汽车。包括厢式汽车、罐式汽车、起重举升汽车、仓棚式汽车、特种结构式汽车、专用自卸汽车。

(6) 客车。依据车长(L)划分为:微型客车($L \leqslant 3.5m$);轻型客车($3.5m < L \leqslant 7m$);中型客车($7m < L \leqslant 10m$);大型客车($10m < L \leqslant 12m$)和特大型客车(铰接和双层客车)。

(7) 轿车。依据发动机排量（V）划分为：微型轿车（V≤1L）；普通轿车（1L<V≤1.6L）；中级轿车（1.6L<V≤2.5L）；中高级轿车（2.5L<V≤4L）；高级轿车（V>4L）。

(8) 半挂车。依据公路运行时厂定最大总质量划分为：轻型半挂车（GVW≤7.1t）；中型半挂车（7.1t<GVW≤19.5t）；重型半挂车（19.5t<GVW≤34t）；超重型半挂车（GVW>34t）。

汽车型号由汉语拼音和阿拉伯数字组成，如图1.43所示。包括如下三部分。

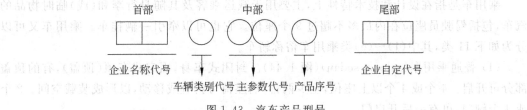

图1.43 汽车产品型号

(1) 首部：企业名称识别代码，由2个或3个汉语拼音字母组成，如CA（一汽）、EQ（二汽）、SH（上海）、BJ（北京）、HG（广本）等。

(2) 中部：由4位阿拉伯数字组成，分为首位、中间两位和末位数字3部分，其含义见表1.2。

表1.2 汽车型号中部4位阿拉伯数字的含义

首位数字1~9表示车型类别		中间2位数字表示各类汽车的主要特征参数	末位数字
1	载货汽车		
2	越野汽车		
3	自卸汽车	数字表示汽车的总质量①（t）	
4	牵引汽车		
5	专用汽车		表示企业自定代号
6	客车	数字×0.1m表示车辆总长度②	
7	轿车	数字×0.1L表示发动机工作容积（排量）	
8	（暂缺）		
9	半挂车或专用半挂车	数字表示汽车的总质量（t）	

注：① 汽车总质量超过100t，允许用3位数字；
② 汽车总长度大于10m，数字×1m。

(3) 尾部：由拼音字母或加上阿拉伯数字组成，可表示变型车与基本型的区别或专用汽车的分类。

例如，CA7200为中国第一汽车集团公司生产的轿车，发动机排量为2.0L，第一代产品。BJ2020SJ为北京汽车制造厂生产的越野汽车，厂定总质量为2t，第一代产品。EQ1092为东风汽车公司生产的载货汽车，厂定总质量为9t，第三代产品。

2. 依据GB/T 3730.1—2001《汽车和挂车类型的术语和定义》分类

我国原有的车型分类较模糊，如轿车原意是一个轿子装上四个轮子，形象化但不准确。国际上没有"轿车"这个叫法，而且轿车和客车之间概念不清。这些都给汽车工业的管理和数据统计带来一定的麻烦。从2004年起，我国开始实行GB/T 3730.1—2001《汽车和挂车类型的术语和定义》对汽车重新进行分类,此分类与联合国欧洲经济委员会发布的ECE. R. E3一致。

新的车辆分类标准将汽车按照用途分为两大类,即主要作为私人代步工具的乘用车和以商业运输为目的的商用车。

1) 乘用车(passenger car)

乘用车是指在设计和技术特性上,主要用于载运乘客及其随身行李和(或)临时物品的汽车,包括驾驶员座位在内最多不超过9个座位。它也可以牵引一辆挂车。乘用车又可以分为如下11类,其中(1)~(6)类乘用车俗称轿车。

(1) 普通乘用车(saloon, sedan)(图1.44)。封闭式车身,固定式车顶(顶盖),有的顶盖部分可开启。4个或4个以上座位,至少两排,后座椅可折叠或移动,以形成装载空间。2个或4个侧门,可有一后开启门。

图1.44 普通乘用车

(2) 活顶乘用车(convertible saloon)(图1.45)。具有固定侧围框架可开启式车身,车顶为硬顶或软顶。至少有两个位置:封闭和开启或拆除。可开启式车身可以通过使用一个或数个硬顶部件和(或)合拢软顶将开启的车身关闭。4个或4个以上座位,至少两排。2个或4个侧门。4个或4个以上侧窗。

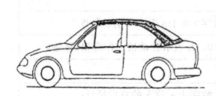

图1.45 活顶乘用车

(3) 高级乘用车(pullman saloon, pullman sedan, executive limousine)(图1.46)。封闭式车身,前后座之间可以设有隔板,固定式硬车顶,有的顶盖一部分可开启。4个或4个以上座位,至少两排,后排座椅前可安装折叠式座椅。4个或6个侧门,也可有一个后开启门。6个或6个以上侧窗。

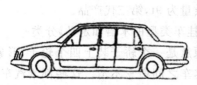

图1.46 高级乘用车

(4) 小型乘用车(coupe)(图1.47)。封闭式车身,通常后部空间较小。固定式硬车顶。有的顶盖一部分可开启。2个或2个以上的座位,至少一排。2个侧门,也可有一个后开启门。2个或2个以上侧窗。

图1.47 小型乘用车

(5) 敞篷车(convertible,open tourer,roadster,spider)(图1.48)。可开启式车身,车顶可为软顶或硬顶,至少有两个位置:第一个位置遮覆车身;第二个位置车顶卷收或可拆除。2个或2个以上的座位,至少一排。2个或4个侧门。2个或2个以上侧窗。

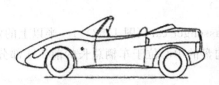 

图1.48 敞篷车

(6) 舱背乘用车(hatchback)(图1.49)。封闭式车身,固定式硬车顶,有的顶盖一部分可以开启。4个或4个以上的座位,至少两排。后座椅可折叠或可移动,以形成一个装载空间。2个或4个侧门,车身后部有一舱门。

图1.49 舱背乘用车

(7) 旅行车(station wagon)(图1.50)。封闭式车身,车尾外形可提供较大的内部空间,固定式硬车顶,有的顶盖一部分可以开启。4个或4个以上的座位,至少两排,座椅的一排或多排可拆除,或装有向前翻倒的座椅靠背,以提供装载平台。2个或4个侧门,并有一后开启门。4个或4个以上侧窗。

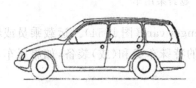 

图1.50 旅行车

(8) 多用途乘用车(multi-purpose passenger car)(图 1.51)。

图 1.51　多用途乘用车

上述(1)~(7)车辆以外的,只有单一车室载运乘客及其行李或物品的乘用车归入多用途乘用车。但是,如果这种车辆同时具有下列两个条件,则不属于乘用车而属于货车:

① 除驾驶员以外的座位数不超过 6 个;只要车辆具有可使用的座椅安装点,就应算座位存在。

② $P-(M+N\times 68) > N\times 68$

式中,P 为最大设计总质量;M 为整车装备质量与 1 位驾驶员质量之和;N 为除驾驶员以外的座位数。

(9) 短头乘用车(forward control passenger car)(图 1.52)。一半以上的发动机长度位于车辆前风窗玻璃最前点以后,并且方向盘的中心位于车辆总长的前 1/4 部分内。

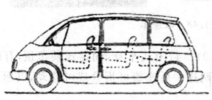

图 1.52　短头乘用车

(10) 越野乘用车(off road passenger car)(图 1.53)。在其设计上所有车轮同时驱动(也包括一个驱动轴可以脱开的车辆),其几何特性(接近角、离去角、纵向通过角、最小离地间隙)、技术特性(驱动轴数、差速锁止机构或其他形式机构)和其他性能(爬坡度)允许在非道路上行驶的一种乘用车。

图 1.53　越野乘用车

(11) 专用乘用车(special purpose passenger car)(图 1.54)。运载乘员或物品并完成特定功能的乘用车,它具备完成特定功能所需的特殊车身和(或)装备,如旅居车、防弹车、救护车、殡仪车等。

 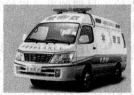 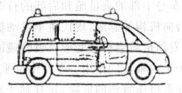

图 1.54 专用乘用车

2．商用车（commercial vehicle）

商用车是指在设计和技术特性上用于运送人员和货物的汽车，并且可以牵引挂车，乘用车不包括在内。

1) 客车（bus）

客车是指在设计和技术特性上用于载运乘客及其随身行李的商用车辆，包括驾驶员座位在内座位数超过9座。客车有单层的或双层的，也可牵引一挂车。客车又分为小型客车、城市客车、长途客车、旅游客车、铰接客车、无轨电车、越野客车、专用客车等。

2) 半挂牵引车（semitrailer towing vehicle）

半挂牵引车是指装备有特殊装置用于牵引半挂车的商用车辆。

3) 货车（goods vehicle）

货车是一种主要为载运货物而设计和装备的商用车辆。货车又分为普通货车、多用途货车、全挂牵引车、越野货车、专用作业车、专用货车等。

3．依据 GB/T 15089—2001《机动车辆及挂车分类》进行分类

将道路上使用的汽车、挂车及摩托车等机动车辆，分为 L 类、M 类、N 类、O 类和 G 类。我国关于汽车排放污染物限值和测量方法等国家标准采用这种分类方法。

(1) L 类：两轮或三轮机动车辆（不属于汽车范畴）。

(2) M 类：至少有四个车轮并且用于载客的机动车辆。

① M_1 类：包括驾驶员座位在内，座位数不超过9座的载客车辆。M_1 类汽车对应于乘用汽车。

② M_2 类：包括驾驶员座位在内，座位数超过9个，且最大设计总质量不超过5000kg的载客车辆。

③ M_3 类：包括驾驶员座位在内，座位数超过9个，且最大设计总质量超过5000kg的载客车辆。

(3) N 类：至少有四个车轮且用于载货的机动车辆。

① N_1 类：最大设计总质量不超过3500kg的载货车辆。N_1 类汽车对应于轻型载货汽车。

② N_2 类：最大设计总质量超过3500kg，但不超过12000kg的载货车辆。

③ N_3 类：最大设计总质量超过12000kg的载货车辆。

(4) O 类：挂车（包括半挂车）。

(5) G 类：越野车。

4．其他分类方法

1) 根据车身结构分类（针对乘用车）

(1) 三厢车（图1.55）。车身结构由三个相互封闭、用途各异的车厢组成，即前部的发动

机舱、车身中部的乘员舱和后部的行李舱。早期的发动机舱只是用来安置轿车发动机、变速器及转向机构等总成,现代轿车发动机舱还具有被动安全的作用。当轿车发生意外正面碰撞时,发动机舱会折皱变形以吸收碰撞产生的巨大能量,减少碰撞对车内外人员的冲击,起到保护车内乘员的作用。车身中部乘员舱设计坚固、刚性大,可以减少碰撞和翻滚的冲击时车厢变形挤压致伤的危险,并有利于车祸后顺利打开车门逃生。优点:三厢车整体隔音效果要好于两厢车;三厢车的车尾部在发生后撞击过程中,整体吸能效果更好,更有利于保护后排乘坐人员的安全;根据空气动力学的原理,三厢车在高速运行过程中更加稳定;三厢车后尾部密封要强于只有一个隔板的两厢车。缺点:三厢车车身较长,在交通拥挤的大城市行驶和停泊都不方便。

图 1.55　三厢车与两厢车的差异

(2) 两厢车。两厢车前部与三厢车没有区别,作用也一样。不同之处是,两厢车将乘员舱近似等高向后延伸,把行李舱和乘员舱合为一体,使其减少为发动机舱和乘员舱两厢。两厢车尾部有宽大的后车门,具备了使用灵活、用途广泛的特点。放倒(平)后排座位,就可以获得比三厢车大得多的载物空间。两厢车又被称为仓背乘用车。

(3) 单厢车。单厢车其实是面包车(厢式车)的高级变种。面包车空间较大,既可载客,也可拉货,很实惠。但这种车也有个致命的缺点,就是没有单独的发动机舱,在发生正面撞击时没有缓冲。由于严格的安全法规要求,除日本外,北美和欧洲已禁止生产这种原始形态的单厢车。但受该车型的启发,结合两厢车和面包车的特点,产生出了颇具魅力的新型单厢车。与典型的两厢车相比,这种单厢车的高度更高(一般为 1.6m),而两厢车与一般三厢轿车高度一致(约为 1.4m)。单厢车虽然也有前突的车鼻,但发动机舱与乘员舱的构架是连贯一体的。单厢车的优点:内部空间增大,脚部和头部空间更充裕。世界上最成功的单厢车是雷诺风景和雪铁龙毕加索(图 1.56)。

2) 根据动力装置形式分类

(1) 内燃机汽车:最常见的汽车,如汽油车和柴油车。还有替代燃料内燃机汽车,如 LPG 车、CNG 车、甲醇车、乙醇车等。

(2) 电动汽车:动力装置是驱动电机,一般用蓄电池或燃料电池给电机供电。

(3) 混合动力汽车:由内燃机和电机联合提供动力的汽车。

3) 根据行驶道路条件分类

(1) 道路(on-road)用车:行驶在道路和等级公路的汽车。道路用车的长度、宽度、高

图 1.56 雪铁龙毕加索

度、单轴负荷等均受交通法规的限制。

（2）非道路（off-road）用车。有两类：一类是车辆的外廓尺寸、单轴负荷等参数超出了法规限制而不适于公路行驶，如矿山、机场、工地等专用车；另一类是既能在非公路地区，又可在公路上行驶的越野汽车。

1.5.2 国外汽车的分类

国际上通常将汽车分为两大类：一类是乘用车，另一类是商用汽车。乘用车主要是指轿车，一般也将与轿车近似的汽车，如轿车的各种变型车、轻型越野车等也包括在乘用车内。乘用车以外的汽车统称为商用汽车，一般分为三类：载货汽车、载客汽车和特种汽车。这与我国现有的汽车分类标准 GB/T 3730.1—2001 是一致的。目前，国际上并没有统一的汽车分类标准，各大汽车公司都是按照自己的一套分级体系对汽车进行分类的。下面列举欧洲、美国和日本等汽车公司有关乘用车的分类情况。

1. 德国大众汽车公司

大众在推广平台战略时，将车型平台按照大小和定位，分成 A_{00} 级、A_0 级、A 级、B 级、C 级、D 级 6 个级别，如表 1.3 所示。A 级（包括 A_0 级、A_{00} 级）车是指小型乘用车；B 级车是中档乘用车；C 级车是高档乘用车；D 级车是豪华乘用车，其等级划分主要依据轴距、排量、重量等参数，字母顺序越靠后，表示该级别车的轴距越长、排量和重量越大，车的豪华程度也越高。

表 1.3 大众轿车分级标准

级别	微型	小型	普通	中挡	高挡	豪华
	A_{00}	A_0	A	B	C	D
排量/L	<1.0	1.0～1.3	1.3～1.6	1.6～2.0	2.0～2.5	2.5～3.0
总长/m	3.3～3.7	3.7～4.0	4.0～4.2	4.2～4.45	4.45～4.8	4.8～5.2
轴距/m	2.0～2.2	2.2～2.3	2.3～2.45	2.45～2.6	2.6～2.8	2.8～3.0
自重/kg	<680	680～800	800～970	970～1150	1150～1380	1380～1620

国内一般把 A_{00} 级、A_0 级、A 级、B 级、C 级、D 级分别称为微型车、小型车、紧凑型车、中型车、中大型车、豪华车。

随着车型的增加以及价格、款式、配置选择越来越多样化,A级、B级、C级、D级车的边缘交叉会越来越多。尤其是小排量增压发动机的广泛使用以及市场的需求定位,传统的排量、车身长度以及轴距已经不能很好地区分汽车的级别。如D级豪华车BWM730采用2.0T发动机,B级车新款君越车长超5m,轴距达到2.9m。因此,乘用车的分级不应过于僵化看待,它只是给出了一个大致的级别范围。

2. 德国奥迪汽车公司

奥迪的产品序列可以准确地分为三条主线:A/Q系列、S系列和RS/R系列,旗舰车型R8则是奥迪RS/R系列的顶级产品。

A系:注重舒适性与节油性,代表车型有A1、A3、A4、A5、A6、A7、A8等。

Q系:奥迪的SUV系列,代表车型有Q3、Q5、Q7等。

TT:奥迪公司开发的一款跑车,1998年首次上市。

S系列:该系列与A系量产车共用生产线,属于普通车型的运动版。从A3到A8,Q3、Q5、Q7全部都拥有自己的S版本。S系列车型虽然有着与其量产车相似的外形,但在动力和调校方面却完全不同。在定位上,S系列定位仅次于RS/R,代表车型有S3、S5、S6、S7、S8、TTS、SQ5等。

RS/R系列:RS系列的外观设计与普通车型A/Q系列形似,但不共用生产线。全系列产品特别搭载了quattro部门研发打造的大功率发动机,从而拥有出众的高性能,成为奥迪的旗舰车型,最新一代quattro系统是标配,而强劲的动力才是其最大的亮点。代表车型有RS3、RS5、TTRS等。R8作为quattro部门的顶级车辆,体现了奥迪顶尖的造车技术,承担了RS/R系列车型的领头羊角色。

3. 德国奔驰汽车公司

2014年,奔驰官方正式公布了旗下车型的全新命名方式(图1.57),新命名规则主要目的之一是为新增的SUV产品进行梳理,让用户更好地理解定位。

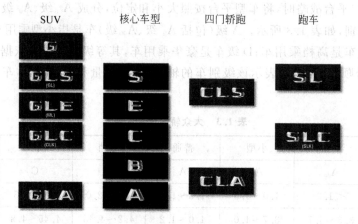

图1.57 奔驰汽车新命名方式

横轴从左向右:Off-road vehicle/SUV(越野车),Core model(核心车型),Coupe(掀背/轿跑),Roadster(敞篷/跑车);纵轴从下到上:A class(紧凑级),B class(MPV),C class(中型车),E class(行政级车),S class(豪华车)。基本上,SUV/轿跑的末位字母(比如GLA的A)表示该车型的定位,同核心车型中相应车型的定位相当。

奔驰车型之后的数字代表动力系统总成,总的来看就是1.6T、2.0T、3.0T高低功率三大主线(表1.4)。以前数字代表排量,如S600搭载排量6.0L的发动机。目前奔驰全系列产品大部分车型都已经完成新的动力系统匹配,因此车型后面的数字代表动力水平基本统一。260代表是2.0T高功率版,320代表3.0T低功率版,400代表3.0T高功率版,400H代表3.5LV6自吸混合动力版,500代表4.7T V8动力系统,600代表6.0T V12版本。随着动力系统总成的更新,未来奔驰车系数字代表意义可能出现变化。

表 1.4 奔驰车型动力系统信息

数字	发动机	车型
180	1.6T,122马力(1马力≈735W)	A180、B180
180、200	1.6T,156马力	A200、B200、GLA200、C180L
180	2.0T,170马力	E180L
200	2.0T,184马力	C200L、E200L、GLK200
260	2.0T,211马力	A260、B260、CLA260、GLA26、C260L、E260L、GLK260
320	3.0T,272马力	E320L、S320L、ML320
		R320
350	3.0T,258马力(柴油版)	ML350、GL350
400	3.0T,333马力	E400L、S400L、ML400、GL400、R400
400H	3.5L,306马力 V6	E400L Hybrid、S400L HYBRID
500	4.7T,435马力 V8	S500L、GL500
600	6.0T,530马力 V12	S600L

除了表1.4所示的系列以外,奔驰还有AMG系列产品。AMG是奔驰旗下的专业改装公司,其产品性能对应奥迪RS系列与宝马M系列车型。"一人一机"的打造理念是AMG公司所秉承的、独有的品牌哲学,从发动机制造开始到组装完成的全部过程都由一位工程师负责。尽管有尖端的设备辅助,但相当部分的工作必须由有丰富经验的工程师手工打造和组装完成。最后,刻有这位工程师签名的铭牌将被安装在这台发动机最明显的位置。新款AMG车型体系如表1.5所示。常见的45AMG为2.0T,直列4缸,涡轮增压,最大功率为360马力(有些版本调校为375马力),最大扭矩为450N·m,也是名字中45的来源。CL、CLS、E、S、SL、M、G、GL用的是5.5L V8双涡轮增压发动机,新款C63、AMG GT用的是4.0L V8双涡轮增压。S65、SL65、G65采用的是6.0L V12双涡轮增压发动机,最大功率为630马力,最大扭矩为1000N·m。

表 1.5 奔驰AMG车型信息

AMG版本	发动机	车型
45 AMG	2.0T,360马力	A45 AMG、CLA45 AMG、GLA45 AMG
AMG GT	4.0T,V8,463,510马力	AMG GT、AMG GTS

续表

AMG 版本	发动机	车型
63 AMG	5.5T,V8,525,537,544,558,585 马力	ML63 AMG、SL63 AMG、G63 AMG、CLS63 AMG/GL63 AMG、S63 AMG
65 AMG	6.0T,V12,612,630 马力	G65 AMG、S65 AMG

奔驰车系最后一个字母含义如下：c 代表天然气车型；d 代表柴油版车型；h 代表混动车型；e 代表插电式混动以及纯电动车型；f 代表燃料电池车型；4MATIC 代表四驱车型。

4. 德国宝马汽车公司

德国宝马汽车公司全名为"巴伐利亚发动机制造厂"(BMW)。按照现在的宝马产品分类，第 1 位数字代表车型：

4 门版 Sedan：包括 1 系、3 系、5 系、7 系。

2 门版 Coupe：包括 2 系、4 系、6 系、8 系。其中 4 系 GC 与 6 系 GC 虽然是四门，但是是在原 Coupe 车型上衍生而来，因而依旧归为 Coupe 车型。

严格意义上来说，宝马并没有 SUV 车型，但是宝马自己重新定义了自己的车型系列——SAV(Sport Activity Vehicle)高性能运动多功能车，既拥有 SUV 的良好通过性、空间实用性，也拥有轿跑车型优异的动力操控以及房车的豪华质感，包括 X1、X3、X5、X7 等车型。还有 SAC(Sport Activity Coupe)高性能全能轿跑车，包括 X2、X4、X6 等车型。

第 2、3 位数字以前代表的是发动机排量，如老款 320、520 为四缸 2.0L 发动机，325、525 为 6 缸 2.5L 发动机，330、530 为 6 缸 3.0L 发动机。进入涡轮时代后，这两位数字意义发生了变化。现款 320、328、525、528 都是 4 缸 2.0L，只是在功率上有高低之分。而原来 6 缸 3.0 增压发动机为数字 35（如 2016 款 535），换装 B 系列发动机后改成了 40（如 2018 款 540）。同样，随着动力系统总成的更新，未来宝马车系数字代表意义也将出现变化。

宝马车型第 4、5 位的字母意义：

C=coupe，早期的 318Ci。

d=柴油版本，如 330d、550d。

e=插电混动版本，如 530Le、740Le。

Active Hybrid=油电混合动力，如 Active Hybrid 5、Active Hybrid 7。

i=injection，通常指汽油版，如 320i、535i。

L=长轴距版，如 320Li、760Li。

M=出现在最后的 M，表示安装了 M 运动套件，主要是外观的变化，如 320iM、328iM。

GT=大型旅行车，如 535GT、320GT。

CSL=轻量化版本，如 M3 CSL。

xDrive=四轮驱动，如 320Li xDrive。

GTS=Grand Touring Sport，运动超跑，代表车型中最高性能，如 M3 GTS、M4 GTS。

M 系列(M Power)：宝马的 M 公司是集团内的性能车部门，M 车型代表着非凡的运动特性、专属性与高超工艺，与奔驰 AMG、奥迪 RS 相媲美。M 车型的发动机、底盘、变速箱都经过重新调校，如 M3、M5、X6M 等。

另外还有一部分车型,同样 M 在前,但数字却是 3 位,例如 M135i、M760Li xDrive,通过 M 部门打造、重新调校,比普通车型性能要高出不少,价格却又非常亲民,这部分车型称为 M Performance 车型,地位仅次于 M Power 车型,与奥迪 S 系列和奔驰 43AMG 系列车型类似。

5. 法国标致汽车公司

标致于 1929 年起采用新的命名体系。"201"开创了中间数字为 0 的三位数字命名法先河,其中第一位数字与车长相关,最后一位是年代顺序,0 在中间补位,永恒不变。三位数字衍生出多种组合。标致已经将 101～909 的数字组合全部注册为它的汽车商标。

6. 美国通用汽车公司

通用轿车分级标准是以轴距大小作为分级原则(表 1.6),一般将轿车分为 6 级,它综合考虑了车型尺寸、排量、装备和售价。它的 Mini 相当于我国的微型车;Small 和 Low-mid 两个级别相当于普通型轿车;Interm 相当于中级轿车;Upp-mid 对应中高级轿车;Large/Lux 则为高级轿车。

表 1.6 美国轿车分级标准

序 号	级 别	轴距/mm
1	微型轿车	<2515
2	次小型轿车	2516～2642
3	小型轿车	2643～2743
4	中型轿车	2744～2845
5	大型轿车	>2845

7. 美国特斯拉汽车公司

特斯拉(Tesla)是一家美国电动车及能源公司,产销电动车、太阳能板及储能设备。特斯拉第一款汽车产品 Roadster 发布于 2008 年,为一款两门运动型跑车。2012 年,特斯拉发布了其第二款汽车产品 Model S——一款四门纯电动豪华轿跑车。第三款汽车产品为 Model X,豪华纯电动 SUV,于 2015 年 9 月开始交付。特斯拉的最新一款汽车为 Model 3,大众化纯电动轿车,首次公开于 2016 年 3 月,并于 2017 年末开始交付。特斯拉于 2017 年发布了全电动半挂式卡车 Semi,以及第二代跑车 Roadster。其中 Roadster 的百公里加速仅为 1.9s,扭矩达到了惊人的 10000N·m。

特斯拉车型第一个数字或者字母代表车型,S 为轿跑车,X 为 SUV,3 代表小型轿跑。第 2、3 位数字代表电池容量,如 S90 为容量 90kW·h 的轿跑车,X75 为容量 75kW·h 的 SUV。第 4 位如果有字母 D(Dural),表示前后各有一电机,组成双电机四驱系统;没有字母 D 则是单电机后驱。车型出现字母 P(Performance)代表性能车,如 S P100D,代表容量为 100kW·h 的性能轿跑,百公里加速仅为 2.5s。

8. 日本汽车

日本汽车按照底盘结构分乘用车(passenger cars)和货车(trucks);按照车身尺寸和排量,分为普通车、小型车和微型车(表 1.7)。普通乘用车以座位数为依据进行细分,比如日本普通型乘用车最多装 10 个人,普通型小客车最少装 11 个人。微型乘用车尺寸不超过 3.40m×1.48m×2.00m,排量不超过 0.66L,最大功率不能超过 64 马力(47kW),是日本车特有的一种规格,并使用黄底色黑字牌照,牌号以 5 开头。小型乘用车长×宽不能超过 4.70m×1.70m,但是车高必须要超过 2.00m,排量在 0.66~2.0L,最大功率不能超过 280 马力(206kW),使用白底色绿字牌照,牌号同样以 5 开头,又称 5 号车。普通型乘用车长、宽、高分别要超过 4.70m、1.70m、2.00m,排量不超过 2.0L,最大功率不能超过 280 马力(206kW),使用白底色绿字牌照,牌号以 3 开头,又称 3 号车。

表 1.7 日本乘用车分类

车 型		载客数	长	宽	高	排量	车型代码
微型车			≤3.4m	≤1.48m	≤2.0m	≤0.66L	5&7
小型车			3.4~4.7m	1.48~1.7m	≥2.0m	0.65~2.0L	
普通型	乘用车	<10	≥4.7m	≥1.7m	≥2.0m	≥2.0L	3
	小客车	≥11					2

1.5.3 车辆识别代号编码

1. 车辆识别代号编码的意义和作用

车辆识别代号编码(vehicle identification number,VIN),由一组 17 位字母和阿拉伯数字组成,是识别一辆汽车不可缺少的工具。17 位代号编码经过排列组合的结果可以使车型生产在 30 年之内不会发生重号现象,故 VIN 又称为"汽车身份证"。GB 16735—2004《道路车辆-车辆识别代号(VIN)》对车辆识别代号的内容和构成作了详细的规定。

从 VIN 中可以识别出该车的生产国家、制造公司或生产厂家、车的类型、品牌名称、车型系列、车身型式、发动机型号、车型年款、安全防护装置型号、检验数字、装配工厂名称和出厂顺序号码等信息参数。

VIN 具有很强的唯一性、通用性、可读性以及最大限度的信息承载量和可检索性。VIN 编码一般以标牌的形式装贴在汽车的不同部位。VIN 识别代码可用于:

(1) 车辆管理:登记注册、信息化管理的关键字;
(2) 车辆检测:年检和排放检测;
(3) 车辆防盗:识别车辆和零部件、盗抢数据库;
(4) 车辆维修:诊断、电脑匹配、配件订购、客户关系管理;
(5) 二手车交易:查询车辆历史信息;
(6) 汽车召回:年代、车型、批次和数量;
(7) 车辆保险:保险登记、理赔、浮动费率的信息查询。

2. VIN 的组成

VIN 由世界制造厂识别代号(WMI)、车辆描述部分(VDS)和车辆指示部分(VIS)三部分构成。

对完整车辆和(或)非完整车辆年产量≥500 辆的制造厂,VIN 的第一部分为 WMI,第二部分为 VDS,第三部分为 VIS(图 1.58)。

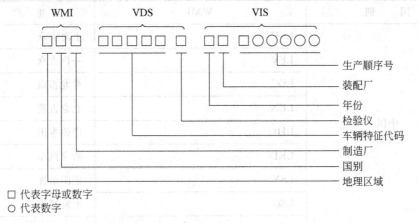

图 1.58　VIN 的组成(年产量≥500 辆)

对完整车辆和(或)非完整车辆年产≤500 辆的制造厂,VIN 的第一部分为 WMI,第二部分为 VDS,第三部分为 VIS 的第 3、4、5 位与第一部分 WMI 的 3 位字码一起构成世界制造厂识别代号,其余 5 位为车辆指示部分(图 1.59)。

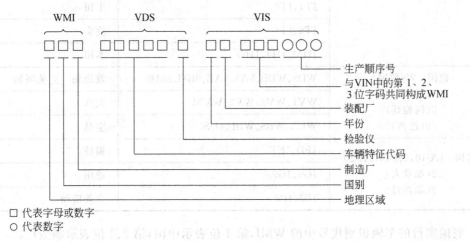

图 1.59　VIN 的组成(年产量≤500 辆)

1) 世界制造厂识别代号

国际标准化组织(ISO)按地理区域分配给各国世界制造厂识别代号(表 1.8),各国再分配给本国的制造厂。所有的 WMI 代号由美国汽车工程师协会(SAE)保存并核对。我国由中国汽车技术研究中心有限公司标准研究所代理,并经国家商务部备案。由 WMI 可识别汽车源产地,其组成含义如下:

第 1 位字码:地理区域代码,如 1～5 代表北美,S～Z 代表欧洲,6、7 代表大洋洲,A～H 代表非洲,J～R 代表亚洲,8、9 和 0 代表南美洲等。

第 2 位字码:标明一个特定地区内一个国家的字码。由美国汽车工程师协会分配国家代码。

第 3 位字码:由国家机构指定一个字码来标明某个特定的制造厂。

表 1.8 中国、日本、德国、美国的 WMI

国别	WMI	生产厂
中国 LA-L0	LSV	上海大众
	LFV	一汽大众
	LDC	神龙富康
	LEN	北京吉普
	LHG	广州本田
	LKD	哈飞汽车
	LSY	沈阳金杯
	LSG	上海通用
	LS5	长安汽车
日本	JAA,JAJ,JAL	五十铃
	JA5,JB5,JJ5,JMA,JP5	三菱
	JSA	铃木
	JT1,JT7	丰田
	JT6,JT8	凌志
	JHM,JH4,JHG	本田
德国：W(德国) 3(墨西哥) 8(阿根廷) 9(巴西)	WD3,WDB,8A3,8AB,9BM,3MB	戴姆勒—克莱斯勒
	WV1,WV2,WV3,WVM	大众
	WBA,WBS,WB1,4US	宝马
美国：1A-10,4A-40,5A-50 2(加拿大) 3(墨西哥)	1FD,1FT	福特
	1G0,1G9	通用
	1B3,4P3	克莱斯勒

我国实行的车辆识别代号中的 WMI，第 1 位表示中国，第 2、3 位表示制造厂。

2）车辆描述部分

第 4～9 位，表示车辆的类型和配置。若其中的一位或几位字符不用，必须用选定的字母或数字占位。VDS 的第 1～5 位(VIN 的第 4～8 位)一般包括以下信息：①车系；②动力系统，如发动机型号、变速器型式；③车身型式；④约束系统配置，如气囊、安全带等；⑤检验位，用 0～9 或 X 表示，按标准加权计算(参见《世界汽车识别代号(VIN)资料手册》)。对于不同类型的车辆，在 VDS 中描述的车型特征应包括表 1.9 中规定的内容。

表 1.9 VDS 车型特征

车型	车型特征
乘用车	车身类型、发动机特征①
载货车(含牵引车)	车身类型、车辆最大总质量、发动机特征①

续表

车　型	车型特征
客车	车辆长度、发动机特征①
挂车	车身类型、车辆最大总质量
摩托车和轻便摩托车	车辆类型、发动机特征①
非完整车辆	车身类型②、车辆最大总质量②、发动机特征③

注：① 发动机特征至少应包括对燃油类型、排量和（或）功率的描述；
② 用于制造成为货车的非完整车辆的描述项目；
③ 用于制造成为客车的非完整车辆的描述项目，此时发动机特征至少应包括对燃油类型、发动机布置型式、排量和（或）功率的描述。

3）车辆指示部分

第 10～17 位，制造厂为了区别每辆车而制定的一组字符，最后 4 位字符应是数字。VIS 一般包含以下信息：

（1）车型年份（表 1.10）：第 10 位，用字母或数字表示，数字不能为 0，字母不能为 O、U、Q、I、Z（30 年循环一次）。

（2）装配厂：第 11 位，字母或数字。

（3）生产顺序号：最后 6 位，一般为数字。

表 1.10　标示年份的字码

年份	代码	年份	代码	年份	代码	年份	代码
2001	1	2011	B	2021	M	2031	1
2002	2	2012	C	2022	N	2032	2
2003	3	2013	D	2023	P	2033	3
2004	4	2014	E	2024	R	2034	4
2005	5	2015	F	2025	S	2035	5
2006	6	2016	G	2026	T	2036	6
2007	7	2017	H	2027	V	2037	7
2008	8	2018	J	2028	W	2038	8
2009	9	2019	K	2029	X	2039	9
2010	A	2020	L	2030	Y	2040	A

3. VIN 实例剖析

1）上海大众波罗车型代码：LSVHA19J022221761

LSV：上海大众汽车有限公司。

第 4 位：车身型式代码。A——四门折背式车身；B——四门直背式车身；C——四门加长型折背式车身；E——四门加长型折背式车身；F——四门短背式车身；H——四门加长型折背式车身；K——二门短背式车身。

第 5 位：发动机变速器代码。上海波罗轿车：A——BCC（036P）/GET（02T.Z）[FCU

(02T.Z)]；B——BCC(036P)/GCU(001.H)[ESK(001.H)]；C——BCD(06A6)/GEV(02T.U)[FXP(02T.U)]。

第6位：乘员保护系统代码。0——安全带；1——安全气囊（驾驶员）；2——安全气囊（驾驶员和副驾驶员、前座侧面）；3——安全气囊（驾驶员和副驾驶员、前后座侧面）；4——安全气囊（驾驶员和副驾驶员）；5——安全气囊（驾驶员和副驾驶员、前后座侧面、头部）；6——安全气囊（驾驶员和副驾驶员、前座侧面、头部）。

第7、8位：车辆等级代码。33——上海桑塔纳轿车、上海桑塔纳旅行轿车、上海桑塔纳2000轿车；9F——上海帕萨特轿车；9J——上海波罗轿车；5X——上海高尔轿车。

第9位：检验位。

第10位：年份代码。

第11位：装配厂代码。2——上海大众汽车有限公司。

第12~17位：车辆制造顺序号。

2）风神蓝鸟车型代码：LGBC1AE063R000814

LGB：东风汽车公司。

C：品牌系列。C——风神蓝鸟EQ7200系列；E——日产阳光2.0系列。

1：车身类型。1——四门三厢；2——四门两厢；3——五门两厢；4——三门两厢。

A：发动机特征。A——2.0L；B——待定。

E：约束系统类型。

0：变速箱型式。0——AT；2——MT。

6：检验位。

3：年份。2003年生产。

R：装配厂。R——风神一厂（襄樊）；Y——风神二厂（花都）。

000814：生产序号。

本章小结

汽车的英文叫法有多种，但"Automobile"最能反映汽车的本质特征，即"自己移动"。

世界各国对汽车的定义，在汽车用途、车轮数以及动力装置等方面存在差异，但都包含"自身携带动力装置进行驱动"这一最本质的汽车特征。

汽车一般由发动机、车身、底盘和电器四大总成部件组成。其中发动机是汽车的心脏，决定了汽车的基本性能，如动力性、经济性和排放性。

根据发动机与传动系统和座舱之间的相互位置关系，汽车驱动方式可分为前置发动机前轮驱动（FF）、前置发动机后轮驱动（FR）、中置发动机后轮驱动（MR）、后置发动机后轮驱动（RR）和四轮驱动（4WD）五大类型。汽车的发动机、悬架、变速箱、转向器和制动器等也有不同的分类。

汽车生产平台是由汽车制造厂商设计的、几个车型共用的产品平台。出自同一平台的不同车辆具有相同的结构要素，例如车门立柱、翼子板、车顶轮廓等。同一平台的车型的轴距一般情况下是相同的，同时一些配件是通用的。

汽车行驶基本原理：发动机将动力传到车轮，使车轮转动，这时地面给车轮一个反作用力即为驱动力,当驱动力大于汽车行驶阻力时,汽车就能向前行驶了。

反映汽车特征和性能的参数有:整车整备质量、载质量和总质量等质量参数;长度、宽度、高度、轴距、轮距、前后悬、接近角、离去角、离地距等尺寸参数;以及动力性、燃油经济性、制动性、操控稳定性、行驶平顺性和通过性等性能参数。

目前世界上关于轻型车排放油耗试验的试验工况主要有欧洲、美国、日本三类标准,但全球呈现采用统一的测试循环工况趋势。

汽车的分类方法很多,一般根据汽车的用途将汽车分为乘用车和商用车两大类。其中乘用车的分类方法比较繁琐,既有依据汽车外部特征和用途进行分类的,也有依据轴距、尺寸、自重或发动机排量等进行分类的。随着车型的增加以及价格、款式、配置选择越来越多样化,A 级、B 级、C 级、D 级车的边缘交叉也会越来越多。因此,乘用车分级不应过于僵化处理。

车辆识别代码是汽车的"身份证",能提供汽车的生产国、制造厂、车的类型、品牌名称、车型系列、车身型式、发动机型号、车型年款、安全防护装置型号等大量信息,是识别一辆汽车不可或缺的工具。

思 考 题

1. 汽车的英文叫法有哪些?其中最本质的叫法是什么?日本的"汽车"指的是什么?
2. 汽车由哪几大部分组成?各部分的作用是什么?
3. 发动机气缸排列型式可以分为哪几种?各自优缺点是什么?
4. 汽车生产平台有何优缺点?有哪些常见的生产平台?
5. 简述汽车的基本行驶原理。
6. 简述我国工信部的油耗测试依据以及方法。
7. 汽车的轴距、轮距和离地距对汽车的性能有何影响?如何选择这些参数?
8. 依据 GB/T 3730.1—2001 对汽车的分类,用树状结构图方式给出各种汽车名称及其隶属关系。
9. 车辆识别代码(VIN)是如何进行编号的?

汽车史话

人类经历了漫长的靠双足跋涉的时代后,发明了车轮和车。马车是人类历史上使用时间最长和最有影响力的陆地交通运输工具,但马车的速度不能令人满意,于是人们希望发明一种比马更有耐力和更强壮的动力机器,从而实现更快的运输。蒸汽机和内燃机的发明为汽车的发明开辟了道路。本章主要介绍车轮和车、蒸汽机汽车和内燃机汽车的发展历史,并对世界汽车工业和中国汽车工业发展过程中一些有重要影响的事件进行简单回顾。

2.1 车轮和车的发展史

2.1.1 车轮和车的发明

在车轮发明之前,人们无论是狩猎、耕种,还是搬运东西,只能靠手拉肩扛、众人搬抬。

大约在公元前3500年,最早的车轮出现在美索不达米亚(Mesopotamia,今叙利亚东部和伊拉克境内),没有人知道制造早期车轮的工匠姓名,也许他们是从陶工那里得到启发,因为陶工们用旋转的轮子制造陶器。图2.1是考古学家们在美索不达米亚挖掘出的有镶嵌物装饰的木箱,可以清晰地看到古代双轮马拉战车的木制车轮。

图 2.1 美索不达米亚最早出现的车轮

早期的车轮(图2.2)只是一些圆形的板,和轴牢牢地钉在一起。到公元前3000年时,人们已将轴装到手推车上,车轮不直接和车身相连。以后不久,又出现了装有轮辐的车轮。这种原始的手推车虽然很笨拙,但比之前一直使用人和驮兽搬运要好得多。

到了罗马帝国时代,西欧的塞尔特(Celt)人制造出了第一辆前轴可以旋转的车。最初的车都是人力车,后来出现了畜力车。

大约在公元前1世纪,古罗马的制车匠对塞尔特人的四轮车进行了改进,用旋转式前轴转动方向,用整片的轮辋与轮箍增加强度,用镶有金属边的轮毂减少摩擦,使四轮马车的性能大为提高。此后的1000多年时间里,这种用作长途运输的马拉车(图2.3)成为世界各国主要的运输工具,马车也成为人类历史上使用时间最长和最有影响力的陆地交通运输工具。

图2.2　早期的车轮

图2.3　四轮马车

2.1.2　中国古代的车

中华民族是最早使用车辆的民族之一。传说在5000年前黄帝就制造了车辆,所以黄帝又称"轩辕黄帝"。"轩"是古代一种有帷幕而前顶较高的车,"辕"是车的纵向构件,指车前驾牲畜的两根直木。不过,黄帝造车的传说迄今尚未找到确凿的史料记载。

我国有关车辆的最早史料记载,是在公元前2000多年夏朝初期的大禹时代,一位名叫奚仲的"车正"(掌管车辆的官员)发明的车。车身由两个车轮架起车轴,车轴固定在带辕的车架上,车架附有车箱用来盛放货物。这是有记载的中国第一辆车。由此可知,在大禹时代,车辆的数量已有相当的规模,因此,需要设立"车正"实现车辆管理。

据说,畜力车是商汤的先祖相土和王亥共同发明的。

在历代车辆发展过程中,有重要技术价值的还要数指南车和记里鼓车。

在三国时期(约在公元230年),有一位技术高明的巧匠马钧发明了指南车(图2.4)。指南车是一种双轮独辕车,车上立一个木人伸臂指南。只要一开始行车,不论向东或向西转弯,木人的手臂始终指向南方。

记里鼓车是早在公元3世纪时,由中国最先发明的记录里程的仪器。记里鼓车(图2.5)上有两个木人,车每行驶500m,木人就用木槌在鼓上敲一下。

可惜,我国制造指南车和记里鼓车的资料未能保存下来。现在我们看到的指南车和记里鼓车,基本上是依据宋代一位精通机械的进士燕肃当时制造的样式重新制造的。指南车和记里鼓车都是利用齿轮传动原理来进行工作的。它们的出现,体现了我国古代车辆制造工程技术已达到很高的水平。

图 2.4　中国发明的指南车

图 2.5　中国发明的记里鼓车

2.1.3　自走式车辆的幻想与探索

一直以来，车辆都是由人力或畜力驱动，能不能发明一种机器来代替呢？也就是能不能发明一种自走式车辆呢？

带着这个问题，人类开始了不断的探索与研究。1420 年，有人制造出了一种滑轮车（图 2.6）。人坐在车内，借用人力使绳子不停地转动滑轮。车虽然走了起来，但由于人力有限，这辆车的速度就不能充分地得以发挥，比步行还要慢。

后来，大画家达·芬奇设想了一种车，利用发条机构使一个带齿的圆盘水平旋转，旋转的力通过带有齿轮的车轴和车轮连接起来，车就可以前进了。但他仅仅提出了设想，并没有进行实际的研究。

1649 年，德国一个钟表匠汉斯·郝丘制造了一台发条车（图 2.7）。但是这台发条车的速度不到 1.6km/h，而且每前进 230m，就必须把钢制发条卷紧一次，这个工作的强度太大了，所以发条车也没有能够得到发展。

图 2.6　滑轮车

图 2.7　发条车

2.2　蒸汽机汽车的发展史

按照汽车的定义，只有通过自身携带动力驱动装置的车才能称为"汽车"，因此早期的人力车、畜力车和风车等都不能算是真正意义上的汽车。最早的汽车应该从蒸汽机汽车诞生算起。

2.2.1 蒸汽机的发明

1698年英国工程师托马斯·萨维利(Thomas Savery,1650—1715)在抽气机的原理基础上,制造了第一台用蒸汽作为动力的矿用抽水机(图2.8)。高压蒸汽喷入一个金属容器中,然后用冷水冷却蒸汽,使得金属容器中产生真空,将矿井里的水抽出来。在萨维利机中,除了阀门外,机器中没有可运动的部件。在用冷水冷却蒸汽的同时,也把整个容器都冷却了,因此在下一次抽水时,又要将整个容器再加热,这就浪费了大量的热能。

英国人托马斯·纽可门(Thomas Newcomen,1664—1729)于1712年制成了纽可门蒸汽机(图2.9)。纽可门机采用了杠杆、链条等装置,利用杠杆的摇臂使吸筒抽水做功。虽然纽可门后来进行了许多改进,但基本原理仍和萨维利机一样,仍是使用喷水冷却气缸,以达到冷凝蒸汽的目的,因此,纽可门机的热效率依然很低。

图2.8 萨维利和他发明的蒸汽机　　　　图2.9 纽可门蒸汽机

真正具有实用价值的蒸汽机是由詹姆斯·瓦特(James Watt,1736—1819)在总结前人经验的基础上,于18世纪60—80年代研制出来的(图2.10)。

图2.10 瓦特和他发明的蒸汽机

瓦特于1736年1月19日出生在苏格兰的格林诺克镇,幼年多病,辍学在家,由母亲教他读书写字。由于父亲的职业关系,少年瓦特看到和接触的机械较多,并对机械产生了兴趣。1757年到格拉斯哥大学当了一名修理教学仪器的技工。1763年,格拉斯哥大学从伦敦买了一台纽可门机的教学模型,运转不灵,瓦特接了修理这台机器的差事。他在修理这台机器的过程中感到,纽可门机的冷凝装置很不合理。1765年5月,瓦特决定改进纽可门蒸汽机。在翻砂工罗伯克的帮助下,瓦特设计制成了一台试验性的机器。由于这台机器采用了冷凝器与气缸分离的设计,使蒸汽机的效率大为提高。1782年,瓦特进一步改进了气缸的结构,制成双冲程的蒸汽机,这样蒸汽可以从气缸的两端分别进入气缸,由蒸汽推动活塞往复运动,彻底改变了纽可门机利用大气压力推动活塞的情况,变单动为双动。1784年为了便于速度变换,他把纽可门机的杠杆转动改变为曲轴和齿轮转动,使活塞的直线运动变为飞轮的圆运动,从而制成了能够连续转动的双动通用蒸汽机。这种蒸汽机经济、有效,获得了广泛应用。至此经过瓦特不懈的努力,现代蒸汽机就基本完成了。为此,瓦特整整花去了25年的时间,为之后一个多世纪世界工业的迅猛发展,做出了历史性的巨大贡献。

2.2.2 蒸汽机汽车的发明

真正意义上的第一辆汽车是1769年由法国军事工程师尼古拉斯·约瑟夫·古诺(Nicholas Joseph Cugnot,1725—1804)上尉建造的三轮蒸汽车(图2.11),车长7.32m,车高2.2m,前轮直径1.28m,后轮直径1.5m。车架上放置一个大锅炉,前进时靠前轮控制方向,每前进12~15min需停车加热15min,运行速度3.5~3.9km/h。1771年,古诺驾驶他发明的蒸汽机汽车在试车途中,由于操纵困难,结果下坡时撞到了石头墙上,值得纪念的世界上第一辆蒸汽机汽车就这样成了一堆废铜烂铁。这也是世界上第一起机动车交通事故(图2.12)。尽管古诺的这项发明失败了,但却是古代交通运输(人、畜或帆为动力)与近代交通运输(机器为动力)的分水岭,具有划时代意义。

图2.11 古诺和他发明的世界第一辆蒸汽车

图2.12 世界上第一起交通事故

古诺的尝试给后来者以极大的启发和激励。18世纪末在欧美各国,出现了一个研究和制造蒸汽机汽车的热潮,各种类型的蒸汽机汽车相继问世。

1801年,英国工程师理查德·特雷维西克(Richard Trevithick,1771—1833)将他改进设计的高压蒸汽机装在一辆大型的三轮车上(图2.13)。该车采用后轮驱动后,轮直径达2.5m。由于车身高大,开车的人和乘车的人都要费很大的劲才能攀上车去。不幸的是,在一次试车中,由于上坡时发生了故障,手忙脚乱之际,锅炉因缺水而被烧毁。特雷维西克并没有因此而气馁,他又花了2年时间重新造了一辆,车上可乘坐8名乘客,每小时能行驶9.6km。这是世界上第一辆乘用车。

图2.13　特雷维西克和他制造的第一辆蒸汽乘用车

1805年,美国人奥利弗·艾文思(Oliver Evans,1755—1819)首次制造了装蒸汽机的水陆两用汽车(图2.14)。这种水陆两用汽车是费城当局为了疏通费城港,委托艾文思负责制造,原来打算是制造疏浚船,不料船制成以后,因发现作业场地不在海岸边,于是不得不考虑将这艘蒸汽船运送到有港口的地方。艾文思在船底装上4个车轮,用船上的蒸汽机驱动,这样便把船运到了港口。因此疏浚船成了水陆两用车,它也成为现代水陆两用汽车的鼻祖。

图2.14　艾文思和他制造的水陆两用蒸汽汽车

1825年,英国公爵哥尔斯瓦底·嘉内(Goldsworthy Gurney,1793—1875)制成了一辆18座、车速19km/h的蒸汽公共汽车(图2.15)。这辆车的蒸汽机安装在后部,后轮驱动,前轮转向。他采用了巧妙的专用转向轴设计,最前面2个轮并不承担车重,可由驾驶者利用方向舵柄轻便地转动,然后通过一个车辕引导前轴转动,使转向轻松自如。1826年嘉内利用蒸汽车开始了从伦敦到巴斯(Bath)的、世界上最早的公共汽车运营业务,这也被认为是世界最早的公共汽车。

图 2.15　嘉内和他制造的最早的蒸汽公共汽车

1833 年 4 月 22 日，英国人沃尔特·汉考克（Walter Hancock，1799—1852）用制造的"进取"号蒸汽公共汽车（图 2.16），开始了世界上第一个固定线路的收费公共汽车运营服务。该车可以乘载 14 名乘客，时速可达 32km/h，营运后很受欢迎。

图 2.16　汉考克制造的蒸汽公共汽车

19 世纪还是马车盛行的时代，当时的蒸汽车还是一个新鲜事物，技术尚不成熟，有许多不可避免的缺陷，如制动困难，车太重，惯性大，转向不灵敏。有时明知要减速转弯就是慢不下来，转不过去，只能眼睁睁地看着车撞上障碍物，要么就是制动太狠，轮轴断裂。更可怕的是，炉压过高，一时难以控制，经常发生锅炉爆炸事件。而且，乘坐这种车还得看天气：下雨天车上遮盖不严，道路泥泞不安全；严寒天烧水难，易熄火，行驶也慢；热天坐在锅炉边没人愿意忍受；刮风天要看风向，顺风时车尾的浓烟会把乘车人熏得喘不过气来。此外，蒸汽车的迅速发展引起了马车商人的不满，他们利用各种自己的势力使政府不支持蒸汽车，并且对蒸汽车横加指责。

以保守著称的英国人最先对蒸汽汽车发难。1865 年英国议会针对蒸汽汽车专门制定出一项《机动车道路法案》，其中第 3 条规定，"每一辆在道路上行驶的机动车辆必须遵守 2 个原则：其一是至少要由 3 个人来驾驶一辆车；其二是 3 个人中必须有 1 个人在车前 50m 以外步行作引导，并且要手持红旗不断摇动，为机动车开道（图 2.17）"。在第 4 条中又规定，"机动车在道路上行驶的速度不得超过 4mile/h（6.4km/h），

图 2.17　手持红旗开路

通过城镇和村庄时,则不得超过 2mile/h(3.2km/h)。"这项法案被人们称作"红旗法"。具有讽刺意味的是,由于这条法规的实施,使得英国后来在制造汽车的起步上大大落后于其他工业国家。

这样,由于受到当时技术的限制以及来自保守势力的严重阻碍,到 19 世纪中叶以后,蒸汽车事业日趋衰落。到了 20 世纪,随着内燃机汽车、电动汽车的大量涌现和性能的不断提高,蒸汽车开始渐渐退出历史舞台。

2.3 电动汽车的发展史

电动车的发展历史较蒸汽车短。

1830 年,约瑟夫·亨利(Joseph Henry,1797—1878)发明了第一台直流电机。

1834 年,美国人托马斯·达文波特(Thomas Davenport,1802—1851)研制了世界上第一辆电动车。

1837 年,罗伯特·戴维逊(Robert Davidson,1804—1894)在苏格兰制造了一辆电动车。

1847 年,摩西斯·法莫(Moses Farmer,1820—1893)制造了一辆可乘坐两人的电动车。

1859 年,法国人格斯通·普兰特(Gaston Plante,1834—1889)发明了可充电的蓄电池,他的同事卡米勒·福尔(Camille Faure)于 1881 年改进提高了这种铅酸电池的充电容量,为电动车的繁荣铺平了道路。

1890 年,威廉姆·莫瑞逊(William Morrison,1850—1927)在美国衣阿华州得梅因(Des Moines)制造了一辆能行驶 13h、时速为 14 英里的电动车(图 2.18)。

1895 年,《芝加哥时报》赞助了一场汽车赛,由亨利·莫瑞斯(Henry Morris)和皮德罗·沙龙(Pedro Salom)制造的电动车 Electrobat Ⅱ参加了比赛(图 2.19)。该车前轴安装了两台 0.735kW 的电机,能用 20 英里时速行驶 25 英里。

图 2.18 1890 年制造的电动车　　图 2.19 Electrobat Ⅱ在比赛

1897 年,美国费城电动车公司制造的电动车用于纽约市出租车(图 2.20),这是电动车的第一次商业运营。

1899 年,比利时人制造的 Jamais Contente 流线型电动赛车(2 个 12V 电机驱动),由卡米勒·杰纳茨(Camille Jénatzy,1868—1913)驾驶创造了时速为 68 英里的世界纪录(图 2.21)。

图 2.20　纽约市电动出租车队

1899 年,贝克汽车公司(Baker Motor Vehicle Company)在美国 Leveland 成立生产电动车。该公司生产的电动赛车的车速能超过 120km/h,而且是第一辆座位上装有安全带的乘用车(图 2.22)。

图 2.21　创纪录的电动汽车　　　　图 2.22　1899 年贝克公司生产的电动车

1900 年,BGS 公司生产的电动车创造了单次充电行驶 180 英里的最长里程纪录。

1901 年,安德鲁·莱克(Andrew Riker,1868—1930)公司生产的"鱼雷"(Torpedo)牌电动赛车,创造了时速 57.14 英里的纪录。

1903 年生产的 Krieger 电动车,是由蓄电池和汽油机混合驱动的,汽油机给蓄电池充电,该车具有动力转向系统(图 2.23)。

底特律电动车(Detroit Electric)公司是美国最著名和历史最悠久的电动车制造商之一。1912—1920 年,由于第一次世界大战造成的煤气短缺,使其电动车产量达到最大。电动车也受到妇女的欢迎(图 2.24),主要在市区有限的范围内行驶。

图 2.23　1903 年的 Krieger 混合动力车　　　　图 2.24　1913 年年底特律市的电动车

据统计,1895—1920 年,在美国登记的电动车数量达到了 34000 辆,有大约 50 家公司生产电动车(图 2.25)。

在 19 世纪末和 20 世纪初,美国经济繁荣,蒸汽车、电动车以及汽油车越来越受欢迎。在美国,1899 年和 1900 年是电动车的辉煌时期,电动车销售超过蒸汽车和汽油车。那时,与竞争对手蒸汽车和汽油车相比,电动车有很多优点,如无振动、没有气味、噪声小等。此外,汽油车驾驶时换挡很麻烦,而电动车无须齿轮变换;蒸汽车也不用切换齿轮,但起动时间太长(天冷时需要长达 45min),而且蒸汽车一次加水行驶的距离短于电动车一次充电的距离。那时的货物运输大都是在小镇之间,距离有限,非常适合电动车。电动汽车还有一个好处,就是不需要汽油车那样的手摇起动,也没有换挡机构,操作简便。

一般的电动车成本在 1000 美元以下,而早期大部分的电动车是提供给上流阶层,很豪华宽大,而且采用昂贵的材料,到 1910 年电动车的平均售价 3000 美元。电动车产销量在 1912 年达到最大,在 20 世纪 20 年代仍有不俗表现。

电动汽车的衰落是由于以下原因造成的:

(1) 到 20 世纪 20 年代,美国的道路交通系统得到很大改善,把城市都连接了起来,促进对长距离运输车辆的需求。

(2) 在美国得克萨斯州发现石油,使得汽油价格下跌,一般的消费者都能用得起汽油车。

(3) 1912 年,查尔斯·科特林(Charles Kettering,1876—1958)发明了电动马达(图 2.26),汽油车不用手摇起动,解决了汽油车起动问题。

图 2.25　1912 年生产的 Wood 电动车

图 2.26　1912 年科特林发明电动马达

(4) 亨利·福特(Henry Ford,1863—1947)的大批量流水线生产方式生产汽油车,使汽油车价格低廉(500~1000 美元/辆),许多人都买得起。而电动车生产效率低,价格降不下来。1912 年,电动车售价 1750 美元,而汽油车只有 650 美元。

20 世纪 70 年代爆发第三次石油危机,纯电动车再次受到重视,80 年代通用、福特、丰田、本田均开发了电动汽车。到 2000 年前后,全球共销售电动车 6 万辆,占全球汽车保有量的万分之一。但主要由于电池重量与成本问题,电动汽车再次被放弃。

2000 年前后,通用和丰田分别转向氢燃料电池与混合动力技术。通用的氢燃料电池技术,主要由于氢能无法大规模廉价获取而无法实现商业化,丰田的混合动力技术商业化取得成功。锂离子动力电池的产业化,使纯电动汽车有了新的希望,全球开始了新一轮电驱动汽车的研发与产业化竞争热潮。近些年大力发展的新能源电动汽车将在第7章进行介绍。

2.4 内燃机汽车的发展史

2.4.1 内燃机的发明

现代汽车是伴随着内燃机的出现而发明的。关于内燃机的发明可以追溯到17世纪60年代。早在1673年,荷兰科学家惠更斯(Huygens,1629—1695)就尝试用火药爆炸来推动活塞,他绘制了火药发动机工作原理图(图2.27)。气缸底部放置的火药点燃爆炸后,推动活塞向上运动,当活塞运动到气缸上止点时,高温气体从排气口高速排出,同时在气缸内产生真空,这时活塞在大气压力的作用下向下移动,而重物通过绳索经滑轮连接活塞向上运动,当活塞到达气缸底部时,火药又开始新一轮爆炸做功。这种发动机是基于爆炸冷却后在缸内形成真空,由大气压推动活塞做功,因此称为"大气原理发动机"。用火药作燃料的火药发动机是现代内燃机的萌芽。但是,当时的材料不能承受如此大的热应力,而且很难准确地控制发动机的工作过程。惠更斯火药发动机存在的问题使科学家们考虑在气缸外部燃烧。惠更斯的学生丹尼斯·巴本(Denis Papin,1647—1713)发现,在缸内用蒸汽作介质并冷凝做功效果更好。这一想法被纽可门采用,制作成了他的第一台大气原理蒸汽机。之后,大气蒸汽机的发展和后来的高压蒸汽机(蒸汽也用于膨胀过程)的发展掩盖了内燃机发展近两个世纪,以至于当内燃机刚发明出来时,其技术还是基于蒸汽机的技术。

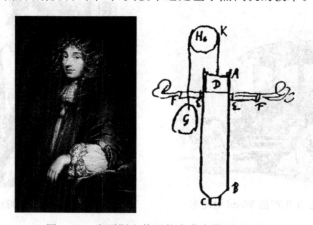

图2.27 惠更斯和他画的火药内燃机原理图

在18世纪后期和19世纪早期,出现了许多内燃机技术和专利,这里仅对一些商业上成功的内燃机进行介绍。

第一台实用的内燃机是1860年由比利时人埃提纳·雷诺尔(Etienne Lenoir,1822—1900)制造的(图2.28),并进行了小批量生产。发动机结构类似于蒸汽机,由水平放置的一个气缸和双向做功的活塞组成,每转一圈做两次功。用滑阀控制空气/煤气的吸入和燃气的排出,使用电池感应线圈产生电火花点燃混合气,在活塞两侧进行燃烧。该发动机只有3%的效率。

1866年,德国人尼古拉斯·奥托(Nicolaus Otto,1832—1891)和欧根·朗琴(Eugen

图 2.28　雷诺尔和煤气内燃机

Langen,1833—1895)制造的大气发动机(图 2.29)(或称为自由活塞发动机)把内燃机实用化又向前推了一大步。其特点是气缸为立式而且很长,活塞较重,活塞拉杆齿条与小齿轮啮合,小齿轮再通过棘轮连接到输出轴。在活塞上行时,棘轮与飞轮啮合,下行时与活塞齿条啮合。该发动机的活塞重量功率比为 70kg/kW,受发动机尺寸限值,其输出功率只有几千瓦,但是,其热效率高出雷诺尔煤气机 30% 左右。1869,奥托和朗琴建立了道依茨(Deutz)煤气机工厂。当时,戈特利布·戴姆勒(Gottlieb Daimler,1834—1900)和威廉姆·迈巴赫(Wilhelm Maybach,1846—1929)等许多工程师都在该厂工作。该发动机 5 年内售出了 10000 台,在商业上非常成功。

图 2.29　奥托大气发动机

尽管奥托-朗琴大气发动机取得了很大的成功,但其效率和可靠性还有待提高。奥托一直在寻找解决阻碍发动机做功的问题,即燃烧过于急促。他最终找到了正确的解决方法:增加冲程数(四冲程),让混合气慢慢安全地燃烧,同时通过压缩混合气提高发动机的性能。1876 年,奥托申请了四冲程发动机的专利,并制造了第一台实用的四冲程发动机,又称为奥托循环发动机(图 2.30)。奥托循环发动机比奥托-朗琴大气发动机运行更平稳、更安静,燃烧效率高大约 3 倍。

图 2.30　奥托和四冲程循环发动机

戈特利布·戴姆勒是第一个尝试通过提高发动机转速(500~1000r/min)来提高发动机升功率并将其用于驱动汽车的人。戴姆勒的发动机专利可以追溯到 1884 年。他于 1889 年申请了双缸 V 型发动机专利,并大批量生产。

1890年，德国人鲁道夫·迪塞尔（Rudolf Diesel，1858—1913）发表了压缩空气待燃油喷射后同时着火的概念，并在1892年申请了专利，1893年制造出了样机（图2.31）。其热效率达到了26%，大大高于同时期的其他热力机。因为那时没有高压液体燃油泵，迪塞尔借助高压（7MPa）空气将燃油喷入气缸。空气喷射需要高成本的高压空气泵和大容积储气罐，限制了柴油机只能用于固定发电装置和轮船。直到1920年，小型高速压燃发动机才开始用于汽车动力。

图2.31 迪塞尔和压燃式发动机

1957年，德国人菲利克斯·汪克尔（Felix Wankel，1902—1988）发明了转子活塞发动机（图2.32）。转子发动机的特点是利用内转子圆外旋轮线和外转子圆内旋轮线相结合的机构，无曲轴连杆和配气机构，可将三角活塞运动直接转换为旋转运动，零件数比往复活塞式汽油机少40%，重量轻、体积小、转速高、功率大。1958年，汪克尔将外转子改为固定转子行星运动，制成功率为22.79kW、转速为5500r/min的新型旋转活塞发动机。该机具有重要的开发价值，因而引起各国的重视。但是，汪克尔发动机存在密封难、油耗和排放高等问题，20世纪70年代的石油危机后，转子发动机走向没落。只有马自达汽车公司买下转子发动机生产许可证后，少量生产转子发动机并装在跑车上。可以说，转子发动机是生在德国，长在日本。由于排放法规的不断严格，如今转子发动机已很难满足法规要求，因此它退出了汽车动力的市场。

图2.32 汪克尔和他的转子发动机

2.4.2 经典的车用内燃机

纵观世界汽车发展史，每一个汽车工业时期都会诞生极具代表性的车型，而每一款经典车型的背后都有一款经典的发动机。

1. 福特 Flathead V8

福特 Flathead 引擎(图 2.33)在 1932 年第一次亮相,在那个年代对于整个汽车界无疑是一场技术的革命。发动机排量 3.6L,在 3400 转的时候可以输出 65 马力,而在后期更是达到了 100 马力的输出。该发动机最大的意义是让 V8 发动机的成本大幅降低,让普通消费者也能享受到 V8 的大马力。从此,美国人的 V8 情结也得到了发展。

图 2.33　福特 Flathead V8

2. 雪佛兰 Small block V8

雪佛兰 Small block V8 引擎(图 2.34)产于 1955 年,然而它的寿命一直持续到将近 2010 年。共有 160 万台 Small block V8 引擎被生产出来,使其成为最长命的引擎系列之一,这台引擎也造就了克尔维特这个美式超跑。便宜的售价使得当年的美国人只要多加 99 美元就可以将任何一台搭载有直列六缸的雪佛兰换上 Small block V8 发动机。因此当年的雪佛兰几乎清一色搭载 Small block V8 引擎。Small block V8 引擎在早期排量为 4.3L。在那个大部分引擎都超过 5.0L 的年代,4.3L 的 V8 确实是小排量发动机。Small block 上使用了从庞蒂亚克那里"借来的"独立球形摇臂结构的气门结构,配合液压升举结构,在一系列当时最新技术支持下,成为世界上第一款做到每立方英寸可输出一匹马力的引擎,更为后期 W 型气缸结构打下了基础。Small block 也最终延伸出了雪佛兰大排量引擎结构的蓝本,造就了其在整个汽车史上举足轻重的地位。

图 2.34　雪佛兰 Small block V8

3. 宾利 Bentley L Series V8

克鲁工厂打造的 L410 系列引擎(图 2.35)最早于 1959 年开始生产,在之后的 40 年中,劳斯莱斯和宾利的大部分车型都装备此系列的发动机,直至 1998 年,当宝马收购劳斯莱斯以后,劳斯莱斯便开始使用宝马提供的 V12 来取代 L410 系列的发动机。时至今日,宾利依旧在使用此发动机,旗舰车型慕尚就是装备此发动机而非大众集团的 W12,为的就是保证慕尚纯正的英国血统。虽然 L410 系列已经有 50 多年的历史,但是宾利一直在对其进行改进,从 1982 年开始,宾利为 L410 装上了双涡轮增压推出 L410D,1987 年又推出了燃油直喷的 L410IT,1991 年又增加了中冷器推出 L410ITI,2009 年推出了最新的 L410HT 用于最新的慕尚车型。L410HT 相比最初的 L410,几乎所有部件都是全新的,而 537Ps 和 1100N·m 的表现(宾利慕尚 2015 款极致版),在数据上已经比初代产品增加了超过 150% 的功率与扭矩,有害气体排放也下降了 99.5%,并且燃油经济性也优于初代产品 40% 以上。

图 2.35 宾利 L410

4. 克莱斯勒 HEMI 系列

HEMI 诞生于 20 世纪 50 年代,HEMI 是"Hemispherical"一词的缩写,是由于发动机采用了半球形燃烧室而得名,该设计最早出现在捷豹汽车的 6 缸 HEMI 发动机上,随后出现于克莱斯勒公司发布的 V8HEMI 发动机。HEMI 发动机的燃烧室顶部呈半球状,火花塞安装在燃烧室顶部中央,进排气门分别在燃烧室两侧。与当时的平顶盖发动机相比,早期 HEMI 发动机的最大优势就是高效率,使它能产生强大的功率。历经了三代的发展。从最早的 Fire Power 系列到第二代极其经典的 HEMI 426,再到现在可变排量的 5.7HEMI、6.1HEMI、6.2Hell Cat(图 2.36),让道奇和克莱斯勒打造出一个又一个经典的美式肌肉车,比如道奇的 Challenger、Charger、各种 SRT 版本的克莱斯勒,以及 Hell Cat 系列。

其中,最新的克莱斯勒 5.7L V8HEMI 发动机除了保留之前半球状燃烧室的传统特征外,还采用了可变排量 MDS 系统和每缸双火花塞设计。变排量系统能使发动机在四缸模式和八缸模式之间互相转化。当不需要大马力时,只需要 4 个气缸工作,需要大马力时再转为 8 个气缸工作,兼顾了高性能和低油耗的需求。

5. 保时捷水平对置发动机

保时捷(Porsche)水平对置 6 缸发动机(图 2.37)于 1963 年问世。第一代 911 采用的水平对置 6 缸发动机由 356S 的水平对置风冷 4 缸发动机进化而来。值得一提的是,1975 年

图 2.36　克莱斯勒 HEMI Hell Cat

推出的 911Turbo3.0 是 911 历史上第一款民用涡轮增压车型,它搭载了全新的 3.0L 风冷发动机,使用单只 KKK 涡轮增压器和博世 K-Jetronic 燃油喷射系统,压缩比调低至 6.5。264 马力的功率在 20 世纪 70 年代是十分强大的。保时捷水平对置风冷 6 缸发动机在长达 30 多年的发展中,已经进化到了极致,功率从最初的 132 马力增长到 993 系列的 324 马力,而 Turbo 车型更是暴增至 436 马力。但是,风冷技术毕竟落后。所以保时捷在 1997 年推出了首次采用了水平对置水冷 6 缸发动机的第五代 911(及 996),2001 年,这台发动机排量扩大至 3.6L,功率增至 324 马力。

图 2.37　保时捷水平对置 6 缸发动机

从 1963 年的风冷 2.0 到现在的水冷 3.8 双涡轮,该系列产品动力提升了近 5 倍,并且燃油经济性也大幅提升,无异于是一台经典发动机。

6. Nissan RB 系列

Nissan RB 系列(图 2.38)最初于 1985 年诞生,涵盖 2.0~3.0L 排量,装备于许多日产经典车型上,其中最为出名的便是 RB26DETT,它是 R32、R33、R34 这 3 代 GTR 的发动机。铸铁缸体、铝制缸盖让其拥有很高的可靠性与改装潜力。虽然原厂的 RB26DETT 受制于"君子协定"只能产生 280 马力,但是通过很简单的改装便能得到更大的马力。

7. 奔驰 M120

作为奔驰的第一台量产 V12,M120(图 2.39)系列亦属经典,最初搭载于 W140 系列的

图 2.38　日产 RB 发动机

S600、CL600、SL600 等 12 缸奔驰上(1992 年)，随后这台发动机也被帕加尼相中，最开始是直接搭载在 Pagani Zonda C12 身上。随后帕加尼的工程师以这台发动机为蓝本，将排量扩大至 7.0L 以及 7.3L 等多个版本，并应用在 Zonda C12-S、Zonda GR、Zonda F 以及 Zonda Tricolore 等后期产品上，针对不同车型调校不同，不断将马力推升至 540 马力、590 马力甚至更高的 670 马力。真正体现这台 M120 能力的是 2009 年推出的"风之子"Zonda R，排量回归至原厂的 6.0L，但经过全新的调校，这台发动机的功率被提升至 552kW(740 马力)/7500r·min^{-1}，而峰值扭矩也达到 710N·m/5700r·min^{-1}。

8. 日产 VQ 系列

作为沃德十佳发动机大奖的常客，日产 VQ(图 2.40)系列从 1994 年推出至今，技术更新无数，凭借着出色的动力响应以及无可挑剔的 NVH 表现，使其连续 14 年入选沃德十佳发动机行列，赢得无数美誉。目前 VQ 系列依旧是世界上最佳的 V6 发动机之一，平顺性、动力表现、燃油经济性都属标杆。

图 2.39　奔驰 M120 V12

图 2.40　日产 VQ35

其中，自然吸气的 VQ37VHR 采用超高的 11.0∶1 的压缩比，以及连续可变气门技术(Variable Valve Event and Lift，VVEL)、钻石级硬度的 DLC(Diamond Like Carbon)涂层、

F1发动机的真圆加工工艺、平行双进气(双节气门)系统等先进技术。最强版本的VQ37VHR有着355马力的最大功率输出,峰值扭矩更高达374N·m,数据一点都不输于市面上主流的3.0T发动机。VQ37VHR推动Nismo 370Z,在4.9s内便能完成零到百公里加速。更难得的是,这样一台发动机还非常安静、平顺。

9. 捷豹AJ系列

Jaguar AJ-V8系列(图2.41)诞生于1997年,AJ-V8系列至今依旧在服役,排量为3.2~5.0L,且有机械增压版本,阿斯顿—马丁、捷豹、路虎都有装备此发动机,性能均属上乘,直至2009年才更新了直喷的新一代AJ-V8,足见此系列发动机的经典。

10. 本田K20A

本田"红头"发动机K20A(图2.42),引擎为正方形冲程设计,缸径×冲程为86mm×86mm,压缩比高达11.7∶1,1998mL的K20A能够爆发出220马力/8000r·min^{-1}的功率。为了对应大马力与高转速输出,K20A内部的活塞采用高强度材质制造,以承受强大的爆发力,且活塞表面附有能够有效降低摩擦和阻力的特殊镀膜涂层,在进行往复运动时有助提升活塞运动顺畅度及速度。K20A的气缸强度是公认的"高等级",只要换上锻造机件(活塞、连杆)即可使发动机承受超过600马力的功率。

图2.41 Jaguar AJ-V8

图2.42 本田K20A

11. 宝马S54B32

宝马直列6缸发动机S54B32(图2.43)是一款3.2L自然吸气发动机,升功率高达100马力,装备于E46 M3、Z3M以及E85 Z4M和E86 M Coupe,是对宝马"终极驾驶机器"这一口号的最佳诠释。从2001年正式量产开始,S54B32在"年度世界发动机"(International Engine of the Year)评选的3.0~4.0L级别中整整蝉联了6年冠军。

2.4.3 内燃机汽车的发明

内燃机的出现,使人类进入了一个新的技术

图2.43 宝马S54B32

时代,是汽车发展史中的一个崭新起点。

通常所说的汽车都是指搭载内燃机(汽油机或柴油机)作为动力的汽车,也就是所谓的现代汽车。

图2.44是注册专利号为37435的世界第一辆内燃汽车,由德国人卡尔·本茨(Karl Benz,1844—1929)于1886年1月29日在曼海姆(Mannheim)发明。这一天被确定为是汽车诞生日。

这辆汽车自身质量为254kg,装有3个实心轮胎的车轮,发动机为单缸四冲程汽油机,排量为0.576L,功率为0.52kW,转速为300r/min,车速为15km/h,并具备近代汽车的一些基本特征,如采用火花点火、水冷、钢管车架、钢板弹簧、后轮驱动、前轮转向、手把制动等。仔细观察这辆汽车,会发现它的外形与当时的马车差不多,车速和装载质量也不比马车优越。但是,它的巨大贡献不在于其本身所达到的性能,而在于观念的变化——采用了内燃机。本茨不仅敢向当时占有垄断地位的马车制造商挑战,而且敢于放弃在技术上已经相当成熟的蒸汽机而选用新生的内燃机作动力,可见他对当时技术还不是十分成熟的内燃机的自信。

在汽车界还流传着一段关于这辆三轮车的佳话。据说,本茨在刚制成这辆三轮车时,曾经进行了试车,由于得意忘形,车子竟撞到自家的围墙上。车被撞坏,也受到一些人的冷嘲热讽。他只好关起门来进行改进,不再轻易进行试车。本茨的妻子贝尔塔·本茨(Bertha Benz,1849—1944)是本茨事业的热心支持者,为了消除人们对本茨发明汽车的怀疑和回击反对者的流言蜚语,她策划了一次长途行驶。1888年8月夏天的一个早晨,贝尔塔在她丈夫还在梦乡时就同两个儿子,15岁的欧根和13岁的理查德,悄悄地推出这辆车上了路(图2.45)。这次行驶并不顺利,每到坡道大的地方都要把车停下来让儿子们帮着推车,而且这辆车在行驶过程中事故不断。贝尔塔不愧为这一事业的热衷者,她对各种事故竟能应付自如。她用发卡疏通了堵塞的油管,用长袜解决了电路的短路。经过一天艰辛的跋涉,在天黑时到达了距她娘家106km外的普福尔茨海姆(Pforzheim),贝尔塔·本茨亦以世界第一位驾驶汽车的妇女的荣誉载入史册。

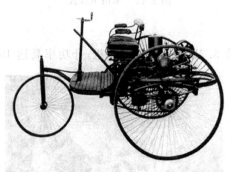

图2.44 本茨发明的世界第一辆三轮汽车

图2.45 贝尔塔驾车长途旅行

就在卡尔·本茨研制三轮汽车的同时,另一位德国工程师戈特利布·戴姆勒和他的助手威廉姆·迈巴赫在坎施塔特也在从事以汽油为动力的车辆的研究,并于1885年制造出一台风冷立式单缸二冲程汽油机,排量为264mL,最大功率达到0.5马力/(600r·min^{-1}),这是世界上第一台立式发动机。由于外形的缘故,这一专利发动机又被称为"老爷钟"(Grandfather Clock)。两人把这台发动机安装在以橡木为车架的单车上,而成为世界上第一辆摩托车(图2.46)。戴姆勒于同年的8月29日获得这辆骑士双轮车(Reitwagen)的德国专利,成为世界摩托车工业的鼻祖;而他的助手迈巴赫则是世界上第一位摩托车骑士。该车后轮直径26英寸,前轮直径34英寸。上面有马鞍式真皮坐垫,橡木车架,木制车轮,皮带传动和一级齿轮变速。离合器的结构是借助皮带传动的压带轮来控制的,压紧压带轮,动力转向后轮,驱动车子前进;放松压带轮,皮带打滑,即切断动力传递,车子停止前进。该摩托车最快速度为11.2km/h。遗憾的是,这件世界第一辆摩托车珍品在第二次世界大战期间毁于战火。

图2.46 戴姆勒发明的第一辆摩托车

对于戴姆勒和迈巴赫来说,制造和驾驶摩托车并不是目的,最重要的是试验改进内燃机性能并运用在汽车上。1886年8月,戴姆勒以妻子生日礼物的名义订购了一辆四轮马车,用改进了的"老爷钟"(功率1.1马力)发动机装在这辆马车上,采用皮带轮传动,以16km/h的速度从斯图加特开到了坎施塔特,当时人们称之为"没有马的马车"。这就是世界上第一辆四轮汽车(图2.47)。图2.48是戴姆勒(后排坐者)与儿子保罗(驾驶者)在他研制的四轮汽车上。

图2.47 戴姆勒发明的四轮汽车　　　　图2.48 戴姆勒和儿子驾驶汽车

戴姆勒和本茨不仅发明了轿车,也发明了商用汽车。1895年3月18日,本茨发明的第一辆公汽(Omnibus)(图2.49)正式投入运营。1896年,戴姆勒发明了世界第一辆卡车(图2.50),采用两缸4马力内燃机驱动,自重1.5t。

图 2.49　本茨发明的第一辆公汽

图 2.50　戴姆勒发明的第一辆卡车

虽然戴姆勒和本茨同在一个国度只相距 60 英里的两个地方从事汽车研制,但他们从未见过面,所以戴姆勒和本茨的研究成果均得到承认,他们均被公认为世界第一辆汽车的发明者。

2.5　世界汽车工业发展史

汽车自 1886 年诞生以来,经过不断改进和发展壮大,大大地改变了人类的生活质量和生活方式。汽车工业和汽车技术得以发展,离不开各国人民发挥各自的智慧和才能,是世界人民共同努力的结果。

2.5.1　德国是汽车工业的摇篮

本茨和戴姆勒在 1886 年分别发明了世界上第一辆内燃机驱动的三轮汽车和四轮汽车,他们的伟大之处在于,没有将发明的汽车停留在实验室阶段,而是将发明的汽车生产出来以替代当时流行的马车。事实上,本茨和戴姆勒不仅是伟大的发明家,也是非常成功的企业家。

早在汽车发明之前的 1883 年,本茨就与另外两位合作者成立了奔驰公司莱茵燃气发动机工厂,开始生产工业用二冲程发动机。1890 年,本茨的公司已是德国第二大发动机制造商。1894—1899 年生产的维洛(Velo)牌汽车(图 2.51),是第一款大量生产的汽车,共计产量 1200 辆。雇员人

图 2.51　奔驰公司 1894 年生产的维洛牌汽车

数从1890年的50人增加到1899年的430人。1899年产量为572辆,是当时世界最大的汽车制造商。

1890年11月28日,戴姆勒与人合伙建立了戴姆勒发动机公司(DMG),进行固定式发动机和汽车的生产。1900年12月22日,第一辆梅赛德斯轿车诞生(图2.52),年产量96辆。

图2.52　戴姆勒公司1900年生产的梅赛德斯轿车

一直互为竞争对手的戴姆勒和奔驰公司,迫于市场困境的压力,于1924年5月1日组成共同利益联盟,联合进行产品的销售和服务,1926年6月28日合并为戴姆勒—奔驰股份公司(Daimler-Benz AG)。

德国既是汽车文明的发祥地,也是世界汽车工业的摇篮。

2.5.2　法国的单件小批生产

尽管1886年德国发明了汽车,但德国那时刚成为独立、统一的国家不久,经济实力不如法国。法国政府为了军事需要修建了公路网,为汽车工业创造了良好的条件。戴姆勒发明汽车的第二年,法国潘哈德—拉瓦索(Panhard & Levassor,P&L)公司就买下了他的许可证,1887年就组织生产。在19世纪90年代,P&L公司就生产了几万辆汽车(图2.53)。汽车商利用良好的公路网,举办汽车赛,宣传他们的产品。到1904年,法国有汽车厂350家,年产量达17000辆。

图2.53　1895年P&L公司生产的轿车

这些汽车都是单件小批量生产的。因为买汽车的都是有钱人,他们不在乎售价,而要求有自己独特的形象,并希望在订购汽车时能直接和制造者联系,有时最高时速多少都由买主来定。有人定做汽车是为了参加汽车赛出名。所以当时按同一设计制造的汽车,最多不超过50辆,当时没有市场调查一说,都是按订单生产。

2.5.3 福特公司的大批量生产

美国第一辆汽车比欧洲的晚了7年。但和法国、德国相比,美国是个人口众多、土地辽阔、物产丰富的大国。独立战争结束了殖民统治,南北战争又扫除了奴隶制和庄园制,西部土地的开发、自由劳动力和国内市场的扩大,促进了先进技术的应用和欧洲资本的流入,所有这些都为美国经济的发展创造了良好条件。所以1889年美国的经济超过了英、法、德,成为世界最大的工农业国。农业发展的结果,让农民埋怨缺乏从农场到市场能代替自行车和马车的运输工具。

汽车一出现,6年内美国国内有300家公司和个人试验性地生产汽车,没有银行投资,他们在技术上和组织上都存在大量问题。

越来越多的中产阶级成为汽车族之后,他们建立了代表中产阶级的美国汽车协会,希望降低车价。但汽车商在奢侈品市场尚未得到满足以前,不愿生产利润低的低价车。直到1905年,上层阶级市场满足之后,制造商才将目标转向中产阶级和农民阶层。福特公司在1908年上市的T型车是质量可靠、适合农村需要的廉价车。福特的副手又是一位卓越的推销员,他组织了8000人的推销队伍,为T型车弄来了大量订单。原来的单车生产方式不适应市场需求。福特先从军工系统引进零件通用制,用专用机床加工出标准化的零件;继而将屠宰场中的牛羊肉分块肢解的流水线反其道而行之,成为流水装配线(图2.54)。大量生产方式提高了汽车质量,降低了成本,使汽车进入寻常百姓家。这一切进步都由于T型车是个好车型,它的售价适应了农民的购买力,它的功能适应了农村城镇的使用条件,福特还教会车主自己维修。否则,福特就拿不到大订单,也无法形成大规模生产方式。

2.5.4 通用汽车公司建成现代化公司

福特汽车公司只解决了大规模生产的技术问题,现代化汽车公司的组织任务是由通用汽车公司业完成的。

1908年,威廉·杜兰特(William Durant)将20多家产销汽车及汽车零件的公司合并为控股的通用汽车公司(图2.55),自任总经理。在他的两届任期内,通用汽车公司扩大了8倍,人称他是"聚财高手、管理白痴",曾两度由于大量亏损被迫辞职。

图2.54 福特T型车装配流水线

图2.55 1923年完工的通用公司大楼

1923年,通用汽车公司董事会任命阿尔弗雷德·斯隆(Alfred Sloan)为总裁。在以后的近40年中,斯隆一直担任通用汽车公司的总裁、董事长和名誉董事长。通用汽车公司在斯隆手中建设为现代化大公司,成为世界最大的汽车公司。他的经营方式曾经是现代化大公司所遵循的榜样。

通用汽车公司的管理方针是:政策的决定是集中的,而政策的执行是分散的。公司的每个经营部门都是基层的执行部门,是利润负责中心,独立性很强。

斯隆吸取了杜兰特只会花钱不会赚钱的教训,强调公司经营的中心是提高投资利用效率。汽车市场的兴衰会波动,所以能赚钱的事业都可以经营。通用汽车公司既生产汽车,也生产航空发动机、集成电路。汽车买主由各种层次购买力的买主组成,所以轿车售价分成6个档次,使高收入、低收入的家庭都来买车,既要生产轿车也要生产商用汽车,以满足更多人的需要。

2.5.5　西欧、日本发展廉价汽车

欧洲、日本轿车的普及是靠推广微型汽车实现的。第二次世界大战结束后,英国、德国、法国、意大利在战后的废墟上重建汽车工业。那时的轿车市场主要是公费购车市场,自费车主是一些法人代表和先富起来的人。工薪阶层、农林业主、小业主都需要汽车,但他们买不起轿车。汽车公司靠公费购车市场吃不饱,于是先后易弦改辙,开发廉价的微型汽车以适应工薪阶层、小业主的购买力。1947—1949年,雷诺公司开发了排量747mL的4CV微型汽车、雪铁龙公司开发了排量375mL的2CV微型汽车(图2.56)、菲亚特公司开发了排量500mL的菲亚特500、大众公司生产了1192mL的甲壳虫、英国罗孚公司开发MINI汽车,欧洲除了奔驰以外的汽车公司都参加了微型汽车的生产。由于自由竞争,尽管物价上涨,车价却下跌。因为市场扩大,美国的大量生产方式和大公司组织形式都在西欧得到推广。西欧各汽车公司都通过微型车这个消费热点,发展成世界级的大公司。大众汽车公司用在"甲壳虫"上赚的钱买下奥迪公司,成为档次齐全的大公司。

日本政府从西欧的实践中看到微型汽车市场对汽车工业的推动作用,于是将西欧公司的自发行为改为政府推动。1956年,日本政府公布轻四轮车(微型汽车)法:凡在尺寸、排量上符合规定的微型轿车(图2.57)、厢式车、货车都可享受减税、减保险费、免收过桥过渡费、简化驾照、车牌手续等优惠。日本的轻四轮车虽比西欧晚了10年,由于有政府法规支持,竟后来居上,轻四轮车厢式车、货车的保有量,到20世纪90年代竟占商用汽车保有量的57%,成了日本商用汽车的主要车种。这说明轻四轮车法既有利于社会,也有利于日本汽车工业。

图2.56　雪铁龙2CV微车

图2.57　日本大发生产的Mira Gino微型车

1990年日本两家不生产轻四轮车的丰田、日产公司联合上书日本政府,认为轻四轮车法是日本还是穷国时制定的,现在日本已不是穷国了,是否可以取消。日本通产省的答复是"轻四轮车少耗油、少污染、少占地,有利于社会,还要继续鼓励"。

2.5.6 日本发展丰田生产方式

1950年,日本丰田公司的工程师丰田英二和大野耐一到美国底特律的福特公司进行了三个月的参观学习,认为那里的生产体制还有改进的可能。在采用大量生产方式的同时,丰田公司结合日本国情和市场,形成了一套以人为中心的丰田生产方式。

日本当时的国情是:战后的日本没有可以和美国进行较量的物质武器,只有一批素质较高的干部和敬业精神好的工人保存下来。传统的终身雇佣制使培训、教育成为可能。

再看日本的市场情况:国土狭小,人均收入低,所以国内轿车市场不大。国内就上轻四轮车,而轿车只有打开海外市场一条路。美国市场最大,也是最开放的,向美国出口就成为发展日本汽车工业的主战场。跟着别人的脚印走,如拿不出超越别人的东西,要打进美国市场,就只能是一句空话。

丰田生产方式(图2.58)不是一个生产模式,不是每家企业都必须实现"看板管理",而是一种思维方式。这种思维方式有三个出发点:

(1) 企业要以人为本。人的聪明才智是取之不尽、用之不竭的宝藏,要提倡逆向思维,传统认为好的东西,往往成为被否定的东西。

(2) 任何形式的经济活动都存在着各种形式的人力、时间、资金、物资、机遇的浪费。企业只要认真发挥企业中人的作用,发动大家找出浪费所在和解决措施,企业就会前进。

(3) 只有市场才是拉动企业活动的原动力。所以,下功夫使企业生产出适应市场需要的产品,才是企业活动的中心。

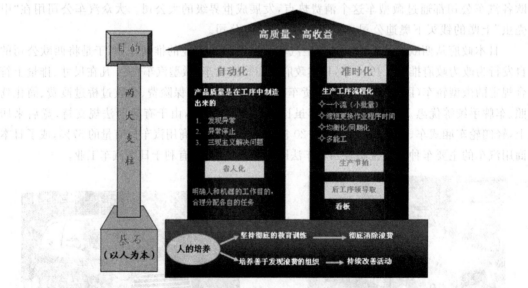

图2.58 丰田生产方式"房型"示意图

丰田生产方式的推广,使日本汽车工业在20世纪70年代进入世界汽车强国的行列,80年代超过美国。

2.5.7 以法规管理汽车企业

在市场经济国家里,汽车公司的总经理若不能为公司获得利润,就会被董事会免职,所以,公司经理把为企业争取利润作为第一要求。因此,只能由政府有关部门制定汽车法规来管理企业,这使企业只有在先满足社会效益之后,才能实现企业的效益。

以美国为例,美国能源部在20世纪70年代油价飞涨期间,制定了平均油耗法,强迫三大公司投资千亿美元改进产品、改进汽车生产线,将汽车油耗由原来的每百公里14.2L降到8.5L。

美国交通部制定汽车召回法,对有安全问题的汽车,交通部有权下令汽车公司将上市的该型汽车全数召回。1966—1991年间,美国共有1.47亿辆汽车因各种不安全原因被勒令召回,平均每年有上百种车型约600万辆汽车要被召回。

美国环保局制定空气清洁法,排放不合格的汽车不得上市;上了市的,汽车公司要缴纳罚款。1992年政府决定对凯迪拉克、宝马、除190系列外的全部奔驰轿车、保时捷等大排量轿车,征收"油老虎"车税,税额不大,但声名狼藉,豪华车的身价大跌。

美国商业部负责汽车质量,制定了汽车保用法,新车一年内同一系统出现了三次故障,车主就可凭三次保修点的发票,要求汽车公司退款或换车。纽约州的汽车保用法是1983年开始实施的,至1990年,汽车商已向纽约州的车主退款1亿美元,三大汽车公司在全国的退款高达10亿美元,这才迫使三大公司认真抓质量。

近几十年来,汽车技术的进步主要来自政府法规的推动(图2.59)。

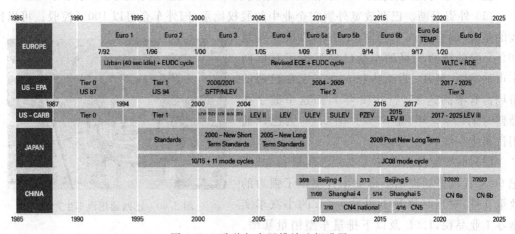

图2.59 欧美与中国排放法规进展

由于美国是世界最大的汽车市场,谁都想进入美国市场,但必须使汽车能满足美国法规的要求,所以美国的汽车法规有着世界意义。美国加州法规(US-CRAB)是目前世界上最严格的排放法规。

中国针对道路与非道路用车,采用不同的排放法规。道路车辆的国Ⅴ之前的排放法规,有汽油机与柴油机之分,国Ⅵ之后,采用燃油中性原则,不再区分汽油机与柴油机。

未来中国汽车排放标准将引领全球。在充分吸收欧美的经验后,中国汽车排放标准正在超越过去完全借鉴欧洲法规的做法,形成一套具有中国特色的严格排放标准体系。2016年12月23日,环境保护部与国家质检总局联合发布GB 18352.6—2016《轻型汽车污染物排放限值及测量方法(中国第六阶段)》,宣布自 2020 年起逐步实施国 Ⅵ 标准。逐步提高新车排放标准是控制机动车排放污染的根本措施之一,这也是国际社会的成功经验和通行做法。预计 2025 年前,中国将成为世界上执行最严格汽车节能环保标准的市场。

2.5.8 西班牙、巴西引进外资

20 世纪 50 年代的西班牙、巴西都是工业落后、经济不发达国家,搞汽车工业缺乏市场、资金、技术、基础工业,只能用低工资、低税收吸引外国公司前来投资建厂。西班牙在欧洲经济共同体内,生产的汽车销往共同体市场;巴西生产的汽车则销往拉丁美洲和北美的美国、加拿大市场。40 年下来,两国都建成门类齐全的汽车工业,年产量达百万辆以上。巴西、西班牙能够取得成功的原因之一,是由于外国公司前来办厂的多了,自然形成一个世界各大公司激烈竞争的汽车市场。各公司都拿出新型汽车来参与竞争,政府也利用多国竞争的形势,适时采取相应的汽车产业政策,推动汽车工业的发展,谋取民族利益。政府规定汽车发动机和车身必须在本国生产,其他零部件也必须在 3~5 年内实行国产化。到 1972 年,政府又不失时宜地提出鼓励出口政策,除规定厂家必须达到的出口量和创汇额度外,对内销车课以重税,对外销车则由政府补贴。福特巴西公司的发动机,成本低于福特美国公司,它就向美国出口发动机,让巴西工人去抢美国的饭碗。可见巴西虽然没有自己独立的汽车产业,政府还是可以运用政策来争取民族利益的。到了 1999 年,西班牙生产汽车 285 万辆,巴西生产汽车 135 万辆,都成为汽车生产大国。

巴西车市有五大特点。

(1) 外资垄断。巴西放宽外资在企业中的股权比重,国外车企可以 100% 控股。可以比较的是,国内合资汽车公司,中方的股权红线是 50%。登陆巴西较早的车企已经形成了对巴西车市的垄断,通用、菲亚特和大众三家在巴西的市场占有率高达 45%(2016 年),而这个数字在鼎盛时期(2009 年)是 67%。图 2.60 为巴西通用汽车生产线。

图 2.60 巴西通用汽车生产线

(2) 小排量自然吸气为主。巴西早在 20 世纪 90 年代就开始提倡小排量车并提供了强力的政策支持,对当时排量不超过 1.0L 的小汽车实施零工业品税,1.0L 及以下排量车型销量暴增。而后巴西政府逐渐调整了政策,1.0L 以下排量汽车税率调整为 9%~10%,1.0~2.0L 排量车型税率为 13%~15%,1.0L 车型优势减弱、占比大为下降。目前巴西车市的主流排量为 1.0~2.0L,以税收低、用车成本低的自然吸气发动机为主。

(3) 灵活燃料车占绝对优势。在巴西,加油站不供应纯汽油,即便是"普通汽油",其中也添加了 5% 的乙醇。而灵活燃料车也称混合、弹性燃料车,它可添加 20%~25% 任意比例乙醇的汽油或者 100% 乙醇作为燃料。灵活燃料车对于车主来说,油价便宜加汽油,乙醇便宜加乙醇,选择灵活。从环保的角度来看,乙醇燃料富氧能促进燃烧,大幅减少因燃烧不充分产生的污染物排放。从更宏观的角度来看,这有助于巴西实现能源独立。

(4) 贸易壁垒。虽然外资控股不受限,但为了限制进口组装,巴西早在 1956 年就强制规定了外资汽车的国产化率,先期进入巴西车市的企业零部件国产化率高达 95%。20 世纪 90 年代军政府统治结束,贸易和投资自由化等政策开放,但为了保护本国产业,巴西还是设置了较高的贸易壁垒。巴西政府在 2011 年 12 月 16 日开始对进口或国产化率未达标的汽车加征 30% 的工业产品税(升至 37%~55%),以保护国产汽车免受冲击,这一点对于想出口巴西的中国自主品牌来说极为关键。

(5) 全球范围内缺乏话语权。巴西汽车产销量虽然达到全球前十,但巴西自主品牌至今只有 Agrale、TAC、Troller 等寥寥数个乘用车品牌得以存活,而其产量基本用于内销,世界上并无国家热衷于购买巴西自主品牌的汽车。

2000—2012 年,巴西汽车市场呈现出了一条不断走高的上升曲线,与国民 GDP 产值的走势高度吻合。但因过于依赖初级产品出口,制造业竞争弱,市场化改革力度不足等原因,外加 2011 年以来的大宗商品熊市,巴西经济遭到了严重打击,巴西的汽车业也遭到重创,目前发展较为艰难。

2.5.9 韩国汽车借船出海

韩国现代公司创建于 1967 年,是从 CKD(完全拆散再组装)开始的。但韩国的国情不同于西班牙、巴西。韩国有比较发达的造船工业、钢铁工业、电子工业和纺织工业,并且有出口竞争的经验。他们认为有了起步的资金、技术、基础工业,低工资带来低成本,就能赚钱,就可以自行发展汽车工业。但有一点不足,就是国内市场太小,不能满足汽车工业发展的需要。于是将汽车工业的主战场放在国外市场上。他们精心策划出口车型(图 2.61),即低价轿车,并要自己掌握产品设计权。他们请意大利设计师设计"小马"(Pony)牌轿车的造型,和日本三菱汽车公司合资,取得发动机变速器的生产技术(后又将日股购回)。1983 年"小马"牌轿车进入加拿大时,所有能从当地采购的零件都从加拿大购进

图 2.61 现代汽车装船出口

(即国产化),以取得进入加拿大和美国市场的入场券。1985 年"小马"牌在加拿大销售 7.9 万辆;1985 年现代公司在美国组建了 258 家销售店;1986 年"优越"牌轿车出口美国时正是日元升值,"优越"牌轿车以比同级日本车便宜 1000 美元的优势进入了美国市场,当年销售 17 万辆。

韩国起亚公司生产马自达的 212 型小轿车,通过福特公司的销售网在美国销售。

韩国大宇公司通过通用公司在美国销售它从欧宝公司引进的轿车。

1998 年韩国在美国销售 50 万辆轿车,占美国市场的 4%。

1992 年大宇公司购回通用所占有的全部股份,从此进入自主经营的轨道。先后在 1994 年、1995 年分别收购了英国和德国的老牌技术开发中心,凭此建起大宇公司的两家西欧开发中心。继而通过收购股份来兼并或通过直接投资来控股,以建立海外生产基地。

韩国汽车工业的发展是与国家的扶持政策分不开的,但是 1997 年亚洲金融危机爆发

后,韩国的汽车业遭受了重大打击,原来被飞速发展所掩盖的政企不分、家族式经营日益显露出弊端,企业走到了破产与亏损的边缘。

1997年发生的亚洲金融风暴,使起亚汽车的投资失去可偿还能力,濒临破产后由韩国政府出面,指令现代收购起亚公司。1998年,起亚汽车公司与现代公司签订了股权转让协定,2000年,成立现代—起亚汽车集团。

在风雨中,韩国汽车工业被迫进行新的调整。1997年,双龙汽车公司因资不抵债而被大宇收购。同年,起亚汽车公司也被政府招标拍卖,现代集团奋起应标,于1998年10月收购。1999年大宇汽车公司也背上了180亿美元的债务,不得不向海外汽车公司求援,2001年9月,通用汽车公司、铃木公司、上汽集团和大宇债权人成为通用大宇的股东。2004年10月,中国上汽集团收购双龙汽车公司。

目前,韩国汽车工业产值大体占韩国制造业的10%,汽车出口额占出口总额的6%左右,汽车工业已成为韩国制造业的支柱产业之一。2014年,汽车业顺差额在韩国主要出口项目中居首。

2.5.10 世界汽车工业的重组潮流

目前全世界汽车产量5400万辆/年,最大能力可达6000万辆/年,轿车年销量4000万辆。在发达国家中,大城市已是堵车成灾,不得不纷纷采取限车措施,所以,车辆更新将成为轿车的主要市场,轿车的竞争会更加剧烈。要想在竞争中获胜,要靠开发新车型以适应能源、环保法规日益严格,城市交通堵塞日益严重的市场环境,但在发达国家,开发费用极高,动辄以几十亿美元计,于是出现了合资、收购、兼并的重组浪潮。

合资、收购、兼并、重组都是为了市场共享,开发费用共担,开发力量共用,零部件互惠供应。德国宝马购进英国罗孚公司就是看中罗孚的小型车开发力量和小型车传统市场,成交之后宝马立即拨巨款让罗孚开发新型小轿车。福特及时吃进马自达,也是看中了马自达的小型车开发能力和它的传统小型车市场。

戴姆勒—克莱斯勒的联合(图2.62),也是大车专业公司戴姆勒—奔驰看中克莱斯勒的小车开发能力和小车传统市场,而传统的小车公司雷诺,握有一部分克莱斯勒公司的股权。戴姆勒—奔驰此举有一箭双雕之妙。

这种优势互补的做法始于20世纪70年代,只是那时的动作小,未被人注意而已。当时的通用汽车公司一面在发展凯迪拉克,同时又和丰田公司合资经营新联公司,生产小型车,利用日本的开发力量和丰田生产思想,合作生产小型轿车。通用还参股小型车公司五十铃和铃木,用通用的销售渠道推销美日合资小型轿车。

图2.62 1998年戴姆勒和克莱斯勒合并

汽车公司之间实行优势互补,是产品型谱不同的汽车公司之间进行合作的一种新形式,是世界汽车工业迈向新阶段的又一创举。

重组后的21世纪汽车工业,将会推出更多的品种、更好的性能、更低的价格、更多的零部件通用、更好的售后服务、更少的营销费用。

中国汽车市场也出现了多次并购与重组。2010年8月2日,吉利控股集团正式完成对福特汽车公司旗下沃尔沃轿车公司的全部股权收购。2017年5月24日,吉利控股集团与马来西亚DRB-HICOM集团签署协议。吉利集团将收购DRB旗下宝腾控股49.9%的股份以及英国豪华跑车品牌路特斯集团51%的股份,吉利集团将成为宝腾汽车的独家外资战略合作伙伴。2018年,吉利集团成为戴姆勒公司的大股东。

2.6 中国汽车工业发展史

2.6.1 新中国成立前的汽车业

最早出现在中国的汽车是1901年匈牙利人李恩时(Leine)由海路运入上海的两辆美国制造的"奥兹莫比尔(Oldsmobile)"牌汽车(图2.63),专供上海租界内的外国人使用。一辆是凉篷式汽车,另一辆是折叠式软篷,前排为双轮座席,车轮是木制的,外面包上实心橡胶轮胎。采用转向盘、转向带和梯形结构控制行驶方向。照明用煤油灯,喇叭是手揿的。

图2.63 1901年两辆奥兹莫比尔汽车

第一辆进口车是1902年袁世凯为取悦慈禧太后,从香港花巨款进口的一辆美国车(图2.64)。这辆珍贵的"中国头号汽车古董"由故宫移到了颐和园,现陈列在园内的德和园。

图2.64 慈禧太后和她的御用车

1902年11月9日(清光绪二十八年十月初十),北京紫禁城太和殿隆重举行慈禧皇太后67岁生日庆典,满朝文武官员为了博得老佛爷的欢心和宠信,纷纷挖空心思地呈献自己最得意的贡品。宠臣袁世凯献上了一件颇为时髦的洋贡品——汽车。经考证,这辆车是美国杜里埃(Duryea)公司于1896年生产的13辆汽车中的一辆,它装有一台横置式气缸、10

马力的汽油发动机,产生的动力由旁边的齿轮变速箱传递给后轴,最高车速可达 19km/h。该车是黑色木制车厢、两轴四轮、实心橡胶轮胎、木制辐条、敞篷式古典汽车,车厢内设两排坐席,前排是司机席,后排是乘客席。在车头两侧装有两盏铜质车灯,而在车厢上方由四根支竿支起了一个车篷,在车篷的四周缀有黄色丝穗,乍看上去酷似一驾昔日的四轮马车。慈禧检阅贡品时,当她听说这辆洋车不用马拉就能跑,感到很奇怪,立即口谕在场的司机开车。但慈禧要求司机跪下开车,这一要求显然无法做到,因此后来慈禧也不再对汽车感兴趣,这辆车就被废弃了。

最早提出中国要建立汽车工业的是孙中山。1920 年在发表的《建国方略》一文中说道:"最初用小规模,后逐渐扩张,以供四万万人之需要。所造之车当合于各种用途,为农用车、工用车、商用车、旅行用车、运输用车等。此一切车以大规模制造,实可教今更廉,欲用者皆可得之。"

旧中国曾有过三次建汽车厂的尝试。

(1) 1929 年,张学良投资 80 万大洋,在沈阳迫击炮厂内筹办民生工厂制造汽车。张学良让民生工厂厂长李宜春从美国购进"瑞雪"号整车一辆,作为样车。李宜春将整车拆卸,然后除发动机后轴、电气装置和轮胎等用原车零件外,对其他零件重新设计制造,到 1931 年 5 月历时两年,终于试制成功中国第一辆汽车,命名为"民生"牌 75 型汽车,该车载重 1.8t,开辟了中国自制汽车的先河。由于"九一八"事件,该车没能批量生产。

(2) 1936 年冬,以官僚资本为首,集资 600 万元,筹建中国汽车工业公司,与德国奔驰汽车厂技术合作。在株洲设立生产厂,在上海成立分厂先行组装柴油货车和公汽,称为"中圆"牌,标识为外圈一个圆,当中一个"中"字。1937 年,"八一三"淞沪抗战爆发,因此被迫停产。

(3) 1936 年,资源委员会开始筹建中央机器厂,第五分厂即为汽车厂。1939 年在昆明建厂。购买了美国斯图尔特汽车厂,并在美国设计、试制成"资源"牌货车 4 辆。抗战爆发后,工厂落入日军之手。

2.6.2 新中国汽车工业发展史

新中国汽车工业的发展,从整体上可以分为两个阶段:第一个阶段是以引进苏联东欧国家的技术为起点,在计划体制下的 30 年发展;第二个阶段是在改革开放后的 40 年发展。

1. 从技术引进转向自主开发(1953—1983 年)

中国汽车工业诞生于开始大规模工业建设的第一个五年计划时期。1953 年 7 月第一汽车制造厂(简称"一汽")在长春动工兴建。1956 年 7 月一汽建成投产,第一个产品是"解放"牌 CA10 型 4t 载重卡车(图 2.65),它在后来的 30 年间几乎成为中国汽车工业的象征。

一汽的建设和生产都是在苏联的技术援助下进行的,"解放"卡车的原型是苏联的吉斯 150。从 1953 年开始,一汽先后派出 500 多人到苏联斯大林汽车厂学习。由于当时中国的工业基础极其薄弱,所以一汽从一开始就是高度纵向一体化的,主要零部件以及凡是跟金属有关的零部件全部由一汽生产。

1958 年开始的"大跃进",导致了中国汽车工业的第一次扩散。

1957 年,南京汽车制配厂开始仿制苏联嘎斯 51 型 2.5t 载货车,并在 1958 年试制出 3 辆样车后改名为南京汽车制造厂,开始小批量生产"跃进"牌 NJ130 型轻卡,这是中国最早生产的轻卡(图 2.66)。

图 2.65　第一批"解放"牌载货汽车下线

图 2.66　南汽制造的 2.5t"跃进"牌汽车

1957年12月,上海汽车装配厂试制成第一辆58-I型三轮货车。1958年,上海汽车装配厂在试制并投产吉普车和三轮卡车的基础上,设想试制轿车。1959年9月30日上海汽车装配厂以西德1956年出产的奔驰220S型轿车作为样车的第一辆"凤凰"牌轿车诞生。这个轿车项目曾在三年困难时期下马。1963年,国民经济好转,"凤凰"牌轿车开始恢复生产,到1963年年底共试制出10辆"凤凰"牌轿车。1964年开始,正式投入批量生产,并改名为"上海"牌轿车(图2.67)。"上海"牌轿车从投产到20世纪80年代初是国内唯一款普通型公务用车。

图 2.67　"上海"牌轿车生产场景

1958年，北京第一汽车附件厂在"大跃进"的热潮中，决定与清华大学合作设计生产轿车。当时仿照的是德国大众"甲壳虫"紧凑型轿车。1958年6月试制出样车，命名为"井冈山"牌，该厂也改名为北京汽车制造厂。但是因技术难度大，这个车型并未投入批量生产。不过种子种下后总要开花结果：1964年，北京汽车制造厂应解放军总参谋部要求，试制出供部队高级指挥员使用的BJ212型越野吉普车（图2.68），被总参谋部选定后于1966年年底装备部队。BJ212在以后的长时期内对部队和地方产生了巨大影响。

图2.68　BJ212吉普车

最值得一提的是，在"大跃进"解放思想的热潮中，一汽设计出了两款轿车。1958年5月，一汽自行研制、设计、生产了中国第一辆轿车样车"东风"牌71型轿车（图2.69），开创了中国轿车生产的先河。这是一款曾令全中国人民兴奋不已的轿车。车标是一条腾飞的金龙，代表东方巨龙的发达和自强，与车头前毛泽东主席手书的"东风"两字相互辉映。1958年5月21日，毛泽东主席坐在这辆车上在中南海的草坪上绕了两圈，高兴地说："坐上我们自己制造的小轿车了。"1958年7月，一汽又试制出第一辆"红旗"CA72高级轿车（图2.70）。一开始生产100辆，以后每年定额300辆，作为中国的轿车阵地。1965年，一汽"红旗"CA72转产，开始生产CA770型三排座高级轿车，俗称"大红旗"。

图2.69　中国制造的第一辆"东风"牌轿车

图2.70　一汽生产的第一批"红旗"CA72轿车

中国汽车工业从20世纪70年代初又开始了新一轮的发展,主要表现在国防和地方汽车工业的发展,最大的项目是建设第二汽车制造厂(简称"二汽",现为东风汽车公司)。

二汽主打产品"东风"卡车的原型是由一汽在1962年开始开发的换型产品"解放"CA140型5t载货车,于1964年试制出样车。为了支援建设二汽,一汽将这款车的全套设计转给了二汽,成为"东风"EQ140型5t载货卡车(图2.71)的技术来源。这个车型于1978年7月15日正式投产,而且正是由于它在1979年达到年产1000辆,使二汽开始盈利并上缴利润。二汽自己研发的第一个车型是"东风"EQ240型2.5t越野卡车(图2.72)。从1968年提出方案,到1969年生产出样车,再到1975年正式投产,EQ240经历了8年的开发历程。在1978年年底开始的边境作战中,东风EQ240和EQ140开赴前线,深得部队好评,也使二汽日后成为中国军方的主要供货商。

图2.71 二汽生产的5t载货车装配线

图2.72 "东风"EQ240型2.5t越野卡车

同期为国防而建设的项目还有四川汽车制造厂(现重庆重汽,1971年投产"红岩"牌6t越野车,仿制法国军用重型越野卡车)和陕西汽车制造厂(1978年投产"延安"牌5t越野车)。这两个企业与济南汽车制造厂(后来的中国重汽)成为中国重型载重车的骨干企业,在20世纪80年代被组织在国家成立的重型汽车工业联营公司属下,共同引进奥地利斯太尔91系列车型(图2.73),带动了整个中国重型汽车工业的发展。

地方工业产品中最有名的是"北京"牌2t载货车,即北京130。此车型是北京市于1965

图 2.73　首批斯太尔 91 系列重型汽车

年指定北京汽车修理公司模仿外国车型进行自主开发,1966 年试制出样车,1968 年试生产,于 1973 年开始批量生产,曾经风靡一时。

从 20 世纪 60 年代末到 70 年代初,上海、北京、天津和辽宁都相继开发投产了 15t、20t、32t 和 60t 的矿山用自卸载重车。

20 世纪 70 年代,各地的一些汽车修理厂利用卡车底盘组装客车(改装车),发展出一些客车厂;在地方交通、城建部门的布点下,后来又发展出来一些改装专用汽车的工厂。

2. 从自主开发转向依靠合资模式的技术引进(1983 年至 21 世纪初)

中国汽车工业前 30 年的发展是以卡车为主,轿车只有"红旗"和"上海"两种小批量生产的车型,所以中国轿车工业的技术基础薄弱。一方面是与外国技术相比之下的落后,另一方面是发展汽车工业的雄心壮志,由这两者之间的落差所产生的动力使中国汽车工业从 20 世纪 80 年代中期开始,在轿车生产方面走上以合资引进技术的道路。

中国汽车工业的第一个中外合资企业是北京吉普汽车有限公司,由北京汽车制造厂与美国 AMC 汽车公司(后来外方改为收购了 AMC 的戴姆勒—克莱斯勒公司)于 1983 年 5 月 5 日签约(图 2.74),1984 年 1 月 15 日正式开业。

图 2.74　北京吉普汽车有限公司签约仪式

第二个中外合资企业是上海大众。1983 年,上海通过购买 CKD 组装德国大众公司的桑塔纳轿车(图 2.75)。1985 年 3 月,合资成立上海大众公司。于 1987 年起动了桑塔纳国产化项目。成立上海大众时,作为中方出资人的上海汽车工业公司仍然保持着自己的产品和体系。在转向以桑塔纳国产化为中心后,上海市政府和上汽公司做出了由上海大众兼并上海汽车厂(兼并后放弃了该厂原来生产的"上海"牌轿车)的决定,并将整个上汽所属的企业全部以为桑塔纳配套为目标进行重组和技术改造。桑塔纳国产化获得了成功,但是,为取得对引进产品进行国产化的成就却付出了另一种代价:上海汽车工业丧失了自己原有的整车产品、自主品牌和开发平台。

图 2.75 1983 年首批桑塔纳中级轿车出厂

另一个合资的先驱企业是广州标致。1985 年 9 月,广州汽车工业集团公司与法国标致公司合资成立广州标致汽车有限公司(简称"广标")。合资公司成立后,法国标致公司和广汽集团在车型换代和技术引进上存在较大分歧,致使广标在引进当时欧洲 20 世纪 70 年代水平的和车型之后,一直没能进行更新换代。车型的落后导致了广标主要产品"标致"504、505 的销售长期低迷,而依赖全盘引进国外技术的广标又没有产品开发能力。广标从 1994 年开始连年亏损,到 1997 年累计亏损已达 29 亿元之巨。1997 年 3 月,法国标致以 1 法郎的价格将所持的全部股份转让给广汽集团后撤出,合资项目宣告失败。

从 20 世纪 80 年代末到 90 年代初,中国最大的汽车企业一汽和二汽也相继走上合资之路。1988 年一汽向德国奥迪公司购买奥迪 100 中级轿车的产品技术(图 2.76),1989 年开始组装一汽奥迪。此后又在奥迪的平台上开发"新红旗"。1991 年 2 月,一汽与德国大众公司合资成立一汽大众,并从 1992 年开始生产大众的捷达轿车。1996 年,一汽奥迪项目并入

图 2.76 1988 年一汽轿车项目正式起动

一汽大众。

二汽因被列入国家重点支持范围成为轿车定点企业,但因为没有生产轿车的历史,所以只能通过建设全新的项目进入轿车工业。在所有的新建项目中,最能体现"高起点、大批量、专业化"原则的就是东风神龙富康轿车项目:1988年国家批准项目建议书,1990年12月在巴黎签约,1992年5月11日东风与法国雪铁龙合资成立神龙汽车有限公司,1993年2月开工(图2.77),2000年11月通过国家验收。一期工程设计年产15整车万辆,20万台发动机。

图 2.77　1993 年神龙汽车有限公司开工典礼奠基仪式

在微型车领域,20世纪80年代前半期通过从日本铃木引进技术在哈飞、长安、柳微(五菱牌)、昌河等企业进行生产。1986年,天津汽车工业公司与日本大发公司和丰田公司合作,以许可证方式引进产品技术,由天津微型汽车厂生产夏利轿车。1987年,夏利TJ7110成为国内第一款两厢微型轿车。后又成立合资的天津丰田汽车发动机有限公司,为夏利轿车配套。随着合资引进技术获得新的动力,1993年长安汽车有限公司与日本铃木汽车有限公司在重庆合资成立长安铃木汽车有限公司,生产奥拓微型轿车。1994年贵州航空工业总公司采用许可证方式从日本富士重工引进技术生产云雀微型轿车,1998年进一步与富士重工合资,年产能力1万辆。

从20世纪90年代末到21世纪初,随着中国加入WTO,中国政府在对市场开放做出承诺的条件下,放宽了对外资进入的限制,更多的外国汽车厂商加入到合资的队伍,同时也加快了产品技术的转让速度。1997年6月,上汽集团与美国通用汽车公司合资成立上海通用汽车公司(图2.78)。1998年7月1日,广汽集团与日本本田技研工业株式会社签约,在广州标致的废墟上建立广州本田汽车有限公司。2001年4月25日,长安汽车集团与福特汽车公司合资成立长安福特汽车有限公司。2002年9月19日,东风集团与日产汽车公司合资成立东风汽车有限公司。2002年10月16日,北京汽车工业控股有限公司与韩国现代汽车公司合资成立北京现代汽车有限公司。

随着汽车市场准入管制的松动,中国汽车工业出现了拥有自主品牌的汽车企业。从2001年起,华晨中国汽车控股有限公司、哈飞汽车股份有限公司、吉利控股集团、奇瑞汽车有限公司、比亚迪汽车有限公司等公司相继获得生产和销售轿车的正式许可。尽管自主开发的产品在质量和技术水平上与国外存在一定的差距,但中国自主开发企业的低成本使其在私人消费主导的汽车市场上找到了生存空间,最终发展壮大。

2.6.3　21世纪初至今我国汽车工业发展

图 2.79 为 2005—2017 年我国乘用车销量及增长率。2017 年全年我国乘用车销量为

图 2.78　1997 年上海通用汽车有限公司正式成立

2471.83 万辆,同比增长 1.4%,较 2016 年同期累计销量增速有较大回落。随着汽车在城镇家庭的逐渐普及,乘用车行业已基本告别 2000—2010 年 10 年高速增长期,转而进入稳健增长时期。长期来看,我国汽车保有量提升空间仍然极为广阔。目前我国汽车普及度与发达国家相比差距仍然巨大,同期美国千人汽车保有量在 800 辆以上,日韩也已达到 350 辆以上,而我国仍然不到 150 辆水平,长期仍具备翻番空间。图 2.80 为 2016 年世界千人汽车保有量分布图,从图中可以发现,我国千人汽车保有量与世界发达国家差距极大。

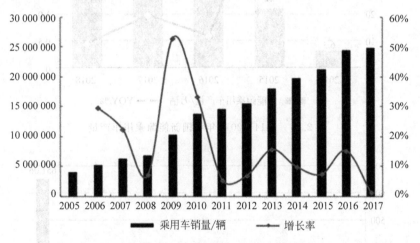

图 2.79　2005—2017 年中国汽车销量及增长率

受国家对汽车燃油消耗量的技术要求以及对新能源汽车的鼓励政策影响,汽车产品逐步向低碳化、电动化方向发展。2015 年,新能源汽车销量比例超过 1.5%,市场份额也保持着上升的趋势。双积分政策压力下,主流车企均在加快投放新能源车型,供给端改善有望加速。预计 2020 年我国新能源乘用车产量有望达到 165 万辆(图 2.81)。

双积分政策压力下,各大车企均加大新能源汽车领域的布局。虽然中国自主品牌汽车企业发展面临诸多挑战,但是依旧有较快的市场增长。图 2.82 为中国自主品牌汽车企业传统车 2017 年产量,图 2.83 为新能源车 2017 年产量。

此外,在《中国制造 2025 战略纲要》的指导下,智能网联汽车也成为行业关注的焦点,吸引了大批传统汽车企业和互联网企业开展合资合作,不但促进了工业化和信息化的融合,

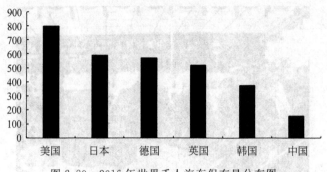

图 2.80　2016 年世界千人汽车保有量分布图

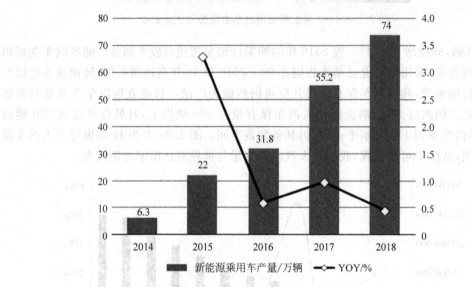

图 2.81　2014—2018 年我国新能源乘用车产量

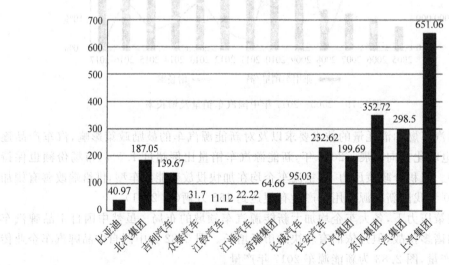

图 2.82　中国自主品牌汽车企业传统车 2017 年产量

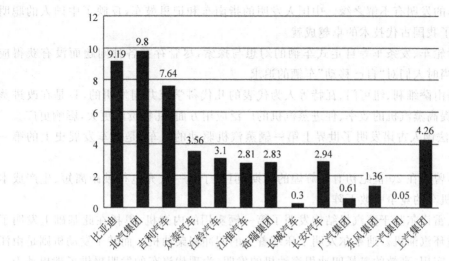

图 2.83　中国自主品牌汽车企业新能源车 2017 年产量

而且实现了各方资源的高效利用,助力汽车产业结构优化调整。同时,按照《中国制造 2025 战略纲要》,中国新能源汽车产业不但在销量方面取得突破,更要在技术方面赢得先机。围绕纯电动汽车和插电式混合动力汽车,应主要在以下重点领域开展工作:

(1) 研发一体化纯电动汽车平台;

(2) 研发高性能插电式混合动力总成和增程式发动机;

(3) 推动下一代锂电子动力电池和新体系动力电池,高功率密度、高可靠性电驱动系统的研发和产业化,构建自主可控的产业链;

(4) 基于大数据系统的智能化汽车产业链建设,突破车联网应用、信息融合、车辆集成控制和信息安全等关键技术。

2015 年,《中国制造 2025 战略纲要》出台,对汽车企业提出了更高的要求:①在智能制造方面需取得突破进展;②重点推动互联网在汽车制造领域的深化应用;③全面加强互联网基础建设,为未来汽车智能工厂设备、产品、服务与人之间的互联提供支撑。

同时,《中国制造 2025 战略纲要》对节能汽车也有要求,提高节能汽车高效内燃机、先进变速器和轻量化材料等核心技术的工程化和产业能力,推动自主品牌节能汽车与国际先进水平接轨。围绕节能汽车,需要在以下重点领域开展工作:①整车轻量化技术、低滚阻轮胎、车身外形优化设计;②柴油机高压共轨、汽油机缸内直喷、均质燃烧和涡轮增压等高效率发动机,提高热动能量转化效率;③商用车自动控制机械变速器、高效变速器、节能空调、启停技术和制动能量回收技术的研究优化。

本 章 小 结

车轮的发明不仅创造了一种器具,还带给人类一种新的高效运动方式——滚动。没有车轮,也就失去了谈论汽车的基础。

在发明汽车之前,马车是人类历史上使用时间最长和最有影响力的陆地交通运输工具。

中国与车的发明有不解之缘。中国人发明的指南车和记里鼓车，反映了中国人的聪明与才智，体现了我国古代技术的卓越成就。

人们对滑轮车、发条车等自走式车辆的幻想与探索，尽管存在各种问题而没有获得应用，却反映了当时人们对"自己移动"车辆的追求。

蒸汽机是由萨维利、纽可门、瓦特等人为代表的几代科学家共同发明的，只是在改进蒸汽机的结构、提高蒸汽机的效率、促进蒸汽机的广泛应用方面，瓦特贡献更大，影响更广。

1769年，法国人古诺发明了世界上第一辆蒸汽机驱动的汽车，是汽车发展史上的第一个里程碑。

电动汽车曾经在20世纪初有过辉煌的时期，但由于其一次充电行驶距离短、生产成本高，在与内燃机车的竞争中败下阵来。

比利时人雷诺尔基于蒸汽机结构发明了第一辆实用的内燃机，奥托在此基础上发明了四冲程奥托循环汽油机。迪塞尔发明了压缩着火的四冲程柴油机。而转子发动机则是由汪克尔发明的。实用、高效的奥托四冲程汽油机的发明，为现代汽车的发明提供了理想动力。

历史上有许多经典的车用内燃机，比如福特 Flathead V8、雪佛兰 Small block V8、宾利 Bentley L Series V8、奔驰 M120、本田 K20A 等。

本茨发明了第一辆三轮内燃机汽车，戴姆勒发明了第一辆四轮内燃机汽车。汽车的发明不是偶然的，更不是一人之功，而是集体智慧和劳动的结晶。

从整个世界汽车工业的发展可以看出，汽车工业起源于德国，起步于法国，普及于美国，成熟于日本。

中国汽车工业50多年的发展历史，经历了从技术引进转向自主开发，又从自主开发转向依靠合资模式的技术引进。在全球化大趋势背景下，中国自主开发汽车企业将会在世界汽车市场占有一席之地。

中国已经成为全球第一大汽车消费市场，《中国制造2025战略纲要》的出台对中国汽车工业带来了巨大影响。

思 考 题

1. 车轮是如何发明的？它对汽车的发明有何贡献？
2. 纽可门蒸汽机与瓦特蒸汽机在结构和原理上有何异同？
3. 第一辆蒸汽机汽车是何时、何人发明的？在汽车发展史上有什么意义？
4. 电动汽车与蒸汽车和汽油车相比有何优缺点？为什么电动车在20世纪初达到顶峰之后会出现衰落？
5. 简述奥托循环汽油机的基本工作原理，并说明与奥托大气内燃机的不同之处。
6. 简述迪塞尔柴油机的基本工作原理，并比较迪塞尔柴油机与奥托汽油机的异同。
7. 汪克尔转子发动机有什么优点和不足？
8. 世界上第一辆摩托车是何时、何人发明的？
9. 本茨发明的汽车与戴姆勒发明的汽车有什么不同之处？
10. 简述德国、法国、英国、美国、日本和韩国等国汽车工业发展的特点。
11. 中国自己制造的第一辆汽车是什么品牌？是何时由何人制造的？

12. 新中国成立后，生产的第一辆轿车是什么品牌？是何时由何人制造的？
13. 简述中国汽车工业发展的特点和未来发展趋势。
14. 为什么说汽车的发明是集体智慧和劳动的结晶？
15. 丰田生产方式的核心思想是什么？
16. 中国汽车市场有哪些著名的并购或重组事件？
17. 举例介绍几款经典的车用内燃机。
18. 《中国制造 2025 战略纲要》对汽车企业有哪些要求？

3 汽车外形和色彩

汽车不仅是一种地面交通工具，也是一种现代社会的装饰品，其优美的造型和靓丽的色彩给人带来美的享受。能否满足汽车高速、安全和舒适等基本要求，是评价汽车造型的客观标准。汽车色彩不仅是汽车外表包装和品牌识别的标志，也包含消费心理、文化背景、个性风格等诸多因素。本章以空气动力学为主线，结合机械工程学和人体工程学对汽车造型的历史演变进行介绍；同时，对汽车色彩的视觉效果、色彩设计应考虑的因素以及未来发展趋势等进行描述。

3.1 汽车外形

3.1.1 确定汽车外形的因素

确定汽车外形有三个基本要素，即机械工程学、人体工程学和空气动力学。前两个要素在决定汽车构造的基本骨架上具有重要意义，特别是设计初期，受这两个要素的制约更大。

汽车最主要的要求是能够行驶和耐用。以此为前提，必须考虑机械工程学的要素，其中包括发动机、变速器内部结构设计。要使汽车具有行走功能，必须安装动力总成、车轮、制动器、散热器等装置，而且要考虑把这些装置安装在车体的哪个部位，才能使汽车更好地行驶。这些设计决定之后，可根据动力总成的大小和驱动形式确定大致的车身骨架。如果是大量生产，则要强调降低成本、车身钣金件的冲压加工简易化，同时兼顾维修简便性，即使发生撞车事故后，车身要易于修复。这些都属于机械工程学的范畴。

其次是人体工程学要素。因为汽车是由人驾驶的，所以必须保证安全性和舒适性。首先应确保乘员的空间，保证乘坐舒适，驾驶方便，并尽量扩大驾驶员的视野。此外，还要考虑上下车方便和减少振动。这些都是设计车身外形时与人体工程学有关的内容。

以上两个要素起着决定汽车基本骨架的作用，也可以说是来自汽车内部的对车身设计的制约。在确定汽车外形时，来自外部的制约条件即空气动力学要素则显得尤为重要，特别是近年来，由于发动机功率增大，道路条件改善，汽车的速度显著提高，空气动力学设计的重要性更加凸显。

高速行驶的汽车，肯定会受到空气阻力。空气阻力的大小，大致与车速的平方成比例增加。因此，必须在车身外形上下工夫，尽量减少空气阻力。空气阻力分为汽车横截面面积所决定的迎面阻力和由车身外形所决定的形状阻力。除空气阻力外，还有升力问题和受横风时的不稳定问题。这些都是与汽车造型密切相关的空气动力学问题。

当然,汽车并不仅仅是根据上述三要素制造的,还要考虑其他因素。例如,商品学要素对汽车的设计就有一定的影响。从制造厂商的角度出发,使汽车的外形能强烈刺激顾客的购买欲是最为有利的。但是无视或轻视前面所述的三个基本要素,单纯取悦顾客的汽车造型是会不长久的,终究要被淘汰。此外,一个国家,一个厂家,乃至外形设计者都有各自的特色,这对汽车造型也有不小的影响。比较美国和意大利的汽车外形,就能感到两国风土人情和传统方面的差异。同一国家的各厂家,也各具自己的风格。但这都不是决定汽车外形的根本因素,只不过是表现方法上的微妙不同。

要将上述三要素完美地体现在一辆汽车上是相当困难的。比如,仅仅考虑使汽车能行驶,即机械工程学要素,就可能把座席置于发动机上面,但驾驶员操作不便。如果把汽车设计得像一座住宅装上四个轮子,虽然宽敞、舒适,但空气阻力过大,不可能高速行驶。如果把汽车设计成皮艇那样的外形,空气阻力虽然很小,但发动机往哪里放?人怎样驾驶?尽管困难很多,但自汽车问世以来,人们就一直在追求满足功能要求的理想造型。

3.1.2 汽车外形的发展

同一时代的汽车造型总有其共同之处,用工程学的观点进行分析,可以认为汽车造型主要经历了马车型、箱型、"甲壳虫"型、船型、鱼型、楔型等(图 3.1)的演变过程。值得注意的是,这几种造型并不是某一时期专有随即消失,而是伴随着机械工程学、人体工程学和空气动力学技术的进步,构成整个追求机能上的理想造型的演变过程。

1. 马车型汽车

从 19 世纪末到 20 世纪初,世界上相继出现了一批汽车制造公司,如德国的戴姆勒和奔驰汽车公司、美国的福特公司、英国的劳斯莱斯公司、法国的标致和雪铁龙公司、意大利的菲亚特公司等。当时的汽车外形基本沿用了马车的造型。因此,当时人们把汽车称为"无马的马车"。

本茨的第一辆三轮汽车(图 3.2)和戴姆勒的第一辆四轮汽车(图 3.3)不但是马车型,而且还是无篷马车型。原始的汽车没有车篷也是有其原因的。首先,人们感到能有一辆不用马拉的车已经很不错了。其次,早期的发动机功率很小,一般只能乘坐 2~3 人,如果再给它装上一个笨重的车篷和车门,恐怕连自身也无法拉动。正是由于这些原因,汽车无篷阶段持续了很长时间。

图 3.1 汽车外形的发展

不过作为一种交通工具,人们总是希望汽车越跑越快,所以车速逐渐成为评价汽车性能的重要指标。车速提高以后,马车型汽车所带来的直接问题就是迎面风使乘员难以忍受。随着车速的提升还有遮风挡雨等舒适性要求,车身造型开始变得豪华。增加了前风挡,并且逐渐开始脱离马车车身结构,但这个时期依旧没有考虑风阻。

图 3.2 三轮汽车

图 3.3 四轮汽车

1900年,德国人费迪南德·波尔舍(Ferdinand Porsche)设计了一辆带球面挡风板的电动汽车(图3.4)。这也是流线型汽车的萌芽造型。

1903年,美国福特A型汽车(图3.5)在座位前面设置一块挡风板,这块挡风板虽然很小,但是迎面来的风遇到挡风板便向上方吹去,从而减弱了吹在驾乘人员面部的风力。1905年福特生产的C型汽车开始采用挡风玻璃。

图 3.4 波尔舍设计的车

图 3.5 福特 A 型车

1908年,福特汽车公司生产了著名的T型车(图3.6)。这是一种带布篷的可乘坐4个人的小车,四缸发动机,40马力,车速大约为80km/h,车篷的前端用皮带扎在车身上。1908年最初推出的福特T型车是马车型汽车的典型代表。

来自马车造型并一直延续至今的汽车就是吉普车(Jeep)。1941年美国的威力斯·奥夫兰(Willys Overland)公司制造出有名的四轮驱动吉普车(图3.7)。吉普车本来作为无路地区军事联络用车,代替了原来骑兵通讯用的马。之后,由军用普及为民用,用于林区和牧区。

图 3.6 1908 年福特 T 型车

图 3.7 奥夫兰生产的第一代吉普车

马车型时代并没有形成汽车自己造型的风格,所以也可以说是汽车造型的史前时代。

2. 箱型汽车

马车造型的汽车,从整体上看是四方形,而带篷的马车型汽车从外表看已接近于箱型汽车了。但真正意义上的箱型汽车是带封闭车身和车门的。

1895年,法国P&L公司生产了世界上首辆封闭式汽车(图3.8),是箱型汽车的开端。

1915年福特汽车公司生产出一种新型T型车(图3.9),人们将这种T型车作为箱型汽车的代表。这种车的车室部分很像一只大箱子,并装有门和窗,所以人们将这种汽车以及后来生产的类似汽车称为"箱型汽车"。箱型汽车可以说是真正意义上汽车造型的初期阶段。

图3.8　1895年P&L生产的箱型汽车　　　　图3.9　1915年生产的T型车

早期的箱型汽车以美国的福特T型车最为著名,年产量达到30多万辆,占美国汽车总产量的70%~80%。随着T型车的普及,用户产生了多样化的要求,美国通用汽车公司的雪佛兰(Chevrolet)部看到了这个势头,于1928年制造出在散热器罩、发动机通风口和轮罩上增加豪华装饰的汽车(图3.10),从而受到用户的欢迎,垄断汽车市场20年的福特车T型终于被击败。

图3.10　1928年雪佛兰生产的箱型车

毫无疑问,人们坐在带有车厢的汽车里,要比坐在敞篷车里舒服得多,避免了风吹、日晒、雨淋。因此,箱型汽车一经问世,就受到公众的喜爱。

随着车辆的普及,人们对车辆的要求也越来越多,对速度的追求就是其中之一。然而厢式车身风阻很大,要提高速度,理所当然地只能直接增大发动机功率。因此发动机的缸数越来越多,车头也越来越长。这时人们逐渐意识到,行驶阻力是影响车速的重要因素,于是开始在车辆外形上打起了主意,如改进轮胎结构,以便减小车轮与地面之间的滚动阻力,降低车身高度以减少迎风面积等。虽然这些措施都取得了一定的效果,但仍然不能令人满意。

研究证明,当汽车以不变的速度在平坦的路面上行驶时,所受到的阻力有轮胎与地面的滚动阻力和空气阻力两种。其中滚动阻力数值不是很大,而且随车速的变化其变化值也不大。但空气阻力就不一样了,它随车速的提高明显加大,与车速的平方成正比(图3.11)。当车速超过60~70km/h,空气阻力逐渐增大,超过100km/h后,功率几乎都消耗在克服空气阻力上。

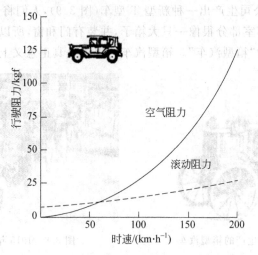

图3.11 空气阻力和滚动阻力与车速的关系

减少迎面面积,可以减少空气阻力。降低车体高度可以明显减少迎面面积,进而降低空气阻力。车体高度在1900年几乎与马车同高,为2.7m;1910年降到2.4m;1920年为1.9m。因为车内要坐人,所以车高不能无限制地降下去,1.3~1.4m基本上就是最低限度了。对功率为60马力箱型车,车高2.7m时,其最高速度只能达到80km/h;车高降到1.9m,最高车速可达100km/h;如果车高降为1.3m,则最高车速可达120km/h(图3.12)。

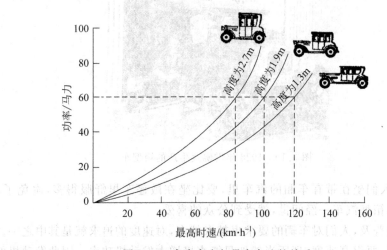

图3.12 车身高度与最高车速的关系

车身宽度越窄,空气阻力也越小。按理说,车身应该是逐渐变窄的,但实际恰恰相反,而是逐渐加宽的。开始只有1.3m左右,不久就扩大到1.6m,横坐三人的大型车达到1.8~

2.0m。如果仅用空气阻力的观点来看这一倾向,显然是矛盾的,然而从稳定性方面考虑则是必然的。汽车转弯时,有离心力作用于车上,这种离心力大致与车速的平方成正比。因此,车速越高,转弯时倾翻的危险性越大。为了避免汽车高速带来的危险性,必须加大轮距。但加宽车身使车身截面积增大,导致空气阻力增大。

箱型车重视人体工程学,内部空间大,乘坐舒适,有"活动房屋"的美称。但是,作为高速车来讲,箱型汽车不够理想。所以人们又开始研究一种新的车型——流线型汽车。

3. "甲壳虫"流线型车

从空气动力学角度看,箱型车身显然是不理想的。为了减少空气阻力,需要减小迎面面积,但是空气阻力中除了迎风阻力之外,还包括有形状阻力,这是箱型车所顾及不到的。所谓形状阻力,是由汽车外形形状引起的空气涡流所造成的阻力。对箱型汽车而言,形状阻力占很大比重。在前窗玻璃、车顶,特别是汽车后部,产生很强的空气涡流(图3.13)。这些涡流妨碍汽车前进。

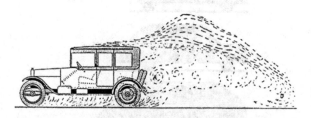

图3.13 箱型车后部产生的空气涡流

1920年,德国人保尔·亚莱用风洞对有名的"卓别林"号飞艇进行了空气阻力的研究。从图3.14中可以看出,正面形状和侧面形状对空气阻力的影响都很大。前面已经讲过,物体所受的空气阻力与迎风面积成正比,与速度的平方成正比。而亚莱更进一步,引进了由物体形状决定的空气阻力系数的概念。空气阻力 F_w 的计算式如下:

$$F_w = \frac{1}{2} C_D A \rho u_r^2$$

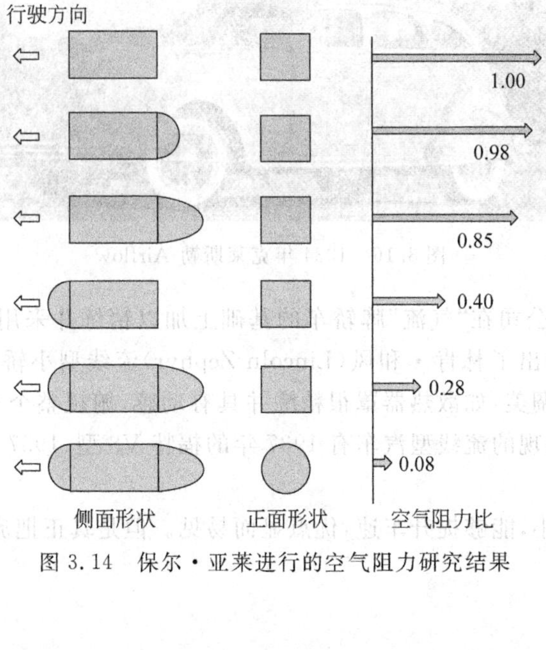

图3.14 保尔·亚莱进行的空气阻力研究结果

式中，C_D 为空气阻力系数；ρ 为空气密度；A 为迎风面积；u_r 为相对速度，在无风时即为汽车行驶的速度(m/s)。

亚莱发现，前端方形的物体比前圆后尖的物体的空气阻力系数要大得多，从而找到了解决形状阻力的途径。鸟和鱼正是形状阻力最小的造型。

1934年，美国密歇根大学雷依教授采用风动以及模型汽车，测量了各种形状车身的空气阻力系数(图3.15)，结果显示流线型车身具有最低的空气阻力。

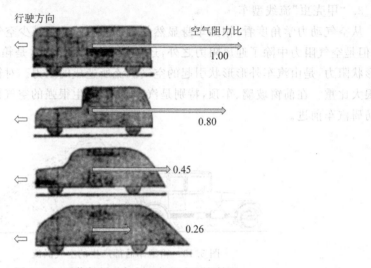

图3.15　雷依教授进行的空气阻力研究结果

而事实上，自从20世界30年代以来，随着空气动力学的研究以及钣金冲压技术的发展，车身上出现了许多流线型的设计。1934年的克莱斯勒 Airflow(图3.16)是最早的流线型汽车。遗憾的是，由于该型汽车的造型超越了当时的审美观，在销售时遭到惨败。但该型汽车的诞生宣告了汽车造型流线型时代的开始。

图3.16　1934年克莱斯勒 Airflow

1936年福特汽车公司在"气流"牌轿车的基础上加以精练并采用了迎合顾客口味的商业化设计，成功地研制出了林肯·和风(Lincoln Zephyr)流线型小轿车(图3.17)。该车型注意了车身造型的协调美，如散热器罩很精练并具有动感，俯视整个车身呈纺锤形，很有特色。受其影响，以后出现的流线型汽车有1937年的福特V8型、1937年的菲亚特和1955年的雪铁龙等。

流线型空气阻力小，能够提升车速，优点显而易见。但是真正把流线型汽车推向热潮的是保时捷创始人——费尔南德·波尔舍(图3.18)。

图3.17　林肯·和风(Lincoln Zephyr)流线型小轿车

图3.18　费尔南德·波尔舍

波尔舍在1931年设计出了一款流线型轿车——TYPE 21(图3.19),这就是日后我们熟悉的"甲壳虫"雏形,但当时并没有厂家愿意投产这款车型。

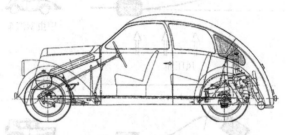

图3.19　TYPE 21

1924年,希特勒潦倒狱中时,受福特T型车的启发,想到了一个解决德国失业问题的办法,他要在全国修建高速公路,并大批量生产一种每个德国家庭都买得起的"大众汽车"(Volkswagon)。9年后,希特勒与纳粹掌权。1934年,将设计汽车的重任交给费尔迪南·波尔舍,要求他在10个月内设计出一种最高时速62英里、每行驶42英里耗油1加仑的汽车,要能装下两个大人和三个孩子,最重要的是,价格必须低于1000马克。波尔舍没有错过这个机会,他把之前的TYPE 21的想法放到了这款国民车里。不过由于第二次世界大战的原因,直到1949年大众才量产了这款国民车——甲壳虫。1981年第2000万辆"甲壳虫"型汽车在墨西哥的大众分厂开下了装配线,打破了福特T型车的产量纪录,成为世界上同种车销量最多的汽车。波尔舍最大限度地发挥了"甲壳虫"外形的长处,成为同类车中之王,"甲壳虫"也成为该车的代名词(图3.20)。在1967年前,"甲壳虫"的正式名称为大众TYPE 1,1967年才被正式命名为"甲壳虫"。

"甲壳虫"因为造型新颖、结实耐用,受到了全世界各地消费者的喜爱,同时流线型车身也成为潮流。但是"甲壳虫"不是完美的,"甲壳虫"内部空间比以前的箱型车还要小,乘员空间不大;"甲壳虫"型汽车尾部的侧向面积与箱型汽车相比,其侧向风压中心移到了汽车质心的前面(图3.21),侧向风力相对于质心所产生的力矩,加剧了汽车侧偏的倾向。而箱型汽车由于侧向风压中心在质心之后,所以侧风对该型汽车质心所产生的力矩,可以使将发生侧偏的汽车回位,因此不易发生侧偏。尽管"甲壳虫"缺点很明显,但这并不妨碍它为车身进化做出的贡献。

图 3.20 "甲壳虫"汽车

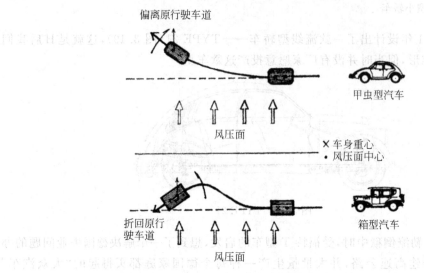

图 3.21 "甲壳虫"型汽车侧偏原理

其实很早之前有过一款拥有流线车身的车——阿尔法—罗密欧 40/60 马力 Aerodinamica(图 3.22),1914 年这辆车能到达到 139km/h 的惊人速度。能够达到这个速度除了有 6.0L 发动机外,更重要的因素是良好的空气动力学设计。不过因为其过于超越时代,并不能成为主流。

图 3.22 阿尔法—罗密欧 40/60 马力 Aerodinamica

从克莱斯勒"气流"牌的失败到大众"甲壳虫"的成功,进一步说明了这样一个真理,即只要是合理的,就会有生命力,即使当时不被人们所接受,但却能经得起时间的考验。

4. 船型汽车

第二次世界大战结束后,福特汽车公司于1949年又推出具有历史意义的新型的福特V8型汽车。这种车型改变了以往汽车造型的模式,使前翼子板和发动机罩、后翼子板和行李舱罩融为一体,大灯和散热器罩也形成整体,车身两侧形成一个平滑的面,从而也减小了侧面的形状阻力(图3.23)。由于前方为发动机室,后部为行李舱,车室位于车的中部,整个造型很像一只小船,所以人们把这类车称为"船型汽车"。它与"甲壳虫"车有相当大的差别,第一次驾驶该车的驾驶员,被其轻便的操纵性所倾倒,后排的乘员则对其舒适性惊叹不止。

图3.23　福特 V8 Standard Tudor Sedan

福特 V8 型汽车的成功,不仅在外形上有所突破,而且还首先把人体工程学应用在汽车的设计上。强调以人为主体的设计思想,也就是让设计师置身于驾驶员及乘员的位置,来设计便于操纵、乘坐舒适的汽车。并从理论上解释了两轮之间的乘坐位置的颠簸最小,以及车室的前后空间过大,从驾驶员席看,后方视野不好等问题。

船型汽车不论从外形上还是从性能上来看都优于"甲壳虫"型汽车,还解决了"甲壳虫"型汽车对横风不稳定的问题。这是因为船型车发动机前置,汽车重心相对前移,而且加大了行李舱,使风压中心位于汽车重心之后的缘故,所以遇到横风就不会摇头摆尾。

无论是"甲壳虫"型汽车还是箱型汽车,都体现了人体工程学与流体力学的对立。而福特 V8 汽车则巧妙地发挥了上述两种车的长处,使人体工程学和流体力学成功地统一在一个车上。从20世纪50年代开始一直到现在,不论是美国还是欧亚大陆,不管是大型车还是中、小型车,都采用了船型车身,从而使船型造型成为世界上数量最多的一种车型。

船型车身除了在空气动力学方面有意义外,也让设计师创造了许多绝美的车型(图3.24)。

值得一提的是,我们熟悉的"红旗"轿车也是典型的船型车(图3.25)。

5. 鱼型汽车

船型汽车尾部过分向后伸出形成阶梯状,在高速行驶时会产生较强的空气涡流。为了克服这一缺陷,人们把船型车的后窗玻璃逐渐倾斜,即成为斜背式。由于斜背式汽车的背部像鱼的脊背,所以这类车称为"鱼型汽车"。鱼型车比"甲壳虫"外形更为夸张,后窗倾斜角度更大、尾部更长。

最初的鱼型车是美国1952年生产的别克牌小轿车(图3.26)。1964年美国的克莱斯勒"顺风"牌和1965年的福特"野马"牌都采用了鱼形造型。自"顺风"牌以后,世界各国逐渐主产鱼型汽车。

图 3.24 经典船型车身汽车

图 3.25 "红旗"轿车

图 3.26 别克鱼型车

时至今日,保时捷 911 依旧保持鱼型车身的设计(图 3.27)。

图 3.27 鱼型车身的保时捷 911

鱼型汽车和"甲壳虫"型汽车光从背部来看很相近,但仔细观察可以看出鱼型汽车的背部和地面的角度比较小,尾部较长,围绕车身的气流也比较平顺,涡流阻力也较小。鱼型汽车基本保留了船型汽车的长处,车室宽大,视野开阔,舒适性也好。另外,鱼型汽车还增大了行李舱的容积。

鱼型车保留了"甲壳虫"以及船型车的优势，但同时也有缺点：①汽车后视窗倾斜大、面积大。鱼型汽车的后窗过于倾斜，要想保持其视野，玻璃的面积与船型汽车相比扩大约2倍，这样既降低了车身的强度，又由于采光面积增加，使车内温度过高。②汽车高速行驶时容易产生很大的升力。升力使汽车与地面的附着力减小，使汽车的行驶稳定性和操纵稳定性降低。为了解决这个问题，工程师们在车辆尾部增加了一个尾翼，为车辆提供一定的下压力，所以这种车型又称为鱼型鸭尾式车型。"甲壳虫"后期的车型也出现了尾翼，以提高高速行驶的稳定性（图3.28）。

图3.28　新款"甲壳虫"车型

工程师们还试图将车尾截去一段，从而减少升力，令人意外的是，这个设计获得了比传统鱼型车更好的空气动力学性能（图3.29）。

图3.29　鱼型设计汽车

而类似的设计没有被淘汰，我们熟悉的普锐斯就是使用该设计的车型（图3.30）。鱼型设计的车身，使得普锐斯的风阻系数仅为0.25。

图3.30　丰田普锐斯

6. 楔型汽车

为了从根本上解决因采用鱼型结构而带来的升力问题，人们想了种种办法，进行了很多次的风洞试验,并查明了车身各部行驶中所受风压的情况。从图 3.31 中可以看出,散热器罩等处的正压是水平方向的,不能起到抑制升力的作用,是阻碍汽车前进的空气阻力。船型所产生的负压(即升力)相当大,特别是发动机罩和车顶前部,鱼型则更为严重。而楔型造型,也就是让车身前部呈尖形且向前下方倾斜,车身后部像刀切一样平直的造型,在发动机罩和车顶部所受负压较小,可以有效地克服升力问题。

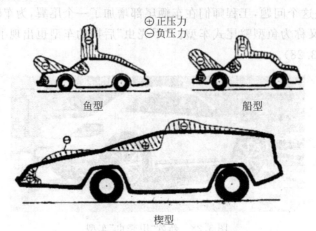

图 3.31　汽车行驶中的风压分布

赛车可以单纯考虑流体力学问题,完全按楔型制造。最典型的是 1968 年印第赛道上的 Lotus Turbine 赛车,前端很尖,直线条,给人以极单纯的美感(图 3.32)。

图 3.32　Lotus Turbine 赛车

最早按楔型设计的小轿车是 1963 年斯蒂庞克·阿本提(Studebaker Avanti)(图 3.33),尽管它的造型获得了专家们的高度评价,但在市场销售中却一败涂地,公司不得不宣布破产。原因是它生不逢时,在船型车盛行的年代,人们无法接受与之形成尖锐对比的楔型车。不过,真正优秀的东西不会总被埋没,斯蒂庞克·阿本提的楔型设计于 1966 年和 1968 年分别被奥兹莫比尔·托罗纳多(图 3.34)和卡迪拉克·埃尔德拉多轿车所采纳、继承、发展。

图 3.33　斯蒂庞克·阿本提(Studebaker Avanti)

但楔型汽车对一般轿车而言,也只是一种准楔型,绝对的楔型汽车造型会影响车身的实用性(乘坐空间小)。所以,现在除了像法拉利、莲花、兰博基尼等跑车采用楔型外,绝大多数实用型轿车都是采用船型和楔型相结合的方案。其中德国奥迪汽车公司1982年推出的奥迪100型轿车(图3.35)开创了这一造型之先河,是世界上第一种空气阻力系数小于0.3的大批量生产车型。

图3.34 奥兹莫比尔 Toronado

图3.35 奥迪100

以船型汽车为基础的楔型汽车是轿车较为理想的造型,它较好地协调了乘坐空间、空气阻力和升力的关系,使实用性与空气动力性较好地结合在一起。

综观汽车外形的发展,可以看出它一直是在围绕着"高速、安全、舒适地行驶"这一主题发展的。每个时期都在不断地开拓着汽车造型的新纪元,都在尽力满足机械工程学和人体工程学的前提下最大限度地减小空气阻力和升力的影响,从而使汽车的性能得以提高。一部汽车外形的发展史,就是人类追求汽车性能不断提高的奋斗史。与此同时,作为判断汽车美学价值的基准——性能美的观念,也在人类的美学意识中扎下了根。

3.1.3 低空气阻力系数汽车设计要点

合理的车身形状对于减小汽车的空气阻力具有重要作用,现代车身空气动力学工程师认为,低空气阻力系数值的轿车车身应遵循下列要点,如图3.36所示。

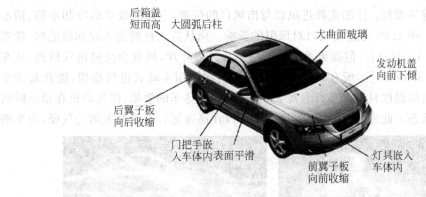
图3.36 现代汽车造型特点

车身前部:发动机盖应向前下倾。面与面交接处的棱角应为圆柱状。风窗玻璃应尽可能"躺平"且与车顶圆滑过渡。前支柱应圆滑,侧窗应与车身相平。尽量减少灯、后视镜、门把手等物突出,突出物的形状应接近流线型。在保险杠下面的前面,应装有合适的扰流板。

车轮盖应与轮胎相平。风吹过车侧时,会在轮胎附近产生乱流[图3.37(a)],如果在轮包内做一些导流的处理,就能让气流平顺地滑过车身的侧面[图3.37(b)]。

图3.37 轮胎对风阻系数的影响

整车:整个车身应向前倾斜1°~2°。水平投影应为腰鼓形,后端稍稍收缩,前端呈半圆形。

汽车后部:最好采用舱背式或直背式。应有后扰流板。

车身底部:所有零部件应在车身下平面内且较平整,最好有平滑的盖板盖住底部。盖板从车身中部或由后轮以后向上稍稍升高。如果底盘有空隙,流过车底的气流就会杂乱[图3.38(a)],但如果将底盘用护板完全罩住,气流就能够快速流过[图3.38(b)]。

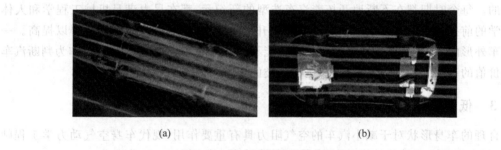

图3.38 底盘对风阻系数的影响

发动机冷却进风系统:仔细选择进风口与出风口的位置,应有高效率的冷却水箱、精心设计的内部通道。图3.39为进气风口对风阻的影响。风从进气格栅进入发动机舱时,轮胎附近产生扰流[图3.39(a)]。但如果关闭进气格栅及风扇叶片,风就会绕过进气格栅,从车头的四周流过[图3.39(b)]。所有现代发动机越来越多采用主动式进气格栅,能在起动车辆之后根据发动机的温度自动调节开合度,从而达到快速热车的效果,使发动机在最短时间内进入最佳工作状态。此外,主动式进气格栅还可以在高速运行时适时关闭进气栅,为车辆

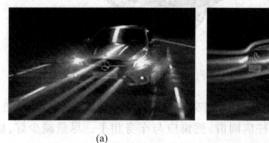

图3.39 进气风口对风阻的影响

带来更低的风阻系数,从而提升车辆稳定性与燃油经济性。

另外,雨刮器、外后视镜、车顶行李架、车头的 Logo、门把手和车身表面的高度差、侧窗和车门之间的高度差等设计,都会对风阻系数产生影响。

一般来说,当车速超过 70km/h 时,空气阻力就会对车的行驶产生较大的影响。车速越高阻力越大,所以油耗也就越高。但在 70km/h 以下时,油耗更多取决于车的自重、胎宽、发动机的技术等。

表 3.1 列出了部分量产车的风阻系数,其中自主品牌荣威 i6 风阻系数为 0.25,达到国际领先水平。

表 3.1 量产车的风阻系数

车　　型	风阻系数	车　　型	风阻系数
BMW 新 5 系	0.22	特斯拉 Model X	0.24
奔驰 CLA	0.22	奔驰 S 级	0.24
奥迪 A4	0.23(A4L 是 0.25)	丰田普锐斯	0.24
奔驰 E 级	0.23	荣威 i6	0.25
特斯拉 Model S	0.24	奔驰 A 级	0.26

3.2　汽车色彩

3.2.1　汽车色彩与联想

由于传统文化习惯等因素的作用,人们对某种色彩会产生根深蒂固的观念,不会轻易改变,因为色彩会使人产生联想。

银色(图 3.40)是最能反映汽车本质的颜色。看见银色会使人想起金属材料,这种颜色给人感觉整体感很强,美国杜邦(Dupont)的调查结果显示,银色汽车最具人气,也最具运动感。

图 3.40　银色汽车

白色(图 3.41)给人以明快、活泼、大方的感觉。白色是中间色,给人以清洁朴实的感觉,容易与外界环境相吻合而协调,白色车身较耐脏,路上泥浆或污物溅上干后不易看出。另外,白色是膨胀色,容易使小车显大。日本车在 20 世纪 80 年代,有白色代表高级的说法,白色车的销量曾经占到过总销量的 70%。另外,白色车相对中性,对性别要求不高。

图 3.41　白色汽车

黑色(图 3.42)是一种矛盾的颜色,既代表保守和自尊,又代表新潮和性感;给人以庄重、尊贵、严肃的感觉。黑色也是中间色,容易与外界环境相吻合。但黑色汽车车身反而不耐脏,有一点灰尘就能看出来。黑色一直是公务车最受青睐的颜色,高档车黑色气派十足,但低档车最好不要选用黑色,除非标新立异。

图 3.42　黑色汽车

红色(图 3.43)包括大红、枣红,给人以跳跃、兴奋、欢乐的感觉。红色是放大色,可以使小车显大。高速公路上的红色跑车,在阳光下感觉如同一团火焰掠过,非常醒目。红色是别致又理想的颜色,非常适合跑车或运动型车。

图 3.43　红色汽车

蓝色(图 3.44)是安静的色调,但是感觉非常收敛,个性不张扬,如同星球的深邃和大海的包容。但蓝色不耐脏。

图 3.44 蓝色汽车

黄色(图 3.45)给人以欢快、温暖、活泼的感觉。黄色是扩大色,在环境视野中很显眼,跑车选用黄色非常适合,小型车用黄色也非常适合。出租车和工程抢险车的黄色,一是便于管理,二是便于人们早早地发现,可与其他汽车区别。但私用车选用黄色的不多。香槟色是黄色派生出来的金属漆颜色,现在大行其道。

图 3.45 黄色汽车

绿色有较好的可视性,是大自然中森林的色彩,也是春天的色彩。绿色的金属漆也一改以前冰冷的色调,以温暖的面貌出现,小车选绿色很有个性。图 3.46 为奔驰 AMG-GT,灵感来源于被称为"绿色地狱"的纽博格林赛道,因而选用绿色车身。

图 3.46 绿色汽车

现在的汽车颜色可谓五花八门,充分反映了汽车颜色的变迁和当今车主日益张扬的个性。

3.2.2 汽车色彩设计

汽车色彩的设计绝非随心所欲,一般要经过色彩研究、想象设计、色彩构成、用户评议、信息反馈、色彩初步确定、环境试验、色彩最终确定等一系列程序。在国外,很多世界汽车巨头都不敢小看色彩的含金量。每年不同的汽车公司都推不同的色彩,这种色彩的推出绝不是根据设计者的喜好,而是有他们各自的色彩方案。例如,奥迪公司就委托英国的环球色彩公司进行汽车产品整体设计。首先奥迪公司选好准备新推出的汽车款式,再请环球色彩公司提供10~20种颜色,奥迪公司再根据提供的颜色确定设计不同颜色的汽车。

在设计汽车色彩时,应主要从汽车的使用功能、使用环境、使用对象、安全性和流行趋势等方面加以考虑。

1. 汽车的使用功能

汽车在使用过程中,已经形成惯用色彩。例如,消防车采用红色,除了红色亮度高、醒目、容易发觉外,主要是人们一见到红色的消防车,就想到有火灾发生,因而赶紧避让。白色用于医疗救护车,是运用白色洁白、神圣、不吉的联想含义。邮政车选择绿色,是因为绿色给人以和平、安全的感觉。作为军用车辆,一般都为深绿色,使车辆与草木、黑色的沥青路面颜色相近,达到隐蔽安全的目的。工程车辆多采用黄黑相间的色彩,是运用黄色亮度高、醒目的特点,以引起行人和其他车辆注意。还有汽车在底色上采用有功能标志的图案,例如白色救护车上的红十字标志,冷藏车上的雪花、企鹅等图案。还有一些专用汽车其色彩应符合人们的传统习惯,贴近人们的思想感情。例如,殡仪车的色彩应具有肃穆、庄重的气氛,白色和黑色是最优选择。

2. 汽车的使用环境

由于不同地区日光照射强度有差别,造成了人们对不同色彩的偏爱。在美国,以纽约市为中心的大西洋沿岸的人们喜欢淡色,而在旧金山太平洋沿岸的人们则喜欢鲜明色。北欧的阳光接近发蓝的黄色,因而北欧人喜欢青绿色。意大利人喜欢黄色和红色,法拉利跑车全是红色。伊朗、科威特、沙特阿拉伯、伊拉克等国家禁忌黄色,却推崇绿色,认为绿色是生命之源。的确,绿洲是生活在这黄色沙漠的宝地。

汽车行驶在城市中,对城市色彩有装饰作用。但是,汽车色彩与环境色彩发生碰撞现象,会使原本喧闹的环境更加嘈杂混乱,使视觉感观极易疲劳。因此,汽车色彩应与环境色彩协调。

3. 汽车的使用对象

由于各国、各地区、各民族的社会政治、经济、文化、教育以及生活习惯的不同,表现出人们的色彩观念也不同,都有自己偏爱和禁忌的色彩。据日本丰田汽车公司的调查统计,该公司的汽车在本国销售,以白色最受欢迎,其次是红色、灰色等,而销往美国、加拿大的汽车色彩以淡茶色、浅蓝色最受欢迎,其次是白色、杏黄色。

在我国,红色具有赤诚之意,又是幸福和喜庆的象征,例如红灯笼、红鞭炮、红喜字等,营造热烈、兴奋和喜庆的氛围。但是,在另外一些国家,如美国却认为红色是不吉祥的象征,常把红色视为巫术、死亡、流血和赤字。日本喜欢白色和红色,忌讳黑白相间色。拉丁美洲国家大多偏爱暖色调,在他们的客车上喜欢涂饰艳丽夺目的各式图案,或是临摹圣婴像,或是涂绘田园风景、花鸟等。南亚一些国家不喜欢黑色。非洲大多数国家也忌讳黑色,而喜欢鲜艳的色彩。

不同的宗教信仰在色彩观念上也不同。对于信仰佛教的国家,黄色代表神圣。但是,在信仰基督教的国家,黄色却被认为是叛徒犹大的衣服颜色,具有卑劣可耻之意。在信仰伊斯兰教的国家里,黄色被视为丧色,具有不幸和死亡的含义。

4. 汽车的使用安全

众所周知,汽车的行驶安全是与汽车的制动性、操纵稳定性等直接相关的,但也与汽车的色彩有一定关系。

在视觉上,颜色具有收缩性和膨胀性,也就是有前进色和后退色。如果有红色、黄色、蓝色、绿色共 4 部车与观察者保持相同的距离,看上去红色车和黄色车要离观察者近一些,而蓝色和绿色的轿车看上去离观察者较远。不同的颜色,会产生体积大小不同的感觉。黄色感觉大一些,有膨胀性,称膨胀色;而同样体积的蓝、绿色感觉小一些,有收缩性,称收缩色。此外,汽车颜色的深浅在不同光强条件下的反射效果也有很大的差异。清华大学汽车系和大陆汽车俱乐部(CAA)曾经对黑、蓝、绿、银灰、白 5 种不同颜色轿车的视认性和安全性做过试验研究。研究结果表明,深颜色的黑色车在清晨和傍晚时段光线不好的情况下,最难被肉眼所识别,而浅颜色的白色和银灰色则容易辨识,所以黑色车的颜色安全性较白色和银灰色车辆差,而绿色和蓝色车的颜色安全性居中。

根据大陆汽车俱乐部针对 5158 起交通事故的统计数据,得到各种颜色车辆事故率排名如图 3.47 所示。从左到右事故率逐渐降低,颜色安全性逐渐升高。黑色事故率最高,白色事故率最低。其他颜色故障率由高到低依次是:绿色、棕色、红色、蓝色和银灰色。

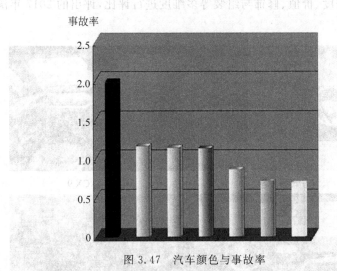

图 3.47 汽车颜色与事故率

由此可知,从安全的角度考虑,汽车色彩最好选择浅颜色或膨胀色。白色是安全色较佳的选择。银灰色车子不但看上去有品位,而且遭遇车祸的概率也比其他颜色的车子低得多。银灰色是浅颜色中最能避免车祸的,特别是在晚上,因为这种颜色可以反射灯光,更容易令其他司机注意到。

汽车内饰的颜色选择也同样影响着行车安全,因为不同的颜色选取对驾驶员的情绪具有一定的影响(图 3.48)。内饰采用明快的配色,能给人以宽敞、舒适的感觉。夏天最好采用冷色,冬天最好采用暖色,可以调节冷暖感觉。暗色给人以重的感觉,明色给人以轻的感觉。红色内饰容易引起视觉疲劳,浅绿色内饰可放松视觉神经。

(a) 冷色内饰　　　　　　　　　(b) 暖色内饰

图 3.48　汽车内饰颜色

汽车内饰系统是汽车车身的重要组成部分,而且内饰系统的设计工作量占车造型设计工作量的 60% 以上,远超过汽车外形,是车身最重要的部分之一。每个整车厂通常都由一个庞大的汽车内饰团队来完成与内饰相关的大量工程工作。汽车内饰主要包括以下子系统:仪表板系统、副仪表板系统、门内护板系统、顶棚系统、座椅系统、立柱护板系统、其余驾驶室内装件系统、驾驶室空气循环系统、行李舱内装件系统、发动机舱内装件系统、地毯、安全带、安全气囊、方向盘,以及车内照明、车内声学系统等。

图 3.49 是美国知名汽车杂志 *Ward's Auto World* 依照新车设计美感、用料材质、机能性、安全设计、舒适程度、价值、修饰与组装等多维度进行评比,评出的 2017 年沃德十佳内饰的部分车型。

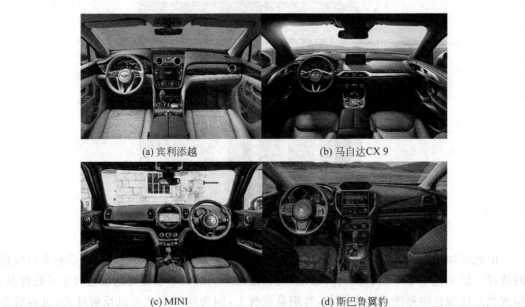

(a) 宾利添越　　　　　　　　　(b) 马自达CX 9

(c) MINI　　　　　　　　　　(d) 斯巴鲁翼豹

图 3.49　2017 年沃德十佳内饰部分车型

从价值百万的豪华车添越[图 3.49(a)]到不到 3 万美元的平民车翼豹[图 3.49(d)],以及传统德系三巨头(奔驰、宝马、奥迪)旗下产品的缺失,印证了好的内饰不一定只属于豪华品牌,也并不是光靠金钱和视觉效果上的堆砌,"内饰"二字之中还包含了人体工学、人机交互便利性、工艺水平等多方面的标准。

3.2.3 汽车色彩现状与未来趋势

1. 汽车色彩现状

2016年10月27日,美国匹兹堡市PPG公司发布年度汽车色彩流行趋势数据(图3.50),其中自然色系仍然受到购车族青睐。报告显示,2016年全球生产的汽车中超过75%为白色、黑色、灰色或银色。与往年一样,白色依然是最受欢迎的汽车颜色,选择白色涂装的汽车比例由2015年的35%上升至38%,其次为黑色(16%)、银色(12%)和灰色(10%),蓝色、绿色、自然色和红色汽车的占比基本与2015年保持一致。PPG调查发现,近60%的美国和欧洲消费者认为颜色是影响其购车决定的主要因素。

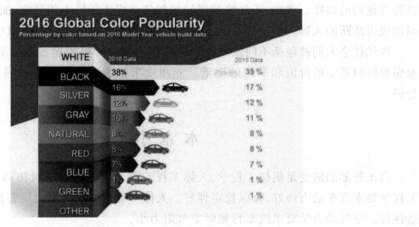

图3.50 汽车色彩流行趋势

2016年世界各地汽车色彩流行趋势包括:

北美洲:白色(25%)击败黑色(19%)、银色(19%)、灰色(12%)、红色和蓝色(各10%)成为该地区最流行的汽车色彩。

南美洲:白色的受欢迎程度接近全球平均水平(37%),银色(29%)也备受当地消费者青睐,黑色(12%)、灰色(10%)和红色(8%)紧随其后。

欧洲:白色(33%)最受欢迎,其次是灰色(18%)、黑色(16%)、银色(10%)、蓝色(8%)、自然色(7%)和红色(7%)。

亚太地区:白色(47%)仍然稳坐流行色之首,大幅领先黑色(14%)、自然色(11%)、银色(10%)和红色(7%)。

2. 未来的汽车色彩

2015年,巴斯夫发布了以"RAW"系列命名的全新色彩趋势,意为"自然真实之道"(Real Authentic Ways)。这一主题表明,巴斯夫涂料部的设计师们不仅期望满足于为汽车创造崭新的色彩,更希望设计出"准确"色彩——能够真正流行的汽车色彩。2015—2016年涂料色彩趋势推出了一系列朴素自然且个性独特的色彩理念。RAW色彩系列展示未来的汽车色彩将更倡导个性化,而不仅是跟风市场营销。例如,未来几年内,具有鲜明质感的色彩将被用来凸显汽车特点,并强调车身线条。采用明显粗糙的涂层或更具颗粒感的颜料,能在触觉或视觉效果上赋予表面更加鲜明的质感。

富有科技感的色彩引领全球趋势：数字技术正在从根本上改变我们的消费和生活习惯。未来，物联网将使我们与周边世界随时互动。这种互动性是色彩设计中的一个重要准则，在蓝色系中表现得尤为明显。

亚太区色彩趋势：在亚太区，人们更注重"活在当下"。他们追求满足感，追寻自我认同，同时注重保护自己的文化精髓，并凭借新的知识与经验重新诠释各种事物。对本地区独特文化和鲜明特征的重视，展现了亚洲消费者积极自信的心态。在选择汽车时更青睐鲜艳的橙色和深紫色，便是这一心态的体现。包括深蓝色在内的蓝色系非常适合日益流行的紧凑型轿车和小型SUV。特别是印度，蓝色将成为主流的汽车色彩。

在中国，人们普遍追求个性和更高品质的生活。随着中国消费者的日益成熟，他们更青睐于那些能够使他们脱颖而出的产品，因此精致而充满活力的色彩，以及时尚的设计和材料更符合他们的口味。例如，正红略偏洋红的颜色将成为年轻人的新宠，而质地轻盈的浅橙色则能吸引活跃的人群。整体而言，消费者正越来越被各种色彩质感所吸引。

现代社会人们被包括不间断的数字信息在内的各种外界刺激轮番轰炸，人们自然而然地想要回归基本的价值和平衡的生活。亚洲汽车市场对色彩的选择同样会逐渐体现这一趋势。

本 章 小 结

汽车外形的演变是机械工程学、人体工程学和空气动力学三者协调发展的结果。机械工程学要求汽车动力性好、操纵稳定性好。人体工程学要求驾乘人员有足够的活动空间，舒适性好。空气动力学要求汽车行驶时空气阻力小。

汽车诞生100多年来，汽车外形经历了马车型、箱型、"甲壳虫"型、船型、鱼型、楔型和子弹头型等的演变和发展。

受传统、文化和习俗等方面的影响，人们看到色彩时，会与其他事物产生一定的联想。这种联想在特定地区和特定时期，具有一定的共性特征。

确定汽车色彩的主要因素是汽车的使用功能、汽车的使用环境、汽车的使用对象、汽车的行驶安全以及汽车的传统色彩和流行色彩等。

汽车内饰系统是汽车车身的重要组成部分，而且内饰系统的设计工作量占车造型设计工作量的60%以上，远超过汽车外形，是车身最重要的部分之一。

从安全角度考虑，汽车的色彩最好选择浅颜色和膨胀色。

未来的汽车色彩，将会向更加丰富多彩和更加赏心悦目的方向发展。

思 考 题

1. 评价汽车外形美的客观标准是什么？
2. 影响汽车造型的因素有哪些？
3. 什么是"甲壳虫"型汽车？它在汽车发展中的意义是什么？
4. 造成"甲壳虫"型车横风不稳定性的原因是什么？

5. "甲壳虫"型汽车和鱼型汽车都是流线型汽车,两者有何区别?
6. 鱼型汽车的升力是如何产生的?
7. 为什么跑车和赛车大都采用楔型造型?
8. 汽车内饰主要包括哪些子系统?
9. 从汽车安全的角度出发,汽车的色彩最好选择什么颜色?
10. 未来的汽车色彩有哪些特点?

4 著名汽车公司发展历程与品牌

汽车公司的创建、发展和变迁记录了世界汽车工业的成长历程。车标,顾名思义就是汽车公司或汽车产品的标志,它是艺术性和象征性的高度统一,是汽车公司生存和发展的缩影,同时也是一种知识产权和无形的财富。由于现代全球汽车工业的资本运作状态复杂,不少公司和品牌多次被其他企业控股、参股、兼并甚至废止,因此企业原所在国和其现在的归属母公司的所在国不一致的情况非常普遍。为简明起见,本章主要按汽车公司或品牌创立时所在国的顺序,介绍世界各大著名汽车公司的基本情况及旗下品牌与车标含义。

4.1 美国汽车公司

4.1.1 通用汽车公司

通用汽车公司(General Motor Corporation)是美国第一大汽车公司,由威廉·杜兰特于1908年9月16日以别克汽车公司为核心创建。总部设在美国底特律。2008年,受金融危机影响,通用汽车陷入困境,而在此之前通用汽车垄断车企销量桂冠长达77年之久。2015年,通用汽车全球销量紧随丰田汽车和大众汽车位列全球第三。在经历了2009年的破产重组后,这位昔日的全球销量冠军正重新走向辉煌。除生产销售汽车外,通用还涉足航空航天、电子通信、工业自动化和金融等领域。

通用汽车公司是美国最早实行股份制和专家集团管理的特大型企业之一。公司生产的汽车,典型地表现了美国汽车豪华、宽大、内部舒适、速度快、储备功率大等特点。

通用汽车公司旗下的汽车品牌(图4.1)包括依旧存在的雪佛兰、别克、GMC、凯迪拉克、霍顿、欧宝、沃克斯豪尔,以及如今已经消失的庞蒂亚克、悍马、萨博、土星、大宇和奥兹莫比尔。

GM取自其英文名称General Motors Corporation前两个单词的第一个字母。通用汽车公司各车型商标都采用了公司下属分部的标志(图4.2)。

1. 雪佛兰

1911年11月3日创立,创始人为威廉·杜兰特和路易斯·雪佛兰(Louis Chevrolet),新公司成立的初始目标是制造能与福特公司T型车相竞争的低价位汽车。1915年,该公司推出了面向大众,与福特T型车抗衡的廉价小车,代号490(图4.3)。

4 著名汽车公司发展历程与品牌　117

图 4.1　通用旗下品牌

图 4.2　通用公司标志

图 4.3　路易斯·雪佛兰与代号 490 廉价车

其实在 1912 年前,雪佛兰就曾推出过一台名为 ClassicSix 的车型(图 4.4),与 490 车型不同,这款车定位于中高端市场,当时美国汽车市场平均价格在 800~900 美元,而雪佛兰这款 ClassicSix 却标价 2150 美元且无论是谁概不优惠,但尽管如此,这款车还是在两年时间内售出了 2999 辆。

图 4.4　雪佛兰 ClassicSix

此后雪佛兰还曾推出第一款四缸汽车——雪佛兰 Fours(图 4.5),并迅速在美国流行,1918 年划归到通用汽车旗下后,雪佛兰凭借三款不同定位车型的热卖保持了其强劲的发展势头,并在通用集团的帮助下迅速在美国四座城市建立了工厂,并在全国范围内建立了零售商体系,在被通用公司并购后的第二年,雪佛兰便一举超越所有通用旗下品牌,成为通用集团内销量最好的汽车品牌。

图 4.5 雪佛兰 Fours

1941年,雪佛兰汽车销量突破160万台,正当企业不断刷新历史的时候,第二次世界大战打乱了雪佛兰公司快速发展的态势。随着美国卷入第二次世界大战,这一时期的雪佛兰停止了家用汽车的研发与生产,专心致志为美国军队提供武器装备支持。

战争结束后,雪佛兰第一时间便恢复了轿车与卡车的生产。20世纪50年代的美国人曾对轿跑车型趋之若鹜,雪佛兰推出了一款颇具特色的克尔维特(Corvette)车型,自从该车于1953年亮相后,雪佛兰便不断收到消费者盼望其尽快量产的请求,也正是基于如此强烈的市场需求,雪佛兰克尔维特汽车由此诞生(图4.6)。

图 4.6 1953年的克尔维特跑车

20世纪60年代中期的雪佛兰将注意力放在了动力与性能上,当时出产的包括科迈罗(图4.7)在内的多数雪佛兰汽车均装备功率强大的V8发动机,对于那个时代追求速度的美国人来说,雪佛兰无疑是第一选择。

图 4.7 第一代雪佛兰科迈罗

进入21世纪,雪佛兰凭借其范围广大的市场定位,以及省油耐用的代步小车依然保持着通用汽车内部乃至整个美国汽车市场的领先地位,我国上汽通用集团也在2005年1月宣布推出雪佛兰品牌。然而短暂的辉煌过后,雪佛兰迎来了世界范围内的经济大萧条,2006—2007年雪佛兰汽车产量逐年下滑,但由于其产品重心已向大众化汽车方向偏移,雪佛兰汽车所遭受的冲击并不是非常严重,从2008年开始雪佛兰便重整旗鼓,重新振兴雪佛兰汽车。

走出金融风暴影响的今天,雪佛兰汽车依然大踏步地走在快速发展的道路上,它的产品定位更加亲民,方向更加精准。作为通用汽车集团旗下定位稍低于别克的品牌,雪佛兰无疑很好地完成了其在通用家族中"走量"的历史任务。

2. 凯迪拉克

凯迪拉克(Cadillac)汽车分部的前身是凯迪拉克汽车公司,建立于1902年,创建人是亨利·利兰(Henry Leland)(图4.8)。凯迪拉克汽车以专门生产高级轿车而蜚声世界。凯迪拉克汽车公司成立时选用凯迪拉克作为公司的名称,是为了向法国皇家贵族、探险家、美国底特律城的创始人安东尼·门斯·凯迪拉克(Antoine de la Mothe Cadillac)表示敬意。

图4.8 亨利·利兰和1905年凯迪拉克车

第一批购买凯迪拉克汽车的是当时的好莱坞明星们,这也奠定了凯迪拉克汽车豪华、高端的品牌形象,可以说凯迪拉克品牌从建立一开始便确立了"小众车"的地位,高昂的售价使它注定与大多数人无缘。然而在进入通用汽车集团后,凯迪拉克除了生产豪华汽车还生产过救护车、灵车以及殡仪馆用的挂花汽车,只不过这类车型是通用集团"强制"在凯迪拉克工厂生产的。

第二次世界大战后的凯迪拉克汽车在其首席设计师哈雷·厄尔的带领下创造了一系列经典车型,其豪华高级的品牌形象也已经深入人心。此后凯迪拉克汽车设计得更为宽大,相应的舒适配置也更加丰富,随着经典的1957款Eldorado(图4.9)横空出世,凯迪拉克汽车在这一时期达到了巅峰,1966年全年销量达到了19万2千辆,相较1965年增长近60%,1968年销量更是历史性地突破了20万辆。

随着世界经济的逐渐回暖,凯迪拉克重新将目光定格在高端豪华汽车领域,进入21世纪的凯迪拉克汽车连续推出CTS轿车、SRX豪华运动型车以及XLR豪华跑车系列,2004年凯迪拉克系列车型进军中国。

从凯迪拉克商标注册到今天100多年的历史中,凯迪拉克轿车为无数政界、文艺界及企业巨头所乘坐。在这些车中,弗利特伍德(Fleetwood)被视为至尊,多用作礼仪用车,它代表着通用公司豪华轿车的最高品质和形象。图4.10为美国前任总统奥巴马的专车,是由凯迪拉克定制,叫"美国一号"。

图 4.9　卡迪拉克 Eldorado

图 4.10　"美国一号"

凯迪拉克车标(图 4.11)是凯迪拉克家族在古代宗教战争中所使用的"冠"和"盾"型纹章图案。周围为郁金香花瓣构成的花环。冠上的 7 颗珍珠显示了皇家贵族的尊贵血统,盾象征着凯迪拉克军队的英勇。盾分 4 个等分。第 1 和第 3 个等分是门斯家族的纹章金底,中间是横穿过的深褐色棒,棒把 3 只相同的黑鸟分开,两只在上,一只在下。这些没有腿和嘴的黑鸟象征着基督教武士的智慧、富有和完美的品德。第 2 和第 4 个等分为红色和银色块,也以对角排列,代表凯迪拉克家庭拥有广阔的土地。红色象征着勇猛和大胆;银色表示纯洁、博爱、美德和富有。纵横相接的杠表示了凯迪拉克家族在十字军东征的战场上富有骑士般的勇猛。

21 世纪伊始,凯迪拉克对车标进行了一系列创新设计,新车标[图 4.11(b)]整体以铂金颜色为底色,而花冠则保留了原有的色彩组合,不过去掉了 6 只鸟的图案。此标志象征凯迪拉克汽车的高贵、豪华、气派和潇洒,凯迪拉克骑士们的英勇善战、攻无不克,比喻凯迪拉克牌汽车具有巨大的市场竞争力。

(a) 旧车标　　　　　(b) 新车标

图 4.11　凯迪拉克车标

3. 别克

别克(Buick)汽车公司成立于1903年5月19日,创建人是苏格兰人大卫·别克(David Buick)。大卫·别克于1904年夏天生产出别克第一辆汽车(图4.12)。公司成立不久就陷入了困境,詹姆斯·惠廷(James Whiting)说服了他在弗林特(Flint)马车公司的同事们,买下了别克汽车公司,并迁往弗林特。后来,很有见识的马车制造商杜兰特资助别克汽车50万美元,并于1904年控制了该公司,从此别克公司兴旺起来。1908年9月16日,威廉·杜兰特以别克公司为核心成立了通用汽车公司。别克汽车部在许多方面居于领先地位,如首创顶置气门发动机、转向信号灯、染色玻璃、自动变速器等。别克汽车部还培养了许多汽车名人,如威廉·杜兰特、沃尔特·克莱斯勒、路易斯·雪佛兰等。

图4.12 别克与1904年生产的第一款车

时至1908年,别克汽车已经凭借8000多台的销量成为美国最主要的汽车生产商之一,此时的杜兰特面对当时汽车工业数百家公司并存的局面萌生了一个大胆的想法:建立一个集团公司并将大量汽车品牌归拢其中,从而形成类似车坛"大一统"的局面。当时杜兰特与本杰明·克里斯科计划首先将别克、福特以及奥兹莫比尔进行合并,但福特汽车狮子大开口,800万美元的要价使杜兰特直接放弃了合并福特的想法,最终杜兰特以别克汽车与奥兹莫比尔汽车公司为基础成立了一家汽车控股公司——通用汽车公司。

从此,别克汽车也就成为通用汽车旗下子公司,也正是依靠着别克汽车公司,通用才在成立之初的几年间得以成功存活并稳步上升。

1931年,在通用集团的帮助下别克汽车取得了两项重大成就,别克OHV直列8缸发动机与同步啮合式变速器的诞生使别克车型成为这一时期同级别中的佼佼者,并于1936年推出了三款引起世界车坛巨大轰动的车型:Roadmaster、Special(图4.13)和Century。这三款车型的诞生无疑为别克开辟了新天地,全钢车身、子弹型车灯以及高坡度的挡风玻璃,这些当年别克老爷车上的装备至今仍被奉为经典。

进入20世纪50年代,美国战斗机的蓬勃发展也给别克的设计师们注入了一针强心剂,设计师们从战斗机身上获取灵感,别克Lesabre(图4.14)敞篷概念车的横空出世也在那个时代确立了美国经典车型的设计走向,除了惊艳的设计,汽油和酒精双燃料设计以及湿气传感器的首次出现也为这款车增色不少。

此后别克汽车经历了"置换V8心脏"的大手术,并在20世纪60年代推出别克Wildcat(野猫)、Riviera与Centurion等多款车型。然而正当别克汽车蒸蒸日上、销量逐年增长时,

图 4.13　20 世纪 30 年代的别克 Special

图 4.14　别克 Lesabre

第一次石油危机不期而至，来势迅猛的经济大萧条与石油危机使整个美国汽车业陷入低谷。此时的别克及时认清了形势，并推出了一款更加轻便、省油的 V6 发动机，这一举措使别克在美国汽车行业全面低迷的情况下销量不降反升，市场份额迅速增加，1983 年别克产量突破 100 万辆，而这款居功至伟的 V6 发动机也成为此后别克汽车的主流发动机。

1997 年 6 月，通用汽车集团与我国上汽集团合作，成立了上汽通用汽车有限公司，并于 1999 年开始生产别克君威车型，2001 年更是由上汽通用主导，推出了别克为中国打造的首款现代家用车 Sail，此后几年别克又陆续推出了君越、林荫大道以及 GL8 等多款车型，并在世界范围内取得了全面的成功，这其中增长最为迅猛的要数中国市场。图 4.15 为在我国销售的别克君威（2017 款）。

别克标志（图 4.16）发展至今日为人所熟悉的 "三盾" 样式经历了近半世纪的演变过程。20 世纪

图 4.15　别克君威

30 年代中期，在底特律公共图书馆内，通用汽车公司在 1851 年编写的《消失的家徽》中发现了苏格兰别克家族的家徽。别克家族的家徽是一个红色盾形标志，银色和蔚蓝色围棋格子带状图案从左上角穿过直到右下角。在盾的右上角有一长有鹿角的鹿头，在盾的右下角有一金色十字架，十字架中间有一圆孔，孔中的颜色与红色盾的颜色一致。

别克汽车首次使用别克家族的家徽作为装饰是在 1937 年的新款车型上，这个装饰标志 [图 4.16(a)] 非常接近于《消失的家徽》中所描述的苏格兰别克家族的家徽。1939 年该标志

4 著名汽车公司发展历程与品牌

(a) 1937年　　　(b) 1959年　　　(c) 1976年　　　(d) 目前

图 4.16　别克标志发展历史

进行了修改(变得更长更宽)。1942 年盾形标志被又一次改为典型的家徽模式,但在此基础上别克公司作了一些改变,不久以后别克公司投入了第一次世界大战的军事用品的生产。1949 年标志被加宽,并加入了车盖和格栅样式,但其原来样式的基本要素仍被保留下来。

1959 年,别克标志经历了重大的改革[图 4.16(b)],由三盾替代了原来的一个盾标志,这三个盾分别代表别克的 LeSabre、Invicta 和 Electra 三种车型。三盾标志仍沿用原来的样式和颜色,最大的不同之处在于三盾互叠在一起,其颜色分别为红、白(后改为银灰)和蓝。

1957 年,别克"鹰"标志作为鹰车型的一部分出现了。它获得了很好的反响,以致到了 1976 年在所有的车上都出现了一只鹰停留在别克字样上[图 4.16(c)]。鹰的形象变得家喻户晓,甚至在电视广告中出现了一只名叫"Happy"的红尾鹰停在别克车盖装饰物上的画面。但到了 20 世纪 80 年代,别克领导层决定重新强调"三盾"标志,因此别克"鹰"标志退出了历史舞台。

今天的"三盾"标志[图 4.16(d)]在一些细节上作了修改,鹿头和十字形图案消失了,但红色、银灰色、蓝色三个盾的样式与原先无多大差别,围棋格子的带状图案仍使用至今。盾牌由低到高排列,给人一种积极进取、不断攀登的印象,表示别克汽车采用顶尖技术、刃刃见锋。

别克这个家族的图案就像它的名字一样,永远纪念着大卫·别克,是他将别克汽车一手缔造起来,并迎来了世界最大的汽车制造商——通用汽车的诞生。

4. GMC

GMC 品牌的创立依然是通用汽车总裁威廉·杜兰特一手策划的。作为一个刚刚成立的集团公司,1909 年的通用汽车进行了一系列疯狂的并购行为,其中一家名叫 Rapid Motor Vehicle(快速机动车)的重卡品牌也名列其中,通用集团正是基于这家公司成立了通用卡车公司 (General Motors Truck Company,GMC)。此后通用汽车公司又将一家名叫 Reliance 的小公司与刚刚成立的通用卡车公司合并,于 1911 年正式推出 GMC 品牌,1912 年的纽约车展上,带有 GMC 字样的卡车第一次出现在人们的视野中。

今天的 GMC 虽然全球销量低于别克、雪佛兰等品牌,但它研发生产的卡车、货车以及 SUV 车型无疑为消费者提供了更多的选择,在加拿大等北美国家的某些城市,GMC 的销量甚至超过了不少欧洲知名汽车品牌,如图 4.17 所示。

5. 欧宝

欧宝(OPEL)在中国大陆称为欧宝,在中国台湾称为欧普。欧宝公司是美国通用汽车公司的子公司,是通用公司在欧洲的一个窗口。它由亚当·欧普(Adam Opel)所创立,至今已有一百多年历史。欧宝 1993 年进入中国,目前已停止在中国销售。图 4.18 是欧宝车标,

(a) GMC商务之星　　　　　　　　(b) GMC Sirerra全尺寸皮卡

图 4.17　GMC 畅销车型

代表公司的技术进步和发展,像闪电一样划破长空,震撼世界,喻示汽车如风驰电掣,同时也炫耀它在空气动力学方面的研究成就;文字"OPEL"是创始人的姓氏。1899年,老欧普的两个儿子弗里茨和威廉搞起了汽车和摩托车制造,并以父亲的名字"亚当·欧普"命名工厂,使欧宝的名字一直沿用至今。1929年,美国通用汽车公司买下了欧宝的80%的股份,两年后通用汽车进一步取得100%控股权,从此,欧宝成为通用的德国子公司。

图 4.18　欧宝车标

自从2008年金融风暴以来,通用集团无力运转欧宝品牌,并于2009年将其挂上了待售的大名单。当时竞争欧宝品牌的企业包括北汽控股有限公司、比利时投资公司与加拿大零配件公司麦格纳和俄罗斯储蓄银行组成的联合收购方,通用集团最终于2017年将欧宝品牌出售给了法国标志雪铁龙集团,如今它在部分市场换贴上了别克商标,依然在包括美国、加拿大以及中国等许多国家销售。

6. 沃克斯豪尔

沃克斯豪尔(VAUXHALL)汽车公司,1903年开始制造汽车,1925年被美国通用汽车公司收购,为通用的子公司。目前是英国产量较大的轿车厂商。公司选用了13世纪这片土地的领主Fulkle Breant使用的怪兽griffin徽标作为标志。1925年美国通用汽车公司用250万美元的价格收购了沃克斯豪尔,这比欧宝被通用收购还要早4年。在通用旗下虽然沃克斯豪尔各种车型的销量不断增加,但在通用全球汽车战略调整下,沃克斯豪尔逐渐变成了欧宝在英国的制造工厂。直到目前沃克斯豪尔依然是英国汽车产量较大的车厂之一。图4.19为沃克斯豪尔的车标与车型。

(a) 车标　　　　　　　　(b) 沃克斯豪尔Astra

图 4.19　沃克斯豪尔车标与车型

7. 霍顿

霍顿(Holden)是澳大利亚人引以为自豪的一个品牌,这个品牌自1856年就开始在澳大利亚使用。当时Holden公司主要从事运输及冶金用品的制造。1918年,Holden公司首次为顾客设计制造车身,此后渐渐涉足汽车制造行业。1931年,通用澳大利亚公司与Holden公司合并,成立"通用—霍顿公司"。1936年,该公司在墨尔本设立总部及生产、服务、销售等各个部门,开始了在澳大利亚汽车生产的迅猛发展。到2002年,公司年销售金额达59.4亿澳元,共销售汽车175442辆(部分从美国总部进口),占该年全澳汽车销售总数量的19.3%,在当地名列前茅。霍顿的标志[图4.20(a)]是一只狮子滚球的红色圆形浮雕,其设计灵感来自一则古老传说:埃及狮子滚石头的情景启迪人类发明了车轮。今天的霍顿不但称霸澳大利亚车坛,还以锻造强劲发动机而闻名于世,那只红色雄狮也就更具象征意义。

(a) 车标　　　　　　　　　　(b) 霍顿MONARO

图4.20　霍顿车标与车型

8. 奥兹莫比尔

奥兹莫比尔(Oldsmobile)汽车分部原为奥兹(Olds)汽车公司,是美国最早的汽车公司。兰索姆·奥兹(Ransom Olds)是美国汽车的先驱者(图4.21)。他的父亲是蒸汽机工程师,在底特律附近的兰辛市(Lansing)办有一家工厂。1886—1887年,奥兹父子制造了一辆蒸汽动力三轮车。1890—1891年兰索姆·奥兹把三轮车改装成蒸汽四轮车,并且以400美元卖给了一家英国公司。1893年奥兹看到杜埃里(Duryea)兄弟的汽油机汽车获得成功(美国生产的第一辆汽车),于是转向汽油机的开发。1897年奥兹造出自己的第一辆汽油机汽车,在随后的两年里他又造出了11辆汽车,既有汽油机的,也有电动的。1899年他建起了奥兹莫比尔汽车公司。考虑到当地劳动力和零部件供应困难,奥兹把工厂迁往底特律。1900年制造出大排量单缸发动机,完成了几种汽车的设计。1901年3月,一场大火烧光了奥兹的工厂,奥兹抛弃了烧毁的工厂,迁回兰辛,在一个月内恢复生产。1901年奥兹制造出了400辆"弯挡板"(Curved dash)汽车,1902年产量上升到2500辆。美国和世界大批量生产汽车的历史从兰辛开始。1904年,奥兹汽车公司成为第一家出口汽车的美国汽车厂商,产品销往18个国家。1908年11月12日奥兹汽车公司并入通用汽车公司,

图4.21　奥兹和他的第一辆"弯挡板"车

更名为奥兹莫比尔汽车部。

1937年对于奥兹莫比尔乃至全世界汽车行业都是意义非凡的一年,奥兹莫比尔突破性地在自家车型上应用了4速半自动变速器,这款半自动变速器配备了传统的离合踏板,共有"Low""High"两挡,选择"Low"时,挡位在一挡和二挡间自动切换;选择"High"挡,挡位则在一、三、四挡间自动切换。虽然这是由别克设计制造的,但奥兹莫比尔却抢先一步将它安装在了自己品牌的车型上,并在20世纪40年代出产的车型上广泛使用了自动变速箱。

奥兹莫比尔的经典车型如奥兹(Olds)、短剑(Cutlass)和奥兹88(Eightyeight)等都是人们最喜爱的品牌之一。1949年推出的奥兹莫比尔火箭88(图4.22)(1949 Oldsmobile Rocket 88)可以称作是后来所有肌肉车的鼻祖。它首次将具有强大动力的V8发动机装备到了轻盈的车体上。这台发动机的排量为5.0L,可以在3600转时爆发出135马力(100kW)的最大功率,仅在1800转时就能产生356N·m的最大扭矩。这款车的推出满足了美国民众对于性能和速度的渴求。在它最辉煌的1985年,销售量竟多达100万辆。从1985年开始,奥兹莫比尔品牌汽车开始失宠,市场销售量下滑。通用汽车公司一直试图用阿莱罗(Alero)和曙光(Aurora)来改进这一老品牌,并赋予它新的内涵和品质,同时也采取了很多促销手段。无奈奥兹莫比尔牌汽车的好时光已过去,销售仍是直线下降。因为在人们的印象中,奥兹莫比尔车的油耗极大。万般无奈之下,通用汽车公司只有放弃所属的奥兹莫比尔分公司。2004年4月29日,奥兹莫比尔轿车组装厂的一辆2004款阿莱罗轿车作为奥兹莫比尔品牌的最后一辆汽车驶离了生产线,结束了奥兹莫比尔轿车的百年辉煌。

奥兹莫比尔有两种图案车标(图4.23)。一种是红色底面上有一架简化的飞机,周围绘有白色、黄色花边。另一种是箭形图案。飞机和箭型图案象征该部生产的汽车快速而舒适,也象征该部积极向上和勇往直前的创新精神。

图4.22　1949年的奥兹莫比尔88

图4.23　奥兹莫比尔车标

9. 庞蒂亚克

庞蒂亚克(Pontiac)汽车分部原为奥克兰(Oakland)汽车公司,由一位年轻的实业家爱德华·墨菲(Edward Murphy)于1907年8月28日创建。1926年,通用集团将奥克兰汽车公司重组,将庞蒂亚克品牌独立出来,作为通用集团旗下的一个部门独立生产。1926年庞蒂亚克开始出售一款搭载排量为3.1L,6缸最大输出功率40马力的汽车,这款车的推出创造了当年美国短期销量的纪录,6个月时间内这辆车共计生产销售39000台,全年共销售76742台,并在第二年成为美国最畅销的六款车之一,总销售量排名全美第七位。

1982年,庞蒂亚克推出了一款引人注目的火鸟改款车型(图4.24),这款车由于其楔型的外观设计以及在电视剧《霹雳游侠》中的抢眼表现,成为当时美国人竞相追逐的"梦想神车"。

图 4.24　1982 年火鸟改款与普通火鸟

遗憾的是,由于石油危机、通用削减其研发制造成本以及贴牌生产等原因,在经历了多年业绩不佳的挣扎后,这个有着 102 年历史的品牌于 2010 年 10 月 31 日正式倒闭。

庞蒂亚克车标(图 4.25)是带十字标记的箭头。十字形标记表示庞蒂亚克汽车部是通用汽车公司的成员,也象征着庞蒂亚克汽车安全可靠。箭头则代表庞蒂亚克的技术超前和攻关精神。

10. 悍马

20 世纪 70 年代末期,美国陆军根据越战经验,开始研发新一代轻型多用途军车,当时军方所开发的军用车辆简称 HMMWV(High Mobility Multi-purpose Wheeled Vehicle),用于取代普通吉普车以及四驱皮卡车型,目的是让统一制式的轻型军车能够实现更简便的模块化维修和保养,以提高机动能力,而它正是悍马越野车的前身,HUMMER 的名字也正是由 HMMWV 的昵称 Humveer 音译而来的。

图 4.25　庞蒂亚克车标

起初的悍马尚不是一个独立的汽车品牌,它只是 AM General 汽车公司基于 HUMMER 军用车演变而来的民用版本。第一台悍马就是 AM General 为美国武装部队专门提供的,它的所有设计规格均依据军事标准严格要求。1983 年,美国军方与 AM General 公司签订了价值 12 亿美元、共计 55000 辆的悍马汽车购置合同,到了 1985 年,美国军方又在这一纸合同上额外增加了 15000 辆的订单数量。

到了 20 世纪 80 年代末期,AM General 公司开始销售民用版本的悍马汽车。虽说是民用版本,但它的底盘结构以及大部分机械组件均与军用悍马完全相同,民用悍马仅仅是在空调、隔音、内饰、音响系统等方面做了小幅改进,而它被人们所熟知还是因为海湾战争以及阿诺德·施瓦辛格拍摄的一系列军事题材电影。

1999 年,通用汽车公司从 AM General 公司取得了悍马的商标使用权及生产权,并迅速开始研发生产悍马 H1、H2 与 H3 车型。悍马 H1(图 4.26)的出现开创了悍马汽车面对公众公开销售的先河,其实这款凶悍的悍马 H1 本就不是为民用开发的,它沿用了军用 HMMWV 的外观,是为美军在严酷环境下运输作战而设计的。美军要求悍马为其提供的车辆要在几乎总是满负荷的使用状况下至少使用 12 年,并且要具备前所未有的动力、操控性、越野性以及耐久性,悍马 H1 坚固的车身、超高的离地间隙以及宽大厚重的轮胎则出色地完成了它作为军用车的一切使命。

图 4.26　悍马 H1

2008 年 6 月 3 日,在通用集团年度股东会议上,时任通用汽车首席执行官里克·瓦格纳突然宣布悍马品牌正在被审查,有马上被出售的可能性。虽然那个时候股东们心里都清楚通用集团在金融危机的侵袭下自身难保,但谁也没有想到第一批的出售计划竟来得这样快,然而世界车坛却好像对悍马将被出售一事有所准备,不少厂商纷纷在第一时间表示愿意接手悍马。

2010 年 2 月 25 日,通用汽车集团发表声明,称由于未能将悍马品牌出售给中国制造商,他们将考虑彻底终结悍马品牌,而这一声明也在当年 4 月成为现实,通用集团于 2010 年 4 月 6 日在美国召开了由美国 153 家悍马经销商参加的会议,在会上正式宣布起动关闭悍马生产线的程序,自此悍马品牌结束了其 18 年的民用运营生涯。

4.1.2　福特汽车公司

福特(Ford)汽车公司是世界最大的汽车企业之一,由亨利·福特(Henry Ford)于 1903 年 6 月 16 日创立,总部设在美国底特律(图 4.27)。1908 年福特汽车公司生产出世界上第一辆属于普通百姓的 T 型汽车,世界汽车工业革命就此开始。1913 年,福特汽车公司又开发出了世界上第一条装配流水线,到 1927 年 T 型车累计生产了 1500 万辆。福特为此被尊为"世界装上轮子"的人。

福特汽车公司在北美拥有福特和林肯—水星两个分部,还在国外建立了一些分公司和合资公司,其中较大的有英国福特汽车公司、德国福特汽车公司。1987 年福特公司收购了英国阿斯顿—马丁汽车公司 75% 的股份,1994 年 7 月又收购了其余股份。1989 年,福特公司以 40.7 亿美元购入英国捷豹汽车公司。1992 年,福特获得日本马自达汽车公司 34% 的股权。1999 年,福特汽车公司出资 64.5 亿美元收购了瑞典沃尔沃全球轿车业务。2003 年,福特汽车公司以 27 亿美元,从德国宝马汽车公司手下购买了英国罗孚汽车公司路虎品牌的所有 4 轮驱

图 4.27　福特的第一个工厂

动系列产品。2008年,印度塔塔集团从福特手中以23亿美元收购了捷豹、路虎品牌,福特汽车抛售马自达26.8%的股份。2010年3月28日晚9时,中国吉利汽车收购福特旗下沃尔沃(Volvo)轿车业务,并获得沃尔沃轿车品牌的拥有权。福特汽车公司除了汽车制造,还拥有世界最大的汽车信贷企业——福特信贷(Ford Financial)、全球最大的汽车租赁公司——赫兹(Hertz)及汽车维修公司——Kwik-Fit。

福特汽车公司旗下曾拥有福特(Ford)、林肯(Lincoln)、水星(Mercury)、阿斯顿—马丁(Aston Martin)、捷豹(Jaguar)、马自达(Mazda)、沃尔沃(Volvo)和路虎(LandRover)等汽车品牌。其中捷豹、路虎已出售给了印度塔塔,马自达已减持股份,沃尔沃出售给吉利集团,阿斯顿马丁也已出售,水星系列停产。下面着重介绍福特旗下的几个汽车品牌。

1. 福特

福特汽车公司是用创始人亨利·福特的姓"Ford"来命名的。福特公司和福特汽车的标志(图4.28)是蓝底白字的"Ford"字样。因为福特非常喜爱动物,车标设计者就将英文"Ford"设计为形似奔跑的白兔,象征着福特汽车奔驰在世界各地,令人爱不释手。

图4.28 福特车标

福特最出名的车型要属野马(Mustang)了,20世纪60年代,美国年轻一代迅速崛起,美国经济繁荣发展,人民乐观向上,开创了一个崭新的时代。而在这个时代中,美国人对于汽车的追求也发生了翻天覆地的变化,低价跑车成为当时最畅销的车型,而福特汽车也及时转换思路,由亨利·福特二世牵头购买了Mustang(野马)的全新概念车,并以此开发出了经典美式肌肉车福特野马。数以十万计的年轻人对这款车型趋之若鹜,短短100天时间内,这款车销量便突破了10万辆,当年总销量更是达到了惊人的42万辆。至今,野马车型依旧深受大众喜爱(图4.29)。

图4.29 2016款福特野马

2. 林肯

林肯(Lincoln)是福特汽车公司拥有的第二个品牌。林肯汽车公司由亨利·利兰(Henry Leland)在1917年8月创立,当时他已经74岁。1919年年底林肯汽车公司造出了样车,并以美国第16任总统林肯的名字给该车命名。1922年2月4日,福特汽车公司收购了林肯汽车公司,成为福特汽车林肯分部,并由此进入豪华车市场。由于林肯车杰出的性能、高雅的造型和无与伦比的舒适感,自1939年富兰克林·罗斯福总统以来,一直被选为总统专车,享有美国总统车的美称。

林肯汽车标志(图4.30)是在一个近似矩形的框架中含有一颗闪闪发光的星辰,表示林肯总统是美国联邦统一和废除奴隶制的启明星，喻示福特林肯牌轿车具有光辉灿烂的明天。图 4.31 为林肯领航员车型。

图 4.30 林肯车标

图 4.31 林肯领航员

3. 水星

1936 年，福特汽车公司成立水星（Mercury）分部。水星分部用罗马神话中的主管商业与道路之神水星来命名汽车，象征公司的气派和用意（图 4.32）：天下道路为我水星牌汽车修筑，人间商业唯我水星主管。水星品牌可以提供从紧凑型轿车到大型越野车。

1945 年 10 月，福特公司将林肯部和水星部合并成立林肯—水星分部，1998 年水星—林肯总部迁到加州的阿尔文（Irvine）。2010 年，福特公司宣布将不再生产"水星"全系列汽车。

图 4.32 水星车标

4.1.3 克莱斯勒汽车公司

克莱斯勒集团创建于 1925 年，曾经是美国三大汽车制造商之一，与通用汽车公司、福特汽车公司并称为美国汽车"三巨头"。该公司在 1998 年曾与德国车企戴姆勒集团合并为戴姆勒—克莱斯勒，双方在 9 年之后分手，随后恢复克莱斯勒有限责任公司的名称。菲亚特在 2011 年成为克莱斯勒的大股东，并在 2014 年 1 月通过一笔 43.5 亿美元的交易获得了公司的完全控制权，同年，公司更名为 FCA 美国有限责任公司（FCA US LLC），以更好地反映与菲亚特—克莱斯勒集团（FCA 集团）的关系。

自 20 世纪 90 年代中期开始，克莱斯勒开始使用飞翼型标志。2010 年，克莱斯勒发布新版 Logo（图 4.33），此次的变动保留飞翼，中间是克莱斯勒的英文衬以蓝底，更具流线型美感。

(a) 车标

(b) 克莱斯勒300C

图 4.33 克莱斯勒车标与车型

1. Jeep

世界上第一辆 Jeep 越野车是 1941 年在第二次世界大战中为满足美军军需生产的,至今已具有 70 多年历史。克莱斯勒公司作为 Jeep 的鼻祖,单独拥有这一注册商标。

1974 年,Jeep 推出了传奇车型切诺基(图 4.34)。当时,在该车的宣传册上首次出现了"Sport Utility"一词,Jeep 也因此成为 SUV 的缔造者。

图 4.34　1974 年 Jeep 切诺基

1985 年,中国首批国产切诺基驶下了生产线。2015 年,广汽菲克(广汽菲亚特—克莱斯勒)正式成立,同年还推出了首款国产 Jeep 车型"自由光"。2016 年,广汽菲克又引入了第二款国产 Jeep 车型"自由侠"。

Jeep 车标(图 4.35)的含义就是英文吉普的意思。

图 4.35　Jeep 车标

2. 道奇汽车

1900 年,贺拉斯·道奇与约翰·道奇共同开办了"道奇兄弟公司"。道奇兄弟公司一度成为福特最主要的配件供应商,为其提供发动机、底盘等部件。1928 年,道奇被克莱斯勒收购,克莱斯勒最初将道奇定义为中高档汽车品牌,1933 年起下降为中低档品牌。在肌肉车盛行的 20 世纪 60 年代末至 70 年代初,道奇推出的经典车型"挑战者"、Charger、Super Bee 等俘获了众多车迷的心。

道奇车标(图 4.36)是在一个五边形中有一羊头形象,在汽车上使用小公羊、大公羊两个商标。道奇是克莱斯勒集团旗下的三大汽车品牌之一,已有 90 多年的历史。它是美国的第五大汽车品牌,在美国市场拥有 6.4% 的市场份额,是全球汽车行业的第八大汽车品牌。在全球,它的产品组合包括一系列的轿车、卡车、轻型商用车和运动型多用途车(SUV),主要车型有道奇 Caliber、道奇 Viper、道奇 Magnum、道奇 Ram、道奇 Caravan 和道奇 Charger

(a) 车标　　　　　　　　　　　　(b) 道奇 Charger 1970 款

图 4.36　道奇车标与车型

等。道奇具有鲜明自信的品牌形象,其中1970款的道奇Charger(图4.36)在电影《速度与激情》系列中经常露面,是美式肌肉车代表之一。

3. SRT

SRT是克莱斯勒旗下的Street and Racing Technology's(街道与竞赛技术部)的首字母缩写,克莱斯勒旗下的三大品牌克莱斯勒、道奇和Jeep都有SRT车型。SRT操刀的车都配备了大排量、大马力、大扭矩的HEMI发动机,每台发动机都经过专业的调校,再配上SRT精心调整过的底盘,使得SRT车辆的性能超群。

2012—2014年,SRT曾作为独立品牌运营,同时Viper也成为SRT品牌的专属车型。2014年,基于品牌策略的调整,SRT品牌被裁撤并归入道奇品牌之中,继续以高性能车部门的身份研发新车。图4.37为SRT推出的新款"挑战者"SRT"地狱猫"(Hellcat)。

图4.37 新款"挑战者"SRT Hellcat

4.2 意大利汽车公司

4.2.1 菲亚特汽车公司

菲亚特(FIAT)汽车公司是由一群富豪创办的。1899年7月11日,9名意大利企业家和贵族签署了协议,共同投资创建了"意大利都灵汽车制造厂"(Fabbrica Itaiana di Automobili Torino,FIAT)。主要创始人是乔瓦尼·阿涅利(Giovanni Agnelli)(图4.38)。1923年建立了当时欧洲最大的汽车装配厂。

图4.38 乔瓦尼·阿涅利和FIAT 500

菲亚特公司的标志和车标几经变迁（图 4.39）。最初是盾形的，自 1899 年创立意大利汽车公司时开始使用。1901 年开始采用公司的全称四个单词的第一个大写字母"FIAT"为商标，其后车标外形不断变化。1921 年出现圆形 FIAT 车标。1931 年使用矩形车标 FIAT。1968 年采用斜体"FIAT"四个字母分开的标识。1991 年使用五根短柱斜置平行排列的新商标。从 1999 年菲亚特公司成立 100 周年起，车标又统一采用圆形车标。2006 年，菲亚特又采用了全新的车标。

图 4.39 菲亚特车标的演变

菲亚特作为超过百年历史的经典品牌一直被视为完美汽车的缔造者。目前主要包括 12 个品牌，如图 4.40 所示，包括菲亚特、克莱斯勒、Jeep、道奇、法拉利、阿尔法—罗密欧、蓝旗亚、SRT、阿巴斯 10 个品牌以及下属 2 个子品牌 Fiat professional 和克莱斯勒专属改装厂 Mopar。

图 4.40 菲亚特旗下品牌

"FIAT"是菲亚特汽车公司产品覆盖面最广的品牌，目前主要产品主要包括 500、Panda、Freemont（菲跃）等（图 4.41）。

图 4.41　菲亚特车型(菲亚特 500C)

4.2.2　法拉利汽车公司

法拉利(Ferrari)是一家意大利汽车生产商,菲亚特(FIAT)拥有法拉利 90% 的股权,但法拉利却能独立于菲亚特运营。法拉利汽车大部分采用手工制造。公司总部在意大利的马拉内罗(Maranello)。2016 年 1 月 3 日,法拉利品牌被从菲亚特—克莱斯勒集团中剥离出来,成立独立公司,法拉利由此获得了更大的金融和运营自主权。

1929 年恩佐·法拉利(Enzo Ferrari)创办了法拉利公司,主要生产一级方程式赛车、赛车及高性能跑车。法拉利是世界闻名的赛车和运动跑车的生产厂家,早期的法拉利赞助赛车手及生产赛车,1947 年独立生产汽车。

法拉利的跃马标识(图 4.42)有着英雄的起源,该标志起初作为个人徽章,由功勋卓著的意大利第一次世界大战飞行员 Francesco Baracca 使用,他把徽章绘在了所驾驶飞机的机身上。战末,飞行员的父母同意恩佐·法拉利使用跃马符号,恩佐将其附在黄色(以纪念自己的家乡摩德纳)背景上,作为品牌标识。后来因为飞行员的去世,恩佐为了纪念这位伟大的战士,并在"跃马"的顶端加上意大利的国徽为"天",再以"法拉利"横写字体串连成"地",最后以自己故乡蒙达那市的代表颜色黄色,渲染全幅而组合成"天地之间,任我驰骋"的豪迈图腾。

那匹拥有盾形背景的烈马(图 4.43),原本只被授权在法拉利的 F1 和 GT 竞技车队中使用,上面的 SF 意思是法拉利车队,该标志也是不同赛事的法拉利车队的共同标志。但是现在该标志也作为民用车的选装件,原因是法拉利想突出其产品的赛车内涵。

图 4.42　法拉利车标

LaFerrari(图 4.44)是法拉利于 2013 年推出的一款旗舰级超级跑车,采用 HY-KERS 混合动力系统,一台 6.3L V12 自然吸气引擎可输出 588kW 的最大功率,电动机独立输出 120kW 动力,使得 LaFerrari 的联合输出功率高达 708kW。LaFerrari 的 0~100km/h 加速时间不超过 3s,0~300km/h 更只需 15s,极速高达 350km/h 以上。

图 4.43 法拉利车标

图 4.44 法拉利 LaFerrari

4.2.3 玛莎拉蒂汽车公司

玛莎拉蒂(Maserati)是一家意大利豪华汽车制造商,1914 年 12 月 1 日成立于意大利博洛尼亚(Bologna),公司总部现设于摩德纳(Modena)。1920 年,玛莎拉蒂家族中唯一热爱艺术的 Mario 承担了设计品牌标识的任务。他在设计中借鉴了博洛尼亚 Maggiore 广场上海神喷泉雕塑手中象征着力量与活力的三叉戟(图 4.45)。品牌标识中的红蓝配色,源于博洛尼亚城市旗帜的颜色,至今仍是玛莎拉蒂品牌的象征颜色。1993 年菲亚特收购玛莎拉蒂,在菲亚特内部资产运作中,玛莎拉蒂曾归属法拉利旗下品牌,现为菲亚特—克莱斯勒汽车直接拥有。

(a) 车标　　　　　　　　　(b) 玛莎拉蒂-总裁Quattroporte

图 4.45 玛莎拉蒂车标与车型

百年前,玛莎拉蒂兄弟在博洛尼亚市的 Via Emilia Levante 大街 1 号开始了他们最初的梦想。而今的玛莎拉蒂全新轿跑系列是意大利顶尖轿跑车制作技术的体现,也是意大利设计美学以及优质工匠设计思维的完美结合。2013年起,玛莎拉蒂凭借两款全新产品:入门级轿车 Ghibli 和全新 Quattroporte 总裁轿车,迎来了井喷式的增长。2016年,玛莎拉蒂推出了首款 SUV 车型 Levante,车名寓意纪念品牌开创的地方。

4.2.4 阿尔法—罗密欧汽车公司

尤高·扎卡图(Ugo Zagato)于1910年6月24日创立了 Anomina Lombarda Fabbrica Automobili 车厂,而以字首缩写 ALFA 为厂名,制造轿车及跑车。第一辆 ALFA 车是由工程师米洛斯(Giuseppe Merosi)设计的(图4.46),发动机为4缸 4L24 马力汽油机。1915年,尼古拉·罗密欧(Nicola Romeo)加入阿尔法车厂经营。

图 4.46　1910年生产的 ALFA 车

尼古拉·罗密欧于1918年掌握阿尔法—罗密欧车厂的经营大权后,创建车厂的扎卡图仍领着儿子艾罗(Ello)为车厂效命,后来孙子安德利亚(Andrea)长大后,也加入阿尔法—罗密欧的生产线。如此精致的人文关怀,使得菲亚特集团在购并阿尔法—罗密欧车厂后,仍然大力维护其传承的高性能形象及无以取代的风格。现在阿尔法—罗密欧虽为菲亚特的子公司,但仍保留自己的商标。

阿尔法—罗密欧公司总部设在米兰。产品由意大利著名设计师设计,有浓烈的意大利风采、优雅的造型和超群的性能,在世界车坛上一直享有很高的声誉,如11次1000英里大赛冠军,勒芒24小时耐力赛四连胜,第一、第二届F1赛车冠军,一系列的GP大奖赛的冠军等。阿尔法在跑车界的江湖地位,可以说就是实打实的用赛道成绩拼出来的。阿尔法—罗密欧的民用车在外观设计上十分优雅漂亮,堪称跑车界的"时装精"。

1968年,阿尔法—罗密欧推出了一款 Carabo(图4.47)的概念车型在巴黎车展亮相,这辆棱角分明的楔型跑车身上采用了诸多超前的设计理念,包括大面积的侧面通风鳃以及独特的进气格栅。最为抢眼的就是向上开启的"剪刀门"。遗憾的是,这辆车并没有量产,反倒是兰博基尼"偷师"成功,把这种设计发扬光大了。另外,迈凯伦跑车标志性的"蝴蝶门"其实也是阿尔法—罗密欧首创的。

阿尔法—罗密欧与法拉利也有历史渊源。法拉利之父恩佐·法拉利在1920年成为了阿尔法—罗密欧车队的试车手。后来由于经济危机,无力经营赛车的阿尔法,干脆把车队给了恩佐·法拉利和他的团队管理。后来公司又想把车队从恩佐手里要回来,加上人际关系矛盾,导致恩佐离开了阿尔法,开始自己造车,这才有了现在的法拉利品牌。

阿尔法—罗密欧车标演变如图4.48所示。1910年,当阿尔法—罗密欧创立时,综合两种米兰市的标识而创造了一个徽标:红色的十字是这个城市盾形徽章的一部分,用来纪念

4 著名汽车公司发展历程与品牌

图 4.47 阿尔法 Carabo

古代东征的十字军骑士,吃人的龙形蛇图案则是维斯康泰公爵家族徽标,两个代表米兰传统并且在意义上没有关联的标识组合成为一体。后来被加进去的阿尔法—罗密欧和米兰的字样以及间隔花纹,在 90 余年的发展历史中也不断发生着细微的变化。最近一次变化发生在 1972 年,龙形蛇变得简洁抽象,标志的风格也现代化了,阿尔法与罗密欧之间的连字符被取消。

图 4.48 阿尔法—罗密欧车标的演变

2017 年 4 月,阿尔法—罗密欧正式进入中国,推出了四门轿跑 Giulia 与 SUV 车型 Stelvio(图 4.49)。其中 Guilia 的四叶草性能版(Quadrifolio),在纽博格林北环赛道圈速为 7min32s,战胜了帕加尼 Zonda F、法拉利 458 Italia、保时捷 911 GT3 等强劲对手成为全球最快的量产 4 门轿车。

4.2.5 蓝旗亚汽车公司

蓝旗亚也译成蓝西亚(LANCIA),是菲亚特集团旗下的品牌之一,以生产豪华蓝旗亚轿车为主。虽然目前蓝旗亚汽车在中国并不多见,但作为意大利一个历史悠久的著名品牌,它在世界豪华车市场占有重要的一席之地。蓝旗亚是个赫赫有名的响亮招牌,其品牌超过 60

(a) Giulia　　　　　　　　　(b) Stelvio

图 4.49　阿尔法—罗密欧车型

多年的历史。蓝旗亚汽车公司建于 1906 年,创始人是文森佐·蓝旗亚,总部设在意大利工业城市都灵。文森佐·蓝旗亚生于 1881 年,早年受雇于都灵的切拉诺汽车厂。后来切拉诺汽车厂被菲亚特公司接管,蓝旗亚也随之转入菲亚特公司。蓝旗亚标志(图 4.50)有双重意义,一是取自公司创始人之一文森佐·蓝旗亚的姓氏;二是"蓝旗亚"在意大利语中解释为"长矛"。骑着高头大马,手持挂旗子的长矛者,便是中世纪意大利骑士的主要特征。最早的蓝旗亚标志是在旗子的后面加上车轮形状的图案,20 世纪 50 年代才把图案置于盾形框架之中。蓝旗亚标志以长矛画面为主题,代表了企业不畏艰难的拼搏精神,加上旗帜上的"LANCIA",简洁地体现了"蓝旗亚"的全部意义。

图 4.50　蓝旗亚车标

4.2.6　阿巴斯汽车公司

阿巴斯(Abarth)是菲亚特旗下著名的改装厂。1950 年创始人阿巴斯在意大利成立了自己的公司,其商标是一只蝎子的造型。1971 年,菲亚特汽车公司将 Abarth 汽车公司收购。但是 Abarth 公司的设备与构造仍然保持原样。同时,许多菲亚特车型继续以 Abarth 的旗帜进行生产,并且通常这些车型以运动的外形或高性能著称。1973—1981 年,菲亚特 Abarth 总共赢得了 21 项世界拉力赛冠军,并凭借菲亚特 124 车型和 131 车型赢得了三次制造商冠军(1977 年、1978 年和 1980 年),成就了菲亚特品牌在赛车领域的英名。菲亚特品牌的运动型轿车都以 Abarth 为标志。图 4.51 为阿巴斯车标与车型。

(a) 车标　　　　　　　　　(b) 阿巴斯 punto

图 4.51　阿巴斯车标与车型

4.3 德国汽车公司

4.3.1 戴姆勒—奔驰汽车公司

目前奔驰旗下品牌分别是梅赛德斯—奔驰、迈巴赫、Smart、AMG 与乌尼莫克,如今这些品牌均在世界车坛占据重要地位。

1. 奔驰

1883 年,卡尔·本茨建立了莱恩燃气发动机工厂(奔驰的前身),图 4.52 为 1886 年卡尔·本茨推出的首款内燃机车。19 世纪末,戴姆勒公司也宣告成立,经过 30 多年的发展与变革,戴姆勒与奔驰这两家公司在 1926 年 6 月 29 日走到了一起,合并为戴姆勒—奔驰汽车公司,所以戴姆勒与奔驰之间是平等的合作关系,并非母子公司。

1899 年,当时奥地利驻匈牙利总领事、戴姆勒汽车公司的最大客户和经销商埃米尔·耶利内克驾驶以女儿梅赛德斯(温文尔雅之意)命名的汽车在"尼斯之旅"汽车大赛上一举夺魁,随后他建议戴姆勒公司生产的汽车都用"梅赛德斯"命名,戴姆勒则欣然同意了这个提议,从此戴姆勒公司出产的每一辆车都以"梅赛德斯"命名,并于 1902 年 6 月 23 日申请将"MERCEDES"(梅赛德斯)这个女孩的名字注册为商标(图 4.52)。而"梅赛德斯—奔驰"则是在 1926 年戴姆勒公司与奔驰公司合并之后才诞生的,"梅赛德斯—奔驰"是戴姆勒—奔驰公司的旗下子公司,也是戴姆勒—奔驰汽车公司旗下品牌,专门负责生产梅赛德斯—奔驰汽车。

图 4.52 耶利内克和女儿梅赛德斯

如今梅赛德斯—奔驰主要生产豪华轿车、长途客车与卡车,总部位于德国斯图加特,业务几乎遍布世界每个角落,是无数车迷心中"高品质"的象征。

1951 年,奔驰在法兰克福车展上推出了 220 车型,这款车搭载了一台拥有顶置凸轮轴的 6 缸发动机,这使得奔驰在速度领域再次引领群雄,走在了世界的前列;与此同时推出的 300(图 4.53)车型则凭借漂亮的外观与精美的内饰成为当时政客与富商们的最爱,而它便是此后奔驰 S 级轿车的第一代车型。

1953 年,奔驰第一款三厢轿车 180 正式发布,而比它更加夺人眼球的则是在此后推出的 300SL 车型(图 4.54),该车型使用飘逸动感的鸥翼式车门和奔驰大标设计,还率先使用了用汽油喷射装置代替化油器的革命性技术。

图 4.53　梅赛德斯—奔驰 300

图 4.54　奔驰 300SL 车型

1961 年,奔驰推出了第一款装备空气悬架的 300SE 车型(图 4.55)。作为奔驰 S 级车型的第三代产品,300SE 在许多方面都运用了当时最为先进的技术,四速自动变速器、动力转向装置、空调系统以及前后轮盘式制动器均为这款车上的标准配置,300SE 的出现也让奔驰在豪华车领域彻底站稳了脚跟。

图 4.55　奔驰 300SE 车型

1969 年的法兰克福车展上,奔驰推出了一款名为 C111(图 4.56)的试装车,该车在当时凭借三转子发动机及 280 马力的动力震惊世界。而第二年奔驰推出的第二代 C111 则搭载了一台四转子发动机,最大输出功率达到 350 马力,出众的性能与非凡的品质使这款 C111 车型成为当时奔驰家族中的绝对明星。可惜这款类似"外星来客"的性能跑车造价过高、订单数量过少,奔驰最终放弃了这款车型的生产。

奔驰于 2017 年推出了新款的 S500(图 4.57),该车型是全球首款采用 48V 电气系统的豪华轿车。它所搭载的 M256 直列 6 缸发动机,取消了传统发动机的皮带设计,而通常需要通过皮带传输动力的水泵、空调压缩机在这台发动机上完全采用电气化设计，48V 蓄电池为它们各自的马达提供动力。皮带的消失让发动机变得更加紧凑，运行噪声也更低，耐用性也更高。此外，采用电子涡轮，弥补了发动机在低转速时的进气压力。起动电机位于发动机和变速箱之间，它在短时间内就能提供 16kW、250N·m 的动力并将发动机带向较高转速。与此同时，它还担负起能量回收的角色，由它产生的电力直接储存在 48V 蓄电池中。

图 4.56　C111 转子发动机汽车　　　　　图 4.57　新款奔驰 S500 车型

奔驰车标演变历史如图 4.58 所示。1909 年 6 月，戴姆勒汽车公司将三星标志[图 4.58(a)]注册为正式商标。戴姆勒公司的标志来源于戴姆勒给他妻子的信，他认为他画在家里房子上的这颗星会为他带来好运，这颗三叉星还象征着戴姆勒汽车公司向海、陆、空三个方向发展。1909 年，奔驰公司的商标是月桂枝包围着 Benz 字样[图 4.58(b)]。1916 年，戴姆勒公司在三星标志的四周加上了一个圆周，并在其上方镶嵌了 4 颗小星，取代了原来的文字商标[图 4.58(c)]。1926 年两家公司合并，商标也合二为一，成为一个圆环，上面是 MERCEDES，下面是 BENZ 字样，两者用月桂枝连接起来，中间还是三叉星[图 4.58(d)]。1989 年被简化为形似方向盘的三叉星[图 4.58(e)]。

(a) 1909年　　(b) 1909年　　(c) 1916年　　(d) 1926年　　(e) 1989年

图 4.58　梅赛德斯—奔驰车标的演变

2. 迈巴赫

威廉姆·迈巴赫（Wilhelm Maybach）早年与戴姆勒合作制造出了第一辆汽油发动机四轮车，他是戴姆勒的好朋友和亲密合作伙伴，是戴姆勒汽车公司的总工程师。迈巴赫 1909 年离开戴姆勒汽车公司后，父子二人创办了自己的飞机发动机制造有限公司，1918 年更名为迈巴赫发动机股份有限公司。1919 年公司重返汽车业，进行汽车和发动机设计。

迈巴赫品牌汽车是德国汽车制造商中的经典，每一辆车都按照用户定制规格进行独立的制作，发动机及底盘全为手工打造，因此，迈巴赫没有两辆车是完全相同的。迈巴赫豪华汽车品牌沉寂了 60 年后,在戴姆勒—奔驰集团的支持下,于第 72 届日内瓦国际车展初次登场,而相应的迈巴赫轿车在 2002 年与众人见面(图 4.59)。

图 4.59　20 世纪 30 年代迈巴赫 DS8 与新世纪迈巴赫 62

迈巴赫品牌由于曾经消失的时间太过久远,在品牌知名度上无法与劳斯莱斯、宾利等同级别品牌相提并论,因此在高端市场的接受度较低,戴姆勒—奔驰公司在 2013 年正式关闭迈巴赫品牌,转为梅赛德斯子品牌的形式出现。奔驰赋予了迈巴赫重新的子品牌定义,就像 AMG 代表着奔驰极致运动性能一样,迈巴赫则代表着奔驰的顶级乘坐享受。2014 年奔驰推出一款以迈巴赫命名的奔驰 S 级超豪华轿车。图 4.60 为 2018 款的奔驰—迈巴赫 S6560。

图 4.60　2018 款奔驰—迈巴赫 S560

迈巴赫车标(图 4.61)有两个交叉的 M,围绕在一个球面三角形里。"MM"原本代表"Maybach Motorenbau"(迈巴赫发动机)之意,现解作"Maybach Manufaktur"(迈巴赫制造)。

3. AMG

AMG 公司成立于 1967 年 6 月,它的创始人 Hans Werner Aufrecht 和 Eberhard Melcher 此前都供职于奔驰研发中心,负责研发奔驰 300 SE 赛车所用的直列 6 缸发动机。当时不少私人车队向二人求助,希望能够帮助他们提高赛车性能,而奔驰方面则明令禁止这种行为,心有不快的 Aufrecht 和 Eberhard Melcher 不久后便离开了奔驰,以他们二人的名字与出生地 Grossaspach 的首字母为名称,创建了 AMG 车厂。

图 4.61　迈巴赫车标

成立之初的 AMG 公司主要负责设计、测试赛车发动机,以及一些私人的改装业务。凭借精湛的技术与良好的信誉,AMG 的名字在赛车与改装界迅速传播开来,公司建立三年时间内,AMG 已经成为圈内小有名气的改装厂商。

1971 年对于 AMG(图 4.62)公司来说是意义非凡的一年,车手 Hans Heyer 与 Clemens Schickendanz 驾驶 AMG 改装的 Mercedes 300 SEL 6.8 赛车取得了 Spa 24 小时耐久赛的同级别冠军,AMG 公司因此一战成名,开启了在赛车与改装上的传奇历史。

图 4.62　AMG 改装的 300 SEL

1997 年,AMG 开发出一台堪称"猛兽"的 5.5L V8 发动机,最大输出功率 367 马力,最大扭矩 510N·m。也正是因为这款发动机的广泛应用,奔驰高性能车在这一时期形成了 AMG 55 系列车型,SL55 AMG、CLK55 AMG、E55 AMG、CL55 AMG 以及 S55 AMG 均是这个大家族中的一员。

此后奔驰与 AMG 公司的合作进一步加深,并于 2006 年成立了 AMG 性能工作室,这个工作室的职责就是在现有 AMG 车型基础上研发出性能更为强大的车型。在这个工作室中,奔驰 AMG 车型被分为了三个系列,即"签名"系列(Signature Seires)、"黑色"系列(Black Series)和"特别版"(Editions)系列。"签名"系列是 AMG 中性能最强大、最高端的产品,采用一人一机的原则,发动机上标有工程师签名,它的定位主要是面向赛道,量产车型凤毛麟角。而"黑色"系列则处于中间档,许多对性能有着极高要求的客户对"黑色"系列钟爱有加。"特别版"则是相对最基础的车型,比较适合日常驾驶,因此也是 AMG 家族中销量最高的系列车型。

图 4.63 为 AMG 的 M133 2.0T 发动机,最大 381 马力,最大扭矩 475N·m,这一参数甚至超过了很多 3.0L 发动机。

2017 年 9 月,AMG 发布了一款媲美 F1 赛车的车型——AMG Project One(图 4.64),搭载 1.6T V6 涡轮增压发动机以及 4 台电机组成混动力系统,最大马力超过 1000 匹,最高转速 13500r/min。4 台电动机中,一台 108 马力电动机负责推动涡轮增压器运转,将废气中的热能变成电能,同时作为电机消除涡轮迟滞。后部的另一台电动机连接发动机曲轴,也就是 F1 赛车中所说的动能电机(MGU-K),其最大功率达 163 马力。另两台电动机被设置在前轴上,并可帮助车辆实现纯电动行驶。

图 4.63　AMG M133 2.0T 发动机

图 4.64 AMG Project One

AMG 标志如图 4.65 所示,最上面英文表示 AMG 所在地阿法德巴赫,左边的树表示阿法德巴赫的特产苹果树,右边的气门和凸轮轴表示车辆的超高性能,两侧的是月桂枝表示胜利。中间框内是 AMG 工程师签名。

4. 乌尼莫克

作为越野品牌的乌尼莫克 20 世纪 50 年代被戴姆勒—奔驰公司全面接管。

随着时代与汽车技术的发展,乌尼莫克车型系列广泛应用于商用与军用领域。而在被奔驰收购多年后,乌尼莫克也已经成为奔驰旗下的一个车系,而并非独立的品牌,其所有车型均悬挂奔驰的三叉星徽标识。图 4.66 为越野能力极强的乌尼莫克 U4000。

图 4.65 AMG 标志

图 4.66 乌尼莫克 U4000

5. Smart

精灵(Smart)汽车有限公司作为戴姆勒—奔驰的全资子公司成立于 1994 年,管理中心设在德国斯图加特市,生产工厂则在相距不远的法国海姆巴赫市。

车标(图 4.67)Smart 中的 S 代表了斯沃奇(Swatch),M 代表了戴姆勒集团(Mercedes-Benz),而 art 则是艺术的意思,合起来可以理解为,这部车代表了"斯沃奇和戴姆勒合作的艺术",而 Smart 车名本身在英文中也有聪明伶俐的意思,这也契合了 Smart 公司的设计理念。

图 4.67 Smart 车标

4.3.2 宝马汽车公司

目前宝马集团旗下拥有 BMW、MINI 和 Rolls-Royce(劳斯莱斯)三个品牌。

1. 宝马

宝马(BMW)公司是以生产豪华汽车、摩托车和高性能发动机闻名于世的汽车公司。总部设在德国慕尼黑。宝马公司起源于两个飞机公司：慕尼黑卡尔·拉普发动机制造有限公司(Karl Rapp Motorenwerke Munichen GmbH)和古斯塔夫·奥托飞机发动机制造厂(Gustav Otto Flugmotorenfabrik)。1917 年 7 月 21 日,拉普发动机公司更名为巴伐利亚发动机制造有限公司(Bayerische Motoren Werke GmbH,BMW),宝马是 BMW 的中文音译。

宝马汽车公司是以生产航空发动机开始创业的,现在看到的宝马轿车上那个蓝白相间的圆形车标(图 4.68)就是源于那个年代。当时这种标志装在发动机上,表示蓝天白云中旋转着的螺旋桨。

图 4.68 宝马车标

宝马在 1936 年推出 326 型车,它的对象是中上阶层的家庭,用来吸引奔驰车顾客,同时它也代表着宝马正在朝高端市场迈进。这是 20 世纪 30 年代最成功的宝马车,326 装有液压刹车、扭力杆后悬挂系统、新设计的独立前悬挂系统以及用来替代以前宝马轿车底盘的坚固车身,它有敞篷和硬顶两种车型,最高车速可达 112km/h。1936 年宝马推出的 328 型跑车(图 4.69)对跑车界的影响巨大,可以选装比赛专用变速箱和快拆式车轮,328 型车的最高车速接近 150km/h,轻型的管状底盘使悬挂系统相对更软,但是操作极为舒适。

图 4.69 1936 年宝马 328 型跑车

1945 年,第二次世界大战结束,德国无条件投降,分裂成东西德两国,埃森纳赫成为东德的一部分,而慕尼黑工厂的所有设施都被盟军摧毁,第二度经历过战争的 BMW,经过 7 年之久方能再次投入生产。20 世纪 70 年代早期,宝马开始在慕尼黑建造办公大楼(图 4.70),这代表着它重新回到了德国汽车工业的主导地位。这座大楼充分利用高技术的建设方法建成了四气缸的外形,1972 年当宝马正在开发战后第三代汽车时,大楼完工了。

在 2001 年和 2003 年,公司又分别收购了来自英国的 MINI 和 Rolls-Royce 品牌,并通过引入先进技术等措施,让这两个品牌焕发了新生。

2. MINI

Mini 是由英国汽车公司推出后被宝马公司持有的一款汽车品牌,是一款风靡全球、个

图 4.70　宝马大楼

性十足的小型两厢车,1959 年 8 月 26 日由英国汽车公司(BMC)推出,在半个多世纪的历史里,Mini 获得了巨大的成功。2000 年旧款 Mini 停止生产,Mini 品牌的新持有者宝马(BMW)宣布推出 Mini 的继承车款,并将新车的品牌定为 MINI(全为大写英文字母)。

1952 年,莫利斯汽车(MG)公司和奥斯丁(Austin)汽车公司合并组成了英国汽车公司(British Motor Corporation,BMC)。由于 1956 年爆发的苏伊士运河危机使英国的汽油供应紧张,BMC 公司决定生产一种比较经济省油的小型汽车。1957 年 3 月,当时的 BMC 公司安排亚历克·伊兹高尼(Alec Issigonis)(图 4.71)停止手头所有的工程,开始新车的设计。亚历克的设计出发点非常明确:用尺寸最小的汽车轻松搭载 4 个成人和一些行李物品。经过近两年的酝酿,1959 年的 8 月 26 日,世界上第一辆迷你(Mini)从 BMC 的生产线上开下来了。该车一是巧妙地将变速箱与横置发动机的相对位置安排妥当,并采用前轮驱动,这样一来合理地利用空间,减少车体尺寸;二是采用小尺寸的 10in 车轮以及带橡胶材料的四轮独立悬挂系统,减少了部件的体积。

图 4.71　亚历克·伊兹高尼和 1959 年第一代的迷你车

1961 年赛车工程师约翰·库珀(John Cooper)将赛车血统注入汽车性能内,使实用别致的小车摇身变成赛车场上的传奇,自此成为英国车坛之宝。Mini Cooper S 赛车(图 4.72)1964—1967 年连续四年获得蒙特卡罗拉力赛的冠军。当时的英国,拥有财富的年轻人崇尚极度的个人自由,极其自信,Mini 的出现让不同阶层的人们找到了一种表达自我的方式。

图 4.72 1964 年 Mini Cooper S 赛车

1994 年,宝马为 Mini 投入近 3.6 亿欧元,重建了设在英国牛津的 Mini 车厂。2001 年,经过宝马重新设计的全新 Mini 问世了。目前,MINI 车型系列有以下几种:MINI、MINI CLUBMAN、MINI COUNTRYMAN、MINI CABRIO 等。MINI 是家族中最经典的 3 门掀背小车,所以又称为 MINI Hatchback,它是所有 MINI 车型的设计和精神起点。MINI Clubman 有另类而独特车门设计,更加宽敞的内部空间,可以让车主按自己的生活方式随意发挥。MINI Cabrio 是坚持"Always Open"精神的敞篷车。MINI Countryman 是 MINI 家族中第一辆车长超过 4m,双侧共 4 门,具有 4 个独立座椅、搭载四轮驱动的成员。

根据发动机不同,MINI 每个车型有 3 款发动机,分别是 ONE、COOPER 和 COOPER S 系列。One 系列是首次进入中国大陆市场的入门级别。Cooper 名字来源于 MINI 赛车之父 John Cooper 的姓氏。Cooper S 在 Cooper 后面加上 Special/Sports,代表高性能版。

MINI 系列的命名规律是在 MINI 之后跟着发动机级别,然后是车型系列名称,例如 MINI One、MINI Cooper、MINI Cooper S;MINI One Clubman、MINI One Cabrio、MINI Cooper S COUNTRYMAN(图 4.73)等。

图 4.73 2017 款 MINI Cooper S COUNTRYMAN

MINI使用过很多不同图案的车标,现在的车标(图4.74)是由1990年车标演变而来,是一个插上翅膀的车轮。

3. 劳斯莱斯

劳斯莱斯(Rolls-Royce)(又译为罗尔斯·罗伊斯)汽车公司是由查尔斯·罗尔斯(Charles Rolls)和弗里德瑞克·罗伊斯(Frederick Royce)合作(图4.75),在1904年创建的。劳斯莱斯汽车公司以贵族化汽车公司名号享誉全球。该公司的创始人罗尔斯和罗伊斯两人的出身、爱好、性格完全不同,但对汽车事业的执着和向往,使他们成为一对出色的搭档。两位创始人"创造世界上最好的汽车"的追求一直是劳斯莱斯最高的经营宗旨。劳斯莱斯汽车制作精细,材质优良,年产量只有几千辆。但从另一角度看,物以稀为贵。劳斯莱斯轿车之所以成为显示地位和身份的象征,是因为该公司要审查轿车购买者的身份及背景条件。曾经有过这样的规定:只有贵族身份才能成为其车主。英国伊丽莎白女王1952年登基后,逐步用劳斯莱斯取代了戴姆勒—奔驰轿车。1955年劳斯莱斯被授权皇室专用徽章。

图4.74 MINI车标

图4.75 罗尔斯(左)和罗伊斯(右)

最初的劳斯莱斯与其竞争对手相比具有两大特点:制造工艺简单、行驶时噪声极低,这两大优势很快就成为劳斯莱斯的经典。劳斯莱斯最与众不同之处,就在于它大量使用了手工劳动,在人工费相当高昂的英国,这必然会导致生产成本的居高不下,这也是劳斯莱斯价格惊人的原因之一。直到今天,劳斯莱斯的发动机还完全用手工制造。

现在,劳斯莱斯汽车的年产量只有几千辆,品牌的成功得益于它一直秉承了英国传统的造车艺术:精练、恒久、巨细无遗。因此令人难以置信的是,自1906年到现在,超过60%的劳斯莱斯车仍然性能良好。

大众汽车公司于1998年购买了劳斯莱斯轿车有限公司。而在收购劳斯莱斯中败下阵来的宝马汽车公司在当年7月28日掏出4000万英镑购买了劳斯莱斯的商标和标志,并与大众汽车公司签署了一项协议:从1998年起,大众拥有5年劳斯莱斯的商标使用权,期限到2002年底;从2003年起,劳斯莱斯自动归宝马所有。劳斯莱斯"幻影"(Rolls-Royce Phantom)(图4.76)是劳斯莱斯被宝马收购后推出的第一个产品,通过铝的使用,庞大的车身还不到2.5t重,再加上6.7L V12发动机与六速自动变速箱,"幻影"0~100km/h的加速时间不到6s,出于对安全的考虑最高车速被限制在240km/h。

劳斯莱斯的平面车标(图4.77)以两个重叠的"R"为中心,上面写有公司创始人罗尔斯(Rolls)的名字,下方是另一位创始人罗伊斯(Royce)的名字。两个"R"叠合在一起,说明两人紧密合作,相互支持。当两位创始人先后去世后,公司的继承人将"RR"商标由红色改为黑色,以示纪念。现在,人们已经习惯于将"RR"标志看作皇室贵族以及成功人士的象征。

4 著名汽车公司发展历程与品牌　149

图 4.76　劳斯莱斯"幻影"

劳斯莱斯标志除了"RR"之外,还有著名的飞翔女神(The Spirit of Ecstasy)立体车标如图 4.77(b)所示。这个标志的创意取自巴黎卢浮宫艺术品走廊的一尊有两千年历史的胜利女神雕像,她庄重高贵的身姿是艺术家们产生激情的源泉。

(a) 平面车标　　　　　　　(b) 立体车标

图 4.77　劳斯莱斯车标

4.3.3　大众汽车公司

大众(Volkswagen)汽车公司是一个在全世界许多国家都有生产厂的跨国汽车集团。公司总部设在德国沃尔夫斯堡(Wolfsburg)。2016 年,尽管深陷排放门事件,但凭借中国市场的强势表现,大众销量仍然超过了丰田,丰田此前的"四连冠"也被大众终结。

目前,大众集团旗下共有 12 大品牌(图 4.78),包括大众汽车(Volkswagon)、奥迪(Audi)、斯柯达(Skoda)、西雅特(Seat)、保时捷(Porsche)、宾利(Bentley)、兰博基尼(Lamborghini)、布加迪(Bugatti)、杜卡迪(Ducati)、斯堪尼亚(SCANIA)、曼卡和大众商用车。这些品牌几乎涵盖了所有车型,而且每个品牌在其市场中都占据相当重要的位置。

1. 大众

大众汽车公司最早的产品是"甲壳虫"(Beetle)汽车,是世界著名的汽车设计大师费迪南德·波尔舍(Ferdinand Porsche)和独裁者希特勒(Hitler)两个人梦想和努力的产物(图 4.79)。希特勒从来没有开过车,却是一个车迷,他有一种想法,要使德国的大众,包括工人都能开上汽车,造一种大众化汽车,价格在 1000 马克以下,比当时最廉价的车还便宜一半。波尔舍也早就有制造大众用便宜轿车的想法,但他缺乏资金。开始希特勒只给波尔舍一点象征性的微不足道的资助。1937 年 5 月德国大众汽车制造公司准备成立,希特勒拨款 48 万马克开始全力支持波尔舍的计划。大众汽车公司于 1938 年 10 月正式注册。

图 4.78 大众旗下品牌

图 4.79 希特勒和波尔舍

第二次世界大战后,大众公司划归西德政府,汽车生产逐步恢复。由于"甲壳虫"车价格低廉,很快风靡德国和欧洲,1955 年"甲壳虫"汽车出口到 100 多个国家。1960 年,大众汽车公司改组为大众汽车有限公司,国家和地方政府各占 20% 股,其余股份属私人投资者。在 20 世纪六七十年代,大众汽车公司还生产其他型号的汽车,但"甲壳虫"一直是主要的型号,到 1981 年"甲壳虫"汽车停产时,已经累计生产 2000 万辆,打破了福特 T 型车的世界纪录。继"甲壳虫"汽车后,大众公司在 1980 年实现四轮连续驱动小客车大批量生产,推出了 20 世纪 80 年代世界最畅销的高尔夫汽车,从而成为欧洲最大的汽车商。现在大众公司又推出了新型"甲壳虫"车。1991 年收购西亚特和斯柯达,1998 年收购布加迪、兰博基尼和宾利,以及 2012 年 8 月 1 日完成对保时捷(Porsche)的完全收购后,大众汽车公司形成了与多品牌相适应的结构。

大众公司的车标(图 4.80)是由两个德文单词 Volks、Wagen(大众车)字首字母"V"和"W"组合而成,图案简洁、大方、明了。图形商

图 4.80 大众车标

标又酷似三个象征"胜利"的英文字母 V,表示大众公司及其产品"必胜-必胜-必胜"。

2. 奥迪

奥迪是德国大众汽车集团子公司奥迪汽车公司旗下的豪华汽车品牌。作为高技术水平、质量标准、创新能力以及经典车型款式的代表,奥迪是世界最成功的汽车品牌之一。公司总部设在德国的英戈尔施塔特(Ingolstadt),并在中国等许多国家设有分公司。主要产品有 A2、A3、A4、A6、A8 系列,以及 S,RS 系列和 TT 系列。

奥迪汽车公司的创始人奥古斯特·霍希(August Horch)(图 4.81)大学毕业后长期从事机械制造业。1899 年霍希在科隆(Cologne)附近与别人合股建立了霍希公司,正当公司日益壮大之时,由于与汽车公司管理层意见相左,霍希于 1909 年离开自己亲手创办的公司。不久,霍希又在同一城市新建了另外一家霍希汽车公司,但遭到了原霍希汽车公司的投诉,被法院裁定必须更名。这时霍希想出了一个解决问题的巧妙办法。原来他的名字 Horch 在德语中是"听"的意思,译成拉丁文就是 Audi(奥迪),于是,在 1910 年 4 月 25 日他把新公司命名为奥迪汽车公司。

1932 年 6 月 29 日,奥迪与另外三大汽车品牌,即 DKW、Horch(霍希)和 Wanderer(漫游者)联合成立了汽车联盟公司(Auto Union AG)。1966 年,汽车联盟公司成为大众汽车公司的全资子公司。1969 年 3 月 10 日,汽车联盟与纳苏(NSU)汽车公司合并,定名为奥迪-NSU 汽车联盟有限公司。从 1985 年 1 月 1 日起,奥迪 NSU 汽车联盟公司更名为奥迪公司。

奥迪车标(图 4.82)采用 4 个连环的标志,表示四家公司(DKW、奥迪、霍希和漫游者)在 20 世纪 30 年代组成联合汽车公司,四环相连的图案代表 4 个创始公司精诚合作,密不可分。

图 4.81 奥古斯特·霍希

图 4.82 奥迪车标

从 1964 年起,戴姆勒—奔驰公司将新汽车联盟(奥迪的前身)的所有权分几个阶段出售给了大众汽车股份公司。大众汽车股份公司为此交易共花了 2.97 亿马克。截至 1966 年,大众公司拥有了新汽车联盟的全部股份。

大众的收购在帮助汽车联盟免遭破产的同时也宣告了曾经流行一时的二冲程发动机走到了尽头。汽车联盟刚刚被收购便不得不面临缺乏核心技术的窘境,而大约 3 万辆未出售的DKW汽车更成了卖不出去的"垃圾"。就在汽车联盟一筹莫展时,大众给了他们强有力的支撑,1965—1969年这4年间,汽车联盟英戈尔斯塔特工厂组装了超过348000辆大众"甲壳虫"汽车,并依靠这几年的积累,彻底从破产的阴影中走了出来。

真正让奥迪摆脱危机、重塑品牌形象的则是1968年奥迪独立研发生产的奥迪100(图4.83),这款定位于高级豪华级别的轿车一经推出便引起了强烈的反响,原本计划生产10万辆的奥迪100,在实际市场需求下总共生产了80多万辆。如果说生产"甲壳虫"是让奥迪起死回生、得以喘息的话,那么奥迪100的出现,则是真正吹响了奥迪品牌复兴的号角。

图4.83 奥迪100

图4.84为新一代奥迪A8,是全球首款L3级别自动驾驶的车辆。L3级就意味着自动驾驶系统可以在一定情况下监控驾驶环境,驾驶者无须时刻监控驾驶环境(具体自动驾驶的分级体系参考第8章)。除此之外,新一代奥迪A8还搭载了奥迪激光大灯技术,当车速超过70km/h时,激光大灯系统会把光束照明范围加倍,提高行车安全性。

图4.84 新一代奥迪A8

3. 保时捷

保时捷(Porsche)汽车公司于1931年创立,创始人是费迪南德·波尔舍(Ferdinand Porsche),他也是大众汽车公司的创始人和"甲壳虫"车的设计者。保时捷汽车公司是一家比较特殊的汽车公司,它既从事保时捷牌超级跑车、赛车的设计和生产,也承接其他公司委托的技术研究和设计开发工作。公司总部位于德国斯图加特。

费迪南德·波尔舍以及他的儿子费利·波尔舍(Ferry Porsche)(图4.85)、孙子亚历山大·波尔舍(Alexander Porsche)(图4.86)都是举世闻名的汽车设计大师,他们三代人推出的跑车产品风靡全世界。保时捷356、保时捷804、保时捷904和保时捷911都是名噪一时的运动车。特别是波尔舍的孙子亚历山大·波尔舍设计的保时捷911跑车,造型小巧别致,加速极快,噪声小,功率大,车速高,是20世纪60年代最成功的跑车设计。后来,在该车的基础上衍生出多种车型,而每一车型的出现都引起轰动。保时捷911首次亮相是在1963年的法兰克福车展上，值得一提的是，保时捷在车展时用的车名是 Porsche 901，但当时标致提出了抗议，因为标致汽车已经注册了所有中间带 0 的三位数字作为自己车型的代号（例如 205、307 等）。作为当时一家只有 1000 人的小型企业，保时捷新车的名称只得由 901 改为 911。从第一代 911 起，"蛙眼大灯"、后置的水平对置 6 缸发动机以及空气冷却系统奠定了 911 车系的几个重要元素。

图 4.85　费利·波尔舍和他设计的保时捷 356

图 4.86　亚历山大·波尔舍和他设计的保时捷 911（第一代）

保时捷 959 赢得过巴黎—达喀尔拉力赛冠军，保时捷 961 在高水平的汽车拉力赛中连连夺冠。1975 年，保时捷 917/30 赛车在 12 缸 5.374L 发动机驱动下，创造 413.6km/h 的世界纪录。在 1983 年的法国勒芒汽车 24 小时耐力赛中，除第 9 名外，1～10 名全被保时捷汽车包揽。从此，保时捷汽车被誉为"跑车之王"。

目前保时捷的旗舰车型是保时捷 918（图 4.87），其动力来源于一套插电式混合动力单元。4.6L V8 高转速发动机仍然为这台车的主要动力来源，可以输出最高达 608 马力的最大功率，峰值扭矩为 528N·m；而两台分别位于前后轴的直流电机可为 918 S 提供额外的

图 4.87　保时捷 918

动力支持,两个电动机加起来的总功率达到279马力,在汽油机与电动机同时工作时,保时捷918 S能够获得最高887马力的最大功率和惊人的1275N·m的峰值扭矩。传动方面则选择了一款加强版的7速PDK双离合变速箱。厂家宣传该车百公里油耗仅为3L。

欧盟委员会2008年07月23日正式做出决定,批准德国大众汽车集团收购德国保时捷汽车控股股份公司。2012年8月1日,大众汽车集团完成对保时捷的收购,保时捷正式成为大众集团旗下成员。

保时捷车标(图4.88)是以公司所在地斯图加特所在的巴登佛登堡州(Baden-Wurttemberg)州徽和德国黑、红、黄三色旗作底,最上方是"PORSCHE"上字样;中间是一匹黑色的骏马,表明斯图加特以产马而闻名;马的上方是"STUTTGART"的字样,表明公司所在地;背景左上和右下的鹿角表明这里以前是狩猎场;黄色底色代表成熟了的麦子,黑色条纹代表肥沃的土地,红色条纹象征着人们的智慧。整个车标展现了保时捷公司过去的辉煌,并喻示着美好的未来。

4. 斯柯达

斯柯达(Skoda)汽车公司的前身是生产自行车的Laurin & Klement(L&K)公司,创建于1894年,创始人是机械师瓦克拉夫·劳林(Vaclav Laurin)和商人瓦克拉夫·克里门特(Vaclav Klement)(图4.89)。1899年,L&K公司开始生产摩托车,成为世界上生产机动车最早的工厂之一。

图4.88 保时捷车标

图4.89 劳林和克里门特

1905年,公司转向生产汽车,第一辆汽车Voiturette在1906年的布拉格车展中亮相(图4.90)。第一次世界大战爆发后,汽车生产受到阻碍,公司实力也被削弱。1925年,为了恢复往日的声誉,他们找到了当时国内最大的工业集团,从事农业机械、飞机发动机及卡车生产的斯柯达—佩尔森(Skoda Pilsen)集团,从此开始生产以斯柯达为品牌的汽车。这是斯柯达汽车的开端,也是L&K的结束,劳林和克里门特虽然丧失了对公司的控制权,但他们英明的决策却令工厂在战后再度崛起。1946年斯柯达公司收归国有,更名为AZNP SKODA公司,成为一家国有企业。1991年4月16日,斯柯达公司成为德国大众集团公司的一个子公司。1991—2000年,经过多次股权变更,斯柯达成为大众的全资子公司。

斯柯达汽车以高性价比、坚实耐用、高安全性、优良的操控性及舒适性兼备而成功地打入欧洲、亚洲、中东、南美洲、非洲等地区,备受广大消费者的青睐。除了在本国高居50%以

图 4.90　L&K 生产的第一辆汽车

上的市场份额外,在英国及波兰市场都有不错的表现。

斯柯达公司旗下拥有欧雅(Octavia)、法比亚(Fabia)、速派(Superb)、弗雷西亚(Felicia)等轿车品牌。

斯柯达车标是随着汽车公司发展而演变的(图 4.91)。1905 年,采用 L&K 公司的商标作为车标。1925 年 L&K 公司与斯柯达公司合并后采用斯柯达公司的商标作为车标。1946 年,斯柯达公司国有化之后采用鸟翼飞箭车标。1991 年斯柯达与大众公司合并后,采用新设计的鸟翼飞箭车标。新标志保留了原车标中带翅膀的飞箭。这一飞箭象征着该公司无限的创造性,表达了要实现最高目标的强烈愿望,体现出对工作的认真负责和一丝不苟。新标识外围的圆环加宽了,上部增加了"SKODA",下面增加了"AUTO"。标志的底色为绿色,象征着希望,体现出重视保护环境的强烈意识,也象征着企业的无限生命力,喻示这家百年老厂将焕发青春。

1905年　　　1925年　　　1946年　　　1991年

图 4.91　斯柯达车标的演变

5. 兰博基尼

兰博基尼(Automobili Lamborghini)汽车公司成立于 1963 年,坐落于意大利圣亚加塔·波隆尼,由意大利人费鲁吉欧·兰博基尼创立,主要生产超级跑车,于 1998 年归入奥迪旗下,目前为大众集团家族中一员。兰博基尼最初是拖拉机制造商,费鲁吉欧利用第二次世界大战后被人遗弃的大量军用物资制造拖拉机,并成立了最初的兰博基尼公司,费鲁吉欧是受了恩佐·法拉利的"刺激"才走上这条超跑之路的。

兰博基尼的标志(图4.92)是一头充满力量、正向对方攻击的斗牛,这与兰博基尼大马力高速跑车的特性相吻合,据说这一标志也体现了创始人兰博基尼斗牛般不甘示弱的禀性。兰博基尼历代车型都能流露出创造性的外形设计,喜欢以牛名、人名、地名来命名旗下各系车型。

兰博基尼 Miura(图4.93)跑车开创了中置引擎双座跑车的先河,Miura是一个西班牙著名的养牛人的名字。

图4.92 兰博基尼标志

图4.93 兰博基尼 Miura

Countach(图4.94)这款车开启了兰博基尼延续至今的诸多设计元素:楔型车身,棱角分明的线条,迷人的剪刀门。Countach 一词来源于意大利的俚语 Coon-tash,意为"难以相信的奇迹"。

图4.94 兰博基尼 Countach

1990年,当时隶属于克莱斯勒集团的兰博基尼推出了全新车型:Diablo(鬼怪)(图4.95),这款车作为 Countach 的替代者出现,被认为是兰博基尼速度与力量的象征性作品。它采用一台5.7L V12铝制发动机,采用双顶置凸轮轴、多点燃油喷射以及电子控制式可变正时系

图4.95 兰博基尼 Diablo

统等当时的先进技术,最大功率500马力,最大扭矩580N·m,百公里加速仅需3.95s,最高时速335km/h,强悍的性能在当时的量产超跑中可谓一骑绝尘。

2001年,真正的大众全新设计的"大牛"问世,即Murciélago(图4.96),国内车迷称其为"蝙蝠"。其实它与蝙蝠毫无关系,是中世纪一头连战数场而不死的公牛的名字。Murciélago做出了几项重要的改变。第一是全面采用四驱,自此以后兰博基尼的大多数车型都采用中置四驱的结构,代替了之前传统的中置后驱。第二就是兰博基尼终于采用了自动变速器,准确来说是6速e-Gear序列式变速器,驾驶变得更容易。

图4.96 兰博基尼 Murciélago

2011年,全新的LP700 Aventador(图4.97)继任,Aventador之名同样来源于一头公牛,并且是西班牙斗牛界最勇猛的斗牛之一。

图4.97 兰博基尼 Aventador

6. 布加迪

布加迪成立于1909年,由意大利人埃多尔·布加迪创建,专门生产运动跑车和高级豪华轿车,是享誉世界的经典品牌,布加迪在战火中所遭受的创伤似乎要比其他品牌更大,由于第二次世界大战的侵袭,布加迪品牌曾在20世纪50年代短暂消失,于20世纪60年代开始逐渐复兴。

以生产超级跑车为生的布加迪在20世纪90年代由于经营不善遭遇危机,并于1995年不得不再次宣告破产。1998年,大众在与宝马就劳斯莱斯收购案激战正酣的同时,也没有忘记这个意大利的超跑品牌,大笔一挥便将布加迪全盘收购,这才使得布加迪起死回生,在超跑的道路上继续走下去。布加迪被大众收购后,由大众总裁皮耶西提出的第一个布加迪项目,立志于打造一款世界上气缸数最多、极速最快、最能体现人类造车科技水平的计划。

由1999年推出的布加迪EB18.4veyron概念车演变而来,布加迪EB16.4威航是自从EB110之后,第一款真正挂上布加迪椭圆形红色厂徽的量产车,也是布加迪第二度复活后的开山之作。

布加迪EB16.4威航(图4.98)在当时是一辆独一无二的超级跑车。动力规格为1001马力、极速407km/h、扭矩1250N·m,16缸4涡轮增压引擎及固定的四轮驱动。尽管具备如此高性能的技术数据,布加迪EB16.4威航却非常适合日常驾驶。它完美地结合了最简易、无忧的日常操作及令人振奋的超高性能驾驶乐趣。布加迪EB16.4威航汇聚了当时最顶级的汽车制造技术。布加迪威航是工程学伟大的艺术品,美国的国家地理节目曾经专门为其做过节目,称布加迪威航其科技一半是汽车,一半是飞机。

图4.98 布加迪EB16.4威航

布加迪威航继任车型Chiron(图4.99)量产版于2017年正式发布,搭载8.0T W16发动机,四涡轮顺序式,最大功率1500马力,峰值扭矩1600N·m,0~100km/h加速时间为2.5s,6.4s内即可加速至200km/h,极速被限定为420km/h。

图4.99 布加迪Chiron

7. 宾利

这个成立于1919年的豪华品牌在其一个世纪的发展历程中几经兴衰,虽然过程极其坎坷,但宾利品牌对于速度与豪华的追求却始终没有改变。如今它在大众集团旗下,作为大众的高端品牌独立运营。

早在20世纪30年代,宾利便被劳斯莱斯收购,并以劳斯莱斯品牌进行销售。进入20世纪90年代,曾经风光无限的英国汽车工业犹如被洪水冲击的房屋一样,毫无抵抗地迅速垮塌,主打高端豪华汽车的宾利与劳斯莱斯这两家英国老牌汽车品牌自然也不能幸免,这两个已经满眼赤字的"贵族"汽车品牌不得不放下他们高贵的身段,主动挂牌出售自己。

1998年年底,大众、宝马与宾利、劳斯莱斯终于通过谈判解决了问题,宝马将宾利品牌彻底拱手相让,只以6800万美元拿到劳斯莱斯的名字和标志使用权,并允许大众使用其名字至2002年年底。而大众方面则全盘买下宾利品牌,但是可以在英国克鲁郡生产劳斯莱斯Silver Seraph和宾利Arnage,这个有效期同样是2002年12月31日。

随着世界经济回暖,宾利汽车的销量也随之平稳回升,2010年增幅为26%,2011年增幅为37%。目前宾利汽车共拥有约4000名工人,虽然账面仍处于亏损阶段,但逐渐回暖的态势以及近两年宾利欧陆(图4.100)在全世界范围内的热销还是让许多人看到了希望。

图4.100 宾利欧陆

宾利轿车标志(图4.101)是以公司名的第一个字母"B"为主体,生出一对翅膀,似凌空翱翔的雄鹰,喻示着宾利汽车公司在全球范围内的无限发展。

图4.101 宾利车标

4.4 法国汽车公司

4.4.1 标致汽车公司

PSA标致雪铁龙旗下拥有标致(Peugeot)和雪铁龙(Citroën)两个品牌汽车。

1. 标志

1819年,标致(Peugeot)家族成立了Peugeot-Freres et Compagie公司,开始生产钟表、缝纫机等产品。1889年,标致兄弟把一台蒸汽机发动机放置在一辆双人座的三轮车(图4.102)上,向世人宣示其进军汽车制造的野心。1890年，标致兄弟成功开发出一辆搭载戴姆勒汽油发动机的四轮汽车，为法国的第一辆汽油车（图4.103）。1896年，标致兄弟正式成立标致汽车公司（Societe Des Automobiles Peugeot）。标致汽车公司的总部在法国巴黎。

图4.102　1889年的标致三轮蒸汽汽车

第一次世界大战前，标致的汽车产量已超过法国所有的汽车生产厂家，达到1.2万辆。第一次世界大战中，阿尔芒·标致（Armand Peugeot）（图4.104）及时调整经营战略，使标致公司在战争中发展起来，1939年，汽车年产量达4.8万辆。标致公司的第二次大发展时期是战后的20世纪五十六年代，汽车产量在20年间猛增十几倍，一跃成为法国第二大汽车公司。

图4.103　1890年生产的法国第一辆汽油车　　　图4.104　阿尔芒·标致

1976年，标致公司通过和米其林（Michelin）公司签订协议，换股取得了米其林公司所掌握的雪铁龙汽车公司股份，使标致汽车公司成为雪铁龙汽车公司的新主人。合并后的公司在1979年改称为标致股份公司（Peugeot Societe Anonyme，PSA），汽车总产量超过雷诺汽车公司而居法国第一。

概念车在标致的发展历程中一直扮演着重要的角色，从1936年的标致402Andreau、1976年的标致Griffe到后来的标致607Féline、标致Moonster、标致4002、标致407Elixir和标致407 Silhouette，这些不胜枚举的概念车充满了创新的设计构思，见证了标致的成长和进步。1998年3月，标致在日内瓦车展上展出概念车"20"（图4.105），其可折叠硬顶技术是标致最先推出的，早在1934年已用于标致401 Eclipse上。

图4.105　标志概念车"20"

标致汽车公司的车标是一只站立的雄狮（图4.106）。雄狮是标致家族的徽章，也是法国蒙贝利亚尔省的省徽。雄狮标志表示威武、敏捷，永远保持旺盛的生命力，既突出了力量，又强调了节奏感。

图4.106　标志车标演变历史

狮子的历史起始于1847年，标致两兄弟委托蒙特博利地方最好的铸铁匠为自己制造的工具设计一个标识，使之成为以钢锯为首的工具产品的品牌。他们要设计一个狮形，代表标致刀片的主要质量：锯齿的坚固像狮子牙齿，刀片的灵活性像狮子的脊柱，刀片的速度像狮子腾跃。在众多设计方案中，两兄弟选择了行于箭上的狮子侧影。1850年，狮形首次出现于标致牌锯条产品上。

1882年，狮子标识出现在自行车上，1901年用于摩托车。1890—1905年生产的第一批汽车上却没有使用，因阿尔芒·标致偏爱以"标致汽车"的字样作为标识。这之后的1905—1915年间，箭上的狮子侧影又继续出现于标致兄弟之子公司所生产的"狮子标致"汽车上。

1927年，新狮形出现了：铜制的狮子咄咄逼人，置于水箱盖上端，增添了标致汽车的独特个性。1936年，标识又有了新的改进：一只吼狮的头像置于发动机罩顶端。1950年出现了纹章图案，狮身直立于两条后腿，是现在所使用标识的前身。这款狮形纹章用于标致203车型。1960年，以三角形为底，上端带有旧式"标致"字样图案，被新车型403采用。这个标致一直使用到1968年，并且在战后第一次彻底脱离盾牌底衬。1971年，镀铬的剪影型镂空标识第一次出现,并用于标致的所有车型。1980年,现在看到的狮子标识被确定,并在1998年重新设计。独特的外形与多棱的线条,出现在全部的标致产品。2010年又使用了新的车标。从最初的"行于箭上的狮子"至今,标致两百年内已经更改过10次Logo,不过每次这只狮子侧影都被保留了下来,2010款的标致RCZ跑车是最先使用全新Logo的车型。

2. 雪铁龙

雪铁龙(Citroën)汽车公司创立于1915年,创始人是安德烈·雪铁龙(André Citroën)。主要产品是小客车和轻型载货车。雪铁龙公司总部设在法国巴黎。

雪铁龙公司创立之初,正是第一次世界大战最酣之时,因而其产品主要是炮弹和军事设备。直到一战后,公司才开始从事汽车制造活动。1919年5月,雪铁龙公司的A型车(图4.107)投产,拉开了雪铁龙汽车的生产序幕。虽然当时年产量只有2810辆,但雪铁龙A型车仍然开创了法国的多个第一:第一条欧洲引入的大批量、低成本、全装备的生产线;第一辆左舵驾驶车;第一款面向大众消费群的汽车,在当时创下每辆仅售7950法郎的纪录。1934年生产出法国第一辆前轮驱动汽车。由于采用流水线生产,因而雪铁龙公司成立仅仅6年,年产量即突破100万辆。

图4.107　1919年雪铁龙生产的A型车

造车带来的成功让雪铁龙公司成为当年少数几个工业巨头之一,这让它有底气把品牌字样用5万个灯泡点亮在埃菲尔铁塔上(图4.108)。当年闻名全球的驾机独自穿越大西洋的查尔斯·里本,更是凭借着这耀眼光芒的导航,平安登陆法国,一时被传为佳话。

1976年雪铁龙公司加入标致集团,成为法国标致-雪铁龙集团成员之一,但它仍然有很大的独立性,其经营活动仍然由自己掌握。

雪铁龙汽车公司前身为雪铁龙齿轮公司,所以车标以齿轮为背景,由人字形齿轮构成,象征着人们密切合作,同心协力。雪铁龙车标历史变化如图4.109所示。2009年2月初,雪铁龙在巴黎,正式发布其全新品牌标识。新的品牌标识仍以双人字标为基础,同时整体采用富有金属感的色泽,轮廓更立体圆润,极富时尚、现代气息。双人字造型是雪铁龙标识永恒的主题,以此纪念发明了人字形齿轮传动系统的雪铁龙创始人安德烈·雪铁龙。与新标识同期发布的还有雪铁龙全新的品牌口号——Créative Technologie。全新品牌标识和口号的发布,体现了雪铁龙这一拥有90年光辉历史的全球著名品牌迎来了新的发展阶段。而到了2016年,雪铁龙更换了全新品牌Logo,造型依旧是双人字形齿轮不变,但从此前立体金属质感变成了时下流行的扁平化设计。

图 4.108　1925 年埃菲尔铁塔上的雪铁龙广告

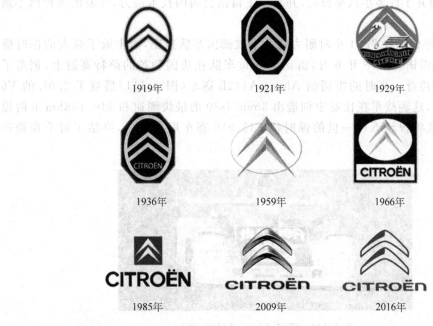

图 4.109　雪铁龙车标历史演变

4.4.2　雷诺汽车公司

雷诺(Renault)汽车公司是法国第二大汽车公司,创立于 1898 年,创始人是被誉为法国汽车工业之父的路易斯·雷诺(Louis Renault,1877—1944)(图 4.110)。雷诺是汽车"直接驱动"技术的先驱。公司总部设在法国比杨古(Billancourt)。雷诺 2016 年的全球销量呈上升态势,一举成为法国销量第一的车企。

雷诺公司第一次大发展是在第一次世界大战中,它为军队生产枪支弹药和飞机,并设计出轻型坦克车,使雷诺公司大发战争财。战后,公司转向农业机械和重型柴油汽车生产,其

图 4.110　雷诺驾驶他生产的汽车

柴油机技术处于世界领先地位。第二次世界大战期间,雷诺公司为德国法西斯效劳,为德军提供了大量坦克、飞机发动机和其他武器。战争结束后,雷诺公司被法国政府接管,路易斯·雷诺被逮捕。战后,在法国政府的支持下,雷诺公司进入了第三次大发展的时期。公司利用国家资本,兼并了许多小汽车公司,并发挥了雷诺公司的技术潜力,开发出多种汽车新产品。

20世纪70年代的勒芒24小时耐力赛几乎被德国车队独霸,而击败了强大的保时捷军团的车队正是雷诺。1978年6月,雷诺 Alpine 车队在法国勒芒的萨特赛道上,创造了令人难以置信的传奇。当时的雷诺的 Alpine A442B 赛车(图 4.111)搭载了 2.0L 的 V6 涡轮增压发动机,这辆战车在比赛中创造出 3min34s20 的最快圈速和 210.188km/h 的惊人平均时速,彻底将曾经不可一世的保时捷 935、936 赛车甩在身后,终结了对手在勒芒的连胜战绩。

图 4.111　雷诺 Alpine A442B 赛车

在 F1 一级方程式大奖赛这一汽车世界的神坛上,雷诺的实力和战绩同样令世人刮目相看。雷诺早在 1906 年就赢得过早期 GP 大奖赛的冠军,而它真正在方程式赛场闪耀光芒则始于 1977 年 7 月 14 日的英国银石赛道。在那场万众瞩目的 F1 大赛中,一辆全新的黑金色方程式赛车悬挂着雷诺的菱形徽标加入了竞赛者的行列,也为法国国庆日献上添彩的一笔。

雷诺汽车公司汽车产品十分齐全,除小客车和载货车外,各种改装车、特种车应有尽有。1987 年生产 4、5、9、11 型 4 门轿车,装汽油或柴油发动机。此外还生产 21 型和 25 型轿车,后者为豪华轿车,装 2L、4 缸或 2.7L、V6 发动机。

1999年3月27日,雷诺公司与日产公司签署了协议,雷诺以54亿美元的投资取得日产公司36.8%和日产柴油车公司22.5%的股份,并得到5年后持有日产44.4%股份的保证。1999年9月,雷诺公司接手罗马尼亚的达西亚(Dacia)公司,投资2.2亿美元振兴和开发这一东欧品牌。

雷诺公司旗下拥有的汽车品牌有雷诺(Renault)、达西亚(Dacia)。

雷诺车标的演变如图4.112所示。1925年的菱形雷诺车标中间有横条和"RENAULT"的菱形雷诺车标字样;1972年简化为四条线围成的菱形;现在的车标是一个由矩形组成的四维空间菱形。雷诺车标表示雷诺兄弟共同组成了一个大集体,喻示雷诺车能在无限的四维空间中竞争、生存和发展;又表示雷诺汽车的刚劲有力,加工精确,且与众不同。

图 4.112　雷诺车标演变

4.5　日本汽车公司

4.5.1　丰田汽车公司

丰田(Toyota)汽车公司是日本第一大汽车公司,创立于1933年,现在已发展成为以汽车生产为主,业务涉及机械、电子、金融等行业的庞大工业集团。总部设在日本东京。目前丰田汽车公司旗下拥有的汽车品牌有丰田、雷克萨斯、Scion、大发等。

1. 丰田

丰田公司早期以制造纺织机械为主,创始人丰田喜一郎(Toyoda)1933年在纺织机械制作所设立汽车部,从而开始了丰田汽车公司制造汽车的历史。1935年,丰田A1型汽车试制成功(图4.113)。A1是一款大型轿车,外壳呈流线型,很美观,模仿当时的克莱斯勒airflow

车型,配备 6 缸 3.4L 发动机,输出功率为 62 马力(46kW)。1937 年 8 月正式成立汽车工业公司。但在整个 20 世纪 30 年代和 40 年代公司发展缓慢,只是到了第二次世界大战之后,丰田汽车公司才加快了发展步伐。它们通过引进欧美技术,在美国汽车技术专家和管理专家的指导下,很快掌握了先进的汽车生产和管理技术,并根据日本民族的特点,创造了著名的"丰田生产方式"管理模式,并不断加以完善提高,大大提高了工厂生产效率。"丰田生产方式"的基本思想可以用一句话来概括,即:Just In Time(JIT),意指"只在需要的时候,按需要的量,生产所需的产品"。生产过程追求零库存,快速应对市场的变化,并将企业内外环境的和谐统一。汽车产品在 20 世纪 60 年代末即大量涌入北美市场。进入 80 年代,丰田汽车公司开始了其全面走向世界的国际战略,产销量直线上升。

20 世纪 90 年代,丰田开始不断推出新车,包括了一个全尺寸的皮卡丰田 T100 以及随后的坦途。而轿车方面,第三代/第四代凯美瑞、第七代/第八代花冠相继推出,同时还推出了一个全新的城市 SUV——RAV4,可以说 RAV4 的推出创造了城市 SUV 的全新理念。在 1997 年,丰田开始生产目前市场上最畅销的混动车型——丰田普锐斯。

到 90 年代初,丰田公司击败福特汽车公司,汽车产量名列世界第二。2015 年,丰田集团以全球销售 1015 万辆的成绩连续第四年夺冠,超过大众汽车集团和通用汽车集团。

丰田车标(图 4.114)是三个椭圆形组成的左右对称的结构,1990 年初开始使用。椭圆是具有两个中心的曲线,表示汽车制造商与顾客心心相印。大椭圆代表地球,横竖两椭圆组合在一起,表示丰田(Toyota)的第一个字母 T。背后的空间表示丰田的先进技术在世界范围内拓展延伸,面向未来、面向宇宙不断飞翔。

图 4.113　丰田最早的 A1 汽车

图 4.114　丰田车标

2. 雷克萨斯

1989 年是丰田品牌诞生的第 52 年,在此之前可以说丰田汽车一直走的是中低端的路线,并且在中低端市场上也取得了非常不错的成绩。而为了在豪华市场上有所作为,丰田在美国推出了豪华品牌——雷克萨斯(曾用名:凌志),并于 1989 年的底特律车展展出雷克萨斯的第一辆车——雷克萨斯 V8(LS400,图 4.115),其设计灵感来自奔驰,它稳重、豪华、精细、高档,售价却比同级的奔驰便宜近 30%,美国人很快就喜欢上了雷克萨斯。雷克萨斯当初在美国市场的辉煌和如今在全世界的成功法宝有二:一是过硬的产品实力,曾连续六年获得 J. D. Power 汽车可靠性(VDS)调查报告的第一;二是其极力打造的高品质售后服务。正如雷克萨斯创建之初的宣传语一般,"让每一位进入展厅的顾客都能享受到家庭般的招待"是雷克萨斯多年来始终坚持的经营理念。如今很多品牌售后所采用的营销策略都是师从雷克萨斯。它首次开创了"免费保养"的先河,高规格的售后服务理念与领先性的产品实力令雷克萨斯不仅在北美市场,同时在全世界范围内大获成功。历经约10年的发展后,2000年雷克萨斯车总产量为26万辆,仅在美国就销售了21.1万辆,这个成绩也使得雷克萨斯在美国高档车销售排名第一,超越了奔驰和宝马。

图4.115　1989年款LS 400

雷克萨斯LFA(图4.116)是其历史上的代表作之一。LFA作为雷克萨斯F系列高性能跑车中的巅峰之作,代表了雷克萨斯突破传统、不断挑战新极限的无限激情和不懈探索精神,再度印证了雷克萨斯"矢志不渝,追求完美"的品牌理念。雷克萨斯LFA跑车由雷克萨斯顶尖的设计及工程团队历经10年时间研发而成。以65%的碳纤维增强塑料和35%的铝合金材料构成的LFA车身结构,比同样的铝制车身轻100多千克,而且更加坚固,更在最大限度上降低了LFA生产过程中对环境的影响。LFA装备全新4.8L高转速V型10缸发动机。这款中前置V10发动机体积等同于传统的V8发动机,重量不超过常规的V6发动机,升功率输出高达85.7kW。LFA发动机的低摩擦程序设计非常成功,发动机可以在0.6s的时间内由怠速达到极限转速值,以至于必须匹配智能化的光电式转速表,因为传统的指针式转速表跟不上LFA发动机转速的快速变化。LFA发动机是这些年来唯一两个气缸组72°夹角的V10发动机(与之比较接近的是用在保时捷Carrera GT上的V10,68°夹角)。LFA的V10发动机排气声浪很有特点,原因是72°夹角特有的声线以及雅马哈音乐部门的专门调校,因此很多车迷将LFA声浪称为"天使的咆哮"。

图4.116　雷克萨斯LFA

雷克萨斯车标如图4.117所示,采用车名"Lexus"字母"L"的大写,"L"的外面为用一个椭圆包围的图案。椭圆代表着地球,表示雷克萨斯轿车遍布全世界。

3. Scion(赛恩)

到了2002年,丰田推出了旗下的另一个子品牌——Scion(图4.118),Scion是以美国年轻人为消费群体的汽车品牌。在该品牌成立之前,丰田一向被认为其是把年龄较高的消费者作为主要的消费对象。而要如何争取年青一代的客源成为当时的难题。故丰田在商品开发构想及广告宣传上采用了崭新手法,试图改变大众对丰田的一贯印象。

图4.117　雷克萨斯车标　　　　　　　图4.118　Scion车标

4.5.2　日产汽车公司

1933年12月,日本产业公司、户田铸物公司注册成立汽车制造股份公司,鲇川义介(Aikawa Yoshisuke)(图4.119)成为公司首任社长。1934年5月,汽车制造股份公司更名为日产(Nissan,又译为尼桑)汽车公司,同时,日本产业公司接收了户田铸物持有的日产汽车公司的全部股份。

图4.119　鲇川义介和1935年生产达特桑的车间

目前日产汽车公司旗下拥有日产(Nissan)和英菲尼迪(Infiniti)两个品牌。

1. 日产

日产汽车最早生产的汽车其实就是原户田铸物汽车部大阪工厂生产的产品,是一款名为达特桑(Datsun)的小型货车,此后,日产汽车又利用自身的研发力量开发了同名为达特桑的轿车。1934年,日产汽车开始横滨新工厂的建设,并在日本汽车企业中率先实现流水线生产。1937年,由于Nissan自身的低油耗、价格低,适合日本当时的路况等优势,使Nissan成为日本当时微型车的代名词。虽然Datsun是深受顾客欢迎的车型,但它也存在明显的不足。于是对它的操纵性、耐久性和整体风格都做了很大的改进,并在美国进行试验。这些一系列的分析及试验,成功地促成了蓝鸟310(图4.120)的诞生。1959年蓝鸟1000、蓝鸟1200同时在日本上市,成为日本全国的"汽车新星"。

图4.120　1959年蓝鸟

日产公司有一款被誉为"战神"的代表产品GTR。1969—1972年,GTR所向披靡,创造了50场不败纪录。1988年,重新改良的GTR,经过多场尖端比赛的检验,不仅囊括了全日本A组及N组房车赛冠军,更在JTCC上取得了29次出场29次夺冠的惊人表现。自从2007年五代BNR35重出江湖开始,GTR的3.8L VR38DETT动力系统与ATTESA E-TS四轮驱动系统等的完美搭配已经为它赢得了颇多赞誉,也让它有了和布加迪这样的世界顶级超跑平起平坐的资本。

第一代GTR(Skyline C10)(图4.121)车型最先亮相于1968年10月的东京车展上,当时该车搭载了2.0L S20双顶置式凸轮轴直列6缸发动机,最大功率为160马力,最大扭矩为177N·m,这在当时是性能极好的引擎。第二代GTR(C110)发布刚好碰上20世纪70年代初的石油危机,浇熄了消费者购买高性能车的欲望,对GTR这类只强调性能,不强调燃油经济性的车型打击巨大。

图4.121　第一代GTR

第三代GTR(R32)搭载了型号为RB26DETT的2.6L直列6缸双涡轮增压发动机,最大输出功率为日本法律规定的280马力,并且首次引入了名为ATTESA E-TS的四轮驱动系统。这是一套扭矩可分式的电控四轮驱动系统。该系统完全由电脑控制,可以根据实际行驶状况连续调整前后轴的动力分配,并可在必要时将高达50%的动力分配给前轴,用以最大限度提升车辆的循迹性能。这代GTR在操控性与稳定性上都有了质的飞跃。1995年的第四代GTR(R33)是第一个在纽博格林北环圈速跑进8min以内的日本车。新一代的GTR(R35)是在2007年正式发布的(图4.122),搭载了代号为VR38DETT的3.8L V6双涡轮增压发动机,拥有 480hp/6400r·min^{-1}、60.0kgm/3200~5200r·min^{-1} 的最大动力输出数据,是目前拥有最强动力性能的日本跑车引擎之一。GTR 的一大特点是变速箱后置以平衡轴荷,以保证其强调抓地力的设计思想能最大限度体现。

值得一提的是,所有的 VR38DETT 发动机都是由经验丰富的工程师手工组装而成的,每人负责一辆,同时 VR38DETT 上也会跟其他的手工组装引擎一样附上工程师的签名铭牌(图 4.123),参照奔驰 AMG 的一人一机原则。

图 4.122　GTR(R35)

图 4.123　GTR 发动机铭牌

日产车标(图 4.124)早期采用圆形红色为底色,中间是日产的英文名字"NISSAN",这个标志既表明了公司的名称,又突出了公司所在国家的形象。新车标的整个底色为银灰色,实心圆形变为环形标识。

图 4.124　日产车标

日产汽车在全球范围内共拥有轿车、越野车、MPV 和商用车在内的 30 多个系列产品,其中轿车有总统、风雅、天籁、公爵、风度、蓝鸟、阳光和著名的 Z 系列等,越野车产品包括途乐(Patrol)、奇骏(X-trail)和开创者(Pathfinder)等,MPV 有贵士(Quest),新能源汽车有聆风(Leaf)。

2. 英菲尼迪

1985年11月,日产成立了"地平线工作组",开始研究北美豪华汽车市场状况。1987年7月,豪华车部门开始建立,日产高层在诸多备选名称中精挑细选,终于该品牌被命名为"Infiniti"。在很长一段时间,国内媒体一直将"Infiniti"译作"无限"。直到它正式登陆中国后,官方发现"无限"的品牌名称已被抢注,才改名为"英菲尼迪"(音译)。

日产英菲尼迪(Infiniti)部类似丰田凌志部,是专门开发美国豪华轿车市场的高级轿车品牌(图4.125)。采用后轮驱动,豪华程度与日产"总统"牌(日本皇室人员用车)如出一辙。其安全性能和装配质量极高,驾乘极为舒适。

图4.125 英菲尼迪车标

2017年,英菲尼迪全新换代QX50在洛杉矶车展亮相,全新QX50也将是英菲尼迪旗下首款搭载可变压缩比发动机(VC-Turbo,图4.126)的车型。该款发动机可以根据工况,随时改变气缸压缩比,从而获得更好的动力响应和燃油经济性。该发动机采用先进的多连杆机构,以适时、快速地增强或削弱活塞与气缸的接触,并监测车辆的行驶状态和驾驶员的操作,及时变化压缩比。VC-Turbo发动机能够提供从8∶1(高性能)到14∶1(高效能)之间任意比率的压缩比。VC-Turbo发动机的最大功率输出达到200kW(272马力),峰值扭矩为390N·m,使其在性能上可以与部分6缸汽油发动机相媲美,而在能效上则大大优于后者。VC-Turbo发动机噪声和振动水平控制出色,原因是引入了电机辅助减小振动的技术。

 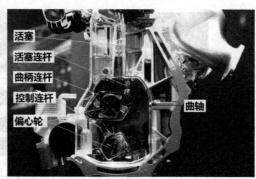

图4.126 VC-Turbo可变压缩比发动机

4.5.3 本田汽车公司

本田(Honda)汽车公司的全称是本田技术研究工业有限责任公司(即本田技研工业株式会社),公司总部在日本东京。1946年,本田宗一郎(Soichiro Honda)(图4.127)在滨松市山下町创建本田技术研究所,生产摩托车用发动机。1948年,本田技研工业株式会社成立,并于第二年开始生产摩托车,成为世界上较大的摩托车生产厂家之一。1963年开始生产S500跑车和T360货车,且后来居上,市场份额不断上升,成为世界上发展最快的汽车制造厂。除汽车、摩托车外,公司还生产发电机、农机等动力机械产品。

目前本田汽车公司旗下拥有本田(Honda)和讴歌(Acura)两个品牌。

图 4.127 本田宗一郎和 1963 年生产的 S500 跑车

1. 本田

1964 年本田首次参加 F1 世界一级方程式锦标赛，1965 年本田便收获了它们的首个分站赛冠军，表现出强劲的实力。作为引擎供应商，本田取得了更大的成就——8 个车队及车手年度总冠军。本田在 2008 年赛季结束之后宣布退出 F1。2015 年，本田作为迈凯伦车队引擎供应商，再次征战 F1 赛场。

1972 年本田的明星车型 Civic(思域)问世，以其出色的设计、优良的性能表现，思域取得了巨大的成功，如今它已经发展到第十代，在全球取得了超过 2000 万辆的累计销量。根据不同的地域需求，思域推出了多种车型来迎合消费者的需求，包括五门版、轿跑版、混合动力版、旅行版以及面向欧洲市场的三门掀背版，丰富的车型也成为思域获得成功的一个重要因素。2016 年本田发布了第十代思域(图 4.128)。

图 4.128 本田第十代思域

1976 年本田汽车发布最著名的代表性产品 Accord(雅阁)轿车，时至今日，雅阁已经发布了十代车型，是市场上一款非常成功的中级车，其在中国中级车市场上同样扮演着极为重要的角色。

1988 年本田发布了低油耗、高动力输出的 VTEC(可变气门正时和升程电子控制)发动机。采用这种系统，发动机能有效拥有多个凸轮轴。当发动机进入不同的转速范围时，发动机的计算机将起动凸轮轴上的备用凸轮，并改变凸轮正时。采用这种方式，一台发动机将同时拥有低速凸轮轴和高速凸轮轴的最佳功能。为了进一步改善 VTEC 系统的性能，本田不断进行创新升级，推出了 i-VTEC 智能可变气门正时系统，增加的可变正时控制装置能够使发动机在不同转速都拥有最合适的配气相位，从而更进一步提升发动机的性能表现。本田发动机也依靠这一技术成为自然吸气发动机的标杆，其低速节能、高速有力，偏向于高转速表现的特性让它非常富有驾驶的激情。如今 i-VTEC 系统几乎被本田的所有发动机所运用,并成为本田的一项看家技术,更是其他一些厂家所使用的 CVVT 可变气门正时技术的鼻祖。

S2000(图 4.129)是本田于 1999 年推出的跑车。发动机置于前轴后方,因而获得了最佳的 50∶50 前后质量分配比,加之其驾驶座位置尽量靠近后轴,使驾驶者处于接收车轮运动和其他信号反馈的最佳位置,从而实现了最佳的操纵性和反应性。它采用了纯正运动车布局：后轮驱动,前置发动机。并应用了先进的赛车技术：X 型骨车架以及 2.0L 177kW 的 VTEC 发动机,再加上 6 速手动变速器,整车仅重 1295kg,灵活操控有了根本保证。

图 4.129　本田 S2000

本田公司主要汽车产品有雅阁(Accord)、思域(Civic)、奥德赛(Odyssey)、飞度(Fit)等。摩托车产品则有拥有 50～1800mL 等各排量、各级别的产品。

本田公司在 20 世纪 80 年代成立了商标设计研究组,从来自世界各地的 2500 多件设计图稿中,确定了现在的车标(图 4.130),也就是带框的"H",图案中的 H 是"本田"拼音 Honda 的第一个字母。这个标志体现出技术创新、追求完美和经营坚实的特点,同时还有可以放松一下的轻松感。

2. 讴歌

讴歌(Acura)部是本田汽车公司 1986 年组建的高级豪华轿车分部,其产品主要出口欧美地区。讴歌部有专用车名和专用的车标,以避免本田车标廉价的感觉。讴歌车标(图 4.131)是英文字母 A 的变形,犹如一把卡钳,与本田车标"H"变形也有相似之处。

图 4.130　本田车标

图 4.131　讴歌车标

1990 年本田推出了顶级跑车——NSX(图 4.132)。NSX 是一款以法拉利和保时捷为竞争目标的超级跑车,本田向世人证明,超跑绝非欧洲人的专利。它以 F1 赛车的设计概念打造,将其在 F1 赛场上积累的大量经验及技术投入到 NSX 的研发当中,拥有轻量化的全铝车身和中置发动机后驱布局。全新研发的 C30A 3.0L V6 自然吸气发动机成为 NSX 的心脏,钛合金曲轴、锻造活塞等配合 VTEC 系统,让 C30A 的断油转速直升至 8000r/min。本田特意组成了一个专门的技术团队在位于日本 Tochigi(枥木)的专属工厂生产 NSX 车型。在这一年,NSX 每天最多可生产 25 辆,每辆 NSX 售价均在 65000 美元。这是当时日本汽车工业史上售价最高的车型。当前 NSX 属于讴歌品牌代表作之一。

图 4.132　F1 车手埃尔顿·塞纳与初代本田 NSX

2016 年,最新款 NSX 上市(图 4.133)。作为本田传奇超跑的接班人,第二代 NSX 肩负重任,3.5T V6 双涡轮+3 电机的混动动力配置代表了本田对未来技术的探索,不负其 New Sportcar eXperimental 命名的初衷。

图 4.133　新款 NSX

4.5.4　马自达汽车公司

马自达(Mazda)汽车公司的前身是 1920 年在广岛成立的东洋软木工业公司(Toyo Cork Kogyo Co. Ltd),其总裁是松田重次郎(Jujiro Matsuda)。由于马自达的创办人是松田,其英文是 Matsuda 与 Mazda(一种宗教,拜火教)读音相近,所以公司采用了 Mazda 这种拼法。

马自达公司于 1921 年改为制造机器。1923 年东京大地震后,城市交通出现发生问题,公司开始制造摩托车。1927 年公司名改为东洋工业公司。1930 年开始设计生产小型三轮载货汽车,1931年投产(图4.134)。1950年开始生产四轮载货汽车。1960年开始进入轿车生产。1984年开始启用马自达汽车公司(Mazda Motor Corp.)这个名字。马自达汽车公司有着非常完备的产品线,涉及经济型轿车、越野车、跑车等各种车型,其中家庭用车一直占据其生产线的主导地位。

图4.134　松田重次郎和1931年生产的三轮载货车

马自达在汽车发动机方面的创新成就一直令业界瞩目,是唯一一家将转子发动机汽车投入批量生产的汽车制造商。马自达的第一辆转子发动机车型 Cosmo Sport 于1967年诞生。虽然排量仅有982mL,但却能爆发出80kW的功率,超过今天市场上多数1.6L普通发动机的功率。转子发动机小身材大能量的特点注定它与赛车有着不解之缘,之后推出的RX-3、RX-7均是当时跑车界的佼佼者。马自达也是截至2017年,唯一一个得到勒芒耐力赛冠军的日本厂商,车型为787B(图4.135)。

图4.135　马自达787B,勒芒耐力赛冠军

创驰蓝天技术(SKYACTIV Technology)是日本马自达汽车公司于2010年10月提出的。第一代创驰蓝天技术汽油机(SKYACTIV-G)压缩比首度达到14∶1,采用凹顶活塞,使燃料喷射后在火花塞附近形成叠层混合气体,帮助稳定燃烧。

2017年,马自达推出了第二代创驰蓝天技术(SKYACTIV-X)。汽油发动机压缩比提高到18∶1,采用火花塞控制的压燃技术(spark controlled compression ignition,SPCCI)。马自达的SPCCI在绝大部分工况区间都采用火花塞先点燃局部可燃气,随后均质压燃的燃烧方式,这样就减少了因为切换不同点火模式造成的衔接困难情况的发生;同时,也更容易处理发动机振动、噪声。

马自达车标(图4.136)早期采用字母标识,由最初的圆形演变为三角转子形。1992年采用太阳/火焰车标。1998年开始采用变形飞翔的英文字母"M",即"Mazda"的第一个字母,也是一只展翅飞翔的雄鹰。翱翔中的双翅寓意马自达腾飞的未来和勇攀汽车技术高峰。

图 4.136　马自达车标的演变

4.5.5　三菱汽车公司

三菱(Mitsubishi)汽车公司的前身是岩琦弥太郎(Yataro Iwasaki)1870 年创建的 99 商会,1873 年改称为三菱商会(Mitsubishi Shokai)。三菱公司是日本汽车工业的先锋。1917 年,生产出日本第一辆 A 型轿车(图 4.137)。1935 年,生产出日本第一辆柴油客车扶桑 BD46(图 4.138)。1970 年在三菱重工业公司和美国克莱斯勒公司共同出资下,成立了三菱汽车股份有限公司(Mitsubishi Motors Corporation),总部设在日本东京都。三菱汽车公司在日本国内有 10 个生产厂,两个轿车研究中心和一个载货车、客车研究中心,国外有 25 个生产厂。主要产品有微型轿车和载货汽车、小型轿车和载货车、中重型载货车、厢式车、客车、运动车、发动机和其他零部件等。

图 4.137　岩琦弥太郎和三菱公司 1917 年生产的 A 型车

三菱汽车公司注意技术开发和新技术的采用,以提高产品的竞争力,如在 1995 年率先成功开发商用节能型稀燃汽油缸内直喷(GDI)发动机。

三菱汽车公司生产有格兰特(Galant)、兰瑟(Lancer)、海市蜃楼(Mirage)、米尼卡(Minica)、欧蓝德(Outlander)等品牌轿车和帕杰罗(Pajero)等品牌越野车。

图 4.138　1935 年生产的 BD46 客车

三菱标识已具有 100 多年的历史，从 1873 年三菱集团的创始人岩琦弥太郎将 99 商会改称为三菱商会时就开始使用，并于 1917 年注册。Mitsubishi 一词的意思就是三菱（即三个菱形）。这是三菱车厂创始人家族的徽号，从几世纪前的三片树叶演变成今天的三个菱形。红色三菱车标（图 4.139）表达了公司的三个原则：承担对社会的共同责任；诚实与公平；以及通过贸易促进国际谅解和合作。

图 4.139　三菱车标

4.5.6　富士汽车公司

　　富士(Fuji)重工业株式会社的前身是创立于 1917 年的飞机研究所，后公司以飞机制造得以快速发展，随后公司发挥其技术特长逐渐形成了目前的汽车、航空、产业机械、运输机械四大部门。1958 年富士重工响应日本政府生产家庭用车的号召，生产了公司的第一款微型轿车斯巴鲁 360（Subaru 360）（图 4.140），但这一时期其汽车产品还没有形成自己的特点。直到 1972 年富士重工终于确定了其汽车产品的发展方向，生产了第一辆"力昂"(LEONE)4 轮驱动轿车（图 4.141）。高性能的水平对置发动机加 4 轮驱动已经成为富士重工最鲜明的技术特色。其 4 轮驱动系统经过多年的不断完善以及通过在世界各地严酷的路况行驶经验，性能和质量不断得到提高。由于其产品的鲜明特点，在全球汽车公司强强联合的大趋势下，富士重工才会被世界第一大汽车公司美国通用汽车公司看好。1999 年 12 月 10 日通用

图 4.140　1958 年生产的斯巴鲁 360 微型轿车

公司花费1430亿日元购买了富士重工20%的股份,使富士和通用结成了广泛的战略联盟,在汽车设计、开发、生产及相关技术方面进行合作。

富士重工属下的斯巴鲁(Subaru)汽车公司主要有斯巴鲁(Subaru)、力狮(Legacy)、翼豹(Impreza)、森林人(Forester)等品牌轿车。

富士斯巴鲁车标(图4.142)图形是一个蓝底黄边的椭圆形。椭圆中6颗闪闪发光的星星是牡牛星座昴宿星团中6颗闪亮的星星,象征富士重工业公司是由它于1955年合并其他5家公司后组创而成的,同时也象征着公司间紧密团结、共同奋进的精神。

图4.141　1972年生产的LEONE 4轮驱动轿车

图4.142　斯巴鲁车标

4.5.7　铃木汽车公司

铃木汽车有限公司(Suzuki Motor Corporation),总部设在日本静冈县滨松市。其前身是1909年创立的铃木织布机工厂(Suzuki Loom Works)。1952年开始生产摩托车。1954年更名为铃木汽车有限公司。1955年开始批量生产Suzulight牌汽车(图4.143)。

图4.143　1955年生产Suzulight牌汽车

铃木主要是以日本当地称为"轻型自动车"(K-Car)等级的小型车与中小型的越野车著称。而在国际市场上,铃木是美国汽车巨擘通用汽车集团(GM)的企业合作伙伴之一,旗下有几款小轿车和越野车,是与通用旗下品牌之一的雪佛兰(Chevrolet)双生共享。作为家庭用车而深受日本人喜爱的铃木微型汽车,其销量一直居于日本国内首位,充分显示了铃木在小排量汽车制造方面的雄厚实力。1979年,微型车奥拓上市。1985年,铃木起动美国雨燕生产线。1987年,铃木在哥伦比亚生产前轮驱动、三开门和五开门的倾斜式车尾的两种豪华轿车雨燕,同时向欧洲出口紧凑型双门和四门轿车。

1993年4月,铃木与中国长安汽车投资组建长安铃木。组建后长安铃木引进了日本铃木公司20世纪80年代初的奥拓和1994年款的雨燕——奥拓和羚羊两款车型进行本土化生产,形成了在西南引领微车全国生产,并辐射推进微车国产化市场,在江西和重庆两区域起到了不可替代的标杆作用。

铃木汽车公司主要有奥托(Alto)、依妮诗(Ignis)、雨燕(Swift)、莲那(Liana)、维罗纳(Verona)、百乐(Baleno)等轿车品牌和吉姆尼(Jimmy)(图4.144)等越野车品牌。

铃木轿车标(图4.145)图案中的"S"是铃木Suzuki的第一个字母,这种设计给人以有力量的感觉,象征着发展中的"铃木"。

图4.144 铃木吉姆尼

图4.145 铃木车标

4.5.8 五十铃汽车公司

早在1918年,五十铃(Isuzu)汽车公司的前身东京石川岛造船所(Tokyo Ishikawajima Shipbuilding & Engineering Co. Ltd)就与英国沃尔斯利汽车公司(Wolseley Motor Company)合作,从1922年起开始生产Wolseley A9型小轿车(图4.146)。两年后生产Wolseley CP卡车(图4.147)。1933年,东京石川岛造船所的汽车制造厂与达特(Dot)汽车公司合并为汽车工业公司,1949年改名为五十铃汽车公司,总部设在日本东京。五十铃公司主要生产载重汽车、客车、越野汽车等,其中载重汽车占70%以上。

图4.146 1922年生产A9家用汽车

图4.147 1924年生产的CP卡车

五十铃汽车公司的知名产品是柴油机。日本第一台柴油发动机的诞生,离不开"柴油五十铃"的奠基人——加纳友之介(图4.148)。1933年,加纳友之介出任汽车工业株式会社社长时,制定了如下方针:"汽油车方面美国已经达到500万辆的批量生产水平。柴油方面,欧洲刚刚起步。我公司将以柴油车与欧美势力相抗衡。"并自此开始了柴油发动机的研究,1936年开始生产日本第一台空冷柴油发动机——DA4型/DA6型柴油发动机。20世纪四五十年代,日本大部分柴油载重车的发动机都是五十铃汽车公司生产的。

五十铃汽车公司与美国通用汽车公司关系密切。1971年通用汽车公司收购五十铃公司34.2%的股份。目前,通用公司已持有五十铃公司49%的股份。

五十铃汽车公司在1993年停止生产轿车,而专门生产载重汽车、越野汽车和客车,主要出口车辆种类是载重汽车和Trooper越野吉普车。

五十铃汽车是以日本五十铃河而得名的。五十铃车标(图4.149)于1974年采用,两根上升的大柱象征五十铃与顾客和社会和谐相处的理念。红色是太阳的火焰,也是五十铃不断进取的标志。

图4.148 加纳友之介

图4.149 五十铃车标

4.6 韩国汽车公司

4.6.1 现代汽车公司

Hyundai(现代)汽车隶属于韩国现代集团,是韩国最大的汽车企业,当今全球第五大汽车集团(含起亚汽车)。创立于1967年,创始人郑周永(图4.150)。公司总部在韩国汉城。现代汽车公司的发展可分三个阶段:

第一阶段是1967—1970年的创业期。与美国福特汽车公司合作,引进福特技术生产汽车,并在1970年建成年产2.6万辆生产能力的蔚山厂。

第二阶段是1970—1975年的消化吸收期。花巨额资金在公司内进行消化吸收福特技术。1974年投资1亿美元建设年产5.6万辆的新厂,小汽车国产化率达到100%。

第三阶段是走向世界。1976年,现代自己设计生产的小马(Pony)牌小轿车下线(图4.151),现代公司走向成熟。20世纪80年代,现代公司垄断了韩国市场,和丰田公

图4.150 郑周永

司分手,与三菱公司结盟,生产小马牌汽车。1983年小马牌汽车销往加拿大而大为走红,1985年就卖出7.9万辆。1986年,现代公司的超小马汽车投入美国市场,当年即售出16万辆,创下汽车业销售奇迹,从而奠定了现代汽车公司的国际地位。

图4.151　1976年生产的Pony牌轿车

1998年,现代汽车公司并购韩国起亚(KIA)汽车公司。

2002年,现代汽车集团向世界展开的挑战从辽阔的中国大陆开始。在这里现代汽车创造了"现代速度"的流行语。在中国市场现代以中型车市场为起点,仅耗时5年就进入总产量100万辆的时代。

2006年是集团成立后,品质经营成果最为突出的一年。美国市场调查机构J.D. Power组织的2006新车质量调查中,现代汽车超过本田、捷豹、丰田,在全部品牌中名列第三,在大众品牌领域名列榜首。2009年,现代汽车再次以最高分获得了此项殊荣。

通过不断的技术创新,现代汽车集团自主研发的"Tau发动机"在2008年、2009年、2010年连续三年被评选为"全球十佳发动机",表明现代汽车集团的技术得到了全球市场的肯定。

现代汽车公司主要产品有小马(Pony)、伊兰特(Elantra)、索纳塔(Sonata)、雅绅(Accent)、得利(Terracan)、特杰(Trajet)、桑塔福(Santa Fe)、君爵(Grandeur)、酷派(Coupe)等。

现代车标(图4.152)是在椭圆中采用斜体字"H",是现代汽车公司英文名HYUNDAI的第一个大写字母。车标首先体现了腾飞的现代汽车公司这一概念,还象征现代汽车公司在和谐与稳定中发展。车标中的椭圆既代表汽车的方向盘,又可以看作地球,与其间的H结合在一起恰好代表了现代汽车遍布全世界的意思。

图4.152　现代车标

4.6.2　起亚汽车公司

起亚(KIA)汽车公司成立于1944年12月,是韩国最早的汽车制造商。公司成立之初的1945—1946年,主要生产自行车及其零部件。从1960年开始生产摩托车和三轮货车(图4.153),1971年开始生产四轮卡车,1973年率先在韩国生产汽油发动机,1974年率先在韩国生产轿车(图4.154)。起亚公司拥有完善的乘用车和商用车生产流水线,其产品已出口到130多个国家和地区。

起亚集团有两个汽车公司,其中起亚汽车(Kia Motors)公司具有100万辆年生产能

图 4.153　1962 年的三轮货车生产线

图 4.154　Brisa 经济型轿车生产线

力,生产各种轿车和小型货车;亚细亚汽车(Asia Motors)公司具有 20 万辆的年生产能力,主要生产各种大中型客车、货车及各种特种车辆。1997 年发生的亚洲金融风暴引发了韩国的金融危机,起亚因巨额债务险些触发了韩国外汇危机,濒临破产后由韩国政府出面,指令现代公司收购起亚公司。起亚公司于 1998 年与现代集团合并后,积极实施管理改革,提高销售业绩,尽量使用户满意。1999 年之后,两家公司又联合各自的研发中心,通过分享不同型号汽车平台和零配件,成功地减少了开发时间和成本,并取得了令人羡慕的成果。

注入新的资金和管理方式后,起亚转变了原有成熟的形象,公司向着更加年轻活力的方向发展,1999 年 Rio 车型发布、2001 年 Sportage 参加巴黎—达喀尔拉力赛以及起亚老虎棒球队的成立,标志着起亚汽车公司有了新的气象。Optima、Carnival 和 Soranto 等车型更让起亚焕发了新的活力。2002 年起亚生产了其第 1000 万辆小汽车。2004 年,起亚斯洛伐克工厂开工,2006 年又宣布在美国建设生产线,2007 年,现代—起亚汽车集团成为世界第五大汽车生产集团。

起亚汽车公司拥有佳乐(Carens)、嘉华(Carnival)、欧菲莱斯(Opirus)、欧迪玛(Optima)、利欧(Rio)、赛菲亚(Sephia)、秀马(Shuma)、普莱特(Pride)、索兰托(Sorento)等汽车品牌。

起亚车标(图 4.155)是英文"KIA",形似一只飞鹰,象征公司如腾空飞翔的雄鹰。

图 4.155　起亚车标

4.7 英国汽车公司

英国曾经是著名的汽车工业中心国家,随着英国国家产业政策的调整以及企业经营状况的变化,英国的汽车工业出现了较大的下滑,许多品牌被其他公司兼并收购。但由于英国在汽车技术方面仍有深厚的积累并保有鲜明的特色,目前英国仍是汽车技术研发尤其是赛车技术研发的中心之一。

4.7.1 捷豹汽车公司

捷豹(Jaguar)汽车公司的创始人是威廉·里昂斯(William Lyons)。1922年9月4日,威廉·里昂斯和威廉·伟士利(William Walmsley)在英国的 Blackpool 建立了名为 Swallow Sidecar Co. 的公司,合作经营边斗摩托车(图 4.156)。1926 年,公司改名为 Swallow Coachbuilding Co.。1928 年,公司迁往考文垂(Coventry)市。不久,公司的良好境况吸引了包括菲亚特在内的许多当时有名的车厂,均委托他们公司打造车身。1935 年初,威廉·伟士利离开公司,从此,里昂斯开始独自经营公司,专心负责制造汽车,将公司的名字改成了 SS 汽车公司,取其轻灵似燕(Swallow Sports)的意义。1935 年,里昂斯把 SS 汽车公司更名为捷豹(Jaguar)汽车公司。捷豹最初的产品包括超豪华车、敞篷车和跑车。第二次世界大战爆发后,车厂改为兵工厂。战后第一辆车于 1945 年 7 月出厂,但因 SS 和纳粹德国党卫军的缩写相同而遭弃用,改用 XK 代号。这两个字母的组合在后来几十年内一直是速度、品味以及地位的象征。20 世纪 60 年代,捷豹公司兼并了多家汽车公司,包括并购英国戴姆勒汽车公司以及与英国汽车公司(BMC)合并。80 年代,始创人威廉·里昂斯爵士去世后,捷豹公司每况愈下,销量大减。1989 年,捷豹被美国福特公司以 40.7 亿美元的价格购入,成为福特汽车公司的子公司。

图 4.156 里昂斯和伟士利与生产的摩托车

20 世纪 90 年代,在福特公司的帮助下,捷豹走出了困境,成为福特汽车公司豪华轿车的重要基地。在 21 世纪初,F1 的成功参赛以及多款跑车的成功推出,使得公司逐渐恢复了 20 世纪 60 年代的声誉。捷豹凭借其个性化的外形、豪华的内饰和设备以及卓越的性能在整个世界汽车界重新占据重要的地位。

捷豹车标(图4.157)是一只正在跳跃前扑、矫健勇猛的捷豹图案,图案形神兼备,具有时代感和视觉冲击力,表现出向前奔驰的力量和速度。以后,又出现了一种捷豹的浮雕头像,怒目咆哮,盛气凌人,成为捷豹运动车的另外一种标志,它体现了该车的名贵和公司的雄心勃勃。

图4.157　捷豹车标

因为当前的汽车安全标准为减少行人被碰撞时的伤害,禁止汽车前方使用凸出标志。现在除了劳斯莱斯外,凸出车标基本绝迹了。而捷豹车尾的车标沿用了之前的跳跃车标,车头使用的是浮雕车标。

4.7.2　路虎汽车公司

路虎(Land Rover)是世界上生产四驱车的公司之一,也是著名的英国越野车品牌。

1948年,罗孚在60型轿车的基础上增加了4轮驱动和多功能车身,这就是世界闻名的越野车品牌——路虎(Land Rover)的第一辆车(图4.158)。

图4.158　1948年生产的路虎汽车

1970年,路虎"揽胜"(Range Rover)刚一面市就引起了热烈响应。在巴黎卢浮宫汽车展上,"揽胜"的豪华设计赢得了广泛赞誉。在1989年的法兰克福汽车展上,路虎"发现"首次亮相,并迅速赢得高档SUV的美誉。随即,在1997年,路虎"神行者"又闪亮登场。2008年3月,印度塔塔集团出资23亿美元,成为捷豹和路虎两大品牌的新主人。

路虎旗下车型十分丰富,2009年,路虎已先后将旗下路虎"揽胜"(Range Rover)、路虎"揽胜"运动版(Range Rover Sport)、路虎"发现"(Discovery)和路虎"神行者"(Freelander)带入中国。2010年3月,路虎"卫士"(Defender)在中国市场正式上市。在2017上海国际车展上,路虎正式发布了旗下的最新车型路虎"揽胜星脉"(Range Rover Velar)。图 4.159 为最新路虎"揽胜星脉"车型。

图 4.159　路虎"揽胜星脉"

路虎越野车标志(图 4.160)就是英文"LAND ROVER"。整个标志的主色调是绿色与乳白色。椭圆形的外形象征了我们生活着的地球。3 个环象征了完美,有一种向外延伸的动感,内部有 LAND ROVER 字样,乳白色凸显于绿色之中,带给人一种纯净、素洁的感觉。而绿色的背景,由左上至右下由明到暗的渐变,展现出它独特的立体感,整个标志柔和、自然。

图 4.160　路虎车标

4.7.3　Prodrive 公司

Prodrive(Prodrive Automotive Technology)是全球最大的独立赛车和车辆技术服务厂商之一,由现任主席 David Richards 创立于 1975 年,总部位于英国。2007 年,公司在 David 的领导下从福特收购了阿斯顿—马丁。

阿斯顿—马丁(Aston Martin)原是英国豪华轿车、跑车生产厂,创建于 1913 年,创始人是莱昂内尔·马丁(Lionel Martin)和罗伯特·班福德(Robert Bamford)(图 4.161),公司设在英国新港(Gaydon)市。以生产敞篷旅行车、赛车和限量生产的跑车而闻名世界。马丁是一个有钱的赛车手,班福德是一名工程师。1913 年两人合作开始制造高档赛车,公司当时的名称是马丁—班福德公司,1914 年他们生产出自己的第一辆汽车。马丁曾驾驶自己制造的赛车在阿斯顿山(Aston Hill)举行的山地汽车赛中获胜,为了纪念胜利,1923 年马丁把公司和它的产品都改名为阿斯顿—马丁。但后来由于公司业绩不佳被反复转卖。1947 年拖拉机制造商戴维·布朗(David Brown)收购了公司,他成为阿斯顿—马丁公司历史上影响最大的主人,同年他买下了另一家著名超级跑车厂拉贡达(Lagonda)公司,公司改名为阿斯顿—马丁—拉贡达(Aston Martin Lagonda)公司。戴维·布朗以他的名和姓前两个字母"DB"为公司的汽车命名,这一命名方法持续至今。20世纪60年代阿斯顿—马丁曾有过一个辉煌的时期,但好景不长,公司很快又陷入了困境,负债累累。

图4.161 马丁(左)和班福德(右)

1972年戴维·布朗不得不把拥有了25年的公司出售。在这之后公司又开始频繁更换主人,1987年公司终于被美国福特公司相中,收购了75%的股份,1994年7月又收购了其余的股份,从此阿斯顿—马丁成为福特汽车的品牌之一。阿斯顿—马丁品牌中最著名车型有DB5、DB6、DB7、DB9、DB11、Vantage、Vanquish以及ONE-77等,其中DB11(图4.162)是该公司的拳头产品,具有浓郁的英国古典气质。著名的007系列电影主角——英国特工詹姆斯·邦德的代表座驾多为阿斯顿—马丁。

图4.162 阿斯顿—马丁DB11

阿斯顿—马丁车标(图4.163)为一只展翅飞翔的大鹏,注有"ASTON MARTIN"字样。喻示该公司像大鹏一样,具有从天而降的冲刺速度和远大的志向。

图4.163 阿斯顿—马丁车标

4.8 中国汽车公司

中国汽车制造有几十年的历史,这里按照成立的时间,对部分国企和民营汽车企业进行介绍。

4.8.1 中国第一汽车集团公司

第一汽车集团公司(简称"一汽"),英文品牌标志为 FAW。第一汽车集团是中央直属国有特大型汽车生产企业,总部位于长春市,前身是第一汽车制造厂,毛泽东主席题写厂名,1953 年 7 月 15 日破土动工(图 4.164)。1956 年 7 月 15 日,一汽总装线上开出了由中国人自己制造的第一批解放牌载货汽车,结束了中国人不能制造汽车的历史。多年来,一汽肩负中国汽车工业发展重任,经历了建厂创业、产品换型和工厂改造、上轻型车和轿车三次大规模发展阶段。1991 年,与德国大众汽车公司合资建立 15 万辆轿车基地;2002 年,与天津汽车工业(集团)有限公司联合重组,与日本丰田汽车公司实现合作。

图 4.164　1953 年 7 月 15 日一汽奠基典礼大会

经过多年的发展,一汽产品由单一的中型载货汽车发展成为重、中、轻、微、轿、客多品牌、宽系列、全方位的产品格局;产量由当初年产 3 万辆发展到年产数百万辆;企业结构由工厂体制转变为集团公司,由单一国家所有制变为多元化的资本结构,由面向单一的国内市场转变为面向国内和国外两个市场。

一汽集团拥有多家子公司,其中包括一汽解放汽车有限公司、富奥汽车零部件有限公司等全资子公司和一汽轿车股份有限公司、天津一汽夏利股份有限公司、一汽四环股份有限公司等上市公司及一汽—大众汽车有限公司、天津一汽丰田汽车有限公司等中外合资企业。

一汽标志将阿拉伯数字 1 和汉字"汽"巧妙布置,构成一只展翅雄鹰的图案(图 4.165 左)。喻示着不断进取、展翅高飞的中国一汽精神,又表达了中国汽车工业冲出国门、走向世界的决心。另一标志是近年增加采用的图形标识(图 4.165 右),以椭圆形为基本型,代表全球和天穹,以"1"字为视觉中心,代表"第一"的特征。一汽载货汽车在车头标有"FAW"字样,即第一汽车制造厂英文第一个字母的组合。

图 4.165　一汽车标

一汽集团旗下拥有解放、红旗、奔腾、夏利等自主汽车品牌。

1. 解放

国产汽车第一个品牌——"解放"牌的命名过程充分体现了党中央对中国汽车工业的重视。据说,1953年下半年,援建一汽的苏联莫斯科斯大林汽车厂提出为新车命名问题,由孟少农转告到国内。当时的一汽厂务会多次研究,一机部也多次开会研究,并搞了征集活动,最终确定为"解放"车名。有两种说法:一种说法是由段君毅将讨论和征集的若干名称向毛主席做了汇报,毛主席给新车起了个名字叫"解放";另一种说法是段君毅在政治局会议上提到这件事,朱老总说,我们的部队叫解放军,汽车也叫"解放"吧,毛主席表示赞同,确定新车就叫"解放"牌。无论是哪种说法,都可以确定最先生产的国产汽车,是由毛主席亲自命名的。尔后,就用毛主席为《解放日报》题字的"解放"二字的手写体(图4.166),由苏联莫斯科斯大林汽车厂放大后,刻写到汽车车头第一套模子上。图4.167为雷锋同志在擦拭一辆"解放"牌汽车。

图4.166 解放车标

图4.167 雷锋擦拭"解放"牌汽车

一汽解放汽车有限公司成立于2003年1月18日,是以原第一汽车制造厂主体专业厂为基础,以中国第一汽车集团公司技术中心为技术依托重新组建的中重型载重车制造企业,是中国第一汽车集团公司的全资子公司。产品包括解放品牌的中重型系列载货汽车、普通载货车、自卸车、牵引车、半挂车、搅拌车、邮政车等500多个品种,具有年产20万辆的能力。目前解放车也使用一汽车标。

2. 红旗

红旗是中国轿车第一品牌。早期的红旗轿车在发动机盖一侧并排5面小红旗作为车标,代表"工、农、商、学、兵"。1958年将5面红旗改为3面,在发动机罩前上方重叠自立,寓意"总路线、大跃进、人民公社"3面红旗。1965年9月,全新的红旗CA770型轿车送到北京后,时任北京市市长彭真看到车上3面红旗的车标时说:还是用象征毛泽东思想的一面红旗好。后请示上级,就将车标改为一面红旗(图4.168),象征"毛泽东思想"。红旗这两个字源于当时著名的理论刊物《红旗》杂志,也有人认为是"乘东风,展红旗"。

图4.168 红旗车标

2012年中国一汽发布了红旗品牌战略，阐述了"大气，尊贵，经典，科技"的品牌核心内涵，展示了L、H两大系列整车产品(图4.169)。其中红旗L5是2009年红旗牌检阅车项目成功后，一汽正式起动红旗L平台产品开发及生产准备后打造的一款完全自主知识产权的E级轿车。红旗L5的造型延续了经典的红旗CA770的设计，外观传承了很多经典元素。该车已经作为中国外交礼宾用车，出现在许多重大外交场合。

(a) 红旗CA770

(b) 红旗L5

图4.169 红旗汽车产品

2018年1月，红旗在人民大会堂召开品牌发布会，发布了全新车系的战略。未来，新红旗将打造L系新高尚至尊车、S系新高尚轿跑车、H系新高尚主流车、Q系新高尚商务出行车4个车系。目前在售的L系和H系车型会继续保留，在此基础上，红旗增加了S系新高尚轿跑车以及Q系新高尚商务出行车。发布会上同时正式公布了全新红旗的徽标(图4.170)，其理念来源于迎风飘扬的红旗，象征奋进向上的红旗精神。

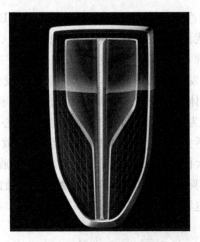

图4.170 新红旗徽标

4.8.2 北京汽车集团有限公司

北京汽车集团有限公司(简称"北汽")是由北京市人民政府投资，对原北京汽车工业集团总公司进行改制组建的国有独资公司。

1949年，北京市政府接收了城内原国民党409汽车修配厂，与从石家庄迁入北京的汽车修理厂配件部合并，成立了"北平汽车修理厂"，并于1954年改名为北京第一汽车附件厂。1958年6月20日，从印尼大使馆买了一辆德国大众双门5座轿车作为样车，在清华大学的协助下,生产出了第一辆"井冈山"牌轿车(图 4.171),并更名为北京汽车制造厂。1958 年 9 月 10 日又试制成功"北京"牌高级敞篷轿车(图 4.172)。1965 年,BJ212 汽车正式开始批量生产。1974 年试制出了"北京"牌 BJ750 中级轿车,到 1981 年共生产了 134 辆。1984 年 1 月 15 日,我国第一家中外合资汽车企业北京吉普汽车有限公司成立。1987 年,北汽与北摩组建成立了北京汽车摩托车联合制造公司(简称"北汽摩")。1996 年,北汽摩发起成立了北汽福田车辆股份有限公司。2002 年,与韩国现代汽车集团合资成立北京现代汽车有限公司。2004 年 12 月 6 日,北京戴姆勒—奔驰·克莱斯勒汽车有限公司新工厂奠基仪式在北京经济技术开发区举行。2009 年,北汽控股公司正式提出新的经营工作指导方针:牢固树立"人文北汽、科技北汽、绿色北汽"发展理念,深入推进集团化发展战略,打造千亿元企业集团,力争进入世界 500 强。2010 年 11 月,公司正式更名为北京汽车集团有限公司。

图 4.171 1958 年"井冈山"牌轿车参加国庆游行

目前北汽集团拥有北京汽车、北汽福田、北京汽车制造 BAW、北汽威旺、北汽银翔幻速、昌河汽车、昌河铃木、时代汽车等品牌,并分别与现代公司、戴姆勒—奔驰公司合作成立北京现代、北京奔驰两个品牌,形成了轿车、商用车、越野车的三大板块生产格局。

图 4.173 为北汽集团新发布的品牌标识,将"北"字作为设计的出发点,"北"既象征了中国北京,又代表了北汽集团,体现出企业的地域属性与身份象征。同时,"北"字好似一个欢呼雀跃的人形,表明了"以人为本"是北汽集团永远不变的核心。它传承与发展了北汽集团原有形象,呈现出一种新的活力,表达了北汽集团立足北京,放眼全球的远大目标。标识中的"北"字,犹如两扇打开的大门,它是北京之门,北汽之门,开放之门,未来之门,标志着北汽集团更加市场化、集团化、国际化,与集团全新的品牌口号"融世界 创未来"相辅相成,表示北汽集团将以全新的、开放包容的姿态起动新的品牌战略。

图 4.172 北京牌高级敞篷轿车

图 4.173 北汽新车标

4.8.3 上海汽车工业(集团)总公司

上海汽车工业(集团)总公司(简称"上汽集团"),主要从事轿车、客车、载货车、拖拉机和摩托车等整车及配套零部件的生产、研发、贸易和金融服务。其前身是1955年12月成立的上海市内燃机配件制造公司。1990年3月1日,上海汽车拖拉机工业联营公司更名为上海汽车工业总公司,1995年9月1日,再次改制为上海汽车工业(集团)总公司。其下属企业上海大众汽车有限公司的前身是上海汽车制造厂(图4.174)。

图4.174 上海牌轿车驶出厂门

2007年,通过收购南京汽车集团,上海汽车工业集团得到了南汽以5300万英镑买下的英国罗孚汽车公司的工厂和技术。2008年8月初,上汽集团恢复了英国伯明翰的长桥基地的汽车生产。下面简要介绍罗孚汽车与自主品牌荣威。

1. 罗孚

1887年,约翰·坎普·斯达雷(John Kemp Starley)和威廉姆·苏顿(William Sutton)共同出资建立了罗孚(Rover)公司。1903年,罗孚公司开始研究自动交通工具,不久以后使用普通汽油发动机的"帝王"(Imperial)牌摩托车诞生了。1904年,埃德蒙德·路易斯(Edmund Lewis)为罗孚设计了第一辆8马力汽车,这是在英国设计制造的最早的汽车之一

为罗孚赢来真正辉煌的是P5型车(图4.175),这是一款宽大的豪华轿车,1958年上市,配备罗孚3L6缸发动机。这是罗孚第一辆拥有整体车身的轿车。P5成为达官显贵们的最爱,包括英国前首相威尔逊、撒切尔夫人,以及英国女王都把这款车作为他们的私人用车。

图4.175 罗孚P5豪华车

1967年罗孚汽车公司与捷豹和凯旋(Triumph)合并,成为专业制造高端市场产品的汽车制造厂。1968年,与奥斯汀汽车公司整合正式并入英国利兰(Leyland)汽车集团。1978年集团重组,路虎公司(Land Rover Ltd)成立,从此,越野车同轿车部门分家。1986年,Graham Day 爵士被任命为英国利兰公司总裁,他很快把公司更名为罗孚集团。1988年,罗孚集团被英国宇航公司收购。1990年又与日本本田汽车公司在技术和资金上合作。1994年罗孚集团被德国宝马汽车公司接管。2000年3月,福特汽车公司向宝马公司支付30亿欧元,购买了路虎(Land Rover)所有四轮驱动系列产品。而罗孚轿车倒贴给了英国凤凰财团,与另外一个古老的英国跑车品牌 MG 共同成立了 MG-Rover 公司,公司及厂房设在伯明翰的百年汽车生产圣地——长桥(Longbridge)。2005年7月,中国南汽集团收购罗孚汽车公司。

2008年4月1日,上海汽车完成了对南汽集团100%股权收购的工商过户变更手续,罗孚成为上汽子品牌。

罗孚(Rover)汽车标志一向都采用"维京人"(Viking)8—10世纪北欧海盗的标志(图4.176)。这些维京人乘船到处流浪,而 Rover 一词的意思也是流浪者。初期的罗孚汽车是以维京人的头像作标志,直到1930年才改为大海船的船头雕像。

2. 荣威

2006年,上海汽车(集团)股份有限公司正式对外宣布,其自主品牌定名为"荣威"(ROEWE),取意"创新殊荣、威仪四海"。图4.177为荣威(ROEWE)车标,图案充分体现经典、尊贵的气质,整体形象中西合璧,包蕴自信内涵,充分阐释了上海汽车以自主掌控、自主创新的信念,传承世界先进技术,全新塑造中国的国际品牌的决心和信心。

图 4.176　罗孚车标

图 4.177　荣威车标

4.8.4　长安汽车集团有限公司

长安汽车集团有限公司(简称"长安汽车集团")创建于1995年,由原长安机器制造厂和江陵机器厂合并而成,地处重庆市,是全国最大的微型汽车及发动机生产厂家之一。长安汽车集团拥有长安特种机器厂、长安精密机器厂和若干全资子公司及控股的重庆长安汽车股份有限公司、重庆长安铃木汽车有限公司、长安福特汽车有限公司。

长安汽车集团具有100多年的历史,为国家常规兵器重点科研、试制、生产基地。从1957年9月开始,长安技术工人对辗转获得的一辆美国 CJ-5 军用越野吉普车进行测绘设计,在1958年5月生产出我国第一辆"长江"牌吉普车(图4.178)。到1963年累计生产"长江"牌46型吉普车1390辆,并部分装备部队。1963年底停产,产品及技术资料同时转交北京汽车制造厂。1983年第一辆"长安"牌微型汽车诞生,几年后年产量突破万辆(图 4.179)。1984年第一台"江陵"牌发动机诞生。长安汽车集团拥有重庆、南京、河北三大汽车生产基地,聚集了七大汽车制造企业和独立的军品制造公司,形成了长安、福特、铃木非常紧密的战略结盟体系。

图 4.178　1958 年生产的长江牌吉普车

图 4.179　长安牌微型汽车年产突破万辆大关

长安公司目前拥有研究院总部、上海工程研究院、欧洲设计中心、日本设计中心、英国设计中心、美国研发中心和北京设计中心等研究机构。

2010 年 10 月 31 日,长安汽车全新品牌战略在北京正式发布。包括企业品牌标识、主流乘用车品牌标识、商用车品牌标识。

企业品牌标识[图 4.180(a)]以"长安汽车"的中英文组合形式出现,简洁明确,更符合国际惯例,字体采用了深邃的蓝色,象征着科技创新,寓意着长安汽车对新技术和高品质的追求,努力为消费者提供令人惊喜和感动的产品和服务。

(a) 企业品牌标识　　　　　(b) 乘用车车标　　　　　(c) 商用车车标

图 4.180　长安汽车全新品牌

全新发布的主流乘用车[图4.180(b)]长安汽车标识,以"V"为核心创意表现,雄浑刚健的V形,好似飞龙在天,龙首傲立于蓝色地球之上,同时V又是Victory和Value的首字母,代表着长安汽车致力于打造世界一流企业的战略愿景和为消费者与股东创造价值的企业责任感。刚柔并济的V形,也恰似举起的双手,传递出长安汽车科技创新、关爱永恒的价值追求。

长安商用车品牌标识[图4.180(c)]则以太阳图形配合"长安商用"文字。

4.8.5　东风汽车公司

东风汽车公司的前身是第二汽车制造厂(简称"二汽")。早在1953年就开始筹建第二汽车制造厂。1965年12月21日,中汽公司正式决定重新筹建,要求建在"三线"(靠山、分散、隐蔽)。1966年5月10选址湖北十堰,1967年4月1日二汽在大炉子沟举行开工典礼(图4.181)。1969年9月1日,正式开始兴建第二汽车制造厂,要求3个基本车型,年产10万辆汽车。1975年6月15日,二汽第一个基本车型"东风"牌2.5t越野车开始生产。1978年7月15日,"东风"牌5t载货汽车投入批量生产。1981年4月8日,由二汽牵头联合8家地方汽车厂成立了东风汽车工业联营公司,1992年9月1日更名为东风汽车集团。

图4.181　1967年4月1日二汽在大炉子沟举行开工典礼

东风汽车公司经过40多年的建设,已陆续建成了十堰(以中、重型商用车、零部件、汽车装备事业为主)、襄樊(以轻型商用车、乘用车为主)、武汉(以乘用车为主)、广州(以乘用车为主)等主要生产基地,公司运营中心于2003年9月28日由十堰迁至武汉。主营业务包括全系列商用车、乘用车、汽车零部件和汽车装备。2007年7月,东风汽车公司成立乘用车事业部(2008年8月改称东风乘用车公司),开始发展自主品牌乘用车。2009年3月,东风乘用车公司正式发布自主乘用车品牌——东风风神。目前,整车业务产品结构基本形成商用车、乘用车各占一半的格局。

进入21世纪,东风公司积极推进与跨国公司的战略合作,先后扩大和提升与法国标致—雪铁龙集团的合作;与日产进行全面合资重组;与本田拓展合作领域;整合重组了悦达起亚等。全面合资重组后,东风的体制和机制再次发生深刻变革。按照现代企业制度和国际惯例,构建起较为规范的母子公司体制框架,东风公司成为投资与经营管控型的国际化汽车集团。

东风公司旗下拥有东风自主汽车品牌。

东风汽车标志(图 4.182)是一对燕子在空中飞翔时的尾羽。通过艺术手法作为图案基础,以夸张的表现形式喻示双燕舞东风,使人自然联想到东风送暖,春光明媚,神州大地,生机盎然,给人以启迪,给人以力量。二汽的"二"字寓意于双燕之中。戏闹翻飞的春燕,象征着"东风"牌汽车的车轮不停地旋转,奔驰在祖国大地,奔向全球。

图 4.182　东风车标

4.8.6　安徽江淮汽车集团股份有限公司

合肥江淮汽车制造厂前身是 1964 年成立的巢湖汽车配件厂。在 1969 年九大召开前生产出了 20 台卡车,顺利完成了国家布置的任务。第一批汽车出产后,这批车被命名为"江淮牌",工厂更名为"江淮汽车制造厂"。

通过与国外知名厂商在资金及技术方面的合作,1990 年,江淮创造性地开发出了一款客车专用底盘,结束了我国长久以来客车只能由货车底盘改装的历史,也让江淮在客车底盘领域站稳了脚跟。代号为 HFC6700 的客车底盘也在同期被列入 1990 年国家重点新产品计划项目。江淮汽车制造厂此后还与天津"中国汽车技术中心"合作,继续钻研开发新的客车底盘。随着客车业务的不断成熟,江淮汽车制造厂于 1996 年 12 月接手合肥客车厂,并且在同年开启了与韩国现代集团在客货车领域的首次合作。当时江淮方面与韩国现代达成了客车底盘方面的技术合作协议,在吸取海外先进经验技术的同时进行中国化改造。在客车底盘领域不断发力的同时,江淮也在不断推动自己在轻卡领域的发展。轻卡共包括三个层次的产品线,分别满足高中低档消费市场的需求。

安徽江淮汽车集团股份有限公司于 1997 年 5 月正式成立,集团公司内共有合肥江淮汽车有限公司、合肥客车制造有限责任公司、合肥汽车制造厂、安徽省汽车齿轮箱总厂等 6 家企业。随着国内汽车市场热度的不断攀升,改制后的安徽江淮汽车股份有限公司逐渐向乘用车方向转型。2002 年,第一辆名为"江淮瑞风"的多功能 MPV 下线,拉开了江淮汽车进入乘用车市场的序幕。2004 年,代号为 4GA1 的发动机下线点火成功(图 4.183),为江淮进军乘用车领域增添了更多信心。

图 4.183　江淮 4GA1 发动机

2007年,江淮汽车公司轿车项目通过国家发改委核准,这意味着江淮首款轿车可以进入国内市场。同年,首款江淮轿车宾悦正式上市。

与此同时,江淮汽车集团在重卡领域同样有新动作,2010年9月,江淮汽车集团与美国NC2(纳威司达)公司各出资50%,成立安徽江淮纳卡重型车有限公司,设计产能为每年8万辆。

2012年,江淮乘用车正式发布"瑞风+和悦"双品牌运营战略,根据这一战略规划,未来江淮乘用车产品将按目标客户属性差异分别归入瑞风与和悦两大品牌中,并统一采用"品牌+字母+数字"的命名方式。在建立双品牌战略的同时,江淮还对这两大品牌属性进行了区分,其中"瑞风"品牌主要面向公商务及个性化市场,为目标消费群体提供MPV、中型SUV及公商务轿车。

2017年6月,大众汽车集团与安徽江淮汽车集团股份有限公司于德国柏林正式签署合资企业协议,根据该协议,合作双方将共同成立一家股比各占50%的合资企业,进行新能源汽车的研发、生产和销售并提供相关移动出行服务。该协议的签署标志着江淮大众合资项目正式落地。

4.8.7　长城汽车股份有限公司

长城汽车股份有限公司成立于1994年,位于河北保定市,是一家大型股份制民营企业,是一家大型跨国公司、中国首家在香港H股上市的民营整车汽车企业。其产品涵盖哈弗SUV、长城轿车、风骏皮卡三大品类,现拥有50万辆整车产能,具备发动机、前后桥等核心零部件的自主配套能力。

公司产品形成了迪尔、赛铃、赛酷三大系列皮卡,柴油机、汽油机、两驱、四驱四大系统,大双、中双、小双、一排半、大、小单排、厢式7种规格。在乘用多功能车产品中有经济型SUV 3个品种:赛弗、赛骏、赛影。其中赛弗的特征是一款纯正运动型多功能SUV;赛影RUV充分体现了客货型,是一款休闲多功能车;赛骏则是都市越野型SUV。中高端SUV产品中有哈弗SUV,是一款标准的轿车化SUV(图4.184)。

图4.184　长城哈弗H6 SUV

2017年,长城汽车全新品牌——WEY正式发布(图4.185),该品牌中文名称为"魏派",定位高于哈弗。品牌引自长城汽车创始人魏建军的姓氏,和众多国际知名车企一样,这是第一个以创始人姓氏命名的中国汽车品牌。WEY品牌Logo看似简单的阿拉伯数字

"1"。长城汽车解释它的灵感来自于 WEY 的家乡——保定。在这座古城的直隶总督府门前曾经矗立着全国最高的旗杆。借鉴传统,表达了 WEY 品牌对故乡保定的敬意。

图 4.185　长城 WEY

4.8.8　比亚迪股份有限公司

比亚迪股份有限公司创立于 1995 年,英文缩写"BYD",名字含义为 Build Your Dreams(成就梦想),创始人为王传福。早期的比亚迪靠生产电池起家,在手机、移动电脑等产品上有着较高的市场占有率。2003 年,比亚迪收购西安秦川汽车有限责任公司(现"比亚迪汽车有限公司"),正式进入汽车制造与销售领域。比亚迪汽车公司成立之后,迅速确立了 3 个发展业务:燃油汽车、电动汽车和混合动力汽车。分别在西安建立了比亚迪汽车生产线;在深圳成立了比亚迪销售公司;收购北京吉驰汽车模具公司,建立北京比亚迪模具有限公司;在上海建立比亚迪汽车检测中心。2005 年,比亚迪推出了为自己打开汽车市场的车型:比亚迪 F3。

2007 年,为了提升品牌形象,比亚迪将原先"蓝天白云"标志更换为 3 个字母组合的标识(图 4.186)。2008 年,比亚迪第一款混合动力汽车 F3DM 双模电动车正式上市,采用了汽油机和电动机相结合的动力驱动模式。

图 4.186　比亚迪车标

2008 年,比亚迪收购了半导体制造企业宁波中纬,整合了电动汽车上游产业链,加速了比亚迪电动车商业化步伐。通过这笔收购,比亚迪拥有了电动汽车驱动电机的研发能力和生产能力。2009 年,比亚迪收购总部位于长沙的美的三湘客车,获得客车生产准生证,使比亚迪新能源汽车板块上又多出一个重要产品——市场潜力庞大的客车。

在纯电动汽车方面,比亚迪在 2011 年正式推出了 e6 纯电动车,它搭载了比亚迪自主研发的磷酸铁锂电池。2012 年,比亚迪继续增大在电动车项目上的投入。2012 年的 3 月 30 日,比亚迪和戴姆勒各出资 50% 推出了合资品牌"DENZA 腾势",并宣布双方在中国合作研发电动车事宜全面展开。2013 年,比亚迪推出了"秦",它是继比亚迪 F3DM 之后的 DM 双模动力的二代产品,可以在电动和混动两种模式之间切换,联合后最大输出功率可达 303 马力,传动系统上该车配备的是一台 DCT 双离合变速箱。0～100km/h 加速时间仅为 5.9s,工信部综合油耗百公里仅为 2L。2014 年,比亚迪发布混动 SUV"唐"(图 4.187)。比亚迪"唐"搭载了三引擎双模动力系统,其由一台 2.0TI 涡轮增压发动机和前后两个电机组成,可实现前轮与后轮独立动力输出。在混合动力模式下,三个引擎同时发力,可迸发出 371kW 的最大功率和 720N·m 的峰值扭矩。车身侧面,新车侧面印有"542"的标识,这表示"唐"是一款比亚迪"542 战略"新车,其中"5"代表 0～100km/h 加速在 5s 内,4 代表全面四驱,2 代表百公里油耗在 2L 内。2015 年,比亚迪正式发布"7+4"战略,"同一平台、多种动力"的研发模式被应用到混动"秦"、电动"秦"、混动"唐"、混动"宋"、汽油"宋"、混动"元"、汽油"元"、混动"商"、汽油"商"、电动"商"等民用车型。当然,T 系列的电动商用车、K 系列电动公交大巴、J 系列电动城际旅游车也在循序渐进地推向市场。

图 4.187　比亚迪 SUV"唐"

4.8.9　奇瑞汽车有限公司

奇瑞汽车有限公司(简称"奇瑞公司")成立于 1997 年 3 月 18 日,是由安徽省及芜湖市五个投资公司共同投资兴建的国有大型股份制企业。

奇瑞公司主要产品有风云、旗云、QQ、东方之子、瑞虎等。2001 年 3 月,风云轿车成功推向市场,使奇瑞公司迅速成长为国内主流轿车企业。2003 年 6 月推出 QQ 系列轿车(图 4.188)和东方之子系列轿车。同年 8 月,奇瑞公司又推出了旗云系列轿车,成功完成产品线布置,进入全面发展的新阶段。2004 年 4 月 15 日奇瑞公司第 20 万辆轿车下线,预示着这个汽车业的新锐成长为中国自主品牌的支柱企业。2005 年 3 月 22 日,奇瑞公司第一辆瑞虎 SUV 上市,瑞虎的下线成功实现了奇瑞公司轿车向汽车的转变。2005 年 3 月 28 日,奇瑞公司举行发动机二厂生产线起动及首台发动机点火仪式(图 4.189),从而实现中国在轿车主要零部件(发动机)自主研发上零的突破。

2013 年 4 月 16 日,奇瑞发布了全新标志以及全新品牌战略(图 4.190),这标志着奇瑞明确了着力打造一个品牌的发展战略。标志的整体是英文字母 CAC 一种艺术化变形;CAC 即英文 Chery

图 4.188　奇瑞 QQ

Automobile Corporation 的缩写,中文意思是奇瑞汽车股份有限公司;标志中间 A 为一变体的"人"字,显示着公司以人为本的经营理念;徽标两边的 C 字向上环绕,如同人的两个臂膀,象征着一种团结和力量,环绕成地球形的椭圆状;中间的 A 在椭圆上方的断开处向上延伸,寓意奇瑞公司发展无穷,潜力无限,追求无限。

图 4.189 奇瑞发动机点火仪式

图 4.190 奇瑞车标

4.8.10 浙江吉利控股集团有限公司

浙江吉利控股集团有限公司(GEELY)是一家民营轿车生产经营企业,始建于 1986 年,创始人李书福。经过 30 多年的建设与发展,在汽车、摩托车、汽车发动机、变速器、汽车电子电气及汽车零部件方面取得了较好业绩。

2014 年,吉利发布全新品牌战略,取消现有全球鹰、帝豪、英伦品牌,回归一个吉利,并采用全新 Logo(图 4.191)。新标识以帝豪 Logo 为基础,融入了原有吉利 Logo 的蓝色,寓意着吉利品牌集聚既往精华,在演进中获得新生;同时,渠道也将相应优化整合,以统一形象和产品组合为消费者提供优质服务。

图 4.191 吉利新车标

2010 年,吉利完成对瑞典沃尔沃轿车公司的收购。2017 年 6 月 23 日,吉利与马来西亚多元重工业集团(DRB-HICOM)正式签约,收购旗下宝腾汽车(PROTON Holding)49.9%的股份以及豪华跑车品牌莲花(Lotus Group)51%的股份。目前,吉利控股拥有吉利、领克、沃尔沃、伦敦出租车、宝腾和莲花 6 个汽车品牌(图 4.192)。下面主要介绍沃尔沃与莲花汽车。

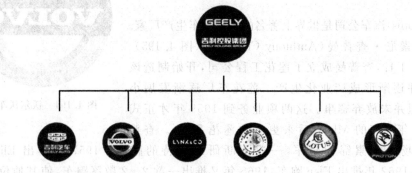
图 4.192 吉利旗下品牌

1. 沃尔沃

沃尔沃(Volvo)汽车公司曾是北欧最大的汽车企业,也是瑞典最大的工业企业集团。公司创立于 1924 年,创始人是阿瑟·格布里森(Assar Gabrielsson)和古斯塔夫·拉尔森(Gustav Larson)。沃尔沃生产的 Jakob OV4(图 4.193)于 1927 年 4 月 14 日正式出厂,从而揭开了瑞典工业史上的新篇章。

图 4.193　沃尔沃生产的第一辆 Jakob OV4

安全、环保和质量是沃尔沃汽车公司的核心价值。在同级别车中,沃尔沃汽车堪称是最安全的,它有一些独到的设计,如:SIPS 侧撞保护系统、IC 充气帘和 WHIPS 头颈部保护系统等安全装置。沃尔沃汽车以稳定、良好的道路表现、舒适感、省油及满足最苛刻的环保要求而闻名。沃尔沃是安全带的发明企业,因此沃尔沃在车标上总是会彰显这一元素。

沃尔沃汽车车型分 S(轿车)、V(旅行车)、C(跑车)和 XC(运动休闲)4 个系列。S 系主要产品有 S90、S60、S40;V 系有 V40、V60;C 系有 C70 跑车,C70 敞篷车;XC 系有 XC60、XC90。

沃尔沃车标(图 4.194)是一个滚动的车轮,喻示着公司事业兴旺发达,前途无限。圆圈上方绘一向上箭头,具有火星或男性的含义。圆圈外面加上一个方框,并在方框上栓了一根象征安全带的长条,突出了沃尔沃汽车安全性的含义。

2. 莲花

莲花(Lotus)汽车公司是世界上著名的运动汽车生产厂家。创始人是安索尼·查普曼(Anthtony Chapman)(图 4.195)。1952 年 1 月 1 日,查普曼成立了莲花工程公司,开始制造该品牌汽车,并逐渐形成产业化生产。莲花车厂逐渐发展小批量生产,但并未放弃赛事。这两项业务到 1959 年才正式分开。1955 年停产的 Mk Ⅵ后来更名为莲花 Seven。查普曼一边在赛场上积累锦标冠军,一边不断研制独特的跑车。1957 年推出 Elite 跑车(图 4.195),1962 年推出 Elen 跑车,1965 年又推出一款 2+2 敞篷跑车,使其地位不断巩固。查普曼于 1982 年 12 月 16 日因心脏病去世,年仅 54 岁。查普曼虽然统领一个强大

图 4.194　沃尔沃车标

的工业联合体,但始终不是一个普通意义上的老板。直到他去世时,莲花品牌的所有车型都是由他亲自负责设计、制造的。莲花品牌之后几经易手,1985年底,通用并购莲花,1993年与意大利的布加迪(Bugatti)车厂合并,把莲花的独门利器——主动式悬挂系统及噪声抑制系统,安装在目前世界上跑得最快的量产超级跑车布加迪 EB112 上。之后东家还包括韩国大宇、马来西亚宝腾汽车。2017 年 6 月 23 日,浙江吉利控股集团(以下简称"吉利集团")与马来西亚 DRB-HICOM 集团签署最终协议,收购 DRB-HICOM 旗下宝腾汽车(PROTON)49.9%的股份以及豪华跑车品牌莲花(Lotus)51%的股份。至此莲花品牌归入吉利汽车名下。

图 4.195　安索尼·查普曼和莲花 Elite 跑车

莲花的车标(图 4.196)是在莲花的花蕊上除了"LOTUS"英文字母外,还有 4 个字母 ACBC 重叠组成的图案,是莲花汽车公司的创始人安索尼·柯林·布鲁斯·查普曼(Anthtony Colin Bruce Chapman)姓名全称的四个缩写英文字母。

4.8.11　广州汽车集团股份有限公司

广州汽车集团股份有限公司创立于 2005 年 6 月 28 日,前身为 1997 年 6 月成立的广州汽车集团有限公司,是由广州汽车工业集团有限公司、万向集团公司、中国机械工业集团公司、广州钢铁企业集团有限公司、广州市长隆酒店有限公司作为共同发起人,以发起方式设立的大型国有控股股份制企业集团。

2010 年,由国内知名品牌咨询与设计公司正邦设计的广汽集团全新标识正式启用(图 4.197)。新标识类似字母 G,是对"至精·志广"的全新演绎。

图 4.196　莲花车标　　　　　　　　图 4.197　广汽车标

广汽传祺是广汽集团在 2010 年推出的自主品牌。时至今日,广汽传祺已陆续推出了传祺 GA5、GA6、GA8、GS3、GS4、GS5 Super、GS7、GS8 等传统车型及 GA5 PHEV、GA3S

PHEV、GS4 PHEV、GE3等新能源车型，实现了传统动力汽车和新能源汽车的完整布局。图4.198为2016年上市的7座SUV GS8。

图4.198　广汽GS8

4.9　其他国家汽车公司

4.9.1　俄罗斯瓦兹汽车公司

俄罗斯瓦兹(Volzhsky Automobilny Zavod,VAZ)汽车公司成立于1966年7月20日，因坐落在伏尔加河(Volga River)畔，也称为伏尔加(Volga)汽车公司，是俄罗斯最大的小轿车制造商。当时苏联中央委员会从苏联40多个具有竞争性的地区中，选出了最理想的汽车生产基地——Togliatti，与意大利菲亚特合作生产拉达(LADA)汽车。LADA俄文的意思是"人民大众的车"。

瓦兹汽车公司是世界上最大的汽车制造厂之一，拥有144km长的生产线，是世界上唯一一家几乎所有汽车零部件都在工厂内制造的汽车公司。

1970年4月19日瓦兹公司开始生产VAZ-2101型轿车，它是基于菲亚特公司1966年生产的Fiat 124型车(图4.199)。公司每年生产轿车近100万辆，包括Samara、Lada 110和Niva四轮驱动车。汽车总产量的30%～35%外销至欧洲、亚洲、非洲、拉丁美洲、澳大利亚及新西兰等80多个国家。伏尔加汽车公司与世界各汽车工业国家皆维持有广泛的技术及

图4.199　1970年生产的VAZ-2101型轿车

商业关系，以保持俄罗斯模范车厂的美誉。

4.9.2 俄罗斯嘎斯汽车公司

俄罗斯嘎斯（Gorkovsky Automobilny Zavod，GAZ）汽车公司，也称为高尔基汽车厂。1929年3月4日苏联政府签署法令，同意在Nizhny Novgorod市附近与美国福特汽车公司合作建立一个汽车厂。1932年1月1日正式开工。第一辆汽车于1932年1月29日下线。1932年12月第一辆中级轿车GAZ-A问世。GAZ-A和GAZ-AA是按照福特公司提供的设计图纸制造的。20世纪30年代GAZ已成为苏联汽车工业的领头羊，生产并销售了45万辆汽车。其汽车产品有17个车型和版本，产量占苏联国内市场的68.3%。

1981年3月1日第1000万辆汽车出厂，1995年12月第1500万辆出厂。1992年11月高尔基汽车厂改制为上市股份公司。

嘎斯汽车公司旗下拥有伏尔加（Volga）（图4.200）、海鸥（Seagull）、索博（Sobol）、羚羊（Gazelle）等汽车品牌。

嘎斯车标（图4.201）是一只稳步前行、富有朝气的小鹿。下方为俄文字母GAZ，即高尔基汽车厂。

图4.200 伏尔加3111轿车

图4.201 嘎斯车标

4.9.3 印度塔塔汽车公司

塔塔（TATA）汽车公司是印度塔塔集团下属的子公司，成立于1945年，是印度最大的综合性汽车公司，占有印度市场59%的份额。公司现任董事长为拉坦·塔塔（Ratan Tata）（图4.202）。1954年与德国戴姆勒—奔驰进行合作，1969年能够独立设计出自己的产品。从20世纪60年代开始，塔塔汽车已出口到欧洲、非洲和亚洲等一些国家和地区。1999年，塔塔进入乘用车领域，在这一市场的占有率在16%左右。20世纪90年代末推出的印度自行设计、生产的小型轿车印迪卡（Indica）（图4.202），由于外形优雅、时尚、价格低，曾在上市短时间内就接到11万订单，产品供不应求，创造印度汽车销售的最高纪录，现已成为印度的主要汽车品牌。塔塔轿车已有较高的知名度。2003年底塔塔以1.2亿美元收购韩国大宇公司旗下的卡车子公司。塔塔汽车公司主要产品包括小型汽车、4驱越野车、公共汽车、中型及重型货车等。塔塔集团共有31个上市公司，其市值总额约936.7亿美元（截至2012年10月4日），拥有380万股东。2011—2012财年，塔塔集团总收入为1000.9亿美元，其中58%来自于海外。

图 4.202　拉坦·塔塔和 Indica 轿车

塔塔车标（图 4.203）是椭圆形中两个字母"T"相叠而成，一个实心，另一个则是空心，巧妙地融合在一起。下方是 TATA 的字母排列。

塔塔公司旗下拥有印迪卡（Indica）V2、英靛（Indigo）、远征（Safari）、速猫（Sumo）等汽车品牌。2008 年，福特汽车与印度塔塔（TATA）公司签订协议，同意将包括路虎、捷豹、罗孚、英国 Daimler 和 Lanchester 在内 5 个品牌使用权以 26.5 亿美元的价格出售给塔塔公司，其中捷豹和路虎是两个比较知名的品牌。

图 4.203　塔塔车标

4.9.4　瑞典萨博汽车公司

瑞典汽车品牌萨博（Saab）成立于 1945 年，由于经营和资本运作的原因，最终在通用旗下被肢解，结束了其传奇的品牌生涯。图 4.204 为萨博车标，来源于 Svenska Aeroplan Aktiebolaget，也就是瑞典飞机有限公司。其一开始主要为瑞典空军提供战斗机，但随着第二次世界大战的结束，战斗机市场急剧萎缩，此时的瑞典飞机公司开始开发其他多样化市场。

1948 年，萨博将其在 Trollhttan 的飞机工厂完全转化为可供汽车进行装配、开发的汽车工厂，当年刚刚推出的萨博 92.002（图 4.205）车型便是在这个工厂与飞机同步生产的。这款车在 1947 年问世，1949 年得以量产。进入 20 世纪 50 年代，萨博品牌汽车在瑞典开始普及。与此同时萨博也将这款车出口到斯堪的纳维亚以赚取利润。萨

图 4.204　萨博车标

博这台首款汽车的最大特点在于萨博根据以往制造飞机的经验，在这款车上应用了非常细致、严谨论证过的空气动力学设计，在 60 多年前设计的这台车的风阻系数仅为 0.3，迄今为止这一风阻系数也堪称优秀。而这种空气动力学的设计理念更是贯穿了整个萨博汽车的发展，同时也为萨博"贴地飞行"的动感品牌形象奠定了坚实的基础，可以说从一开始建立企业萨博便将飞机的设计元素融入其中。

1976 年，经过工程师 Per Gillbrand 的不懈努力，萨博实现了一项对汽车工业有重大影响的技术突破，即如今被人们熟知的涡轮增压技术。萨博在 Saab 99（图 4.206）车型上广泛应用了成熟的废气涡轮增压技术，该车的发动机拥有一个独特的废气阀门，用于分流发动机

图 4.205　萨博 92.002

不需要的动力以提高发动机效率,萨博研制的四缸涡轮增压发动机能够提供媲美当时 V8 发动机的动力。

事实上最早将涡轮增压发动机应用在量产车上的是通用汽车公司,1962 年生产的 Oldsmobile Jetfire 装备了一台最大功率 215 马力的 3.52L 全铝 V8 涡轮增压发动机,同年的雪佛兰 Corvair 则装备了一台 2.4L 水平对置 6 缸涡轮增压发动机。1973 年问世的 BMW2002 turbo 和 1975 年问世的保时捷 911(930TURBO)都比萨博早得多。但当时的涡轮增压技术并不成熟,出现了诸多问题,前述各厂商在推出各自的涡轮增压车型后又很快停产了。而萨博克服了涡轮使用过程中的热控制和匹配问题,使汽车发动机在应用涡轮增压技术上真正开始走向成熟,这一创举出现在石油危机日益严重的 20 世纪 70 年代极具意义。

图 4.206　Saab 99 首次成功运用涡轮增压

2000 年,通用收购萨博的全部股份,并于 2003 年将萨博的发动机部门与其在德国吕塞尔海姆的部门合并。

2009 年 6 月,瑞典超跑厂商科尼赛克宣布向通用集团购买萨博品牌,我国北京汽车公司也是其中的买家之一。而在这次交易之后,北汽得到了第一代 Saab 9-3 与 9-5 的生产线以及总价值 2 亿美元的财产权与生产设备,并在 2011 年基于这两条生产线推出了全新的北汽自主品牌。

2010 年 1 月 26 日,通用汽车公司宣布已经与世爵达成协议,由世爵公司出资 3.2 亿美元购买萨博的大部分股权,而通用汽车公司则继续为萨博品牌提供发动机与变速箱。萨博在被世爵收购后并未迎来新的转机,后期推出的车型依然销量惨淡,同时由于世爵汽车自身的资金链断裂,未能支付零配件供应商的货款,萨博被迫于 2011 年 4 月停产。

本章小结

每一个汽车公司和品牌都有一段传奇的故事。

通用汽车公司是美国第一大汽车公司，也是世界最大的汽车公司之一，由威廉·杜兰特于1908年9月16日创立。旗下包括依旧存在的括雪佛兰、别克、GMC、凯迪拉克、霍顿、欧宝、沃克斯豪尔，以及如今已经消失的庞蒂亚克、悍马、萨博、土星、大宇和奥兹莫比尔。

福特汽车公司是美国第二大汽车公司，由亨利·福特于1903年6月16日创立。目前旗下拥有福特(Ford)、林肯(Lincoln)两个子品牌。

菲亚特作为超过百年历史的经典品牌一直被视为完美汽车的缔造者。目前主要包括了12个品牌，即菲亚特、克莱斯勒、Jeep、道奇、法拉利、阿尔法—罗密欧、蓝旗亚、SRT、阿巴斯10个品牌以及下属2个子品牌Fiat Professional和克莱斯勒专属改装厂Mopar。

戴姆勒—奔驰汽车公司是德国也是世界上资格最老的汽车公司，于1926年6月29日由戴姆勒汽车公司和奔驰汽车公司合并而成，1998年与克莱斯勒汽车公司合并成立戴姆勒—克莱斯勒汽车集团。旗下品牌分别是梅赛德斯—奔驰、迈巴赫、smart、AMG与乌尼莫克。

宝马汽车公司是德国生产豪华轿车、摩托车和高性能发动机的制造商，由卡尔·拉普和马克斯·弗里茨于1916年创建。旗下拥有BMW、MINI和Rolls-Royce(劳斯莱斯)3个品牌。

大众集团旗下共有12大品牌，包括大众汽车(Volkswagon)、奥迪(Audi)、斯柯达(Skoda)、西雅特(Seat)、保时捷(Porsche)、宾利(Bentley)、兰博基尼(Lamborghini)、布加迪(Bugatti)、杜卡迪(Ducati)、斯堪尼亚(SCANIA)、曼卡车和大众商用车。这些品牌几乎涵盖了所有车型，而且每个品牌在其市场中都占据相当重要的位置。

标致汽车公司是法国最大的汽车公司，也是法国最早生产汽车的公司，由阿尔芒·标致于1896年创立。

雪铁龙汽车公司是法国第三大汽车公司，由安德烈·雪铁龙于1912年创建，1976年与标致汽车公司合并成立标致—雪铁龙集团(PSA)。

雷诺汽车公司是法国最大的国有企业，由路易斯·雷诺于1898年创立。

丰田汽车公司是日本最大的汽车公司，也是全球第二大汽车公司，由丰田喜一郎于1933年创建。旗下的汽车品牌有丰田、雷克萨斯、Scion、大发等。

日产汽车公司是日本第二大汽车公司，创建于1933年12月。旗下拥有日产(Nissan)和英菲尼迪(Infiniti)两个品牌。

本田汽车公司是日本第三大汽车公司，由本田宗一郎于1946年10月创建。旗下拥有本田(Honda)和讴歌(Acura)两个品牌。

马自达汽车公司是由松田重次郎于1920年创建，是目前世界上唯一还坚持生产转子发动机的汽车公司。

铃木汽车公司是以生产小型车与中小型的越野车著称的日本汽车制造商。

五十铃汽车公司是日本专门生产载重汽车、越野汽车和客车的公司。

现代汽车公司是韩国第一大汽车公司,由郑周永于1967年创建。

起亚汽车公司是韩国最早的汽车制造商,成立于1944年。

中国第一汽车集团公司前身是第一汽车制造厂,成立于1953年7月15日。旗下拥有解放、红旗、奔腾、夏利等自主汽车品牌。

东风汽车公司前身是第二汽车制造厂,于1965年12月21日成立。

北京汽车工业控股有限责任公司的前身是北平汽车修配厂,后更名为北京汽车制造厂。

上海汽车集团股份有限公司成立于2004年11月29日,其前身是上海汽车装配厂。

长安汽车有限责任公司创建于1995年,由原长安机器制造厂和江陵机器厂合并而成。

合肥江淮汽车制造厂前身是1964年成立的巢湖汽车配件厂。

长城汽车股份有限公司是国内规模最大、品种最多的皮卡专业厂。

比亚迪股份有限公司创立于1995年,英文缩写"BYD",名字含义为:Build Your Dreams,成就梦想。

奇瑞汽车有限公司(简称"奇瑞公司")成立于1997年3月18日,是由安徽省及芜湖市五个投资公司共同投资兴建的国有大型股份制企业。

浙江吉利控股集团有限公司(GEELY)始建于1986年,目前拥有吉利、领克、沃尔沃、伦敦出租车、宝腾和莲花6个汽车品牌。

广汽集团,全称广州汽车集团股份有限公司,创立于2005年6月28日,前身为1997年6月成立的广州汽车集团有限公司。

俄罗斯瓦兹汽车公司,也称为伏尔加(Volga)汽车公司,是俄罗斯最大的小轿车制造商。

嘎斯汽车公司(高尔基汽车厂)是俄罗斯生产中高档汽车的企业,成立于1929年3月4日。

塔塔汽车公司是印度最大的综合性汽车公司,成立于1945年。拥有印迪卡(Indica)V2、英靛(Indigo)、远征(Safari)、速猫(Sumo)等汽车品牌,以及收购得到路虎、捷豹、罗孚、英国Daimler和Lanchester在内五个品牌。

思 考 题

1. 通用旗下有哪些品牌?哪些已经退出历史舞台?
2. 历史上第一个成熟使用涡轮增压的是哪款车型?历史上第一款采用自动变速箱的是哪款车型?
3. 福特旗下有哪些品牌?
4. 菲亚特旗下有哪些品牌?法拉利标志起源于何处?
5. 第一款采用燃油喷射的车型是什么?简要讲述奔驰标志的演变历史。
6. 大众旗下品牌有哪些?兰博基尼的命名方式有何特点?
7. 简述标致车标演变历史。
8. 什么是丰田的精益生产?
9. 日产汽车有哪些代表车型?

10. 本田 NSX 的研发背景是什么？
11. 简述韩国现代汽车与起亚汽车合并的历史背景。
12. 中国第一家民营汽车企业是哪一家？
13. 中国最大的皮卡生产厂商是哪家？
14. 吉利旗下有哪些子品牌？

5 汽车名人

对于汽车工业来说，无论是早期的发明创造，还是后来的发展壮大；无论是一项技术革新的不断完善，还是生产组织方式的重大变化，都是众多参与者具体实施的结果。在汽车100多年的漫长岁月里，多少有识之士为之奔波呼号，多少能工巧匠为之呕心沥血，多少管理精英为之终生操劳。正是他们在汽车工业园地里的辛勤耕耘，才有了汽车工业今天的辉煌。本章重点挑选十几位有代表性的、对世界或本国汽车工业发展有重大贡献和影响的汽车名人进行介绍。

5.1 卡尔·本茨

卡尔·本茨(Carl Benz)(图 5.1)是世界第一辆内燃机驱动三轮汽车的发明人，德国奔驰汽车公司的创始人，现代汽车工业的先驱者之一，被誉为"汽车之父"。

1844 年 11 月 25 日，本茨生于德国一个工程师之家，童年丧父，家境贫寒，母亲供养他接受良好的教育。在中学时代开始，本茨就对自然科学产生了浓厚的兴趣，1860 年进入卡尔斯鲁厄(Karlsruhe)综合科技学校，系统地学习了机械构造、机械原理、发动机制造、机械制造、经济核算等课程，为他日后的发展打下了良好基础。1864—1870 年，曾在多家企业供职，当过制图员、设计师和工厂主管。1871 年与他人合作建立一家公司，并于 1879 年开发成功二冲程固定式发动机。随后，获得若干项相关专利，如发动机速度调节系统、电池点火系统等。1882 年公司转为股份制公司，由于研究工作受阻，1883 年本茨离开了该公司。

图 5.1 卡尔·本茨
(1844—1929)

1883 年，本茨与另外两位合作者建立了奔驰公司莱茵燃气发动机工厂(Benz & Co. Rheinsche Gasmotoren Fabrik)，开始生产工业用二冲程发动机，同时向其他企业出售燃气发动机生产许可。公司的稳定运转和稳定的资金支持，使本茨有足够的精力投入汽车发动机的研发，也使他发明汽车的路线与戴姆勒(Daimler)的完全不同。戴姆勒是把自己的发动机装在现成的普通四轮马车上，而本茨则致力于从四冲程汽油发动机到适宜搭载发动机的车辆整体性能开发。1886 年 1 月 29 日，本茨开发的三轮四冲程发动机汽车获得发明专利书,同年 7 月 3 日该车对外公开展示。

1890 年,奔驰公司为德国第二大发动机制造商,1893 年奔驰汽车以枢轴转向代替了拉杆转向,1896 年本茨发明了相对式发动机(Contra Engine),这是今天水平对置活塞式发动机的前身。1899 年奔驰公司股份化,更名为 Ben＆Cie。

在发明汽车的过程中,卡尔·本茨的勇气令人十分钦佩。他甘心清苦,埋头于自己的发明工作。他果敢地摒弃了在技术上已十分成熟的蒸汽机而选用了并不被人看好的内燃机作动力,反映了他在观念上的巨大转变。他既能开发生产反映汽车技术最高水平的高档车,又能及时调整产品结构,组织生产适销对路的普通车,为公司赢得可观的利润,说明他既有工程师的基本素质,又有企业家的经营技巧。

5.2 戈特利布·戴姆勒

戈特利布·戴姆勒(Gottlieb Daimler)(图 5.2)是世界上第一辆内燃机驱动四轮汽车的发明人。1834 年 3 月 17 日出生于德国绍恩多夫的一个面包师家庭。1848 年在军械厂当学徒,后在法国和英格兰学习和工作。1857—1859 年就读于斯图加特技术学院。1863 年和 1869 年分别受雇于两家机械厂作技术主管,1865 年在那里认识另一位汽车史上的伟大人物——威廉姆·迈巴赫(Wilhelm Maybach),两人从此在发明汽车的道路上永远地站在一起。1867 年 11 月 9 日,戴姆勒与埃玛·库驰(Emma Kurtz)结婚。1872 年就职于奥托(Otto)和朗琴(Langen)开办的道依茨(Deutz)煤气机工厂,担任技术总监。期间,奥托发明了四冲程发动机循环(奥托循环),戴姆勒预感到这种发动机的巨大潜力。他认为奥托的发动机过于笨重,常常与好友迈巴赫一起钻研轻便发动

图 5.2 戈特利布·戴姆勒
(1834—1900)

机方案,但奥托并不采用。1882 年,因与公司管理层意见不合,戴姆勒离开了道依茨厂,用 75000 金马克在坎施塔特购买了一幢别墅,并在别墅花园建起了一个试验车间用来研制新汽油机。他和迈巴赫在 1883 年改进了奥托的四冲程发动机,开发了第一台用汽油代替煤气作为燃料的卧式发动机,并在 1884 年创造出了发动机转速分 600r/min 的纪录(在这之前发动机转速只有 120~180r/min)。他们再接再厉,把发动机的体积尽可能缩小,终于制成了世界上第一台轻便小巧的化油器式、热管(Hot-tube)点火的小型汽油机,转速达到了当时创纪录的 750r/min。这是世界上第一台立式发动机,取名为"老爷钟",在 1885 年 4 月 3 日取得德国专利。

戴姆勒立即把这台发动机装在一辆自行车上,1885 年 8 月 29 日,戴姆勒取得了这辆"骑式双轮车"的德国专利。这实际上是世界上第一辆摩托车。同年 10 月,他还发明了摩托滑板和摩托艇。这样,到了 19 世纪 80 年代,经过了将近 100 年的努力,小型内燃机终于在技术上取得了突破,可以应用在汽车上。

1886 年,戴姆勒和迈巴赫又制成了一台高速四冲程汽油机,排量 0.462L,1.1 马力,转速 665r/min。戴姆勒为了庆祝妻子埃玛 43 岁生日,把发动机装在一辆花了 775 马克买来

的美国四轮马车上,成为世界上第一辆四轮汽车。这辆车以18km/h的速度,从斯图加特开到了坎施塔特。当时人们称之为"没有马的马车"。

1890年11月28日,戴姆勒与他人合股成立了戴姆勒发动机公司(Daimler-Motoren-Gesellschaft,DMG),迈巴赫担任总工程师,主要生产发动机,并在英国和奥地利开设了分公司。早期法国、英国等欧洲国家的汽车发动机,不少都是戴姆勒公司提供的。

1900年3月6日,戴姆勒去世,但他的公司继续发展,生产了著名的梅赛德斯轿车,从而确立了在世界上的名牌地位。

5.3　威廉姆·迈巴赫

威廉姆·迈巴赫(Wilhelm Maybach)(图5.3)被称为"汽车发明大王"。1846年2月9日出生于德国的海尔布隆,他还有4个兄弟姐妹,后来搬到了斯图加特。在迈巴赫10岁时,父母相继去世,小小的他成为孤儿。后来一家慈善机构在报上看到领养启事后,答应照顾他。迈巴赫在罗依特林根上学时,学校的负责人发现了迈巴赫的技术才能,并很好地培养了他。

迈巴赫1865年在罗依特林根见到了戈特利布·戴姆勒,从此迈巴赫就成了戴姆勒的知音,两人之间保持着友好亲密的关系,一直到戴姆勒去世。1869年他跟随戴姆勒在奥托领导的道依茨公司工作。在这段时间他忙于设计一种适应于水、陆、空三用的轻型高速内燃机。

图5.3　威廉姆·迈巴赫
(1846—1929)

1882年,迈巴赫跟随戴姆勒一起去了坎施塔特(Cannstatt),在那里两人着手研究和开发轻型高速内燃机。经过大量的试验研究,迈巴赫发明了无调节热管点火系统(高速内燃机的重要部分)。继1883年发明卧式内燃机后,又发明了一种立式的称为"老爷钟"的轻型内燃机。这种新的内燃机于1885年第一次安装到一辆二轮木制车上,后来又装到四轮车上。

当戴姆勒与他人合伙在1890年成立戴姆勒发动机公司(DMG)时,迈巴赫被任命为总工程师。然而,由于不满意某些合同条款,迈巴赫于1891年2月离开了公司。戴姆勒本人也由于与合伙人在产品方向上意见相左,只好在产品开发上另起炉灶。在随后一年半里,迈巴赫在戴姆勒的资助下继续在他的车间里进行设计工作,完成了诸多重要设计成果,包括喷嘴化油器(Spray Nozzle Carburetor)、"凤凰"(Phoenix)发动机和对皮带驱动系统的改进。

1895年,戴姆勒公司经营状况恶化,公司合伙人一方面排挤戴姆勒,一方面邀请迈巴赫回公司任职,但迈巴赫坚决拒绝了在没有戴姆勒的情况下返回公司的邀请。由于迈巴赫的"凤凰"发动机在国际上已经名声远扬,一位英国实业家以35万马克为条件,要求公司请回了戴姆勒和迈巴赫,戴姆勒是董事会成员,迈巴赫是主任工程师。

迈巴赫回到原来的职位后,第一个发明是带风扇的管状散热器,后是蜂窝散热器,这一有效的发动机冷却系统为现代汽车的开发铺平了道路。随后又发明了第一个四缸车用发动机。1898—1899年间他发明了能产生6~23马力的5款不同型号的发动机。

戴姆勒去世后,迈巴赫最伟大的发明是第一辆梅赛德斯汽车。该车在1901年3月的

"尼斯之旅"车赛上非常轰动,因为相对于戴姆勒以前车型来说产生了技术上的大跨越,昭示着马车时代的彻底结束。

1907年由于公司领导层无休止的争斗,迈巴赫再一次离开了戴姆勒公司。

1909年3月23日,威廉姆·迈巴赫与儿子卡尔·迈巴赫(Karl Maybach)创办了飞机发动机制造股份有限公司,1918年更名为迈巴赫发动机股份有限公司(Maybach Motoren GmbH)。1919年公司重返汽车行业,进行汽车和发动机设计。

5.4 费迪南德·波尔舍

费迪南德·波尔舍(Ferdinand Porsche)(图5.4)是世界上最为杰出的"汽车设计大师"。1875年12月3日,波尔舍出生于波西米亚的一个铁匠之家。这位奥地利工程师兼设计师,是一个半路出家的技术发明家。他自幼没有受过正规教育,15岁进入维也纳专科学校的夜校进行短暂学习,这是他唯一的学历。但他的确是一个传奇式人物,通过自己天才的思维和创新的设计,使一系列品牌、车款和汽车技术打上了波尔舍的烙印。

22岁那年,波尔舍设计了一台能安装在汽车轮内的电动机,以替代当时在汽车上普遍使用的链条传动,并因此而获得了第一个混合传动系统专利。1900年,他首创的洛纳-保时捷(Lohner Porsche)电动汽车出现在巴黎世界工业产品博览会上,从此,他以"电动汽车之父"闻名于世。波尔舍使用自己的姓氏Porsche来命名公司和商标,现在中文习惯将其公司名

图5.4 费迪南德·波尔舍
(1875—1952)

翻译为"保时捷"。1906年,他受聘为戴姆勒公司奥地利分公司技术总监,其间,他设计的轻型赛车以106英里/h的车速,赢得西西里汽车大赛的冠军。1923—1928年,当波尔舍在斯图加特任戴姆勒—奔驰技术总监期间,开发了著名的梅赛德斯SS和SSK增压跑车。波尔舍还开发了世界第一台风冷汽车发动机和第一台航空发动机。

直到1931年,波尔舍终于在斯图加特创办了自己的企业——保时捷工程事务所(Porsche Engineering Office)。这是一家独立的汽车工程师咨询公司,对外承接从零部件到总成甚至到整车的技术开发项目和新技术研制。从20世纪30年代到第二次世界大战期间,这家小型工程企业在汽车界享有很高的声誉,受委托解决最棘手的技术问题,并常对各类技术问题提出全新的解决方案。这期间,波尔舍为纳苏(NSU,后并入奥迪)设计过轿车;为汽车联合有限公司(Auto Union,奥迪的前身)设计过高性能赛车;为意大利Cisitalia设计过最高车速300km/h的大奖赛(Grand Prix)用车。

当然,最著名的要数为大众汽车公司设计的"甲壳虫"了。它不但成就了千万人大众化汽车的梦想,也对当时德国汽车工业的发展乃至整个德国经济的繁荣产生了深远的影响。更为难得的是,它的生产一直延续到2003年7月,成为世界上累计产量最大的车型。1998年大众新"甲壳虫"的推出,更是波尔舍富于远见卓识的原创精神的最好证明。

第二次世界大战期间,波尔舍曾是纳粹德军坦克研制工作的重要技术专家,战后被盟军指控为战犯关进法国监狱。1948年,获释后的波尔舍重操旧业,他所组建的保时捷设计有

限公司精心设计、制作了50辆功率为30kW、铝制车身的保时捷356型跑车。由于该车在一次重大比赛中出人意料地战胜了许多欧美名车,一夜之间成为妇孺皆知的英雄,波尔舍在车坛的地位由此得以确定。

1952年1月30日,就在保时捷356型跑车开始为公司赢得荣誉时,波尔舍因病去世,终年77岁。

5.5　亨利·福特

亨利·福特(Henry Ford)(图5.5)是美国和世界汽车工业主要奠基者之一,被誉为"汽车大王"。

福特出生于1863年7月30日,其父是一位农场主。他自小就对从事农事颇有怨言,反而对捣鼓机械充满了浓厚的兴趣。17岁那年,他独自到位于底特律的密西根汽车制造公司上班。后来,又先后从事过机械修理、手表修理、船舶修理等工作,并且一边工作一边参加夜校学习,以便将来能够自己开一家制造机械的工厂。为了实现这一目标,他还告别了富庶而温馨的家,到爱迪生电气公司边工作边学习电气知识。下班后,利用作为爱迪生电气公司总工程师的条件,在家中的棚子里试制汽油机。1893年圣诞节,福特汽油机试验成功,这给了他极大鼓舞,决心再接再厉,研制出自己的不用马拉的马车。1896年春天,他的第一辆汽车试制成功。1899年,福特又成功地制作出了三辆汽车,他因此在当地被公认是这一领域的杰出人物。这之后,福特曾有过两次办汽车厂的经历,但均以失败而告终。

图5.5　亨利·福特
(1863—1947)

1903年6月,福特第三次与他人合作成立了福特汽车公司,制造出性能稳定的A型汽车,为福特公司日后的发展奠定了物质基础,在不到一年时间内就销出650辆。第二年,A型车月产量稳定在300辆,第三年达到360辆,福特公司因此而成为全底特律最为忙碌的工厂。1906年,N型车问世,这是一款物美价廉的汽车,外形美观、性能良好,加之随后推出的R型、S型等车,两年之内共售出8000多辆。

1908年秋,令人注目的T型车问世了。T型车在设计思路、生产流程、零售定价、销售组织、售后服务等许多方面都采用了与众不同的方法。T型车的各种零件被首次设计成统一规格,实现了总成互换;在大型总装车间,别人发明的流水线装配法被进一步发展,实现了由机械传送带运送零件和工具,极大地提高了工作效率;采用低定价的销售策略,使产品为大多数人购买得起;提供充足的零部件和及时的售后服务保障,消除了用户的后顾之忧;大幅度提高工人工资,以求提高工作效率、降低生产成本。由于该车价格低廉、使用方便、维护容易,销售异常火爆,累计1500多万辆的产量更是创造了空前的纪录。T型车成为普通民众的交通工具,改变了人们的生活方式、思维方式和娱乐方式,将人类带入了汽车时代。

20世纪20年代后期,美国开始形成了一个巨大的旧车市场,大批质量相当不错的二手车只需几十甚至十几美元就可买到,这对一向以价廉物美而著称的T型车是一个极大的冲击。同时,由斯隆领导的通用汽车公司生产出了许多时髦多样和先进豪华的汽车,满足了不同阶层的购买需求,也对T型车形成了较大的竞争压力。1927年,顽固的福特不得不让自己心爱的黑色T型车停产,再转产新的A型车。由于转产组织匆忙、耗资巨大,加之接踵而来的经济大萧条的影响,福特公司元气大伤,整个20世纪30年代都未能恢复,分别被通用(1927年)和克莱斯勒(1936年)超过。后来经过全公司员工的拼力追赶,才算在全国第二的位置上站稳脚跟,但那种产量独占全国一半以上的日子已一去不复返。

福特晚年时特别保守专横,没能适应消费者需要的变化,不能及时推出新车。在用人上,排斥主张改革的儿子埃塞尔·福特(Edsel Ford)。1943年,埃塞尔·福特病故,围绕公司继承权的问题,公司和福特家族发生了一场激烈的斗争。1945年,福特在感到自己无法控制局势之后,辞去了总经理的职务,把福特汽车公司交给长孙亨利·福特二世。1947年4月7日,亨利·福特因脑溢血死于底特律,终年83岁。

5.6　威廉·杜兰特

威廉·杜兰特(William Durant)(图5.6)是美国通用汽车公司的缔造者。

杜兰特于1861年出生于美国马萨诸塞州波士顿市。从小就和母亲一起被嗜酒成性的父亲抛弃,10岁起与母亲一起住在家境颇为富裕的外婆家,在那里,小杜兰特受到了外婆的精心教导。杜兰特是一个很有才华、爱着魔的人。他虽然不精通汽车方面的技术,但他像一个汽车制造商一样,有一颗狂爱汽车的心。1886年,杜兰特对一位朋友乘坐的马车产生了极大兴趣,就靠借债1500美元在弗林特成立了一家马车制造公司。1904年,杜兰特用50万美元买进了陷于困境中的别克汽车公司,经过4年的发展,到1908年,其年产销量已达8000多辆,比当时的福特和卡迪拉克两家公司的销售总量还多。为了夺取汽车市场的霸主地位,1908年8月,杜兰特在新泽西州成立了通用汽车公司。被合并的公司包括别克、奥克兰、奥兹莫比尔、卡迪拉克4个大汽车公司和5个较小

图5.6　威廉·杜兰特
(1861—1947)

的汽车公司、3个卡车制造公司、10个汽车零部件公司,还有一个推销汽车的公司——加拿大麦克拉夫林汽车公司。此时的通用汽车公司是一个控股公司,它所辖的各个分公司基本上是独立的经营单位。

为了使通用变成经营公司,1916年10月13日,杜兰特又在特拉华州成立了通用汽车股份有限公司,并以这个公司股票调换原通用汽车公司股票的方法,取得了后者的全部股权。1917年8月1日,新通用公司取得了原通用的全部财产,原通用汽车公司便宣布解散。杜兰特在担任新通用公司总经理的4年中,公司的规模扩大了8倍。

杜兰特对通用的贡献不仅仅是产下通用这个婴儿,他的许多远见卓识和创举都成为日后汽车工业的座右铭。杜兰特第一个提出轿车舒适化理念。他认为,要想汽车发挥它的潜力,就必须使它一年四季都让人感到舒适。正是这个理念,促成了汽车在美国的大范围普及,出现了大批驾车出游整个州、整个美国的游客,汽车成为美国人舒适的移动住宅,对整个美国文化都有巨大影响。杜兰特还创建了通用汽车公司承兑公司,这是工业领域建立的第一个为汽车买主、经销商、潜在经销商提供贷款的公司。这家公司是分期付款式销售的前身,它的建立开创了汽车销售的新天地,挖掘了更多的顾客,反过来又以强大动力推进了汽

车制造的迅猛发展。杜兰特的这一创举至今对开拓汽车需求、扩大汽车销售仍具有重大现实意义。实践证明，要开创一项事业，没有杜兰特这种狂热的执着、专注乃至痴迷疯癫的精神，没有杜兰特这种敢冒风险、大胆创新的精神，显然是不行的。

作为一个失败者，杜兰特也在时时警示我们：扩张一定要从本企业的实际出发，要同企业的市场、资源、生产技术和管理水平等诸多客观制约因素相适应。如果置客观条件于不顾，一味追求发展速度，不择手段地扩大生产规模，必然造成企业的畸形发展，从而使企业走向失败。

通用汽车公司在创建初期两度陷入困境，濒临破产边缘，是因为杜兰特顽固地坚持只求扩张不求管理的指导方针造成的。第一次危机发生在1910年10月。发生严重资金困难的通用公司为了向波士顿的两家公司借款1500万美元，不得不接受城下之盟：宣布11名董事退休，杜兰特被迫辞职。通用公司落入银行家的手中，通用公司第一阶段的发展因杜兰特的失误宣告结束。第二次危机发生在1920—1921年年初。由于杜兰特忽视经营管理和工作效率，只一味地强调规模的扩大，导致活动资本枯竭，汽车销售下降，库存积压剧增，职工工资支付困难，亏损日益严重。这次严重危机使杜兰特一蹶不振，又一次被迫辞职。1920年11月后，他长期隐居在弗林特。到20世纪40年代，他在那里经营了一个滚木球游戏场，还在一家餐馆送外卖，在凄凉中度过余生。

5.7　阿尔弗雷德·斯隆

阿尔弗雷德·斯隆(Alfred Sloan)(图5.7)是汽车业界的管理奇才和著名企业家。他在通用汽车公司所创造的理念和实绩为全球企业界立下表率，开了大公司集团现代管理的先河。

斯隆1875年5月23日出生于美国康涅狄格州一个富裕家庭。1895年毕业于麻省理工学院。其父在1898年以5000美元买下了一家小滚珠轴承厂，送给他去经营。20年后，斯隆以1350万美元把工厂卖给了杜兰特而加盟通用汽车公司。

1923年5月，面对内忧外困的通用公司，董事长杜邦将自己自杜兰特离职以后兼任的公司总经理大权交给了斯隆。后来的实践证明，这是通用公司发展历程中最为重要的一个英明决策。斯隆以其聪明才智为通用构筑了一套完善的组织机构，建立了一整套的管理、财务制度，为公司日后的大发展打下了坚实的基础。

图5.7　阿尔弗雷德·斯隆
(1875—1966)

斯隆是因为自己的公司合并于通用公司之后，才于1919年进入通用担任副总经理。在任副总经理期间，他对通用的管理不善深感不安，曾给总经理写过三份有关内部管理弱点的专题报告，可惜刚愎自用的杜兰特对此不理不睬，最终导致通用几乎倒闭的严重危机，杜兰特本人也被迫辞职。1921—1924年，通用进行了一系列的整顿与改组，涉及范围包括公司的经营方向、相互协作、行政管理体制、组织系统、生产计划、报告制度、产供销管理、人事管理、财务管理、海外扩张战略等。由于这次改革的全面与成功，使通用发生了一次质的变化。

在斯隆建议下，通用按政策制定与行政管理分开、分散经营与协调控制相结合的原则建立了管理组织体制,使公司经营方针政策的制定和控制集中在上层,而将方针政策的实施和运用分散给基层。这套管理体制的建立,使通用的基层部门既可发挥各自的积极性,又在公司的总体控制下进行经营运作,还可将高层管理人员从日常事务中解脱出来,全身心地投入到高层决策中。这次组织变革被称为现代企业管理上的一场革命。

斯隆建立的公司计划制度和报表制度从另一个方面反映了他的企业管理才能。为避免因存货导致的资金呆滞,他要求经销商每隔10天向有关部门上交一份旬报,详细列举10天来的汽车销售量、订货量及接货量等,同时要求提供商业情报的公司每月提供各州的新车登记数、通用汽车在市场上所占的份额及变化原因等。每家生产企业每月需对下月和其后3个月的销售量进行预测,编制计划,并报公司总经理审批。由于这一计划行之有效,后又扩大应用于生产、采购、存货、流动资金、固定资金投资、利润等诸多方面,形成了一套完整的计划管理体系。

在斯隆所建立的管理体制下,下属各分公司的经营积极性被充分地调动了起来,汽车产量逐年上升,自1928年超过福特之后,一直稳居世界首位,其车内市场占有率由1921年的12%增加到1941年的44%。在通用所取得的这一连串成就之中,斯隆所做出的创造性贡献是令后人惊叹的。通用对这位管理奇才也给予了充分的尊重,自1923年接任总经理以来,一直到1966年以91岁高龄离开人世,斯隆始终担任着通用的总经理、董事长、名誉董事长等职。

5.8　沃尔特·克莱斯勒

沃尔特·克莱斯勒(Walter Chrysler)(图5.8)是克莱斯勒汽车公司的创始人。1875年4月2日出生于美国衣阿华州一个铁路技师家庭。

克莱斯勒17时就立志当一名机械师。18岁时,他制造了一辆微型蒸汽车。20岁那年,他被一家工厂聘为机械师,可以拿到一份令人羡慕的薪金。但是,克莱斯靳对任何事情都十分好奇,不愿意始终待在一个岗位上,总想寻找其他发展自己的机会。直到33岁那年,他才相对稳定地受聘担任了芝加哥西部铁路的动力总负责人。

1910年,克莱斯勒辞掉了年薪12000美元的美国火车头公司的职务,受聘担任了通用汽车公司别克分部中一家工厂的技术经理。由于他精通机械、技术超群,在通用公司的作用越来越重要。通用一心一意想留下他为公司效力,但克莱斯勒本人却产生了离开通用,独自去干一番事业的想法。正在此时,杜兰特

图5.8　沃尔特·克莱斯勒
(1875—1940)

重返通用,他为了振兴通用,急于招揽一批人才时,对克莱斯勒竭力挽留,不仅委任他担任了别克部的主要负责人和公司第一副总经理,而且还将其年薪一下子提高到50万美元。然而,由于克莱斯勒与杜兰特难以合作,他还是于1920年3月25日离开了通用。

这之后,克莱斯勒受聘担任了经营困难的威利斯—奥弗兰汽车公司和马克斯威尔公司的顾问,同时参与经营这两家公司。1921年,当马克斯威尔行将倒闭时,他正式接管了公司的经营大权,名正言顺地对其进行了整改。1924年,由克莱斯勒本人主持开发的第一个车

型终于问世了,这种采用了高压缩比发动机的汽车在市场销售中很受欢迎,问世当年就销出了3.2万辆,公司商誉得以提高。利用这一难得的良机,克莱斯勒接收、改组了马克斯威尔公司,并于1925年6月6日正式宣布成立克莱斯勒汽车公司,自己就任总经理。

克莱斯勒汽车公司成立以后,发展极其迅速。相继推出的克莱斯勒4号和亨利5号两种新车,为公司发展做出了贡献。公司在1925年的国内排名只有27位,1926年末升至第5位,1927年又上升至第4位。1928年通过股票交易的方式买下了道奇公司和普利茅斯汽车公司。道奇公司当时在美国排名第三,有良好的商誉和可靠的销售网,买下它之后,克来斯勒在1929年即跃升为美国三大汽车公司之一,后来还曾有过超过福特位居第二位的辉煌。

1935年7月22日,克莱斯勒在过完60周岁生日后,辞掉了公司总经理职务改任董事长,直至1940年7月22日去世,享年65岁。

5.9　安德烈·雪铁龙

安德烈·雪铁龙(Andre Citroen)(图5.9)是法国雪铁龙汽车公司的创始人,发动机前置前轮驱动汽车的发明者。

安德烈·雪铁龙1878年2月5日出生于法国巴黎,年轻时就认定科技进步将给人类带来幸福,所以选择巴黎综合工科学院就读,准备将来当一名工程师。

1900年,大学毕业的雪铁龙去波兰外婆家探亲度假,在旅途中,他偶然注意到一个装置上按"人"字形拼成的齿轮,这个小发现给了他灵感。从外婆家回来后,雪铁龙发明了人字形齿轮传动系统。

1905年,雪铁龙成立了一个自己的小公司,专门生产自己的专利产品,因为人字形齿轮的平稳和效率,很快开始销往整个欧洲。

图5.9　安德烈·雪铁龙
(1878—1935)

1912年,雪铁龙来到了美国,参观了亨利·福特的汽车厂,这次参观给了他极大的震动,他明白了在齿轮之后,自己应该做什么,那就是生产汽车。他十分欣赏福特的大批量流水线生产方式,并把它第一次引入了法国,在自己的工厂里进行试验。

1913年,他把自己的公司定名为雪铁龙齿轮工厂,专门从事齿轮传动机的生产,同时开始生产汽车。1919年他在欧洲率先批量生产A型车以后,产量迅速提高,到1923年,日产量已达200辆,到1924年,日产量则达300辆,雪铁龙成为欧洲的成功汽车厂家之一。1924年7月28日雪铁龙汽车公司正式挂牌成立。

雪铁龙坚持认为,汽车厂卖的不只是汽车,还有无微不至的服务。他逐步完善了汽车销售方式,创立了一年保证期制度,建立分销网,罗列出零件目录及维修费用一览表,使所有销售点、维修点的费用得以统一。1922年,他大力推广分期付款售车方式,成立了全国第一个专司分期付款的机构,并在国外创办了不少汽车出租公司,在全国各地形成了一个游览车服务网。

雪铁龙在对公司和产品的宣传方面可谓煞费苦心。他在法国各地十字路口竖立起雪铁龙标牌，强化了人们对其标志的印象。他让汽车从高山上翻滚而下以证明车身的坚固耐用。他雇用飞机以五彩的烟火在空中画出"雪铁龙"字样。更为绝妙的是，他于1925年在巴黎埃菲尔铁塔以霓虹灯方式做广告，使巴黎四周30km以内都可看到。1923年，他发起了穿越撒哈拉大沙漠的大型车赛。1924年又组织了贯穿全非洲的"黑色之旅"赛车活动。1927年，美国人林白驾机穿越北大西洋成功，他竭力说服这位英雄去自己的工厂接受工人们的祝贺，结果第二天的报纸就登了这样的文章"林白访问雪铁龙"。自1928年起，雪铁龙每月月末在法国100家大报刊登大幅广告。1931年他在法国巴黎开办了当时全球最大（长400m）的汽车商场，除了经销汽车外，也在场内放映电影和开办音乐会。

富有的雪铁龙在生活上不求豪奢，只是不断地投资于工厂和开发新车型，追求技术上的不断进步，他甚至声称"只要主意好，代价不重要"。在工程师勒费伯的建议下，雪铁龙决定在新研制的汽车上采用一系列全新的技术：前轮驱动、流线型车身、自承重设计、扭力杆悬挂装置、液压制动、悬浮马达、自动变速器。由于所需经费庞大，他只好向部分经销商及米其林公司请求赞助。虽然这种后来被人们称为"强盗车"的前轮驱动车给雪铁龙公司带来了极大的荣誉和滚滚利润，但在当时却因研究周期过长而使产品未能如期推出，加之匆匆投产后又存在着许多设计、制造方面的缺陷，销路受阻，雪铁龙顿时负债累累，不得不将公司卖给米其林公司。从此，他因忧郁住进了医院，1937年7月雪铁龙去世。在他死后的两天时间里，数不清的工人、经销商甚至普通顾客，纷纷涌进雪铁龙公司向他行礼致哀，法国政府也给他颁发了一枚二级荣誉勋章。实际上，今天的雪铁龙公司仍然名震全球，他的前轮驱动设计方案至今没过时也是对他最大的褒赏与怀念。

5.10 阿尔芒·标致

阿尔芒·标致（Armond Peugeot）（图5.10）是法国标致汽车公司的创始人。

阿尔芒·标致出身于工业世家。标致家族从19世纪初就在法国杜斯（Doubs）省生产各种钢铁制品。他们选用雄狮雕塑作为企业的商标。到阿尔芒·标致接管企业时，标致公司已经是法国最重要的自行车制造商之一了。阿尔芒·标致是标致公司走上汽车之路的关键人物，他在巴黎中央高等工艺制造学校学习工程技术后又到英国深造，在那里接触了还处于萌芽状态的自行车工业。1871年，22岁的标致回国，认定公司应当发展自行车。后来，标致与他人合作生产蒸汽汽车。1889年，标致I型蒸汽汽车还曾在巴黎国际博览会展出。这时，大学同学埃米尔·勒瓦索（Emile Levassor）找到标致，向他推销戴姆勒发明的内燃机，两人还专程前往德国拜会戴姆勒。戴姆勒向他们展示了他制造的内燃机和第二辆四轮汽车。标致完全被戴姆勒发动机和汽车征服了。回到法国后，他购买了P&L机器制造公司生产的戴姆勒发动机，并按照戴姆勒的思路组装汽车。1890年第一辆汽油机动力的标致汽车——标致II型汽车问世，这是德国以外出现的第一辆汽车。1891年9月6日标致III型四轮车正式向公众露面，还参加了全程

图5.10 阿尔芒·标致
(1849—1915)

2045km 的越野行驶,这辆装置了内燃机的四轮车用 139h 跑完了 2045km 全程,轰动了世界,这时人们才确信汽车已经可以实用了。1896 年,标致正式创建了标致汽车公司,成为法国主要的汽车厂家之一。由于法国人敏锐的判断力,特别是法国开明的法律制度(当时,德国、英国均有歧视机动车的法律),法国成了最早普及汽车的国家。标致公司也成为世界上第一家真正的汽车制造商。而此时的奔驰公司和戴姆勒公司都只满足于销售内燃机生产许可证,其汽车产品都停留在样车阶段。标致使汽车从样品变成商品,从一项研究变成一门工业。

5.11　恩佐·法拉利

恩佐·法拉利(Enzo Ferrari)(图 5.11)是意大利著名的赛车手,法拉利汽车公司的创始人。

法拉利 1898 年 2 月 18 日出生在意大利摩德纳城一个小钣金工厂主的家中。1920 年,法拉利凭自己的才智和努力,在当时意大利的阿尔法—罗密欧汽车公司从事跑车设计,并已初露锋芒。年轻有为、血气方刚的恩佐·法拉利不仅是一名跑车设计家,也是意大利有名的赛车队长,在赛车场上他接连夺魁,震动了整个意大利。从那时起,法拉利相信了车轮的价值。

图 5.11　恩佐·法拉利
(1898—1988)

法拉利把造车当成自己的生命。1947 年法拉利创建了自己的汽车制造厂,并且开始以自己的名字命名生产汽车,很快就生产出超一流的跑车。从此他的事业就更无法同那令人惊心动魄的汽车大赛分离了。法拉利跑车是经过失败和考验才冲出来的。在初期的世界汽车大赛中,法拉利设计的 F1 赛车曾发生过惨不忍睹的事故,并且殃及了很多观众。当时梵蒂冈的报纸激烈地指责他是"现代恶魔"。然而,每当法拉利赛车取得胜利时,车迷们似乎忘掉了过去的一切,狂热地称呼法拉利为"魔术师"。他设计的 F1 赛车,在世界大赛上共获得 100 多次胜利,至今尚没有哪一种赛车能够打破这项纪录。

法拉利一生中最沉重的打击发生在 1956 年,他 26 岁的儿子,当时已成为汽车发动机设计师的迪诺,因病不幸早逝。法拉利对儿子倾注着一腔父爱,然而突如其来的不幸对他的打击如此之大,就如同赛车手瞬间没有把握住方向盘而酿成终身遗憾一样。后来,法拉利外出时,始终是结着黑色领带、戴着墨镜来悼念自己的儿子。迪诺这个名字也经常被他用来命名一些法拉利公司生产的发动机或赛车。

法拉利 89 岁时仍未停止自己的工作,他仍然像钢针那样尖锐,一年 365 天去上班,他在维护着他的法拉利跑车王国。对他来说,这已不是工作,而是他的生命。

恩佐·法拉利于 1988 年 8 月 14 日在家里去世,享年 90 岁。对于恩佐·法拉利的逝世,意大利总理深情地说:"我们失去的是一位能够象征意大利年轻蓬勃、富于冒险、不屈不饶以及在技术领域锐意进取的楷模型人物。"

5.12　丰田喜一郎

丰田喜一郎(Kiichiro Toyoda)(图 5.12)是丰田汽车公司的创始人,日本汽车工业发展的功臣,日本人称之为日本"国产汽车之父"。

丰田喜一郎出生于 1894 年,东京帝国大学毕业后,来到父亲的丰田纺织株式会社当了一名机师。1929 年底,丰田佐吉派儿子丰田喜一郎前往英国,全权代表自己签订契约。在国外,他除了完成父亲嘱托的任务以外,还花费了 4 个月的时间体验了英国的汽车交通,走访了英国、美国的汽车生产企业,彻底弄清了欧美国家的汽车生产状况。这次国外之旅给他留下了极为深刻的印象,坚定了他发展自己汽车事业的决心。不久,丰田佐吉去世,临终前,他将儿子叫到眼前,留下了作为父亲的最后一句话:"我搞织布机,你搞汽车,你要和我一样,通过发明创造为国效力"。他还亲手将转让专利所得的 100 万日元专利费交给儿子,作为汽车研究起动经费。

图 5.12　丰田喜一郎
(1894—1952)

丰田佐吉去世以后,公司总裁的职位由丰田喜一郎的妹夫丰田利三郎担任。尽管利三郎是一个见识广博的企业家,但却自命清高,脾气暴躁,与丰田喜一郎在许多问题上意见不同。1933 年,在丰田喜一郎的一再要求下,丰田利三郎勉强同意公司设立汽车部,并将一间仓库的一角划作汽车研制的地点。丰田喜一郎以此为基地,于当年 4 月购回一台美国雪佛兰汽车发动机进行反复拆装、研究、分析、测绘。1933 年 9 月,他着手试制汽车发动机,拉开了汽车生产的序幕。1934 年,他托人从国外购回一辆德国产的 DKW 前轮驱动汽车,经过连续两年的研究,于 1935 年 8 月造出了第一辆丰田 GI 牌汽车。

丰田喜一郎于 1937 年 8 月 27 日另立门户成立丰田汽车工业株式会社,地址在爱知县举田町。丰田喜一郎颇有战略家的眼光,他自一开始组织汽车生产就注意到了从基础工业入手,着眼于整体素质的提高,使材料工业、机械制造、汽车零部件业与汽车工业同步发展,为汽车的大批量创造了必要的条件。

丰田喜一郎对汽车工业的另一项重大贡献体现在对生产过程的科学管理方面。首先,他将全公司的工厂结构进行了调整,实现了自身结构的专业化、合理化、科学化。其次,他将工厂内部的生产结构进行了调整,使其适合于专业化生产。最后,他创出了后来风靡全球的丰田生产方式。按照传统做法,汽车生产从铸件到半成品都要先入库,需要时再取货、加工,加工好的零部件每天也要依工厂生产需要办理入库、出库。按照这一程序动作,无形之中加大了库存。丰田喜一郎的创新之处在于将传统的整批生产方式改为弹性生产方式。按照他的模式组织生产,工人和工厂都可得到好处:工人每天只做必要的工作量即可,早做完者早下班,做不完者可加班;工厂无须设置存货仓库,无须占用大量周转资金,许多外购零部件在付款之前就已被装车卖出了。他为推广这一生产方式而喊出的"恰好赶上"(Just in Time)口号,经后来的公司副总裁大野耐一进一步发展之后,成为完善的丰田生产方式。

1952 年 3 月 27 日,丰田喜一郎患脑溢血去世,终年 57 岁。

5.13 饶 斌

饶斌(图 5.13)是中国汽车工业的杰出奠基人和开拓者,被誉为"中国汽车工业之父"。曾经担任中国第一汽车制造厂厂长(现第一汽车集团),并且是第二汽车制造厂(现东风汽车公司)的创始人之一,中国机械工业部部长,中国汽车工业总公司董事长。

饶斌原名饶鸿熹,1913 年 1 月 26 日生于吉林省吉林市,祖籍江苏南京。1933 年加入中国共产主义青年团,1937 年加入中国共产党。

中华人民共和国成立后,饶斌 1953 年就任第一汽车制造厂厂长。由党政领导干部转到汽车工业,对饶斌是一次重大转折。由于他善于学习、善于总结、善于联系群众,很快就由外行变为内行。只用了 3 年时间,就建成了中国汽车工业的摇篮——第一汽车制造厂。在引进的"解放"牌汽车投产后,又组织职工自行开发了"东风"牌轿车、"红旗"牌轿车,并着手改进"解放"牌汽车。

图 5.13 饶斌
(1913—1987)

1964 年,饶斌受命筹建第二汽车制造厂。为选厂址他跑遍了中南地区。为建成世界级的第二汽车制造厂,他经过调查研究和精心构思,最后提出了"包建"和"聚宝"两大方针,动员了全国汽车工业技术人员和管理人员,将他们的聪明才智集中起来,建立了一个当代水平的世界级大汽车厂。20 世纪 50 年代还跟苏联专家学习产品设计、工艺设计、工厂设计的年轻人,到了 60 年代就承担起为第二汽车制造厂设计性能更先进的汽车、建设规模更大的汽车厂。第二汽车制造厂得以建成,可以说凝结了饶斌的毕生心血。

从第一机械工业部部长岗位退下后,饶斌还在为中国汽车工业建设而奔波。他提出了上海发展轿车工业的建议。在第一汽车制造厂参加"解放"牌载货汽车出车 30 周年纪念大会上曾激动地说:"我老了,无法投入中国汽车工业的第三次创业。但是,我愿意躺在地上,化作一座桥,让大家踩着我的身躯走过,齐心协力把轿车工业搞上去。"

1987 年夏天,饶斌到上海视察为上海桑塔纳轿车配套的几家零部件厂。由于过度劳累,长期的高血压并发脑溢血,经抢救无效,于 1987 年 8 月 29 日在上海去世,终年 74 岁。他将自己生命的最后时间也留在了中国汽车工业战线上。

5.14 孟少农

孟少农(图 5.14)是中国汽车工业技术的主要奠基人,中国科学院学部委员。毕生致力于中国汽车工业建设事业,成功地领导了中国第一汽车制造厂、陕西汽车制造厂和东风汽车公司几代产品的研制和开发,为培养中国汽车人才、中国汽车工业及汽车工程教育的发展做出了巨大贡献。

孟少农,原名庆基(参加革命后改为孟少农),祖籍为湖南省桃源县仙人乡。孟少农的童年是在北京度过的,1921 年入北京北师附小读书,1927 年进北师大附中。1930 年,孟少农考入长沙岳云中学,1932年进长沙高中。高中毕业全省会考,他获得第一名。1940年,西南联大机械系毕业,同年西南联大招考一批留美公费生,孟少农以出色的成绩被录取。1941年,孟少农赴美学习,进入麻省理工学院机械系。1941—1943年,在美国麻省理工学院机械系获硕士学位。1946—1948年,孟少农回国后,回到母校清华大学任教,先后任机械系副教授和教授。1980当选为中国科学院院士(当时称学部委员)。

孟少农在清华大学执教时期,创办了中国第一个汽车专业班,独授汽车工程、机械制造、工具学等课,授课中把第二次世界大战期间发展起来的先进的机械工程新学术介绍到中国。

图5.14 孟少农
(1915—1988)

孟少农为一汽的筹备、建设、建成投产、老产品改进和新产品开发研制等勤奋苦战15个春秋,为一汽20世纪50年代出汽车、出人才、出经验做出卓越贡献。在他离开一汽时,一汽已有3个系列品种和30多种变型专用车投产。

1965年,调到机械工业部汽车局,负责总师室工作。

1971年,调到陕西汽车制造厂主管技术工作,在组建设计机构的同时,组织和领导全厂全面地开展产品设计的大修改,更改设计后的"延安"250军用越野车于1978年8月获全国科学大会科技成果奖。

1978—1988年,任第二汽车制造厂副厂长兼总工程师、二汽党委常委、东风汽车工业联营公司副董事长、二汽咨询委员会主任兼湖北汽车工业学院院长。是二汽独自开发研制EQ6110型柴油机和EQ6105型汽油机的主持者,从技术上大力促进二汽走向联合联营发展道路。

本章小结

卡尔·本茨是世界上第一辆三轮内燃机汽车的发明人,也是德国奔驰汽车公司的创始人,被誉为"汽车之父"。

戈特利布·戴姆勒是世界上第一辆两轮摩托车和四轮内燃机汽车的发明人,也是德国戴姆勒汽车公司的创始人。

威廉姆·迈巴赫是化油器和热管点火系统、管状散热器和蜂窝散热器的主要发明人,他既是梅赛德斯品牌汽车的总设计师,也是迈巴赫品牌汽车的创始人,被誉为"汽车发明大王"。

费迪南德·波尔舍是德国大众汽车公司和保时捷汽车公司的创始人,著名"甲壳虫"品牌和保时捷356的设计者,也是混合动力汽车和电动车的先驱,被誉为"汽车设计大师"。

亨利·福特是美国福特汽车公司的创始人,汽车大批量流水线生产方式的先驱,美国和世界汽车工业主要奠基者之一,被誉为"汽车大王"。

威廉·杜兰特是美国通用汽车公司的缔造者,在造车理念、汽车营销等方面有独到之处,但不善于企业管理,险些毁了通用汽车公司。

阿尔弗雷德·斯隆对社会最杰出的贡献是成功地创造了一整套大型工业公司组织管理

体系。他挽救了通用汽车公司,并为通用汽车日后的大发展奠定了坚实的基础。

沃尔特·克莱斯勒是美国克莱斯勒汽车公司的创始人,他创建和发展了美国第三大汽车公司。

安德烈·雪铁龙是法国雪铁龙汽车公司的创始人,也是人字形齿轮的发明人。他既注重销售和宣传,又倾心技术创新,是发动机前置、前驱汽车的发明者。

阿尔芒·标致是法国标致汽车公司的创始人,是法国和世界汽车工业的先驱之一。

恩佐·法拉利是意大利著名的赛车手、F1赛车设计师,也是法拉利汽车公司的创始人。

丰田喜一郎是日本丰田汽车公司的创始人,"丰田生产方式"的创立人,被尊称为日本"国产汽车之父"。

饶斌是中国一汽和二汽的奠基人和开拓者,被誉为"中国汽车工业之父"。

孟少农是新中国汽车工业技术的主要奠基人,为培养中国汽车人才和中国汽车工业及汽车工程教育的发展做出了巨大贡献。

思 考 题

1. 本茨和戴姆勒都是内燃机汽车的发明人,他们发明的第一辆汽车有何差异?
2. 本茨和戴姆勒并不认识,为什么奔驰汽车公司和戴姆勒汽车公司还能合并?
3. 谁是世界上第一辆两轮摩托车的发明人?这辆摩托是采用什么动力驱动?
4. 迈巴赫和戴姆勒是什么关系?迈巴赫为什么会离开戴姆勒汽车公司?
5. 第一辆梅斯德斯汽车是哪一年、由谁负责设计制造?
6. 波尔舍与德国大众汽车公司有何联系?
7. 福特是如何让汽车走进美国平常百姓家的?
8. 如何评价杜兰特的一生?有何经验和教训?
9. 斯隆对社会最大的贡献是什么?他的企业管理模式实质是什么?
10. 克莱斯勒是如何创建克莱斯勒汽车公司的?
11. 雪铁龙在汽车技术方面对汽车的发展有何重要贡献?
12. 简述标致对世界汽车工业的贡献。
13. 法拉利是如何由一名赛车手转为生产赛车的制造商的?
14. 丰田喜一郎对日本汽车工业有何贡献?丰田生产方式的实质是什么?
15. 谁是中国的"汽车之父"?他对中国汽车工业有何贡献?
16. 孟少农有哪些显著的教学成果?

6 汽车竞赛

汽车竞赛是指汽车在封闭场地、道路上或野外，比赛速度、驾驶技术和性能的一种体育运动项目。汽车竞赛与汽车具有同样长的历史，既为汽车厂家提供了一个苛刻的产品质量试验场，推动了世界汽车工业的科技进步和快速发展，也为汽车爱好者和车迷带来一种刺激和美的享受。本章主要介绍汽车竞赛的起源、国际汽车联合运动会、汽车竞赛的分类以及各种类型的汽车竞赛，重点介绍世界一级方程式（F1）大赛、电动方程式（FE）、世界汽车拉力赛以及勒芒24小时耐力赛等的相关信息。

6.1 汽车竞赛的起源

汽车发明之后，人们自然想到用汽车进行比赛，看谁的汽车跑得更快。真正意义上的第一次汽车比赛是在1894年7月22日，由法国报社《小人物杂志》（*Le Petit Journal*）在巴黎举办的赛车会（图6.1）。从巴黎经鲁昂（Rouen）返回巴黎，赛程126km，102辆汽车参赛，其中汽油车30辆、酒精车7辆、蒸汽车28辆、电动车4辆，其余各式车33辆。比赛的目的主要是考核汽车的行驶可靠性，赢得比赛的车必须"安全、易操控、经济"，最后只有9辆车到达终点。de Dion蒸汽车第一个到达终点，车速24km/h，但de Dion蒸汽车需要一位烧火工，因此组委会将奖品发给后面的标致（Peugeot）和潘哈德—勒瓦索（Panhard et Levassor）两辆汽油车。

1895年6月11—13日，由法国汽车俱乐部（Automobile Club de France，ACF）举办，路程从巴黎到波尔多（Bordeaux）返回巴黎，全程1178km，参赛车辆30辆，其中20辆汽油车、8辆蒸汽车和2辆电动车。有趣的是，获得比赛第1名的赛车手叫埃米尔·勒瓦索（Emile Levassor），用时48h48min，平均车速为24.54km/h，但被取消了冠军头衔。由于比赛规定赛车必须是四个座位车，而他的车和第二名的车却是两个座位车，因此失去获奖资格，结果落后11h驾驶标致车的保尔·凯弗林（Paul Koechlin）得了冠军，赢得了31000法郎奖金。此次比赛跑完全程的有8辆汽油车和1辆蒸汽车，第1名至第7名全被汽油车垄断。此外，安德烈·米其林（André

图6.1 最早的汽车比赛

Michelin)驾驶标致充气轮胎赛车也参加了比赛。

埃米尔·勒瓦索在19世纪末和20世纪初的汽车比赛中多次取得优异成绩,为了纪念他对汽车竞赛的贡献,在法国巴黎建有勒瓦索纪念碑(图6.2)。

1896年11月14日,英国举办了一次别开生面的汽车赛,取名"解放车赛"(The Emancipation Run),意为庆祝废除声名狼藉的"道路交通法"(Locomotive Acts)(即"红旗法",1878年要求车速乡村行驶限制在4英里/h,城市限制在2英里/h,在车前18m开外需要一个旗手开路)。主办者将此次比赛定位为"庆祝式旅游",共有33名驾车者从伦敦出发,17人抵达87km之外的布赖顿(Brighton)。第一辆车于上午10:30从伦敦出发,第一辆抵达布赖顿的车是美国生产的杜里亚(Duryea)汽车,比第二辆到达的车快了一个多小时。组织者强调,这不是一场比赛,他们甚至没有公布汽车到达终点的顺序,参与者不允许超过平均时速20英里(32km/h),在下午4:30之前完成行程的车都将获得奖章。

1900年6月14日举行的从巴黎至里昂(Lyon)的"格顿·贝纳特杯"(Gordon Bennett)汽车赛,全程568.66km,是世界上最早的国际汽车锦标赛。由《纽约先驱报》(*New York Herald*)出版商格顿·贝纳特创建,该项赛事每年举办一次(图6.3)。第一届比赛有来自法国、比利时和美国的选手分别驾驶5辆汽车(其中3辆是法国车)参加比赛,跑完全程的只有2辆法国车。法国人费南德·夏伦(Fernand Charron)驾驶潘哈德(Panhard)车早上3点从巴黎出发,下午12:23到达终点里昂,以平均38.5英里/h的速度,获得这次锦标赛的冠军。

图6.2 埃米尔·勒瓦索纪念碑

图6.3 1905年的贝纳特杯比赛

为避免汽车在野外比赛时扬起的漫天尘土影响后面车手的视线,造成伤亡事件,车赛逐渐改为在封闭的道路赛场和跑道上进行,这就是汽车场地赛的雏形。最早的汽车跑道赛于1896年在美国的普洛维登斯(Providence)举行。

为了吸引更多的人参加汽车比赛,使比赛更刺激和具有挑战性,法国汽车俱乐部(ACF)于1906年6月26—27日在法国勒芒(Le Mans)市举行了第一次真正意义上的场地世界汽车大奖赛(Grand Prix)。比赛沿勒芒的64.11英里一圈的三角形路线,比赛分2天进行,共计跑12圈,全程769.36英里。共有德、意、法等国13种32辆车参赛,只有11辆完成比赛。匈牙利车手费伦茨·司子思(Ferenc Szisz)驾驶90马力的雷诺赛车获得冠军(图6.4)。从此,汽车大奖赛成为世界体育舞台上一项重要的赛事,小城勒芒也因此闻名于世。

图 6.4　1906 年 Szisz 驾驶雷诺赛车

1907 年的北京—巴黎汽车赛是最早的汽车拉力赛（图 6.5），也是人类历史上一次跨洲的汽车赛事。这次赛事由巴黎《晨报》主办，中、俄等国承办。参赛车由轮船运抵上海、天津，再到北京。1907 年 6 月 10 日早，5 辆赛车从北京公使馆区的法国兵营出发，开往张家口，穿越蒙古草原、戈壁，抵达巴黎，历时两个月。北京—巴黎汽车拉力赛不仅推动了人类汽车运动的快速普及，而且对世界汽车产业的发展产生了深远的影响。这次比赛的路线为：北京—张家口—伊尔库茨克—鄂木斯克—彼得罗巴甫洛夫斯克—喀山—莫斯科—斯摩棱斯克—华沙—柏林—科隆—布鲁塞尔—巴黎。1907 年 8 月 10 日，意大利赛车手思皮欧·伯格斯（Scipio Borghese）首先进入巴黎，赢得比赛。

图 6.5　1907 年北京—巴黎汽车赛

法国对汽车竞赛的产生和发展做出了巨大贡献，是汽车竞赛的摇篮。

6.2　赛车组织机构

6.2.1　国际汽车联合会

国际汽车联合会（Federation Internationale de l'Automobile），简称国际汽联（FIA），其

标识见图 6.6,于 1904 年 6 月 10 日成立,其成员包括全球 125 个国家的 213 个组织,总部位于法国巴黎(未来将迁至瑞士苏黎世),现任主席法国人让·托德(Jean Todt),以推动汽车工业发展为宗旨。国际汽联最高权力机构是世界汽车旅游理事会(FIA World Council for Mobility and the Automobile)和世界汽车运动理事会(FIA World Motor Sport Council)。两个理事会的主席均由国际汽联主席担任,分别另设一名执行主席。两个理事会的成员各由会员代表大会选举产生的来自不同国家的 21 名委员组成。国际汽联现有协会会员 117 个,属于国际奥委会临时承认的国际单项体育联合会。中国汽车运动协会于 1983 年加入国际汽联。

世界汽车旅游理事会主要负责为汽车使用者解决问题,而世界汽车运动理事会主要负责统筹世界各国汽车运动组织,为所有不同种类的赛车运动制订规则,协调安排世界范围内的各项汽车比赛。两理事会设立若干个特别委员会在各自负责的范围内进行工作,比较有影响的有方程式委员会、技术委员会、公路赛委员会、越野赛委员会、巡回与安全委员会、弯道车委员会、电动与太阳能委员会、非公路赛委员会、丘陵赛委员会、老式车赛委员会。赛场赛委员会、纪录委员会、拉力赛委员会、制造商委员会、医务委员会、媒介委员会、GT 委员会、跑车委员会等。

世界一级方程式锦标赛(F1)、世界拉力锦标赛(WRC)、国际汽联 GT(Grand Touring)汽车耐力世界锦标赛(FIA-GT)和世界房车锦标赛(WTCC)组成了国际汽车联合会的四大赛事。其他一些较为出名的国际汽车联合会赛事还有巴黎—达喀尔越野拉力锦标赛和勒芒 24 小时耐力赛等。

6.2.2　中国汽车摩托车运动联合会

中国汽车摩托车运动联合会(Federation of Automobile and Motocycle Sports of People's Republic of China,CAMF)(图 6.7),前身是中国汽车运动联合会和中国摩托运动协会。为统筹管理全国汽摩运动,2015 年 10 月 31 日,经民政部和国家体育总局批准,中国汽车运动联合会和中国摩托运动协会合并为中国汽车摩托车运动联合会(简称"中汽摩联")。

图 6.6　国际汽车联合会标识

图 6.7　中汽摩联标识

中汽摩联是代表中国参加国际汽车、摩托车运动的唯一合法组织,是中华全国体育总会和国际汽车联合会(FIA)、国际摩托车联合会(FIM)、亚洲摩托车联合会(FIA ASIA)的团体会员,由热爱汽摩运动的单位自愿结成的联合性、全国性、非营利性社会组织。

中汽摩联根据政府有关部门的授权,遵照国家的体育方针、政策,统一组织、管理全国汽车、摩托车运动项目的发展。

6.3 汽车竞赛及赛车分类

6.3.1 汽车比赛分类

（1）按照车型的不同，可分为轿车、越野车、皮卡、卡车、老爷车等原厂车型的赛事；还有特制车辆的赛事，比如各种级别的方程式赛、美国印第安纳波里斯500英里赛、全美改装车协会赛（NASCAR）、冠军车手杯（CART）赛、卡丁车赛以及耐力赛等。

（2）按照比赛的场地和路面不同，可分为场地赛和非场地赛。场地赛是指赛车在规定的封闭场地中进行的比赛，又可分为漂移赛、方程式赛、轿车赛、运动汽车赛、GT（Grand Touring）耐力赛、短道拉力赛、场地越野赛、直线竞速赛等。方程式赛包含了一级方程式、二级方程式、三级方程式、印地赛车、美国冠军方程式、福特方程式、康巴斯方程式及卡丁车等。非场地赛的比赛场地不是封闭的，主要有拉力赛、越野赛及登山赛、沙滩赛、泥地赛等。

（3）按照比赛的方式可分为在同一赛车场内行驶相同圈数（即里程相同），比用时多少的计时赛，以及在同一赛车场内同一时间里比行驶里程长短的耐力赛。

（4）有在较短的直道上比试加速性能的直线冲刺赛，还有从山下出发，看谁最快到达山顶的爬山赛。

（5）有路线长达数千甚至一万多千米、贯穿多个国家和地区的单项马拉松拉力赛，还有出发和宿营地点相同而每天行驶的方向不同、全年有数个分站比赛的拉力锦标赛等。

6.3.2 赛车分类

1. 赛车的组别

国际汽联将赛车分为以下3类10个组：

1) 第1类

N组：量产轿车；

A组：旅行车（Touring Cars）；

R组：旅行车或大规模系列化量产车（Touring Cars or Large Series Production Cars）；

E-I组：自由方程式赛车。

2) 第2类

RGT组：量产高级旅行车（GT Production Cars）；

GT3组：杯赛用高级旅行车（Cup Grand Touring Cars）；

CN组：量产运动车（Production Sports Cars）；

D组：国际方程式赛车（International Formula Racing Cars）；

E-II组：自由方程式赛车（Free Formula Racing Cars）。

（注：E-I与E-II分组主要依据安全等级。）

3) 第3类

F组：竞赛载货车。

2. 赛车的级别

以上每组中又按发动机的排量大小，分成18个级别（<500mL～>6000mL）：

1级：500mL 以下；
2级：500mL（不含，下同）～600mL（含，下同）；
3级：600～700mL；
4级：700～850mL；
5级：850～1000mL；
6级：1000～1150mL；
7级：1150～1400mL；
8级：1400～1600mL；
9级：1600～2000mL；
10级：2000～2500mL；
11级：2500～3000mL；
12级：3000～3500mL；
13级：3500～4000mL；
14级：4000～4500mL；
15级：4500～5000mL；
16级：5000～5500mL；
17级：5500～6000mL；
18级：6000mL 以上。

6.3.3 赛车执照分类

中国汽车摩托车运动联合会在2018年对比赛执照进行了一次改革，有汽车类、摩托车类和全地形类三类执照。汽车类执照又分为场地类、拉力越野类、漂移类和卡丁车类，以下仅介绍常见的场地类和拉力越野类执照等级。

1. 场地类执照：国内B→国内A→国际C→国际B→国际A→超级执照（Super Licence）

国内B执照：可以参加国内的地方性或区域性场地赛事，如在京津冀地区，可以参加金港大奖赛（GPGP）和金港耐力赛（GPEC）。

国内A执照（图6.8）：持有国内B一年以上，完赛三场地方性或区域性场地赛事便可升级为国内A。不仅可以参加地方性场地比赛，也可以参加全国性场地比赛（比赛规则中如

图6.8 中汽摩联颁发的汽车比赛A级执照

有明确规定执照等级的则以该比赛规则为准),但是不得参加国际比赛。

国际 C 执照:可以参加一些国际性的赛事,一般由国内 A 或者由相应的卡丁赛照参加全国性赛事并得到一定的名次后升级而来。也可以参加全国或地方性赛事,在 GPGP 上也有国际 C 的车手。

国际 B 执照:可以参加一些顶尖的国外场地赛事。

国际 A 执照:除了 F1,可以参加国际上任何等级的场地赛事。

超级执照(Super Licence):F1 车手专属驾照。每年由 FIA 限量颁发,有专门的测试考核。

2. 拉力类执照:国内 B→国内 A→国际 R

国内 B 执照:可以参加地方性拉力赛事,如北京德安汽车运动的德安杯 DA 组和全国短道拉力。

国内 A 执照:国内 B 驾照参加两站德安杯 DA 组即可升级为国内 A 驾照,可以参加中国拉力锦标赛(CRC)。

国际 R 执照:拉力赛国际执照唯一等级,无论国内的一流拉力车手还是国际上的超一流拉力车手都持有国际 R 执照。

6.4 一级方程式汽车赛

6.4.1 概述

方程式汽车赛是汽车场地赛的一种,由于参加这种比赛的赛车必须依照国际汽联(FIA)制定的车辆技术规定的程式(Formula)制造,因此称为方程式赛车。

F1 赛季包括一系列的比赛,这些"大奖赛"(Grand Prix)的场地是全封闭的专门赛道或者是临时封闭的普通公路。每场比赛的结果算入积分系统,并以此确定两个年度世界冠军,分别颁给车手和制造商。F1 的车手、制造商、组织者以及赛道都必须持有 FIA 专门的执照,这是国际汽联颁发的最高级别执照。

方程式赛车的级别有很多种,主要有一级方程(F1)、二级方程(F2)、三级方程(F3)、亚洲方程式、自由方程式、福特方程式、雷诺方程式、卡丁车方程式等。

F1 是世界上汽车场地赛项目中级别最高的比赛,也是最引人注目的体育比赛项目之一(图 6.9)。F1 每年要在世界各地举行 16~21 站比赛,通常可以吸引 200 万以上的观众到场观战,全球 200 多个国家 5 万多家电视台通过电视转播。

图 6.9 F1 比赛

6.4.2 赛车

FIA 的 F1 赛车技术规则定义 F1 赛车为:"一种至少有四个不在一条线上的轮子的车辆,其中至少有两个轮子用于转向,至少有两个轮子用于驱动。"由于赛车是比赛的专用汽车,速度极高,这就决定了 F1 赛车的外形与普通汽车有很大的差别。下面根据 2017 年 F1 技术规则,针对 F1 赛车的车身、动力单元、制动系统、轮胎等方面进行介绍。由于 F1 每年都会进行技术规则的细节修订,最新的技术细则请参考 FIA 的官方网站。

1. 车身(图 6.10)

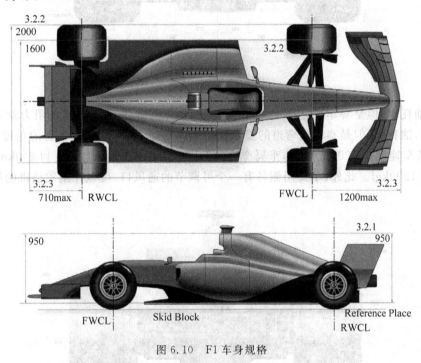

图 6.10　F1 车身规格

(1) 高度:车体任何部件高度不得超过基准面 950mm。

(2) 长度:没有长度限制,但是车身最后部与后轮中心距离不超过 710mm,车身最前部与前轮中心距离不超过 1200mm。

(3) 宽度:赛车的总宽度(不包括车轮)在方向盘打正时,不超过 2000mm。前轮与后轮中心之间的车身宽度不超过 1600mm。

(4) 前翼(图 6.11):整个车身最为重要的气动部件之一,空气经过前翼导流后与赛车发生相对运动,进而流向包括侧箱和尾翼在内的其他气动部件。前翼性能的优劣对赛车的整体气动性能产生显著影响。2017 年技术规则中的前翼宽度增加到 1800mm,能够为赛车提供更大的下压力。

(5) 尾翼(图 6.12):2017 版赛车尾翼的宽度增加(从 750mm 增加为 950mm)、高度减小(从 950mm 降至 800mm)。从侧面看,2017 版赛车尾翼端板中心线的方向由垂直于地面改为向后倾斜,与车身形成一个钝角。赛车前后翼的设置和赛道有直接的关系,因为空气阻力和空气对车身向下的压力成正相关。如果车翼调得平,那么赛车的空气阻力就小,最高速

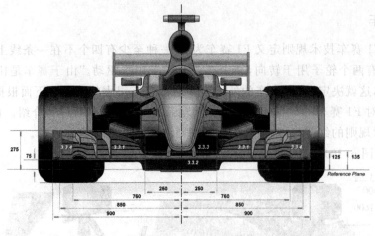

图 6.11　F1 前翼规格

度就大,油耗小,但是赛车缺乏稳定性;相反,如果车翼调得高,那么赛车的阻力就大,最高速度受影响,油耗大,但是赛车在弯道的稳定性就强。赛道不同,前后翼设置的角度也应该不同。F1 赛车速度在 120km/h 时,车翼产生的下压力能达到 300kgf;速度到 240km/h 时,压力能达到 1200kgf。此外,车身两侧各有一个可调节的通风口,可以控制发动机的温度。

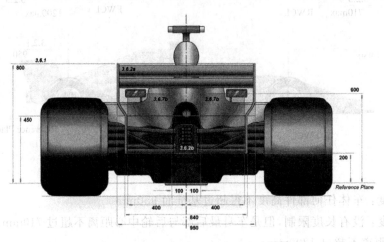

图 6.12　F1 尾翼规格

(6) 车重:整车质量(不含燃油,包含车手)在赛事任意时间内不能低于 728kg。作用于前后轮上的质量分别不小于 330kg 和 391kg。

(7) 阻力降低系统(Drag Reduction System, DRS),又称可变尾翼。车手可以在座舱里通过按钮控制尾翼上片的角度变水平,从而减小下压力,使赛车在直道上获得更大的速度[图 6.13(a)]。赛车在练习赛和排位赛中可以随意使用,但是在正赛中车手只能在 FIA 规定的赛道区域(一般为直道)内触发 DRS,并在到达规定点之前将其关闭。另外,FIA 还规定赛道的区域测量前后车的时间差,只有当前车与后车在时间上的差距为 1s 之内时,后车才能启用,开赛初 2 圈以及安全车离开后 2 圈内禁用 DRS。出于安全考虑,在任何一阶段的比赛中,只要任何一名车手使用雨胎或者赛会组织者认为是雨战时 DRS 不能使用。DRS

只能是单个部件,对称布置且宽度不小于 908mm。

(a) DRS 开启

(b) DRS 关闭

图 6.13　DRS 开启与关闭

2. 动力单元

某 F1 赛车的动力单元如图 6.14 所示,主要由以下部分组成:发动机(ICE)、涡轮增压器(TC)、储能单元(ES)、动能电机(MGU-K)、热能电机(MGU-H)、控制单元(CE)。

2016 年的 F1 赛车,可以做到 0 加速到 100km/h 时间为 2.7s,0 加速到 200km/h 的时间为 5s 以内,0 加速到 300km/h 的时间为 12s 以内。车速 100km/h 的制动距离为 20m 左右,车速 200km/h 的制动距离为 45m 左右,对动力单元以及制动单元要求非常高。

图 6.14　F1 动力单元

1) 发动机

从 2006 年开始,F1 发动机采用 V8 取代 V10。2014 年之后,用 1.6L 的 V6 涡轮增压发动机取代 2.4L 自然吸气 V8 发动机。V6 与 V8 发动机的主要技术参数区别如表 6.1 所示。

表 6.1　V6 与 V8 发动机主要技术参数对比

发动机	V8	V6
气阀数量	每缸 4 气阀,32	每缸 4 气阀,24
进气方式	自然吸气	单涡轮增压,无增压限制(据燃油流速限制,最大参考值 3.5bar)
燃油喷射	缸外喷射	缸内喷射

续表

发动机	V8	V6
燃油喷射压力/bar	≤100	≤500
喷油嘴数量	1个/缸	1个/缸
火花塞数量	1个/缸	1个/缸(禁止使用等离子、激光和其他高频点火)
引擎排量/mL	≤2400	1600(+0/−10)
气缸内径/mm	≤98	80(+/0.1)
活塞行程	—	—
气缸间距/mm	106.5(+/−0.2)	
曲轴中性线	≥参考面58mm	≥参考面90mm(+/−0.5mm)
引擎夹角/(°)	90	90
转速/(r·min^{-1})	18000	15000
燃油流速/(kg·h^{-1})	无限制,参考值170	100(−40%)
每场比赛允许燃油/kg	无限制,参考值160	105(−35%)
排气管	双排气管,每列气缸一根	单排气管,连接位于塞车中心线的涡轮排出
变速箱匹配	7前进挡+1倒挡	8前进挡+1倒挡
动力单元质量/kg	最低95	最低145(含Turbo和ERS)
动力单元重心	≥参考面165mm	≥参考面200mm

目前F1要求使用1.6L夹角为90°的V6四冲程发动机,每个气缸的排量要求一致,缸径为80mm,转速不得超过15000r/min,燃油质量流速不超过100kg/h,整个动力单元质量不得低于145kg,每个气缸必须包含两个进气门与两个排气门。采用涡轮增压,无增压限制(依据燃油流速限制,最大参考值3.5bar,1bar=100kPa)。只允许使用一个涡轮,禁止使用可变涡轮叶片技术,涡轮最高转速125000r/min。尽管禁止采用双涡轮结构,但允许使用双涡管技术。每缸只准有一个火花塞,禁止使用等离子、激光或其他任何高频点火技术。此外,赛会还对每辆赛车每年可以使用的发动机总数量进行了限制。

2)能量回收系统(Energy Recovery System,ERS)

从2009年开始,F1引入动能回收系统(KERS)用于回收制动能量。从2014年起,F1将新增另一套热能回收系统。通过一个与涡轮相连的电机回收废气中的能量。FIA将这两套系统并称为能量回收系统(ERS),主要由四个部件组成:动能电机(MGU-K)、热能电机(MGU-H)、能量存储单元(ES)和控制单元(CE)。表6.2为KERS与ERS主要技术参数对比。

表6.2 KERS与ERS技术参数对比

能量回收系统	KERS	ERS
年份	2009—2013	2014—
MGU-K电机功率/kW	60	120

续表

能量回收系统	KERS	ERS
MGU-K 电机转速	无限制,≈38000	≤50000
MGU-K 单圈释放时间/s	6.67	33.3
MGU-H 电机功率/kW	—	≈90
MGU-H 电机功率/(r·min^{-1})	—	≤125000
能量存储总量	400kJ	4MJ
电池质量/kg	—	20~25
电池安装位置	—	油箱下方

动能电机单元(MGU-K)位于发动机一侧(见图6.15),与发动机曲轴相连,用于回收后轮的动能,并在适当的时机释放能量,即制动时作为发电机,加速时作为电动机。在2014年赛季,FIA允许使用功率更大的电机,从原来的60kW提高到了120kW,翻了一番。能量存储总量达到4MJ,是前系统的10倍。由于存储能量的增加,ERS单圈释放时间从6.6s延长到33.3s。由于发电机的功率增大导致制动能量回收效果增强,为保持制动的稳定性,FIA允许使用后轮电子制动控制系统。

图6.15 动力单元布置位置

热能电机单元(MGU-H)是一个与涡轮同轴转动的电动机/发电机(见图6.16)。一般情况下,这个发电机被涡轮带动回收废气中的热能,把热能转化为电能存储到电池中。此外,热能电机单元还可以控制涡轮的转速(加速/减速),实现排气泄压阀(waste gate)的功能以及减少涡轮迟滞(Turbo-Lag)现象。

热能电机和涡轮之间目前还须采用固定齿比的机械连接,转速不能超过涡轮的转速125000r/min。值得一提的是,如果未来能够让转速超过100000r/min的电机与涡轮协同工作,对于汽车工业将是一大贡献。长久以来,汽车工一直在尝试电子涡轮技术,由废气驱动涡轮带动发电机发电,再由电动机去驱动压缩机,这样可以克服涡轮发动机的一些弊病,但是一直面临电机高转速受限这道技术屏障。

储能单元(ES)是用于存储回收能量的电池,FIA要求其质量在20~25kg,电池必须安

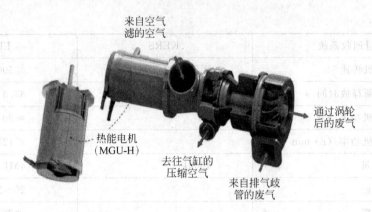

图 6.16 热能电机单元

装在油箱下方。由于动能电机的功率输出翻了一番,而且 ERS 释放时间也延长至 33.3s,所以对储能电池的能量密度和放电功率的要求更高了。控制单元(CE)主要负责控制动能电机单元(MGU-K)和热能电机单元(MGU-H),并管理这两个单元与储能单元(ES)三者之间的能量转换。

3) 燃油系统

采用缸内直喷系统,每个气缸只允许采用一个喷嘴,喷射压力不大于 500bar。从 2014 赛季起,赛车的燃油使用量被严格限制,2017 年赛季规定最多可以加载 105kg 燃油。从 2010 年开始,F1 比赛中就禁止在比赛中对车辆加油。缩小的油箱对赛车能效是一个严峻的考验。除此以外,新技术规范还规定了发动机的燃油消耗率不得超过 100kg/h。

4) 变速箱

从 2014 年赛季开始,要求 F1 赛车有 8 个前进挡位和一个倒挡位。降挡和升挡的最大允许时间分别为 300ms 和 200ms。车手在比赛期间大约要换挡 2600 次。

5) 驾驶舱(Cockpit)

驾驶舱位于车身中部(见图 6.17),前面是前鼻锥和前悬,后面则是发动机和后悬架,是一种单壳体结构。驾驶舱开口的大小必须符合严格的要求,车手在不移动任何部件(但必须拆下方向盘),可以在 5s 之内离开驾驶舱,赛车方向盘必须配有一个快速释放机构。驾驶舱必须有足够的结构强度,而且不能在碰撞中飞出任何零件。驾驶舱内还要带有灭火器,可以在工作人员赶到之前对驾驶舱和发动机进行有效灭火。最新的规定中,F1 赛车都必须安装车手头部保护系统"HALO",使得 F1 的外观变化较大。

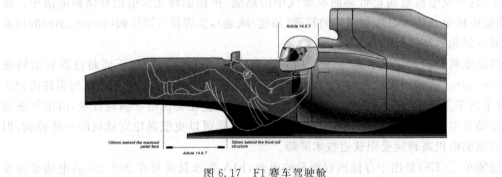

图 6.17 F1 赛车驾驶舱

6）刹车系统

刹车系统由刹车碟和刹车缓冲器两个部分组成,比赛时车速经常从300km/h降低到80km/h,使整个刹车系统的工作温度高达600℃,损耗率相当高。刹车碟和刹车缓冲器都由碳纤维材料制成,相比过去使用的铁和石棉,整个刹车系统轻了6~8kg。在比赛中车手可以通过方向盘调节刹车的前后比例,一般是60%在前,40%在后,否则会造成后轮胎锁死。现在F1赛车都是使用双回路的液压制动系统,以保证比赛时刹车系统不会彻底失灵。规则允许刹车碟(见图6.18)的最大厚度从2016年的28mm增加到2017年的32mm,刹车碟的厚度增加,不仅是为了尺寸增长,更重要的目的是增加通风孔数量,使刹车碟的冷却效果更好。以2016年Brembo的F1赛车刹车碟为例,每个刹车碟一共有1200个通风孔,2017年通风孔数量增加至1500个。

图6.18　F1刹车碟

7）方向盘

一个典型的F1赛车方向盘上会比普通的汽车方向盘装备更多控制按钮,控制离合器、换挡、无线电、维修区限速、发动机转速限制、制动力平衡的调节、空燃混合比、赛车综合信息的显示控制(包括发动机数据、燃油消耗以及每圈时间、当前挡位指示等)。F1方向盘所用的基本材料是碳纤维,这可以保证它有足够的强度的同时能够达到最大限度的轻量化。F1赛车的方向盘造价约为5万英镑。以奔驰车队方向盘为例(见图6.19)。

图6.19　奔驰车队方向盘

(1) 信息显示模块，由 FIA 指定，各车队的赛车方向盘只有这个部件完全相同。
(2) 换挡指示灯，显示出 F1 赛车的最佳换挡时机，提示车手做出正确的换挡动作。
(3) 挡位显示，显示赛车当前所属挡位。
(4) 显示器，在挡位显示两侧，提供油量、水温、圈速等重要信息。
(5) 赛道状况灯，由 FIA 控制，帮助赛车手在高速看不清旗语的情况下，能够实时得到正确的比赛信息。
(6) 空挡，赛车换胎或者赛道失控时需要切换到空挡。
(7) P 挡，维修区限速按钮，维修区行驶的速度限制在 80km/h。
(8) 左侧红色拨轮，设置差速器，得到更好的入弯/出弯平衡性。
(9) 右侧绿色拨轮，控制 ERS 输出能量值，根据弯道和直道超车需求选择。
(10) OT 超车(Overtaking)，瞬时提高发动机转速，获得额外动力输出。
(11) 起动 DRS 可调尾翼。在规定的 DRS 区域打开此系统，调节尾翼面积，降低风阻，瞬时增加车速。
(12) 车手饮水按钮。
(13) 调节制动力分配，根据赛况调节前后两边车轮制动力大小，在保护轮胎和提高车速间做出平衡。
(14) 调整发动机空燃比，可以提高功率输出创造更好圈速，或者降低输出节省燃油和保护轮胎。
(15) 多功能设置旋钮，与左上角右上角的＋10、＋1 按钮配合使用，可以控制 50 多项赛车调整设置。
(16) 变速箱降挡拨片。
(17) 变速箱升挡拨片。
(18) 离合器拨片。

8）轮胎

轮胎性能、空气动力学和发动机功率并称决定 F1 赛车速度的三大要素，但轮胎通常比其他所有因素加在一起的作用更大。在 2017 年 FIA 规定下，轮胎宽度增加，提供更强的机械抓地力，前轮宽度从 245mm 增加到 305mm，后胎宽度从 325mm 增加到 405mm。

抓地力是指利用柔软的化合物使轮胎咬住地面的能力，轮胎通过与地面的摩擦产生热量，能够使橡胶逐渐变软，柔软的化合物容易在短时间内达到适宜的温度，但是轮胎磨损也非常快。

比赛中，轮胎获得最佳抓地力的理想温度为 90~110℃，如果轮胎温度超过了正常使用的温度，轮胎表面会出现起泡现象，严重影响轮胎的性能。此外，轮胎的胎冠和胎肩的磨损也会影响赛车的转向性能。F1 赛车在赛程中都会换胎，目前各车队的换轮胎时间都能控制在 3s 以内。2016 年，威廉姆斯车队换胎时间曾达 1.92s。图 6.20 为 F1 赛车比赛期间轮胎更换场面，需要多人专业团队进行配合。

另外一个影响轮胎表现的主要因素是胎压。在新胎姿态下，胎压为 0.14MPa。轮胎的充气量在 F1 是一个关键因素。胎压是根据赛道的特点调整的。

因为车手在比赛时成绩会受到轮胎差异的影响，为了使比赛更加公平和更具竞争性，国际汽联修改规则规定只能有一家轮胎赞助商支持比赛。被选中的品牌通常会与国际汽联签

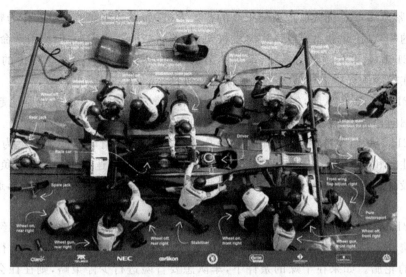

图 6.20　F1 比赛期间轮胎更换

署三年的合同。从 2011 年开始,倍耐力(Pirelli)成为 F1 赛车轮胎赞助商。

根据 FIA 设置的比赛规则,倍耐力会为赛车在两种天气条件下提供两种不同的轮胎,一种为干地使用,另一种则用于湿地。干地赛胎(光头胎),其特点是胎面非常光滑,没有模块或沟槽。干地赛胎系列由 5 种配方组成:极软胎、超软胎、软胎中性胎和硬胎等 5 种类型,并以不同的颜色进行分类识别。轮胎的选择对于车队进站策略来说相当重要,不同类型轮胎意味着轮胎可以应对多种赛道的不同要求,包括路面质量、弯道数量和角度,以及直道的最高速度。图 6.21 为 F1 各类轮胎。注意在最新的规则中,轮胎的规格已有变化,此处为统一内容只给出了 2017 年的版本。

(a) 紫色极软胎　　(b) 红色超软胎

(c) 黄色软胎　　(d) 白色中性胎　　(e) 橙色硬胎

(f) 绿色湿地胎　　(g) 蓝色全雨胎

图 6.21　F1 轮胎规格

图 6.21(a)为紫色极软胎,是 2016 年赛季加入轮胎阵营中的全新轮胎,其工作范围较

窄,适合在紧凑多弯对机械抓地力要求高的赛道上(比如摩纳哥赛道)使用,作为整个轮胎系列中最软的一款(比超软胎更软),它升温极快,有着巅峰的速度表现,但使用寿命有所降低。

图 6.21(b)是红色超软胎,轮胎系列中第二软的超软胎,是慢速多弯赛道的理想选择,尤其适合在较冷气候中需要最大化机械抓地力时选用。

图 6.21(c)是黄色软胎,提供性能和耐久性的平衡表现。虽然这款轮胎比起长距离行驶来说更偏向速度,但它仍能为车队提供充分的竞争优势。

图 6.21(d)是白色中性胎,从理论上来说,这款轮胎是所有轮胎中表现最为平衡的,完美兼顾了性能和耐久性,通用性很强。最能发挥其特点的是高速、高温、高能量负荷的赛道。对轮胎有最高能量负荷调整的赛道设计,这些赛道有着高速转角和粗糙的表面,通常地表温度也较高。

图 6.21(e)是橙色硬胎,需要更多时间加温,但耐久性也是最佳的,因此也经常在比赛策略中扮演着重要的角色。这是一款工作范围较大的轮胎,也是可供 F1 赛车行驶距离最长(干燥)的轮胎。如果在干燥的条件下,车队想要冒险进行少停策略,则往往会选择橙色硬胎。

需要说明的是,车队并非可以完全自由地使用所有类型的轮胎。从 2016 年赛季开始,每站比赛前将由国际汽联从上述轮胎中指定三种类型的轮胎作为该站比赛车手可以使用的轮胎,并指定两套不同类型的轮胎作为强制使用轮胎,其中更软的一套将作为排位赛第三节的轮胎。除强制使用轮胎外,每名车手在指定的三种类型中自由选择各轮胎的数量,但每个比赛周末可使用的总轮胎套数为 13。

雨胎分为两种:绿色湿地胎[图 6.21(f)]和蓝色全雨胎[图 6.20(g)]。雨胎的特点是胎面花纹上的沟槽,其中全雨胎胎面有深刻的带状花纹和沟槽,可以在湿滑沥青表面完成排水,全速前进时可以达到 65L/s 的排水量。而湿地胎的排水槽则较浅,全速排水量约为 25L/s,是为潮湿和略微湿润的赛道表面设计的。

6.4.3 赛道

F1 汽车赛必须在专用赛车场进行,对专用赛车场的长度和宽度、路面情况、安全措施等均有极为严格的要求。一般来说,专用赛车场为环形,每圈长 3～7km;比赛总长度不能过长,为 305～310km(除摩纳哥站)。为安全起见,赛道两旁一般铺设宽阔的草地或沙地,以便将观众与赛道隔开。FIA 规定赛车场不允许有过多过长的直道,目的在于限制高速,以免发生危险。

F1 赛道大体可以分为 4 种类型:街道赛道、高速赛道、高下压力赛道和中速赛道。

F1 比赛用的 20 余个赛道分布在不同的国家或地区,现役及曾用于 F1 的经典赛道主要有:

(1)澳大利亚阿尔伯特公园(Albert Park)赛道;

(2)中国上海国际赛道;

(3)巴林麦纳麦(Manama)赛道;

(4)俄罗斯索契(Sochi)赛道;

(5)西班牙加泰罗尼亚(Catalunya)赛道;

(6)摩纳哥蒙特卡洛(Monte Carlo)赛道;

(7)加拿大蒙特利尔(Montreal)赛道;

(8) 阿塞拜疆巴库(Baku)赛道；

(9) 奥地利奥斯特利希(Osterrichiring)赛道(又名 A1 赛道)；

(10) 英国银石(Silverstone)赛道；

(11) 匈牙利亨格罗宁(Hungaroring)赛道；

(12) 比利时斯帕(Spa-Francorchamps)赛道；

(13) 意大利蒙扎(Monza)赛道；

(14) 新加坡赛道；

(15) 马来西亚雪邦(Sepang)赛道；

(16) 日本铃鹿(Suzuka)赛道；

(17) 美国奥斯汀(Austin)赛道；

(18) 墨西哥罗德里格斯(Rodriguez)兄弟赛道；

(19) 巴西英特拉格斯(Interlagos)赛道；

(20) 阿联酋阿布扎比亚斯港口(Yas Marina)赛道；

(21) 意大利圣马力诺伊莫拉(Imola)赛道；

(22) 法国马尼库尔(Magny Cours)赛道；

(23) 欧洲德国纽博格林(Nuerburgring)赛道；

(24) 德国霍根海姆(Hockkenheim)赛道；

(25) 美国印第安纳波利斯(Indianapolis)赛道；

(26) 土耳其伊斯坦布尔公园(Istanbul Park)赛道；

(27) 欧洲(西班牙)瓦伦西亚(Valencia)赛道；

(28) 韩国灵岩(Yeongam)赛道。

2018 年共有 21 座城市举办 F1 赛事，分别是澳大利亚墨尔本、巴林、中国上海、阿塞拜疆巴库、西班牙巴塞罗那、摩纳哥蒙特卡罗、加拿大蒙特利尔、法国卡斯特莱、奥地利斯皮尔伯格、英国银石、德国霍根海姆、匈牙利布达佩斯、比利时斯帕、意大利蒙扎、新加坡、俄罗斯索契、日本铃鹿、美国奥斯汀、墨西哥墨西哥城、巴西圣保罗、阿联酋阿布扎比。

下面以中国上海国际赛车道(见图 6.22)为例，介绍有关赛道方面的知识。

图 6.22 上海国际赛车场远景图

1. 赛道参数

比赛总圈数：56 圈。

比赛总长度：305.066km。

赛道长度：5.451km。

单圈最快纪录：1min32s238(2004,舒马赫,法拉利)。

2. 赛道简介

上海国际赛车场位于上海嘉定区安亭镇东北,赛道整体造型犹如一个翩翩起舞的"上"字(见图 6.23),既有利于大功率发动机发挥的高速赛道,如 T13 与 T14 之间长 1175m 的大直道,又有具有挑战性、充分体现车手技术的弯道,如 T1 到 T3 螺线形收缩的弯道。除了 F1 赛事外,上海国际赛车场还可以举办各类不同的赛事。赛车场设计看台规模约 20 万人,其中带顶棚的固定看台约有 5 万个座位,其余为坡形露天看台。

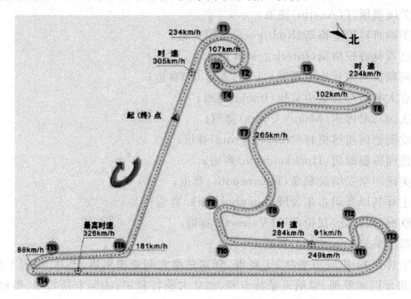

图 6.23 中国上海国际赛车道

6.4.4 车队

车队是参加汽车比赛的集体,要想参加 F1 汽车赛,就必须先注册成立一支专业赛车队。一支 F1 车队是由赛车手、试车手、车队经理、技术总监、工程师、技师以及经营管理人员、医师、营养师等组成的团队。成立和运作一支 F1 车队所需的费用非常高。一些实力雄厚的车队,如法拉利(Ferrari)车队、梅赛德斯 AMG(Mercedes)、威廉姆斯(Williams)车队和雷诺(Renault)车队等,都拥有自己的 F1 赛车设计制造中心。一些规模较小的车队,只是负责汽车比赛的一些事项,赛车和发动机则是由那些实力雄厚的汽车或发动机制造商负责制造。

F1 车队的人员编制,以总部位于英国伦敦近郊的迈凯伦车队为例,车队的工作人员就超过 500 人,这还不包括在德国斯图加特奔驰总部发动机研发部门的员工及其他技术伙伴的员工。车队每站比赛需要动员 60～100 名工作人员到比赛现场负责比赛的运作。其中赛事小组是实际负责赛事运作的核心工作人员,成员包括技术总监、比赛小组经理、资深赛车工程师、首席技师、软件工程师、赛事策略师、2 名车手工程师、2 名助理工程师、2 名系统工程师、2 名数据分析师、12 名技师、2 名装配师/碳纤维车体修护人员、发动机装配技师、卡车司机领班、电器技师、2 名轮胎技师、资深燃油技术师、燃油技术师、备胎协调员、车队协调员。

表 6.3 列出了 F1 比赛历年冠军车队榜。其中获得 5 次及以上冠军的车队有法拉利(Ferrari)车队(16 次)、威廉姆斯(Williams)车队(9 次)、迈凯伦(McLaren)车队(7 次)、莲花(Lotus)车队(7 次)和梅赛德斯 AMG(Mercedes)车队(5 次)。

意大利的法拉利车队、英国的迈凯伦车队和威廉姆斯车队被称为传统的三大 F1 车队。法拉利车队创始人为恩佐·法拉利(Enzo Ferrari),车队总部在意大利马拉内罗(Maranello),首次参赛时间为 1950 年。迈凯伦车队创始人为布鲁斯·迈凯伦(Bruce McLaren),车队总部在英国沃金(Woking),首次参赛时间为 1966 年。威廉姆斯车队创始人为弗兰克·威廉姆斯(Frank Williams),车队总部在英国格罗夫(Grove),首次参赛时间是 1973 年。

表 6.3 F1 比赛历年冠军车队榜

年份	冠军车队	年份	冠军车队
2018	梅赛德斯 AMG(德国)	1997	威廉姆斯(英国)
2017	梅赛德斯 AMG(德国)	1996	威廉姆斯(英国)
2016	梅赛德斯 AMG(德国)	1995	贝纳通(英国)
2015	梅赛德斯 AMG(德国)	1994	威廉姆斯(英国)
2014	梅赛德斯 AMG(德国)	1993	威廉姆斯(英国)
2013	红牛(奥地利)	1992	威廉姆斯(英国)
2012	红牛(奥地利)	1991	迈凯伦(英国)
2011	红牛(奥地利)	1990	迈凯伦(英国)
2010	红牛(奥地利)	1989	迈凯伦(英国)
2009	布朗(英国)	1988	迈凯伦(英国)
2008	法拉利(意大利)	1987	威廉姆斯(英国)
2007	法拉利(意大利)	1986	威廉姆斯(英国)
2006	雷诺(法国)	1985	迈凯伦(英国)
2005	雷诺(法国)	1984	迈凯伦(英国)
2004	法拉利(意大利)	1983	法拉利(意大利)
2003	法拉利(意大利)	1982	法拉利(意大利)
2002	法拉利(意大利)	1981	威廉姆斯(英国)
2001	法拉利(意大利)	1980	威廉姆斯(英国)
2000	法拉利(意大利)	1979	法拉利(意大利)
1999	法拉利(意大利)	1978	莲花(英国)
1998	迈凯伦(英国)	1977	法拉利(意大利)

续表

年份	冠军车队	年份	冠军车队
1976	法拉利(意大利)	1966	布拉汉姆(英国)
1975	法拉利(意大利)	1965	莲花(英国)
1974	迈凯伦(英国)	1964	法拉利(意大利)
1973	莲花(英国)	1963	莲花(英国)
1972	莲花(英国)	1962	BRM(英国)
1971	泰瑞尔(英国)	1961	法拉利(意大利)
1970	莲花(英国)	1960	库珀(英国)
1969	马特拉(法国)	1959	库珀(英国)
1968	莲花(英国)	1958	范沃尔(英国)
1967	布拉汉姆(英国)		

2018 年赛季 10 支 F1 车队是梅赛德斯 AMG(Mercedes)、法拉利(Ferrari)、红牛(Red Bull)、印度力量(Force India)、迈凯伦(McLaren)、威廉姆斯(Williams)、雷诺(Renault)、哈斯(Haas)、索伯(Sauber)和红牛二队(Toro Rosso)。车队的运营及名称会随着投资和经营的状态变化。

6.4.5 赛车手

在 F1 比赛中,赛车手起着举足轻重的作用,在赛车性能基本相同的条件下,赛车手往往起着决定成败的关键作用。在比赛过程中,赛车手要消耗大量的体力,承受因加速、减速和离心力所引起的巨大作用力。比如,在高速转弯时,其离心力常常高达车手体重的 4~5 倍。一个车手在 2h 的比赛中往往要减少 3~5kg 的体重。

F1 是一项很危险的汽车竞赛,比赛时不可避免地会发生翻车、起火事故,因此,为了保护车手的人身安全,FIA 规定车手在比赛时必须穿戴经其批准的专用服饰。头盔是戴面罩的全脸头盔;衣服和手套也是用一种特殊的耐燃材料缝制而成的;比赛用鞋是用皮革制成的,里面还衬以泡沫塑料,表面覆盖一层防火材料。按照 FIA 的标准,一个装备齐全的车手必须在 700℃的火焰中待上 12s 而不会被烧伤。此外,车手在比赛时还必须佩戴一副耳塞,以保护车手的耳膜不被发动机的轰鸣声所伤害。

要成为 F1 赛车手绝不是一件容易的事情。这些赛车手要经过多年的磨炼,通过无数次的筛选,最后还要接受 FIA 的考核,在取得世界超级驾驶员执照后才能有资格参加 F1 汽车大赛。要成为一个一级方程式赛车手需要天分、勇敢和某种程度的运气。统计数字显示,那些生长在赛车运动有深厚传统的国家,如英国、德国、意大利、法国、奥地利等,从小就开始练习的车手,成功机会较多。

表 6.4 列出了 1950—2018 年的 F1 车手冠军,其中获得 3 次及以上冠军的车手有 10 人,分别是迈克尔·舒马赫(Michael Schumacher)(7 次)、刘易斯·汉密尔顿(Lewis Hamilton)(5 次)、胡安·曼纽·方吉奥(Juan Manuel Fangio)(5 次)、塞巴斯蒂安·维特尔

(Sebastian Vettel)(4次)、阿兰·普罗斯特(Alain Prost)(4次)、埃尔顿·塞纳(Ayrton Senna)(3次)、尼尔森·皮奎特(Nelson Piquet)(3次)、尼基·劳达(Niki Lauda)(3次)、杰基·斯图尔特(Jackie Stewart)(3次)和杰克·布拉汉姆(Jack Brabham)(3次)。他们都是那个时代最伟大的赛车手。

表 6.4　F1 比赛历年车手冠军榜

年　份	冠军车手	车手所在车队
2018	刘易斯·汉密尔顿(英国)	梅赛德斯(德国)
2017	刘易斯·汉密尔顿(英国)	梅赛德斯(德国)
2016	尼科·罗斯伯格(德国)	梅赛德斯(德国)
2015	刘易斯·汉密尔顿(英国)	梅赛德斯(德国)
2014	刘易斯·汉密尔顿(英国)	梅赛德斯(德国)
2013	塞巴斯蒂安·维特尔(德国)	红牛(奥地利)
2012	塞巴斯蒂安·维特尔(德国)	红牛(奥地利)
2011	塞巴斯蒂安·维特尔(德国)	红牛(奥地利)
2010	塞巴斯蒂安·维特尔(德国)	红牛(奥地利)
2009	简森·巴顿(英国)	布朗(英国)
2008	刘易斯·汉密尔顿(英国)	迈凯伦(英国)
2007	基米·莱科宁(芬兰)	法拉利(意大利)
2006	费尔南多·阿隆索(西班牙)	雷诺(法国)
2005	费尔南多·阿隆索(西班牙)	雷诺(法国)
2004	迈克尔·舒马赫(德国)	法拉利(意大利)
2003	迈克尔·舒马赫(德国)	法拉利(意大利)
2002	迈克尔·舒马赫(德国)	法拉利(意大利)
2001	迈克尔·舒马赫(德国)	法拉利(意大利)
2000	迈克尔·舒马赫(德国)	法拉利(意大利)
1999	米卡·哈基宁(芬兰)	迈凯伦(英国)
1998	米卡·哈基宁(芬兰)	迈凯伦(英国)
1997	杰克斯·维伦纽夫(加拿大)	威廉姆斯(英国)
1996	达蒙·希尔(英国)	威廉姆斯(英国)
1995	迈克尔·舒马赫(德国)	贝纳通(英国)
1994	迈克尔·舒马赫(德国)	贝纳通(英国)
1993	阿兰·普罗斯特(法国)	威廉姆斯(英国)
1992	尼格尔·曼塞尔(英国)	威廉姆斯(英国)
1991	埃尔顿·塞纳(巴西)	迈凯伦(英国)

续表

年 份	冠军车手	车手所在车队
1990	埃尔顿·塞纳(巴西)	迈凯伦(英国)
1989	阿兰·普罗斯特(法国)	迈凯伦(英国)
1988	埃尔顿·塞纳(巴西)	迈凯伦(英国)
1987	尼尔森·皮奎特(巴西)	威廉姆斯(英国)
1986	阿兰·普罗斯特(法国)	迈凯伦(英国)
1985	阿兰·普罗斯特(法国)	迈凯伦(英国)
1984	尼基·劳达(奥地利)	迈凯伦(英国)
1983	尼尔森·皮奎特(巴西)	布拉汉姆(英国)
1982	科科·罗斯伯格(芬兰)	威廉姆斯(英国)
1981	尼尔森·皮奎特(巴西)	布拉汉姆(英国)
1980	阿兰·琼斯(澳大利亚)	威廉姆斯(英国)
1979	乔迪·施克特(南非)	法拉利(意大利)
1978	马里奥·安德雷蒂(美国)	莲花(英国)
1977	尼基·劳达(奥地利)	法拉利(意大利)
1976	詹姆斯·亨特(英国)	迈凯伦(英国)
1975	尼基·劳达(奥地利)	法拉利(意大利)
1974	爱默生·费迪帕尔蒂(巴西)	迈凯伦(英国)
1973	杰基·斯图尔特(英国)	泰瑞尔(英国)
1972	爱默生·费迪帕尔蒂(巴西)	莲花(英国)
1971	杰基·斯图尔特(英国)	泰瑞尔(英国)
1970	乔奇·赖恩特(奥地利)	莲花(英国)
1969	杰基·斯图尔特(英国)	马特拉(法国)
1968	格拉汉姆·希尔(英国)	莲花(英国)
1967	丹尼·赫尔姆(新西兰)	布拉汉姆(英国)
1966	杰克·布拉汉姆(澳大利亚)	布拉汉姆(英国)
1965	吉姆·克拉克(英国)	莲花(英国)
1964	约翰·苏蒂斯(英国)	法拉利(意大利)
1963	吉姆·克拉克(英国)	莲花(英国)
1962	格拉汉姆·希尔(英国)	BRM(英国)
1961	菲尔·希尔(美国)	法拉利(意大利)
1960	杰克·布拉汉姆(澳大利亚)	库珀(英国)

续表

年 份	冠军车手	车手所在车队
1959	杰克·布拉汉姆(澳大利亚)	库珀(英国)
1958	迈克·霍索恩(英国)	法拉利(意大利)
1957	胡安·曼纽·方吉奥(阿根廷)	玛莎拉蒂(意大利)
1956	胡安·曼纽·方吉奥(阿根廷)	法拉利(意大利)
1955	胡安·曼纽·方吉奥(阿根廷)	梅赛德斯(德国)
1954	胡安·曼纽·方吉奥(阿根廷)	梅赛德斯(德国) 玛莎拉蒂(意大利)
1953	阿尔贝托·阿斯卡里(意大利)	法拉利(意大利)
1952	阿尔贝托·阿斯卡里(意大利)	法拉利(意大利)
1951	胡安·曼纽·方吉奥(阿根廷)	阿尔法—罗密欧(意大利)
1950	朱塞佩·法里纳(意大利)	阿尔法—罗密欧(意大利)

6.4.6 F1比赛规则

与F1赛车运动有直接关系的规则有两个：一级方程式运动规则(Formula One Sporting Regulations)和一级方程式技术规则(Formula One Technical Sporting Regulations)。运动规则对赛事组织、比赛过程、记分方法、评奖和处罚等进行了规定。技术规则规范了赛车的技术状态和测试标准。此外，F1比赛还应遵守FIA的国际运动规范(International Sporting Code)，这是赛车运动的通用规则，对比赛术语和一般性程序及原则进行了解释和规定。以上规则会随着赛车运动的发展不断修订和补充，此处以2017年规则为主。

F1比赛包括了练习赛、排位赛与正赛。其中练习赛有三次，时间为周五上午、周五下午、周六下午，用于赛车的调校。周六下午举行排位赛，决定正赛的发车顺序。周日下午或者晚上举行正赛。下面对F1比赛的一些主要规则进行介绍。

1. 赛事总则与积分规则

(1) F1比赛的距离，从开始信号到终点挥旗，应与最少完整圈数相等，并超过305km(摩纳哥站只有260km)。但如果整个比赛超过2h，或出现了比赛中止，连同中止时间在内超过4h，则在到达时间之后，领先的赛车需先完成正在进行的一圈，之后再跑一圈，这一圈冲线时，出示比赛结束的黑白方格旗。

(2) 如果参赛赛车少于12辆，则此赛站可以取消。

(3) 各赛站取得前10名的车手获得积分，依次得25分、18分、15分、12分、10分、8分、6分、4分、2分、1分。

(4) 同一车队的参赛车手所得积分汇总作为车队积分。

(5) 如果有2名或2名以上的车队或车手得到相同的比分，冠军将颁给在比赛中处于较高排位的一方，具体指符合以下条件：

① 获得最多第一名。

② 如果获得第一的次数相同,则为获得最多第二名。
③ 如果获得第二的次数相同,则为获得最多第三名。依此直至冠军产生。
④ 如果此方法仍未能得出结果,国际汽联将根据他们认为恰当的标准命名冠军。

2. 车队与车手

(1) 参赛车手必须持有国际汽联超级执照,车手超级执照的有效期为一年。赛会组织者可以对车手的超级执照进行扣分,如果一名车手执照扣分达到 12 分,则将被取消下一场比赛的资格,同时 12 分的扣分清零。扣分保持 12 个月,然后从超级执照上自动移除。

(2) 在一个赛季期间,每个车队可用 4 位车手,任何新车手都可以得到自己的积分。

(3) 车手必须无辅助独立驾驶赛车,即比赛过程当中不能依靠车队的遥控直接对赛车进行调整或控制,也不能依靠他人的协助。

3. 事故与处罚

(1) 事故是指由一名车手或多名车手引发的一个或一系列事件,或某位车手的某种行为,这些事件或行为包括违反比赛规则、车手的失误、赛车发生冲撞、非法手段阻止其他车手的合法超越、在超越过程中非法阻挡其他车手等。

(2) 赛会组织者将对事故中的肇事车手或参与肇事的车手进行处罚。部分处罚方式如下:

① 5s 罚时。车手须进入维修通道,在自己的站内停车至少 5s 再重新回到赛事。如果在比赛结束前该车手不需要再进站,会在受罚车手的完赛时间基础上加时 5s。

② 10s 罚时。车手须进入维修通道,在自己的站内停车至少 10s 再重新回到赛事。如果在比赛结束前该车手不需要再进站,会在受罚车手的完赛时间基础上再加时 10s。

上述两种情况,受罚车手必须在下一次进站之时接受处罚。

③ 通过维修通道处罚。车手必须通过维修区再回到赛事,中间不停。

④ 10s 罚停(stop and go)。车手进入维修通道,在自己的站内罚停至少 10s 再返回赛事。

针对上述四种情况的任意一种,如果车手因退赛而无法接受处罚,则赛会组织者将在下一场比赛对车手进行出发位置的罚退。

如果处罚发生在最后 3 圈,或在比赛结束之后,则直接在完赛时间的基础上,对情况①增加 5s,情况②增加 10s,情况③增加 20s,情况④增加 30s。

⑤ 罚时。
⑥ 训诫。
⑦ 在下一场比赛中罚退。

上述七种处罚一旦实施,将不允许上诉。

⑧ 取消成绩。
⑨ 下一场比赛禁赛。

4. 维修区

维修区的通道分成两条道。靠近维修墙的通道称为"快道",而靠近维修间的车道称为"内道"。内道是对赛车进行维修的区域,车队一般不能在快道上摆放任何设备,车手在维修区须按规定限速行驶。

5. 安全

(1) 官方指令通过规则中所述信号旗的形式传达给车手。参赛者不可使用任何与之类

(2) 只允许在车队的维修站内加油,加油过程中,车手可以留在车中,但必须熄灭发动机。加油及从车内抽油的速率不能大于 0.8L/s。赛事过程中不允许加油,也不允许将油抽出。

(3) 参加练习和比赛的车手必须穿戴比赛规则中规定的服装、头盔及头颈保护装置。

(4) 维修区限速为 80km/h,某些情况,可由 F1 委员会常务处规定其他限速。在正式比赛中,车手若超过限速,赛事组织者将予以罚时处罚。

(5) 使用湿胎时,必须确保赛车尾灯亮起,若尾灯不亮,应由赛事主管酌情决定是否让该车手停止比赛。

(6) 赛事期间,FIA 可以在任何时间要求任何车手进行体检。

(7) 对于不遵守安全总则的行为,可勒令相关赛车和车手退出比赛。

6. 赛车

(1) 每一赛事中同一车队的两辆赛车的颜色必须基本相同,没有 FIA 的同意在比赛中不得随意更换车的颜色。车手的头盔,除车手自己选择的特定的一站外,必须保持样式相同,赛季中途更换车队除外。

(2) 每辆赛车上应印有 FIA 在赛季开始时发的车手(或替补车手)的赛号,并易于观察。赛车制造商的名字必须印在车鼻上并保证最大尺寸至少为 25mm。车手的名字必须清晰出现在赛车的车身上、座舱外部或头盔上。自 2014 年起,车手将拥有永久车号,即车手生涯每一年参加比赛均使用相同车号。当一名车手连续两个赛季不参加 F1 比赛,视为生涯结束。

(3) 正赛前三天(摩纳哥站四天)10:00—16:00,在各车队检修间对赛车进行初次检测。除非赛会组织者特许,不遵守上述时间的车队将不许参加比赛,只有通过检测的赛车才能参加比赛。

(4) 每支车队在比赛中的任何时刻都不允许使用多于两辆赛车。

(5) 任何车手在第三次练习赛开始后如果要用另一部赛车或备用车,则要求从维修区发车。

(6) 动力单元分为 6 个部分:内燃机、动能回收系统、热能回收系统、储能系统、增压涡轮以及电控单元。每一部分单赛季只允许使用 4 套,各部分可以重新组合。如果某一部分的使用超过 4 套,则在车手第一次使用新组件的赛事中,将按如下标准进行处罚:第一次使用某一第 5 套部件,而其他部件均未超过 4 套,则罚退 10 位;如果已有部件开启了第 5 套,第一次使用其他第 5 套部件时,则罚退 5 位。第 6 套同理。如果在同一站比赛中,同一部件同时启用了多套适用于受罚程序的套件,则仅最后更换的那个套件将允许在后面比赛中使用而不再进行处罚。

(7) 比赛期间 FIA 将每一台发动机封存起来,以防止易拆件被拆卸或更换。封存被损坏或移动同样也认为是更换了发动机。

(8) 车手在连续 6 站比赛只允许使用一个变速箱。更换变速箱将被罚退 5 位。

(9) 轮胎的数量和类型:在一整场比赛中,车手不应使用超过 13 套干胎、4 套半雨胎和 3 套全雨胎。

7. 自由练习赛和排位赛

(1) 车手必须参加至少一次练习赛(含排位赛),才允许参加正式比赛。

（2）自由练习赛的举行时间：初检后的第二天的 10:00—11:30 以及 14:00—15:30。比赛前一天的 11:00—12:00。

（3）排位赛在比赛前一天的 14:00—15:00 举行。赛程安排如下：

① 14:00—14:18(Q1)，所有赛车均被允许在赛道上跑成绩。本阶段将淘汰最慢的 8 辆车。其余 18 辆车的成绩将被清零。

② 14:25—14:40(Q2)，余下的 18 辆赛车可以在赛道上跑成绩。本阶段结束后，最慢的 8 辆车将被淘汰。剩余 10 辆赛车的成绩将被清零。

③ 14:48—15:00(Q3)，剩余 10 辆赛车可以在赛道上跑成绩。

注：具有特殊比赛时间（如夜赛）的分站，上述时间相应调整。

上述程序基于 26 辆赛车（即 F1 比赛允许的最多数量）参加比赛的情况制定的。如果 24 辆赛车参赛，则 Q1 和 Q2 各淘汰 7 辆赛车；如果 22 辆赛车参赛，则 Q1 和 Q2 各淘汰 6 辆赛车，依此类推。

（4）排位赛结束后，赛会将随机选择至少 6 辆赛车进行检查。一旦赛车被选定，车队必须立即将赛车送至车检区。

（5）排位赛结束后 3.5h 以内，所有参加排位赛的赛车（包括打算参加但未能驶出维修区的赛车）须包装完毕，准备接受 FIA 的密封，以确保赛车安全。

8. 正赛开始程序

（1）正赛的暖胎圈开始前 5h，赛车将被拆封，但必须保留在维修通道的停放区。此时，不允许对赛车悬架进行任何改动，否则车手将必须从维修区出发。

（2）比赛开始前的信号分别在暖胎圈开始前 10min、5min、3min、1min 和 15s 时发出，每次都伴随有声音提示。

① 10min 的信号发出后，除车手、赛事官员和车队技术人员外的所有人必须离开发车区。

② 3min 的信号发出后，所有赛车必须装好车轮，该信号过后，车轮只可在维修区取下。在 3min 信号发出时尚未安好车轮的赛车将被处以 10s 罚停。

③ 1min 的信号发出后，应起动发动机，15s 的信号发出后，所有车队人员必须离开发车区。如在 15s 信号发出后，车手仍需协助，则必须举手示意。如相关人员已撤离发车区，则其车队可以进行调整解决该问题。在这种情况下，赛事官员应持黄旗站在该车旁以警示后面的车手。

④ 绿灯亮起后，所有赛车开始暖胎圈，由首发车领跑。

⑤ 离开发车区后，所有车手必须尽力降低车速，直到通过杆位发车格。

⑥ 在暖胎圈进行期间，禁止超车，暖胎圈中赛车必须尽可能排列紧密。

⑦ 在暖胎圈进行期间，只有在有赛车延误了发车，使后面的赛车不得不超车的情况下，才允许超车。

⑧ 任何从发车区发车晚了的车手，若在其到达第一条安全车线后，仍无法恢复原始的发车顺序，则必须从发车区后面开始比赛。如未能按要求操作，则将受到 10s 罚停处罚。如果不只一辆赛车发生这种情况，则按照其在暖胎圈前的顺序排列。

⑨ 如果赛会组织者认为有车手在暖胎圈中非法超车，则将对其进行处罚。

（3）暖胎圈完成，赛车回到发车区后将停在各自的发车位上，保持发动机运转。开始准备发车,发车员准备给出发车信号灯。当所有赛车就位,5s 灯亮起,接着是 4s、3s、2s、1s 提示灯。1s 灯亮起后,当所有红灯都熄灭后,比赛正式开始。

(4) 只有在以下情况下方可采用不同的发车程序

① 如果 5min 信号发出后开始下雨,在比赛前,赛事总监认为车队可以更换轮胎,则发车中止的信号灯亮起,发车程序回到暖胎圈开始前 10min 的时间点。

② 比赛临近时,如果赛事总监认为赛道上积水量即使用雨胎仍可能会影响到安全,则发车中止的信号灯亮起,同时通知车队推迟发车。一旦比赛开始时间确定,将至少提前 10min 给予车队通知。

9. 安全车

(1) 只有在对参赛者或赛事官员有危险,但并不必须中止比赛时,方可使用安全车。

(2) 当发出指令使用安全车后,将通知车队"启用安全车"。所有观察员驻点必须舞动黄旗,指示灯显示"SC",直到安全车退出。

(3) 所有参赛车辆应在安全车后行驶,排成一列。对于在安全车起动后的第一圈或第二圈进站的车手,赛车还需保持在 FIA ECU 在第一条安全车线设置的最短时间之上。不得超车,除非安全车示意赛车这样做或其他特殊情况。在确保安全的情况下,将发出"允许被套圈车辆超车"的指示,以使他们重新回到队尾。

(4) 使用安全车时,参赛车辆可以进站,但只有当维修站出口绿灯亮起方可驶上赛道。

(5) 赛道工作人员召回安全车后,必须熄灭其橘黄色车灯,以示意车手它将于该圈结束后进入维修区。这时,安全车后的第一辆赛车可以决定与安全车之间的距离。如有必要,可以扩大与它的距离,但不允许急加速或刹车造成可能的危险或影响重新起步。

(6) 安全车撤回后,赛车接近发车线时,绿灯亮起。此时仍然严格禁止超车,直到赛车通过绿灯所在的发车线。

(7) 安全车引领下完成的圈数计入比赛全程。如果到达比赛终止条件,安全车将出示比赛终止信号旗。所有赛车必须随之驶入维修通道和围场。

(8) 如果在使用安全车时比赛终止,安全车将在最后一圈驶入维修通道,赛车在通过终点时不得超车。

10. 虚拟安全车

(1) 虚拟安全车通常在赛段任意位置出现双黄旗,赛会组织者认为具有一定危险但尚不需要出动安全车的情况下使用。

(2) 虚拟安全车条件下,所有赛车必须降低速度,通过每一个检测段(赛道两个 FIA 信号灯之间)均需保持在 FIA ECU 设置的最短时间以上。未能保持在上述最短时间以上的车手将受到处罚。

(3) 除赛车故障或在维修区进站,不允许进行超车。

(4) 在虚拟安全车起动时,除为了更换轮胎以外,不允许赛车进站。

(5) 当赛会认为赛道足够安全,可以终止虚拟安全车时,会发布"虚拟安全车结束"通知并通过官方系统告知车队,10~15s 之后,显示 VSC 的指示灯将变为绿灯。

(6) 虚拟安全车状态下的圈数依然计入比赛内。

11. 正式比赛

(1) 不会因下雨中止比赛,除非赛道堵塞或继续比赛会造成危险。

(2) 如果在比赛过程中赛车熄火,必须将其尽快移出赛道,以避免造成危险或妨碍其他车手。如果该车手无法将赛车驶离危险区域,则赛会组织者应予以协助。

(3) 比赛过程中,车手只可以在维修通道出口处绿灯亮起时方可离开维修区。

12. 比赛结束

(1) 比赛结束的信号将在头车完成比赛时在终点显示。在比赛全部长度完成以前,如果已经进行了2h(或出现中止情况,含比赛中止时间已进行了4h)的比赛,则头车在此时间期限过去以后,首先完成正在进行一圈,然后需再完成完整一圈,回到终点线赛会向头车发出比赛已经完成的信号。

(2) 赛车进入赛场后进行检测和称重,未经授权的人员不得进入。

6.4.7 比赛旗语

为了有效指挥车手比赛,尽可能防止各种事故的发生,F1大赛采用摇动各种彩色旗帜的办法作为指挥信号。摇动的旗子不仅可以使车手在很远处看到,提前引起注意,同时也可使现场观众了解比赛过程中发生的一切。指挥旗的具体含义如表6.5所示。

表6.5 F1旗语

名称		意义
绿旗		比赛开始时出示,表示暖胎圈比赛开始。在路线上出示,表示路线上的危险解除,恢复正常比赛
静止蓝旗		车后有其他赛车紧随,车手应提高警惕,但不必避让
摇动蓝旗		前方的车手必须让路给后方较快车手超越。假如不理会蓝旗的警告达3次,不让路的车手将会受到相应处罚
黄旗		有危险信号,发信号的原因可以是临时的,也可以是长时间的。挥动黄旗,表示下段路线易发生危险。用这种方法来提醒车手注意安全,减速行驶。车辆行驶两圈的时间内一直挥动黄旗,然后在后两圈内静止不动,之后再撤出黄旗,说明不可能排除路线上的障碍。如有必要,可以挥手或用旗指示车手靠路线无障碍的一边行驶。如路线的障碍过多,但仍不足以中止比赛,在同一观察岗,可以同时使用两面黄旗,以强调危险的程度。车手通过黄旗区时,必须减速,准备在必要时制动并停在相应的位置上。出现黄旗时不允许超车。如果一名车手没有认真读取黄旗的信息,而仍旧以比赛速度开车来到赛道的事故发生地段,那么这名车手将会受到严厉的处罚,甚至会被取消比赛资格

续表

名 称	意 义
白旗	有救护车在赛道上行驶,或者是一辆赛车减速行驶时,必须缓行
黄旗带红色条纹	红黄条纹旗代表赛道前方路面有油,或者路面较滑,车手应该小心驾驶,直到信号旗收回为止。如果比赛官员挥动红黄旗帜,代表前方不远处有湿滑地带
红旗	比赛中止,赛道封闭,全部车手停止比赛,须缓慢将赛车驶回发车点或指定地点。示旗时不得晃动。赛事主管出示红旗后,各观察岗必须立即出示黑旗,向车手传达中止比赛信息
黑旗	黑旗并附赛车号码,指示驾驶该赛车的车手必须立即进入维修站并向赛事主管报到。当一名车手因为比赛行为不当而需要对其进行管教时,或者当车手在比赛中严重犯规时,需要向车手出示黑旗。出现这种信号时,通常车手将被取消比赛资格
黑底黄圆点旗	该旗并附赛车号码,指示该车手所驾驶的赛车出现机械故障,在经过赛道安全出口时必须立即进入维修通道至维修区修理
黑白三角旗并附赛车号码	因车手违反体育道德,在将车手开除比赛之前对该车手给予1次严重警告
黑白方格旗	比赛终点,方格尺寸为100mm×100mm

6.5 电动方程式锦标赛

6.5.1 概述

国际汽联电动方程式(FIA Formula E Championship,FE)锦标赛(见图6.24)是由国际汽车运动联合会(FIA)创办的首个全电动单座赛车系列赛。FE围绕能源、环境与娱乐三个核心理念,将设计、技术、运动与娱乐相结合,吸引了新一代赛车迷的关注。赛事全部采用最贴近民众的街道赛形式,在全球主要国家和地区的世界级城市举办,旨在提倡改善城市环境、推广清洁新能源的同时,促进相关电池、电动机、变速器、电子控制、快速充电技术和电动汽车安全保障等方面的高速发展,为全球新能源汽车的推广和应用提供最佳的国际交流平台。

图6.24 FE赛车

与F1自然年赛季的方式不同,FE采取跨年赛季的方式。首届比赛(2014—2015年赛季)共有10支车队,20名车手。每支车队配备2名车手和4台赛车,当驾驶的赛车没有电力时,车手会将车驶入维修站,之后下车奔跑100m再登上一辆已经完成充电的赛车。比赛于2014年9月在北京起动,历经在迈阿密、摩纳哥、柏林、莫斯科等城市举行的10站11场比赛,于2015年6月在伦敦落下大幕。其中,最后一站伦敦站比赛由连续两天的两场比赛组成,这种赛事安排也是FE的特色之一,称为一站两赛(double-header)。根据FE赛事规则,一站比赛可以由一场或两场比赛组成;若由两场比赛组成,则两场比赛的赛程完全相同(除调试赛及第二阶段练习赛)。此后的两赛季分别由9站10场与9站12场比赛构成。2017—2018赛季于2017年12月2日在中国香港开始,由11站14场比赛组成,分站数与场次数均为前4个赛季之最。

FE比赛每年共9~10支车队参加,每支车队每站比赛可派出2名车手。FE赛事吸引了众多前F1车手,包括尼克·海菲尔德(Nick Heidfeld)、亚诺·特鲁利(Jarno Trulli)、布鲁诺·塞纳(Bruno Senna,F1世界冠军埃尔顿·塞纳的外甥)等。前3个赛季的车手年度总冠军尼尔森·小皮奎特(Nelson Piquet)、塞巴斯蒂安·布埃米(Sebastien Buemi)及卢卡斯·迪·格拉西(Lucas Di Grassi)均为前F1车手。此外,2017年10月参加F1赛事的皮埃尔·盖斯利(Pierre Gasly),也曾于同年7月代表雷诺FE车队参加了美国纽约站的比赛。可见,FE赛车手与F1赛车手有紧密联系。

法国雷诺FE车队傲视群雄,包揽了前3个赛季的车队冠军。FE赛场上也有中国车队和车手的身影。自首届比赛开始,连续3个赛季均有两支车队代表中国参赛。在2014—2015赛季,中国的龙之队(Dragon Racing Formula E Team)与蔚来赛车队(NEXTEV TCR Formula E Team,前中国国家队)分列车队积分的第二位和第四位,且中国蔚来车队的尼尔森·小皮奎特获得当年的车手总冠军。然而在2015—2016赛季,中国两支车队成绩均有下滑,分别仅位列第四位和第九位。在2016—2017赛季,收购了亚久里车队的钛麒车队(TECHEETAH)与蔚来车队共同代表中国比赛,分列车队积分榜第五位和第六位。在2017—2018赛季,钛麒车队继续代表中国参加比赛。马青骅作为中国车手,分别于2015—2016赛季及2016—2017赛季代表日本亚久里车队与中国钛麒车队参加了4站和3站比赛。此外,荷兰籍华裔车手董荷斌于2014—2015赛季代表蔚来车队参加了3站比赛。

6.5.2 比赛形式与规则

FE比赛分为调试赛、练习赛、排位赛和正赛等部分。调试赛通常于正赛前一天举行,可根据城市、赛道情况及赛事安排有所调整。对一站两赛的分站,只在第一场比赛前安排调试赛。在调试赛中,车手可以检验他们的电子系统以及赛车可靠性,然而赛车只能低速行驶,最大输出功率被限制在110kW。同时,赛会组织会对赛道轮廓、特性、路肩等进行检查,也会考虑车手的反馈。

练习赛、排位赛和正赛安排在同一天举行。练习赛分为两个阶段,第一阶段45min,第二阶段30min。对于一站两赛的分站,第二场比赛的练习赛只举行第一阶段。练习赛可使用的最大输出功率为200kW,这也是赛车实际的最大输出功率。

排位赛决定正赛的发车顺序。车手首先通过抽签分为4组,每组比赛时间为6min,在此时间内,每位车手允许跑两个飞行圈(即计时单圈),但只能有一圈使用最大输出功率。取最快圈速作为车手在分组排位赛阶段的成绩。各组比赛结束后,全部车手中的前5名将进行超级杆位争夺赛(Super Pole Shoot-out)。在超级杆位争夺赛中,车手将按照分组排位赛阶段的名次倒序出场,且每位车手只有一次飞行圈机会,来决定杆位及第2～5位的归属。第6及以后的发车顺位则由分组排位赛阶段的成绩决定。整个排位赛阶段,赛车最大输出功率为200kW。

正赛采用静态起步的方式。根据规则,2017—2018赛季正赛阶段赛车的最大功率将被限制在180kW,比前一个赛季增加10kW。与F1赛事相比,FE正赛具有两个明显的特色:①每名车手强制进行一次进站换车;②每场比赛有"车迷加速"(FANBOOST)投票环节,得票前三名的车手将在比赛中获得额外的100kJ能量。具体说明如下:

(1) 由于现阶段FE赛车电量无法坚持跑完全程,因此在FE正赛中,车手必须强制停站一次,更换另一辆已经充满电的赛车继续进行比赛。此动作必须在指定的车库或在维修通道专用位置完成。最多有两名车队工作人员可协助车手完成换车工作。FIA赛会组织者将进行监督,以确保安全设备全部正确安装,安全带按要求系好。为了确保车队完成全部的安全措施并进行必要的安全检查,换车用时不能低于规定的最短时间。与F1不同,FE比赛中除发生爆胎或其他形式的轮胎损坏之外,不允许进站换胎。

(2) 在FANBOOST投票活动中,车迷可在赛前通过"电动方程式"App、电动方程式官网及其他媒介为自己喜爱的车手投票。投票在比赛开始后6分钟才停止,这使得车迷有机会根据场上形势做出投票选择。得票数前三名的车手将在自己的第二辆赛车上额外获得

100kJ 的能量。在使用这一能量时，赛车总输出功率最小为 190kW，最大为 200kW，且 100kJ 的能量必须一次释放完成。这一活动极大地增加了赛事的娱乐性和车迷的参与度，使车迷真正成为决定比赛结果的一部分。

　　FE 赛车的电池由赛会统一提供。威廉姆斯是 FE 赛事的初代供应商，为前 4 个赛季的 FE 比赛提供电池。2018—2020 年，迈凯伦将成为这项赛事新的供应商。据称，迈凯伦希望打造两倍于目前电池容量的新电池。FE 赛车的轮胎同样由赛会统一提供。米其林作为 FE 赛事的官方轮胎供应商，将向各车队提供 18 英寸大轮毂的全天候轮胎。该轮胎在干地和一般湿地的条件下均可使用。只有极恶劣的赛道条件出现，才会采用专用的大雨胎（Typhoon Tyres）。对于普通轮胎，每站比赛每辆车不得使用超过 5 个全新的前胎和 5 个全新的后胎，同时至少需使用 1 个前一站比赛使用过的前胎及 1 个前一站比赛使用过的后胎。对于专用的大雨胎，在赛季开始前每辆赛车会获得一套全新的大雨胎，该轮胎只有赛事指挥做出决定后才可使用，且车队将在下一站比赛获得全新的大雨胎。

　　赛车可在各阶段比赛间隙及练习赛阶段进行充电。排位赛和正赛期间严禁充电。

　　FE 比赛积分规则为：第一名 25 分，第二名 18 分，第三名 15 分，第四至第十名依次获得 12 分、10 分、8 分、6 分、4 分、2 分、1 分。排位赛杆位获得者将获得 3 分。此外，在正赛前十名的车手中，跑出最快单圈的车手将会额外获得 1 个积分。使用 FANBOOST 能量的圈速将不计入正赛最快圈速的排名。

6.6　汽车拉力赛

6.6.1　概述

　　拉力赛一词取自英文"Rally"，有集结的意思。拉力赛要求参赛车辆必须严格按照比赛规则中规定的行驶路线，在规定的时间内，到达每一个封闭路段或维修区域等地点进行规定的比赛和规定时间的维修等。由于比赛不仅考验车手的水平，还要考验领航员的配合、车辆的性能以及维修的力量，因此，无轮对于选手还是车队都是一项无比复杂的综合性考验。拉力赛的赛段为各种临时封闭后的普通道路，包括山区和丘陵的盘山公路、沙石路、泥泞路、冰雪路等，也有无法封闭的沙漠、戈壁、草原等地段。参加拉力赛的车辆需要进行改装，有限制改装的参赛车辆均为各大汽车厂家年产量超过 2500 辆的原型轿车，它只允许进行安全改装和有限的性能改装，发动机内部必须维持民用车的标准，不允许改动，称为 N 组赛车。由于 N 组改装费用相对较少，因此多为业余车队和个人选手使用。无限制改装的参赛车辆称为 A 组车，除了保留外形和原厂标志以外，几乎所有的部件都可以改装。经过 A 组标准改装的赛车，如同坦克一般结实，但费用昂贵，一般都是由汽车厂商直接赞助的职业赛车队才能达到。

　　拉力赛分为两种主要形式：一种为由甲地出发，到达乙地结束，历时数天甚至数十天的直线型、长距离马拉松拉力赛，如格拉纳达—达喀尔拉力赛、555 港京拉力赛和巴黎—莫斯科—乌兰巴托—北京拉力赛等，这类比赛每年只举办一次，每次持续 5 天至二十几天不等；另一种为每天行驶的方向不同但均返回同一地点、历时 2~3 天的锦标赛系列赛事，这类比赛每年在不同国家和地区举办数场或十几场。如果把每天的出发和返回的地点看作圆心，那么每天行驶的路线都是以这个圆心而向外辐射的,其形状如同梅花一般,因此,这一类的拉力赛又称为"梅花形"拉力赛,世界拉力锦标赛便是这类比赛。

从组织和评判的观点来看,拉力赛是各种汽车比赛形式最为复杂的一种。作为一种受欢迎的程度仅次于F1赛车的汽车比赛,拉力赛自然有其吸引人的地方,主要表现在:

(1) 拉力赛各站比赛选择在世界各地的特色地点,高原、沙漠、山地、雪域,再加上穿越众多当地集镇、特色建筑,视觉感一流。

(2) 与F1昂贵的票价不同,拉力赛不但不用买门票,而且可以自己选择赛段并站在赛道上最近距离接近比赛、接近赛车,自由度和身临其境的现场感远超过其他任何车赛。

(3) F1虽然车速高,但车辆始终沿着赛道上固定的线路平稳行驶;而拉力赛车虽然车速没有F1快,但是车辆驶过时会带起滚滚烟尘,而且还出现跳跃、侧滑、冲水等精彩的场景,同一弯道不同车手的过弯表现也会截然不同,更具有欣赏性。

(4) 拉力赛车都是量产车改装的,对于多数作为车主的观众而言,更容易产生共鸣,各种具体改装项目对于狂热爱好者而言也完全有效仿的可能。

(5) 由于路况复杂以及赛道的漫长,拉力赛的悬念及意外发生率都远超F1,让人感觉更加刺激和扣人心弦。

国际上著名的拉力赛有世界拉力锦标赛、欧洲拉力锦标赛、亚洲拉力锦标赛、非洲拉力锦标赛、中东拉力锦标赛、格拉纳达—达喀尔拉力赛等。以下主要介绍世界拉力锦标赛和格拉纳达—达喀尔拉力赛。

6.6.2 世界拉力锦标赛

世界拉力锦标赛(World Rally Championship, WRC)全年赛程规划有13～16个站,分别在13～16个不同的国家举行,赛季分为两部分,在上半年赛季结束之后,经过约一个月的休息之后,让各车队对车辆与车手做调整,再进行下半年赛季。世界拉力锦标赛可说是所有赛车项目中最严苛,也最接近真实的一种比赛,因为所有参赛车辆都是以量产车种为基础改制而成的,并在雨林、泥泞、雪地、沙漠及蜿蜒山路等全球各地最具代表性险恶路段的道路中进行(见图6.25)。

图 6.25 WRC 赛车

1. WRC 赛车分组

WRC 比赛依参赛车辆规格的不同,分为原厂 N 组和改装 A 组两大组别。而 A 组和 N 组又依发动机排气量不同,每组分为 4 小组。

A 组：

A8：2000mL 以上；

A7：1601～2000mL；

A6：1401～1600mL；

A5：1400mL 以下。

N 组：

N4：2000mL 以上；

N3：1601～2000mL；

N2：1401～1600mL；

N1：1400mL 以下。

每一站比赛每一组最少要有 5 部车参赛。

2. 比赛积分

WRC 的积分制度与 F1 一致，每一个分站的前 10 名可分别获得 25 分、18 分、15 分、12 分、10 分、8 分、6 分、4 分、2 分、1 分的积分，车手所得积分同时是车手及车队年度积分，全年积分最高的车手与车队就是该年度的世界冠军。

3. 比赛方式与路段

WRC 每一个分赛段的比赛需要 6 天，包含了 2 天的赛道勘查、1 天的车况检查以及 3 天正式比赛。每一站比赛分为 3 个阶段，通常每天为 1 个阶段。赛程规划大多在 1500km，其中分为 SS(Special Stages)特别路段与 RS(Road Section)行驶路段两种。SS 路段就是在封闭管制的路段上进行竞速，每个阶段通常规划有 5～10 个 SS 路段，长度通常在 10～50km，SS 路段的规划总长度以 400km 为限，WRC 就是以每位车手完成所有 SS 路段时间的总和来分胜负，计时的单位是 0.1s，而规划的平均速度 110km/h 为限，最高不可超过 132km/h。不同的 SS 路段间以 RS 路段相连接，通常 RS 路段就是一般的道路，比赛车必须遵守比赛当地的交通法规，也就是和一般道路车一样不能超速违规。因此，为了让车手有足够的时间到达下一个 RS 路段起点，赛会组织会提供一段时间，给车手以当地法定速度完成 RS 路段，并配合警方或军队维持交通顺畅。而 RS 路段的计时单位是 1min，若车手未能在指定时间到达，每迟到 1min 总成绩将加罚 10s。

WRC 还设有超级特殊路段 SSS(Super Special Stage)。SSS 路段是为了让观众及方便电视转播而设的，WRC 史上的 SSS 是起源于澳大利亚站 Langley Park SSS。SSS 路段长度规划通常只有 2km，而且大多是在人工搭建的赛道上进行，是整个比赛中最短的路段，但对观众的吸引力却是最高的，因为观众可轻松地在观众席上欣赏传统拉力比赛中看不到的两车同场竞技的画面，而且不必受风沙之苦。

4. 比赛路面

比赛路面分为柏油路面及非柏油路面（沙石路面）两大类，法国站是最著名的柏油路面赛事。此外，西班牙与意大利站也是 WRC 中知名的柏油路面赛事。但若加上天气的因素，则会有雪地的路面，如每年的摩纳哥蒙特卡洛站与瑞典站，参赛车都是在冰天雪地的恶劣环境中竞速，在雪地竞赛中使用的是胎宽狭窄的钉胎，来增加轮胎表面压力以取得较好的抓地力。肯尼亚站则是在高温的沙漠中比赛，要在这些严苛的路况中竞赛，对于车辆与车手都是一大考验。

6.6.3 达喀尔拉力赛

达喀尔(Dakar)是非洲塞内加尔共和国的首都。达喀尔拉力赛被称为勇敢者的游戏，是单项赛事中比赛距离最长的汽车赛，也是世界上最艰苦的拉力赛。作为最严酷和最富有冒险精神的赛车运动，为全世界所为知晓，受到全球 5 亿人以上的热切关注。这项赛事由法国车手泽利·萨宾(Thierry Sabine)于 1979 年创办，每年一次。巴黎—达喀尔拉力赛的正式法语名称为 LeDakar，每年的赛会都以赞助商或地区名称冠名。巴黎—达喀尔拉力赛在正式开赛后大约 10 年间，都把赛程起点定为巴黎，终点为达喀尔。但赛程路途每年都略有更改。随着时间的推移，起点终点也开始发生变化。如 1992 年起点为巴黎，终点为南非的开普敦，1994 年则为巴黎—达喀尔—巴黎，1997 年是从达喀尔出发，以尼日利亚为折回点再返回达喀尔。2008 年，由于毛里塔尼亚境内的安全问题，无法保障达喀尔拉力赛的安全，赛事组委会决定取消比赛。在无法确定非洲赛段内的安全问题能否保证的情形下，赛事组委会决定将 2009 年的达喀尔拉力赛撤离非洲，移师南美洲阿根廷和智利，赛事于 2009 年 1 月 3—18 日举行。2009—2018 年的达喀尔拉力赛都在南美洲阿根廷、智利、秘鲁和玻利维亚等国举行，并取得成功。表 6.6 列出了汽车组历年达喀尔拉力赛车手与车队冠军的信息。

表 6.6 达喀尔拉力赛汽车组历届车队与车手冠军信息

年　　份	汽　　车　　组
2018	塞恩斯 Carlos Sainz(标致)
2017	彼得汉塞尔 Peterhansel/Cottret(标致)
2016	彼得汉塞尔 Peterhansel/Cottret(标致)
2015	阿提亚 Nasser Al-Attiyah(MINI)
2014	罗马 Nani Roma(MINI)
2013	彼得汉塞尔 Peterhansel/Cottret(MINI)
2012	彼得汉塞尔 Peterhansel/Cottret(MINI)
2011	阿提亚 AL-ATTIYAH(大众)
2010	塞恩斯 Carlos Sainz(大众)
2009	德—维利尔斯 de Villiers/Zitzewitz(大众)
2008	取消
2007	彼得汉塞尔 Peterhansel/Cottret(三菱)
2006	阿尔方 Alphand/Picard(三菱)
2005	彼得汉塞尔 Peterhansel/Cottret(三菱)
2004	彼得汉塞尔 Peterhansel/Cottret(三菱)
2003	增冈浩 Masuoka/Schulz(三菱)
2002	增冈浩 Masuoka/Maimon(三菱)
2001	布莱恩施密特 Kleinschmidt/Schulz(三菱)

续表

年 份	汽 车 组
2000	施莱瑟 Schlesser/Magne(施莱瑟)
1999	施莱瑟 Schlesser/Monnet(施莱瑟)
1998	冯特内 Fontenay/Picard(三菱)
1997	筱冢健次郎 Shinozuka/Magne(三菱)
1996	拉蒂格 Lartigue/Prin(雪铁龙)
1995	拉蒂格 Lartigue/Prin(雪铁龙)
1994	拉蒂格 Lartigue/Prin(雪铁龙)
1993	萨比 Saby/Serieys(三菱)
1992	奥里奥尔 Auriol/Monnet(三菱)
1991	瓦塔宁 Vatanen/Berglund(标致)
1990	瓦塔宁 Vatanen/Berglund(标致)
1989	瓦塔宁 Vatanen/Berglund(标致)
1988	坎库宁 Kankkunen/Piironen(标致)
1987	瓦塔宁 Vatanen/Giroux(标致)
1986	梅特格 Metge/Lemoyne(保时捷)
1985	扎尼罗里 Zaniroli/Da Silva(三菱)
1984	梅特格 Metge/Lemoyne(保时捷)
1983	伊克斯 Ickx/Brasseur(梅赛德斯)
1982	马里乌 Marreau/Marreau(雷诺)
1981	梅特格 Metge/Giroux(路虎)
1980	科图林斯基 Kotulinsky/Luffelman(大众)
1979	吉尔内斯蒂尔 Génestier/Romge Rover(路虎)

达喀尔拉力赛对车手是否为职业选手并无限制，80%左右的参赛者都为业余选手。这是一个远离公路的耐力赛，比赛中需要经过的地形比普通拉力赛的要复杂且艰难得多，而且参赛车辆都为真正的越野车，而非普通拉力赛中的改装轿车。拉力赛的大部分赛段都是远离公路的，需要穿过沙丘、泥浆、草丛、岩石和沙漠。车辆每天行进的路程从几千米到几百千米不等。

该比赛为多车种的比赛(见图 6.26)，共分为摩托车组、小型汽车组(包括轿车和越野车)以及卡车组，虽然参赛车都经过了大幅度的改装，但许多汽车制造商还是愿意把拉力赛严酷的比赛环境当作试验场地，以此证明其车辆的耐用。赛车的号码依次以 1、2、3 开头，分别表示摩托车组、小型汽车组和卡车组。如 105 表示摩托车组的第 5 号赛车，208 表示小型汽车组的第 8 号赛车，312 则表示卡车组的第 12 号赛车。而工作车则以 4 为开头数字。车手和领航员除了依靠赛车组委会的路线图以外，还要借助指南针直至今天的 GPS 全球卫星定位系统,才能到达和通过每一个集结点。由于维修队不像 WRC 那样可以通过一般的公路提前到达指定的区域等待赛车前来检修和补给,因此,每个车队都会包租专机携带所有的配件、给养和维修技师,在赛车之前飞抵指定区域(多为简易机场)。

图 6.26 达喀尔拉力赛比赛场景

该比赛也是采取间隔发车的方法,赛段只有十几个,每个赛段都十分漫长,会在某个赛段出现摩托车、小型汽车和卡车并驾齐驱的宏大场面。

达喀尔拉力赛的过程异常艰苦,赛手白天要经受 40℃ 的高温,晚上又要在零下的低温中度过。而且,除了通常的赛车故障以外,一旦迷失方向,就要面临断油、断粮甚至放弃赛车的局面。因此,这是一场人与自然真正较量的比赛。虽然如此,每年还是会吸引那些不畏艰险的赛手前来参加。

小型汽车组最初越野车如路虎、罗孚、丰田陆地巡洋舰、奔驰 G 级和平茨高尔(Pinzgauer)是比赛的主角,而其他轿车品牌也都是用改装越野车来参加比赛。从 2002 年起,汽车组中参赛的车辆主要是三菱帕杰罗、日产和现代,近几年经过改装的大众途锐也加入比赛展开角逐。

卡车组包括有太脱拉(Tatra)、卡玛兹(Kamaz)、日野(HINO)、曼(MAN)、达夫(DAF)和乌尼莫克(Unimog)、雷诺卡车(Renault Trucks)等品牌。在 20 世纪 80 年代,搭载达夫和梅赛德斯—奔驰生产的双发动机的 DAF 95 Turbotwin X1 卡车,最高功率可达 1220 马力,最高速度可推进至 240km/h,成为当时卡车组的王者。后来,太脱拉、佩尔蒂尼(Perlini)和卡玛兹又相继夺冠。

摩托车组中,KTM 是最具领先实力的摩托车厂商,而与其针锋相对的是来自日本的雅马哈。

2003 年,终于有来自中国的车手参加达喀尔拉力赛了,他们分别是罗丁与刘大地,虽然他们在该届比赛中未能完成,但罗丁在 2004 年卷土重来并获得了第 47 名,成为第一位完成达喀尔拉力赛的中国车手。卢宁军不是第一位参与达喀尔拉力赛的中国车手,但他却是参加该比赛次数最多的中国人,共参加 7 次达喀尔拉力赛。

6.7 勒芒 24 小时耐力赛

6.7.1 概述

勒芒(Le Mans)是一个人口约 20 万的小城,位于法国巴黎西南约 200km 处。这个小城能够闻名于世,主要是因为自 1923 年开始(1936 年、1940—1948 年除外),每年 6 月份都要在这里举行 24 小时世界汽车耐力锦标赛。勒芒 24 小时耐力赛同世界一级方程式锦标赛

(F1)、世界汽车拉力锦标赛(WRC)并称为世界最著名和最艰苦的三大汽车赛事。

勒芒耐力赛是世界上最负盛名的耐力赛,胜过美国印第500英里大赛,因为一般的耐力赛只有500～1000km,而勒芒耐力赛约5000km。也有人说它是大规模组织起来的赌博,以牺牲许多人的生命为代价来提高几个汽车制造厂家的名气。不管勒芒的赛道多么艰险,也不管历史上发生过多少悲剧,每届勒芒大赛都在6月份如期举行。一些汽车厂家不惜耗资数百万美元想在这项大赛中取胜,谁也不肯轻易放过利用这项大赛来提高公司声誉的机会。

勒芒24小时耐力赛的参赛车辆分为两个大类:原型车组别(Le Mans Prototype, LMP)与GT耐力赛组别(Grand Touring Endurance, GTE)。其中LMP分为LMP1组、LMP2组。LMP1组被认为是级别最高的,是代表耐力原型车技术顶点的赛事,分为混合动力组和常规动力组。车辆要求全部自主研发,并强制封闭驾驶舱。混合动力组的车辆来自奥迪、保时捷、丰田和日产四大车队。常规动力组的赛车来自私人车队,包括Rebellion和ByKolles(原Lotus)车队。LMP2组是面向私人车队的组别,要求底盘及动力使用供应商的产品,如吉布森的4.2L V8发动机、Dallara的底盘等。西方汽车俱乐部(Automobile Club de l'Ouest, ACO)和国际汽联(FIA)官方禁止该组别车辆有较为明显的性能优势,引入了配重罚时等性能限制措施,故LMP2组的竞争非常激烈。GTE分为GTE-Pro(专业)和GTE-Am(业余)两组,业余组要求必须使用不得比上一年的赛车更新规格的车辆,同时对于车手的资质有明确规定。4个组别在发动机、车身、油箱、车重等方面具有不同的要求。所有组别车手依据行驶距离排出全场总名次,同时各组别也会分别产生各自的冠军。

勒芒每部赛车由3名赛手分别驾驶(1980年中期以前为2名赛手),即采用换人不换车的方法,所有的加油、换胎和维修时间都包括在24h以内。比赛一般从法国当地时间下午15:00时开始,一直持续到第二天下午15:00时。勒芒环行跑道全长13.5km,其中绝大部分是封闭式的公用高速公路,赛车在其2/3的路段上速度达370km/h左右。LMP1组赛车2017年比赛的最快圈速不足3min15s,GTE组单圈也能做到4min之内。在跑道上有一段6km的直路,赛车在这段路上飞速行驶可以达到390km/h。车手们在24h的比赛中,在这段路上行驶要用6h,稍有疏忽,后果都不堪设想。当然这段路对车辆也同样是最严酷的考验。尽管勒芒汽车大赛危险重重,但由于它是世界上最重要的比赛之一,同时由于这项比赛给车手们的分数相当于其他世界锦标赛的3倍,因此不断地吸引着越来越多的赛车好手来参加。

6.7.2 赛事历史

1955年6月11日,保时捷、捷豹和梅赛德斯—奔驰公司都派车队参加了比赛。在那次比赛中,发生了令人震惊的悲剧(见图6.27)。当车手马克林驾驶着奥斯汀汽车为躲避麦克驾驶的捷豹(又名美洲虎)T型车而突然变线,从后边快速追上来的梅赛德斯—奔驰300SLR车躲闪不及,直接从奥斯汀上轧了过去,像炮弹一样飞向护栏,车被撞成了两截,立即起火,喷着火舌砸到观众密集的看台上,驾驶员当场丧生,83名观众死亡。当时赛会组织有关人员将死伤者运走,把垃圾清理掉,便宣布比赛继续进行,最终捷豹赛车取得了胜利。之后,捷豹又连续在1956年和1957年夺冠。20世纪50年代,捷豹汽车5次夺得冠军,使它在近20年里一直享有盛誉。自1958年后规则有了变化,对赛车发动机的排量有了限制,不得超过3000mL。法拉利此时异军突起,在1958—1965年间赢下了6次冠军。

图 6.27　1955 年勒芒灾难

纵观勒芒大赛历史，前 58 届的冠军均被欧美车手垄断。1991 年的第 59 届比赛中，马自达作为黑马异军突起。装有转子发动机的 3 辆马自达赛车全部挤进前 10 名，其中 55 号车马自达 787B 一举夺魁(见图 6.28)。这届比赛结束后，国际汽车运动联合会做出决定：从 1992 年开始，除排量 3L 以下的活塞发动机赛车以外，装其他发动机的赛车不准参加勒芒 24 小时赛。尽管后来赛事对发动机排量的限制放宽，却始终没有再允许转子发动机参赛。装有转子发动机的马自达 787B 刚夺取冠军即被排斥在比赛之外。至此，在这项大赛中努力奋斗过十几年的马自达转子发动机，以其辉煌的成绩为自己画了个漂亮的句号。

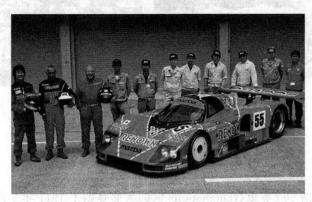

图 6.28　1991 年马自达 55 号 787B 赛车夺得冠军

在勒芒赛场上，奥迪无疑是最具传奇色彩的。奥迪从 2000 年至今，17 次参赛，13 次夺冠。2003 年被宾利击败。2004—2008 年奥迪不但超越了众多对手，同时也超越了自己，成为勒芒历史上首个夺得五连冠的汽车品牌，2009 年保时捷腰斩了奥迪 6 连冠的梦想。2010—2014 年奥迪同样连续五年夺得冠军，其中两届包揽前三名。2015 年奥迪的六连冠之梦再次被保时捷打碎。

保时捷是勒芒赛 90 多年历史中夺冠次数最多的厂家。2014 年，保时捷在沉寂已久之后重新回到勒芒最高级别的舞台上来，经过一年的磨合，在 2015 年以极大优势夺得了勒芒总冠军。在 2016 年的比赛中，保时捷 2 号赛车，惊险地在比赛最后 3min 超越前车，夺得了冠军。2017 年，来自保时捷 LMP 车队的 2 号 919 Hybrid(LMP1 H)赛车(见图 6.29)第一个冲过终点线，赢得冠军，这也是保时捷赛车第 19 次赢得勒芒 24 小时耐力赛。

值得一提的是，2017 年，中国耀莱成龙车队获得了勒芒 24 小时耐力赛 LMP2 组的冠军和季军，其中 38 号 LMP2 冠军也是全场比赛总成绩亚军。图 6.30 为车队组成与 2017 勒芒颁奖时刻。

图 6.29　保时捷 919 Hybrid 赛车

图 6.30　中国耀莱成龙车队与颁奖时刻

6.8　印第 500 英里大奖赛

印第安纳波利斯 500 英里（Indianapolis 500）大奖赛始于 1911 年 5 月，通常又称为印第 500 或 500 英里大奖赛（简称印第赛），是一场由美国印第赛车联盟（Indy Racing League，IRL）举办的汽车运动大赛，于每年美国阵亡将士纪念日周末，在印第安纳波利斯赛道举办。F1、达喀尔拉力赛和印第赛一直被称为全世界危险性最高的赛车项目，而美国人更多时候会用"地球上最壮观的赛事"来形容印第赛，因为一场印第赛既要像 F1 一样比拼速度，又和勒芒 24 小时拉力赛一样考验耐力，其单日的观众容量可达到 40 万人，是目前世界上最大的单日汽车比赛项目。此外，印第赛每年有超过 1.5 亿人次观众现场观看比赛，电视收视率超过了美国人喜爱的棒球、篮球和橄榄球等体育运动。

印第赛道就像一个加大号的标准跑道（见图 6.31），由 2 条 1000m 和 2 条 200m 直线段以及 4 条 400m 圆弧拐角组成，并且赛道有一定的坡度。参赛赛车完成比赛要跑上 200 圈，总里程加起来刚好 500 英里（800km）。由于整个场馆像体育馆一样呈椭圆形，所以十分有利于观众看比赛，与有着复杂赛道、却只能在一小部分赛道看到车辆呼啸而过的场地赛完全不同。因此，这个场馆被设计成能够容纳 35 万以上的观众同时观看比赛，最高峰时可以接近 40 万人（见图 6.32）。

印第赛车与 F1 赛车相比，既大又重，且结构简单，但并不意味着它比 F1 赛车慢。印第赛

图 6.31 印第 500 汽车赛道

的车速非常高,平均车速可以达到 250km/h 以上,在大直道上的车速甚至可以达到 390km/h。由于这个比赛是椭圆形的赛道,赛车永远只会朝一边转向,所以赛车一边的负荷会更重、轮胎的温度也更高,甚至磨损得更快。因此,这些印第赛车被设计成左右并不对称。如何让这些左右不对称的赛车既能跑得快、又要安全,这是考验赛车工程师的一个高难度课题。

图 6.32 印第 500 拥有场内庞大的观众群

从 2012 赛季开始,印第赛车(见图 6.33)拥有统一的底盘、涡轮增压器和变速箱供应商,而发动机则由雪佛兰、本田和莲花三家供应。以这种统一提供主要部件方式来打造赛车,是一种节约成本的做法。赛车尺寸长为 5012.3mm、宽 2011mm、高 1127.9mm,轴距在 2977.2~3073.4mm,最低车重为 710kg。赛车搭载 2.2L 单涡轮或双涡轮增压 V6 发动机。发动机的最大输出功率为 550~700 马力,最高转速 12000r/min,峰值扭矩为 407N·m。

图 6.33 印第 500 赛车

6.9 卡丁车赛

卡丁车(Karting)赛是汽车场地比赛项目的一种,可以分为方程式卡丁车、国际 A、B、C、E 级等 5 个等级比赛。卡丁车是一种装配 100mL、125mL 或 250mL 汽油发动机的 4 轮单座位微型赛车(见图 6.34),使用轻钢管结构,操纵简单,无车体外壳,重心低。在曲折的环形路线上行驶,比赛速度感强。卡丁车发动机采用单缸二、四冲程汽油机,单腔化油器,电磁点火,重力或自吸式两种供油方式。安装初级比赛发动机的赛车时速可达 100km/h;安装高级比赛发动机的赛车时速可达 160km/h 以上。卡丁车转向系统不设转向机,而是采用简单的连杆结构,转向比为 1∶1,方向盘与前轮的导向角度保持一致,并和底盘刚性连接,没有减振系统。

图 6.34 卡丁车

卡丁车是世界方程式赛车的最初级形式,始于 1940 年。由于许多著名的一级方程式赛手都是从卡丁车起步的,因此卡丁车被视为 F1 的摇篮。

现代意义的卡丁车比赛起源于 20 世纪 50 年代的美国,1951 年美国人阿特·英吉斯(Art Ingels)发明了第一辆卡丁车。他是一个汽车摩托车迷,自己用钢管焊制车架,配上摩托车发动机,再安装上 4 个小飞机的轮胎,组装成了世界上第一辆卡丁车。国际汽联(FIA)在 1962 年成立了世界卡丁车联合会。

按国际卡丁车运动规则规定,卡丁车按其使用发动机划分为 2 个组别、5 个等级、11 种类型。

1. 第 1 组

第 1 等级,方程式卡丁车,包括:

(1) 超 A 级方程式:无变速箱、二冲程发动机 100mL、化油器喉管直径 32mm、重量 140kg(注:重量指赛车重+着装后车手重量)。

(2) A 级方程式:无变速箱、二冲程发动机 100mL、化油器喉管直径 32mm、重量 140kg。

(3) C 级方程式:3~6 挡变速、二冲程发动机 125mL、短赛道重量 165kg、长赛道重量 170kg。

(4) E 级方程式:三挡变速、二冲程发动机、250mL、重量 180kg。

2. 第 2 组

第 2 等级,国际 A 级卡丁车,包括:

(5) 国际 A 级:无变速箱、二冲程发动机 100mL、化油器喉管直径 24mm、活塞行程最小 48.5mm、最大 54.5mm、重量 140kg。

(6) 国际 A 级(少年级):无变速箱、二冲程发动机 100mL、活塞行程最小 46mm、最大 54.4mm、重量 125~130kg。

第 3 等级,国际 B 级,包括:

(7) 国际 B 级:无变速箱、二冲程发动机 135mL、重量 145kg。

第 4 等级,国际 C 级,包括:

(8) 国际 C 级:3~6 挡变速、二冲程发动机 125mL、短赛道重量 165kg、长赛道重量 170kg。

(9) 国际 C 级"苏丹":无变速箱、二冲程发动机 125mL、重量 140kg。

(10) 国际 C 级(少年级):无变速箱、二冲程发动机 125mL、重量 135kg。

第 5 等级,国际 E 级,包括:

(11) 国际 E 级卡丁车:三挡变速、二冲程发动机 250mL、重量 160kg。

6.10 其他形式的汽车竞赛

6.10.1 世界房车锦标赛

国际汽车联合会世界房车锦标赛(World Touring Car Championship,WTCC)是一项由国际汽车联合会(FIA)举办的年度系列场地房车比赛,第一届于 1987 年举办,其后因财政问题一直停办,直至 2005 年复办。每年都会吸引各国主要汽车制造厂商参加,经过 10~12 站的比赛,每站赛两个回合,来竞争年度总冠军的宝座。它的前身即为欧洲房车锦标赛(Europe Touring Car Championship,ETCC)。WTCC 将延续 ETCC 的 Super 2000 车辆规则,每站比赛分两回合(每回合 8 圈),颁发冠军车手和冠军车厂两个奖项。

所谓房车(见图 6.35)是指四门五座或双门五座的普通轿车。房车赛是世界汽车实用技术的大较量,这些技术是在我们日常生活中都能见得到的,如半自动变速箱、牵引力控制系统、ABS 防抱死系统等。由于房车锦标赛是德国发起的,而且多年来参加该赛事的德国

图 6.35 WTCC 比赛用房车

厂商最多,成绩也最好,所以该项赛事中最具代表性的要数德国房车锦标赛。后来随着汽车厂商的加入,比赛日趋激烈,规模和影响越来越大,观众也越来越多,比赛也更具有国际性,所以FIA将其定为高规格的国际性汽车大赛。

世界房车锦标赛赛事组委会对赛车规定了严格的条例,参赛车型必须以至少4座的量产房车为基础,采用4缸发动机,排量不能超过2L,必须采用自然吸气方式,最高转速不得超过8500r/min,最大功率被限定在250~270kW。可采用5速或6速直齿手排变速箱,轮圈尺寸不得超过9英寸×17英寸,且每个轮圈的质量被限定在9kg之内,制动盘的直径也不得超过296.5mm。

在每场比赛前,赛车和车手都要进行称重。如果整体重量有出入,将会配以一定重量的压舱物,确保每部赛车和车手的重量相等。参照车手的总积分和每场比赛的表现,比赛配重的计算方法有两种。首先,车手每取得一个积分都会增加1kg的配重。另外,在每一站比赛中取得好的成绩,在接下来一站比赛的配重也会相应增加。最新的规则是:单场比赛的前六名会依次加上30kg、25kg、20kg、15kg、10kg、5kg的重量。每一站比赛结束时都会根据成绩重新计算下一站比赛的配重。比赛最高配重的上限为70kg。

采用分站赛的形式,每个分站比赛分排位赛和正式比赛两部分,正式比赛分两回合进行,每回合有约50km的比赛距离。其中前一天的排位赛成绩将决定次日第一回合比赛的发车顺序,第二回合比赛的发车顺序则取决于第一回合比赛的成绩,其中第一回合的前8名在第二回合的发车顺序将会被颠倒,即按照第一回合的成绩从第一名到第八名的顺序反向安排第二回合比赛的发车顺序。比赛结束后颁发冠军车手和冠军车厂两个奖项。每个回合最后成绩的前8名可以分别获得10、8、6、5、4、3、2、1的比赛积分。

6.10.2 德国房车大师赛

德国房车大师赛(Deutsche Tourenwagen Masters,DTM),由德国国际房车赛事组织筹办赛事管理及运作,是全世界最高水平的房车赛事。尽管DTM不是国际汽联直接管核,但是筹委会成员拥有多年管理赛车的经验,加上几家著名车厂(如奥迪和奔驰)一直大力支持参与赛事,投入最新科技研究发展赛车及派出世界一流的房车好手参加比赛,因此DTM可说是全世界众多房车赛中的最高水平。

在国际赛车分级中,DTM属于Class-I的比赛,也是目前全世界唯一的Class-I房车赛事,允许采用的技术标准最高,改装幅度也最大,被誉为"装上房车外壳的F1"(见图6.36)。

图6.36 DTM赛车

随着赛事的发展，DTM 赛车的改装科技不断升级，如最先使用碳纤维车身配件、钛合金发动机活塞及连杆、电子悬挂系统，以及发动机最高转速超过 10000r/min 等，造成运作一支 DTM 车队的经费不断提高，很多私人车队因无法支付高昂的参赛费用而无法参加比赛。同时，DTM 赛事从 1995 年开始由国际汽联直接管理，并在 1996 年正式并入国际房车锦标赛(lnternational Touringcar Championship,ITC)，最终导致 DTM 赛事在 1997 年停办。

2000 年，在德国奔驰赛车部门的积极努力下，DTM 终于再次重返国际赛车舞台。赛事组织方为了降低成本并出于公平竞争的原则，对赛车做了严格的规格限制。规定参赛车辆以量产车为基础改装而成，必须使用自然进气 4.0L、V 型 8 缸发动机，输出功率限制在 331kW(450 马力)左右，一辆赛车一个赛季只能使用一台发动机。发动机结构更简单也更坚固耐用，大大减少了车队投放在发动机上的费用。除此之外，所有车辆使用统一的电子控制单元，禁止使用电子防抱死系统和牵引力控制系统(TCS)，以减少电子系统对车辆性能差异的影响。使用统一的轮胎，轮距、轴距也必须符合标准，车身的前扰流器及尾翼也必须是相同的设计，同时整个赛季中空气动力学套件不能发生任何改变。一系列的措施都将赛车的差别降到最低，使车手的因素成为比赛的主角。

很多车迷都会将 DTM 与梅赛德斯—奔驰联系在一起，不仅是因为奔驰为推动 DTM 做出了积极贡献，更是因为奔驰 AMG 赛车在 DTM 中获得的杰出成绩。在历届 DTM 赛事中，梅赛德斯—奔驰 AMG 赛车都是最惹人注目的主角。施奈德、阿里斯等车手凭借 AMG 赛车的卓越性能以及个人高超技巧多次获得 DTM 个人冠军。从 1988 年开始到 2006 年，AMG—梅赛德斯车队奇迹般地获得了 11 次年度总冠军的殊荣。

DTM 不仅为观众奉献了众多令人叫绝的车技表演，同时也常常为观众安排很多趣味演出和活动，例如赛前的汽车展览会、音乐会表演、修理站参观、赛车手签名会及幸运观众试驾活动等，使近年来入场观众人数再创纪录。

6.10.3 老爷车赛

"老爷车"一词，最早出现在 1973 年英国出版的一本《名人与老爷车》的杂志上，尽管它的直译应该是"经典的古老汽车"，但由于"老爷车"这个词强烈的拟人色彩，此名称很快得到了各国汽车界人士的认可，成为世界各地爱好者对老式汽车的统一称谓。

美国古老车俱乐部把老爷车分为：古董车(ANTIQUE)，1930 之前的所有汽车；古典车(CLASSIC)，1930—1948 年所产的非常优质汽车(EXCEPTIONALLY FINE CAR)；威望车(PRESTIGE)，1946—1972 年的优质汽车；限量车(LIMITED PRODUCTION)，第二次世界大战后小量生产的特殊兴趣(SPECIAL INTEREST)汽车。

老爷车一般是指出厂日期在 20 年以上的汽车，如 1994 年参加比赛的车必须是 1974 年以前出厂的。资格老的"老爷车"是指 1907 年以前生产的汽车。一般认为，出厂年份越早，制造数量越少，车子越珍贵。在老爷车比赛中最有名的要算在意大利举行的 Mille Miglia 车赛(见图 6.37)。此项比赛首次在 1927 年举行，到 1957 年因发生重大车祸而停办，到 1977 年又恢复。比赛中，选手们在环游意大利北部重镇布雷西亚之后，穿越德森萨诺等 9 座城镇，并途经圣马力诺共和国，最终抵达罗马。之后，选手们将面临更为艰巨的考验，在一天之内完成从罗马到布雷西亚长达 800km 的赛程。

图 6.37　意大利 Mille Miglia 车赛（1938 年的阿尔法—罗密欧）

6.10.4　太阳能汽车赛

太阳能汽车在环境保护和自然能源利用方面存在着巨大优势，日益受到人们重视，太阳能汽车赛成为这项新技术的演示会。

澳大利亚太阳能汽车挑战赛是目前世界上规模最大、距离最长的太阳能汽车大赛。该项挑战赛自 1987 年开始举办，其赛程已达到 3000km 以上。图 6.38 为 2015 年参赛的美国密歇根大学太阳能车队车辆。

图 6.38　美国密歇根大学太阳能车队

根据比赛规则，参赛团队必须驾驶太阳能汽车，从澳大利亚北部达尔文市出发，一路向南，穿越澳大利亚大陆 3000km 的沙漠地带，抵达终点阿德莱德市，中间只能使用太阳能动力。允许给赛车电池充电，但功率不得超过 5kW，然后只能靠太阳的能量或再生制动装置跑完其余的路程。各队在同一时间出发参加比赛，下午 17:00 时结束，在路边宿营。整个赛程面临的最大挑战是强风，50~60km/h 的风速极易把赛车吹离赛道。进入 21 世纪，更多的创意让太阳能汽车的外形充满了时尚和科幻色彩。大多数参赛汽车都携有巨大的太阳能电池板，这使它们看起来更像是车轮上的巨型硅片。

太阳能汽车靠太阳能电池有限的发电量运行，要达到约 90km/h 的时速需要非常高效的节能技术。为了降低空气的阻力，根据风洞试验或飞机设计使用的计算机程序，大多数太阳能汽车确定为圆滑翼形，像丰田普瑞斯；同时，依托航空工业中常用的超轻材料，如碳纤维、芳纶纤维、铝和钛,使太阳能汽车的重量轻到145kg,大约为驾驶员体重的2倍。直流无刷电机和再生制动等使太阳能汽车日臻完善。太阳能发电在汽车上的应用,将能够有效降低全球环境污染,创造洁净的生活环境。

6.10.5 直线加速赛

直线加速赛(又名直线竞速赛),是场地汽车比赛项目之一。比赛按不同车型及发动机工作容积分为12~14个级别,在两条并列长1500m、各宽15m的直线柏油跑道上进行,实际比赛距离为1/4英里或1/8英里。比赛时每2辆车为1组,实行淘汰制,分多轮进行,直至决出冠军。采用定点发车方法,加速行进,通过电子仪器测量从发车线到终点线的行驶时间评定成绩。

美国直线加速赛起步较早,也深受欢迎。1951年,Wally Parks在加州创办了NHRA(National Hot Rod Association),是一个专门运营直线加速赛事的机构。经过几十年的发展,NHRA已经成为全球范围内该领域最专业且规模最大的组织。

NHRA对于参赛车辆的分组非常细致,职业组别中的最高等级赛车,叫Top Fuel(见图6.39),能在3.8s左右完成整个400m距离的加速,尾速可达523km/h,这就需要依靠尾翼在一定程度上来增大下压力以及确保赛车的行驶稳定性。Top Fuel加速赛车的车体非常狭长,迎风面尽可能地减小空气阻力,前轮胎的宽度非常细小,而后轮却又非常宽,所以从整体视觉效果来看,Top Fuel赛车不是很协调,但这一设计是为了保证赛车的高速性能。整体功率可达10000马力以上,燃料通常为硝基甲烷。

图6.39 Top Fuel赛车

Top Fuel还有一点与众不同之处在于没有匹配变速箱,动力传输机构为一个由定时器控制的离合器。由于承载的负荷巨大,所以这个离合器机构属于损耗件,一场加速赛下来,虽然只有短短几秒钟,但离合器片就会因为温度过高熔焊为一体而报废。

采用后轮驱动的Top Fuel,重心非常靠后,包括发动机、增压器等大质量部件全部位于车辆最后方。前轮设计主要为保证车辆在急加速时不发生偏移,所以前后轮比例看起来非常夸张。通常情况下,赛前Top Fuel都需要适当对后轮进行烧胎预热,增强抓地性然后再倒回到起点处。比赛时,巨大的扭力传递到后轮的瞬间,轮胎会因压缩而产生扭曲,轮胎会像再次充气一样"爆开",胎面直径从原始的36英寸膨胀到44英寸,以防止爆胎的发生。Top Fuel的平均加速度约为$3.7g$,而在瞬时很有可能会超过$4g$。车手必须经过专业训练,

图 6.40 为普通级别车辆在参加直线加速赛时的起步瞬间。

图 6.40　汽车起步瞬间抬头

6.10.6　大脚车表演赛

大脚车(Monster Truck)(见图 6.41)被称为最疯狂的运动车。在观众的一片狂呼尖叫声中,一辆大脚车像头狂暴的巨兽,扑向一辆显得有些可怜巴巴的小轿车,伴随着"咔嚓!咔嚓!"的声音,碎玻璃闪着耀眼的亮光四处飞溅,瞬间小轿车就被碾扁了。接着它又扑向另一辆轿车,场地上又爆发出一阵山呼海啸般的狂叫,这就是在美国十分叫座的大脚车表演场面。

图 6.41　大脚车

为了迎合人们的口味,大脚车的表演也从单纯地压碎汽车演变出许多花样来,例如:泥地比赛、沙地拖曳、爬山以及运动场里一对一地较量等(见图 6.42),使这种车的结构越来越复杂,性能不断提高。

大脚车一般采用玻璃钢作车身,玻璃钢比钢铁轻并且容易修补。大脚车在颠簸的条件下行驶,如果用金属车身,焊接处容易断裂。采用玻璃钢作车身的优点是车身不易损坏,而且即使万一因车辆翻滚损坏了车身,修补极其方便。

大脚车的传动轴、拉杆等零件都是手工制作的,还有不少是从农用或工业用机具上借用的。大脚车使用的轮胎是联合收割机上的大轮胎,轮胎的花纹尺寸很大,车速可达到 120km/h。为了使大脚车能够跳得足够高,以便能进行惊险的空中表演,必须使用功率足够

图 6.42 大脚车表演

大的发动机,涡轮增压器目前已是大脚车的标准装备。为了使大脚车重心位置更加合理,发动机位置的设计既低又靠后,使整车重心偏后。当汽车高高跃起落地时,能使后轮先着地,避免因前轮先着地而使车向前翻滚。为使驾驶员的操作更简便,大脚车采用了自动变速器,为了增大扭矩,采用了一个分动器。有了分动器,可以迅速便利地改变传动系速比。大脚车不仅具有四轮驱动,而且还能够四轮转向。

2017 年 7 月,在北京鸟巢国家体育场里,完成了大脚车在中国的首次表演(见图 6.43)。

图 6.43 大脚车鸟巢体育场表演场景

6.10.7 创车速纪录赛

创车速纪录赛是为了创造新的汽车车速纪录而进行的比赛。

汽车车速纪录和田径比赛的纪录一样,有许多种。这是因为车速与行车距离和时间有密切的关系。在短距离、短时间内的速度,通常大于长距离、长时间的速度。因此,国际汽联对于汽车的车速纪录,分成按规定时间和按规定距离两种:

(1) 按规定时间:分 1h、6h、12h、24h 4 个档次。

(2) 按距离规定：分 1/4 英里到 10 万 m 不等。

最引人注目的是短距离的车速纪录，它代表了汽车行驶速度的最高纪录。内燃机驱动汽车的最高车速纪录为 660km/h，是由赛默兄弟（Summer Brother）在 1965 年 11 月创造的。

目前的世界车速纪录是英国飞行员安迪·格林（Andy Green）在美国内华达州西北的盐湖上，于 1997 年 10 月驾驶一辆以喷气式发动机驱动的"冲刺"（Thrust SSC）号汽车（见图 6.44）创造的，车速第一次超过了声速，达到 1227.73km/h。

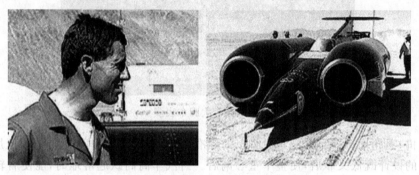

图 6.44　安迪·格林和他驾驶的"冲刺"号汽车

2017 年 10 月，车手格林表示将驾驶 Bloodhound SSC"寻血猎犬"（见图 6.45）打破他驾驶 Thrust SSC 创造最高时速世界纪录。

图 6.45　Bloodhound SSC"寻血猎犬"汽车

Bloodhound SSC 用欧洲"台风"战斗机喷气式发动机和一种混合火箭发动机作为动力系统，时速可达 1000 英里（1610km）。中国的吉利汽车参与了赞助。该车于 2017 年 10 月在英国的康沃尔郡纽基的跑道进行了三次测试，但因经营问题，项目已经搁浅。

本 章 小 结

汽车竞赛是随着汽车工业的发展而兴起的。最早的汽车比赛都是在法国举行的。法国对汽车运动的产生和发展做出了巨大的贡献。法语"Grand Prix"是国际大奖赛的意思。

汽车比赛形式多种多样，很难用一种统一的标准对其进行分类。国际上影响比较大的汽车竞赛有一级方程式（F1）汽车赛、电动方程式（FE）锦标赛、世界拉力锦标赛（WRC）、格拉纳达—达喀尔拉力赛、法国勒芒 24 小时耐力赛、美国印第 500 英里大赛、卡丁车赛等。

F1 汽车赛是方程式汽车赛中级别最高的比赛,也是所有汽车竞赛水平最高、竞争最激烈的一种比赛,与"奥运会""世界杯足球赛"并称为世界三大体育赛事。方程式(Formula)是规则和限制的意思。F1 汽车赛对赛车(包括发动机)、比赛场地和比赛规则有详细的规定。

在 F1 赛车历史上,知名的冠军车队有法拉利车队、迈凯伦车队、威廉姆斯车队、梅赛德斯 AMG 等;著名的赛车手有迈克尔·舒马赫、曼努尔·范基奥、埃尔顿·塞纳、刘易斯·汉密尔顿等。

FE 比赛是近年新兴起的一项汽车赛事。与观众的互动是比赛的一大特色,观众可以通过 FANBOOST 投票使喜爱的车手获得额外的能量。第一届 FE 比赛的车手总冠军小皮奎特来自中国蔚来车队。

拉力赛是所有赛车项目中行驶条件最恶劣、最艰难的比赛,也是最接近真实的一种车赛。

勒芒 24 小时耐力赛是各种汽车耐力赛时间最长的比赛,也是一种对汽车速度、可靠性和耐久性最严峻考验的汽车竞赛。

卡丁车赛既是培养 F1 赛车手的摇篮,也是一种适合大众的较为安全的娱乐运动。

思 考 题

1. 什么是汽车竞赛?起源于哪国?
2. 管辖赛车运动的国际组织叫什么?缩写是什么?其主要职责是什么?
3. 国内赛车执照是如何分类的?
4. 方程式汽车赛与拉力汽车赛之间有何异同?
5. 第一次 F1 汽车赛在何时、何地举行?
6. 国际汽联对 F1 赛车发动机有哪些技术规定?
7. F1 的动力总成包括哪些?
8. F1 赛车的方向盘与一般汽车的方向盘在功能上有哪些异同?
9. F1 赛车的干胎和湿胎有何差异?各用在什么场合?
10. F1 比赛中,对车手和车队是如何记分的?
11. 与 F1 比赛相比,FE 比赛在形式和规则上有哪些特色?
12. 世界拉力锦标赛(WRC)与达喀尔拉力赛都属于汽车拉力赛,两者有何差别?
13. 第一次勒芒 24 小时耐力赛在何时举行的?比赛如何分出胜负?
14. 卡丁车在结构上与一般微型汽车有什么不同?为什么卡丁车运动深受大众的喜爱?

7 节能与新能源汽车

随着汽车经济性法规和排放法规不断加严,汽车动力呈现多元化发展趋势。内燃机汽车具有能量密度高、续驶里程长、使用与维护便捷等优势,内燃机与电机混合动力汽车,可以大幅节能减排,在未来相当长的时期是汽车的主流。蓄电池电动汽车具有使用能耗低、零排放等突出优点,适合短途、城市工况使用。燃料电池电动汽车具有续驶里程长、零污染物排放等突出优点,适合长距离、货物运输使用。本章主要从动力系统的角度,重点介绍内燃机汽车的节能减排新技术,以及新能源汽车(包括纯电动汽车、燃料电池电动汽车以及插电混合动力汽车)的基本构型和关键零部件。

7.1 内燃机汽车节能减排新技术

7.1.1 汽油车

1. 汽油缸内直喷技术

最早的车用汽油机采用化油器在进气总管形成预混合气。20世纪末,化油器无法满足汽车油耗和排放法规要求,因此开始采用进气道电喷方式形成均质混合气(见图7.1)。我国从2001年9月开始禁止生产和销售化油器汽车。目前常见汽油机之一为进气道多点电

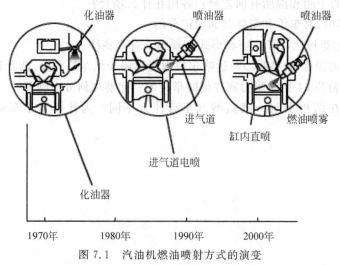

图 7.1 汽油机燃油喷射方式的演变

喷汽油机,燃油与空气按化学计量比或理论空燃比混合。其优点是安装三元催化器之后,尾气中的 CO、HC 和 NO_x 转化效率可以到达 95% 以上,能满足严格的排放法规要求。但是,化学计量比混合气燃烧相对稀燃的循环热效率低,发动机燃油经济性较差。汽油机的另一种常见燃油喷射方式为汽油缸内直喷(GDI),又可分为化学计量比 GDI 和稀燃 GDI。燃油缸内喷射蒸发能降低进气温度,提升发动机充量系数,从而提高发动机的动力性;此外,缸内温度降低有利于防止爆震倾向,可以采用较高的压缩比,提高循环热效率,从而提升燃油经济性。GDI 发动机如采用稀薄分层混合气燃烧,则能提高燃料利用率,降低油耗。当空燃比达到 22 以上时,油耗可降低 8%~10%,但稀燃会增加 NO_x 后处理的难度。

汽油缸内直喷技术可以追溯到 1955 年,世界首款搭载缸内直喷技术的四冲程汽油机车型奔驰 300SL(见图 7.2)诞生,这部代号为 M198 的 3.0L 直列六缸发动机,首次运用了博世(Bosch)提供的机械式汽油缸内直喷系统,约 160kW 的最大输出功率,与当时普遍采用化油器的同排量汽油机相比,动力水平几乎高出一倍,并且油耗也降低了约 10%。由于当时燃油加压系统和喷油器并未独立工作,无法实现类似今天的高压油泵将汽油加压后送入共轨,再由电磁阀或压电式喷油器独立控制喷油时刻和喷油量的方式。而通过曲轴驱动的高压油泵一旦给燃油加压就必须随即喷入气缸,这种特性带来的直接弊端就是从发动机熄火到完全停止转动的这段时间内,喷入气缸的汽油不能被燃烧掉,而是顺着缸壁流入油底壳机稀释机油,因此一些 300SL 汽车每行驶约 1000 英里就需更换机油。20 世纪 50—80 年代,由于电控技术尚不成熟,成本过高,氮氧化物排放不达标等原因,车用汽油缸内直喷技术并没有得到进一步的推广。

图 7.2 采用汽油缸内直喷技术驱动的奔驰 300SL

得益于 20 世纪末电子技术的快速发展,汽油缸内直喷技术中关键的电控技术逐渐得以突破。1996 年,日本三菱汽车公司在型号为 4G93(见图 7.3)的 1.8L 汽油机基础上首次加入了电控汽油缸内直喷(GDI)系统,率先发布了世界首款现代缸内直喷式汽油机,并将"GDI"注册为商标,这款 GDI 发动机用于日本销售的 Galant 轿车及欧版 Carisma 轿车。

1997—1998 年,日产及丰田分别发布了 NEO-Di 和 D4 汽油缸内直喷技术;1999 年,雷诺发布欧洲首款汽油直喷发动机。在现代汽油缸内直喷技术研发领域,日本车企无疑是先行者。

2000 年,世界首台涡轮增压缸内直喷汽油机诞生于日本三菱,这台机型依然源自于 4G93 汽油机,其最大功率 118kW(5200r/min),最大扭矩 220N·m(3500r/min)。

燃料分层喷射(FSI)(见图7.4)是大众集团开发的汽油缸内直喷技术,本质上与三菱GDI分层稀薄燃烧技术类似,通过活塞泵提供10MPa以上的燃油喷射压力,将汽油提供给位于气缸内的电磁喷射器。2000年底,大众第一次用FSI直喷汽油机驱动Lupo轿车,1.4L直喷汽油机功率输出77kW,整车综合油耗5L/100km以下。之后,FSI直喷汽油机又用于Golf、Bora轿车,采用1.6L FSI发动机输出功率81kW,整车综合油耗6.2L/100km。FSI直喷汽油机在奥迪A2、A3、A4轿车甚至TT跑车上也有应用。

图7.3 三菱4G93 GDI发动机

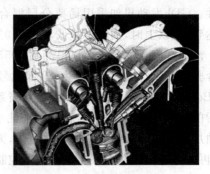
图7.4 奥迪FSI汽油机

目前直喷汽油机技术已经成为轿车的主流动力。近年来全球新研发的汽油机大部分都是直喷汽油机,但是,为了能使用三效催化剂(TWC)满足严格的排放法规,没有采用早期的稀燃模式,而是采用化学计量比燃烧模式。

2. 汽油机涡轮增压技术

涡轮增压(Turbo-charging)技术是利用汽油机排出的废气来驱动涡轮,涡轮又带动同轴的压气机叶轮,叶轮压缩由空气滤清器管道送来的新鲜空气,再送入气缸(见图7.5)。涡轮增压既可以提升发动机的动力性,又可以降低发动机的燃油消耗,在车用柴油机得到广泛的应用,可以说是"无机不增压"。但是,在20世纪,增压技术用于汽油机并不多见,主要原因是增压会带来汽油机的爆震问题。进入21世纪,随着汽油机直喷和电控技术的发展,涡轮增压在车用汽油机上得到越来越广泛的应用。

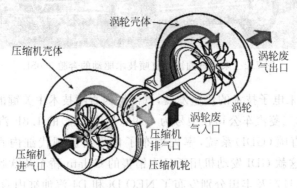
图7.5 废气涡轮增压系统

车用汽油机为了克服涡轮增压动态响应慢的不足,可采用涡轮增压与机械增压的复合增压系统(见图7.6),也就是双增压系统,如大众TSI、沃尔沃DRIVE-E系统。汽油机增压后,提高了缸内混合气压缩和燃烧的温度和压力,增加了燃烧室的热负荷,很容易产生爆震。

通过采用进气中冷器来降低进气温度，依据爆震传感器调整点火时刻、进排气门开关时刻甚至喷油控制策略，使汽油机也能用上涡轮增压器。

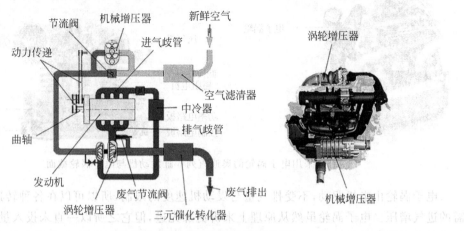

图 7.6　涡轮与机械复合增压系统

近年来，涡轮增压技术不断发展，出现了诸如双涡轮增压、涡管增压、单涡轮双涡管、电子涡轮增压等技术。

（1）双涡轮增压。双涡轮增压一般称为 Twin-turbo 或 Bi-turbo，两个涡轮采取并联或者串联的工作方式。其中并联指每组涡轮负责发动机半数气缸的工作，每组涡轮都是同规格的，它的优点就是增压反应快并降低管道的复杂程度。串联涡轮通常是一大一小两组涡轮串联搭配而成，低转时驱动反应较快的小涡轮，使低转速扭矩大，高转时大涡轮介入，提供充足的进气量，功率输出得以提高。

（2）单涡轮双涡管。单涡轮双涡管（见图 7.7）相比普通涡轮增加了一条废气通道，对于四缸机而言，1、4 气缸共用一个通道，2、3 气缸共用一个通道。当 4 个气缸轮流排气时，两条涡管轮流排出废气，从而减少相邻气缸排气干扰，提高排气效率。相对于普通涡轮增压发动机，单涡轮双涡管发动机可以有效缓解低速时的迟滞性，使发动机峰值扭矩响应更快，燃油经济性更佳。

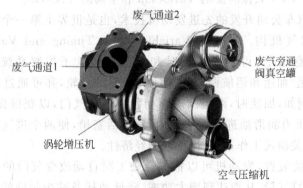

图 7.7　单涡轮双涡管结构

（3）电子涡轮增压。电子涡轮增压器就是发动机在低转速区间废气压力不足时，通过电能驱动电子涡轮高速运转，弥补发动机低速时传统涡轮介入慢的缺点。图 7.8 为采用电子涡轮与废气涡轮结合的奥迪直列5缸汽油机。

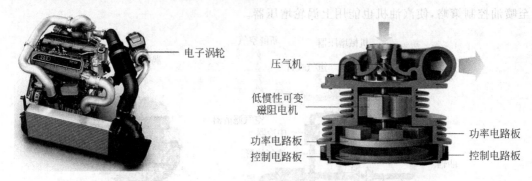

图7.8 采用电子涡轮的奥迪直列5缸发动机与电子涡轮截面

电子涡轮由电机驱动，不受排气量与发动机速度的限制，所以可以在各种转速下实现所需的进气增压。电子涡轮虽然从原理上来讲更加先进，但它之所以一直未投入量产，是因为实现起来有很大难度。首先，涡轮电机需要高可靠性。常规涡轮转速能够达到每分钟十几万转，如此高的转速，对电机是一个极大的考验。虽然奥迪已经量产电子涡轮增压器，但它的最高转速只能到9000r/min，而且还不能长时间高速运转。其次，电子涡轮的控制也更加复杂。此外，电子涡轮电机的供电是48V而并不是常规的12V。因此推广电子涡轮技术的前提就是采用48V电压技术。

汽油机广泛使用涡轮增压可以减小发动机排量、摩擦损失和传热损失，便于优化发动机工况，使发动机更多工作在高效区，是一种有效的节能减排技术。

3. 汽油机可变气门正时技术

传统发动机的配气相位和升程是由凸轮轴和正时传动设计决定的，设计时已经固定，不能在各种工况下都得到最佳的配气正时，只能获得各种工况下的折中。可变气门正时（VVT）技术是根据燃油经济性、动力性和排放控制的要求，对不同的工况采用不同的气门相位和升程，以达到配气系统的优化，提高发动机性能。VVT技术可分为三种，即可变相位（Phase）技术、可变升程（Lift）技术以及可变相位和升程技术。代表性的VVT技术是本田的VTEC、丰田的VVT-i、保时捷的VarioCam和宝马的VANOS。

VTEC是本田汽车公司开发的先进发动机技术，也是世界上第一个能同时控制气门开闭时间及升程的配气机构。VTEC（Variable Valve Timing and Valve Life Electronic Control System）的意思是"可变气门正时和气门升程电子控制系统"[见图7.9(a)]。VTEC发动机有怠速/加速和巡航两组不同的气门驱动凸轮，并可通过电子控制系统的调节进行自动转换。例如，加速时，两组凸轮驱动各自的进气门，以获得良好的动力性；巡航时，电磁阀打开，使压力润滑油进入摇臂轴内，顶动活塞销，使两个进气门摇臂锁死连成一体，按一种进气门晚关模式工作，以获得良好的经济性。

通过VTEC系统装置，发动机可以根据行驶工况自动改变气门的开启时间和提升程度，即改变进气量和排气量，从而达到增大功率、降低油耗及减少污染的目的。本田之后推出了比VTEC更先进的i-VTEC系统，i-VTEC系统是在VTEC的基础上，添加了一个"可变正时控制（VTC）系统"[图7.9(b)]，通过ECU控制程序连续调节进气凸轮转角，使气门重叠时间更加精确，达到最佳的进、排气效果，进一步提高了发动机的功率和燃油经济性。

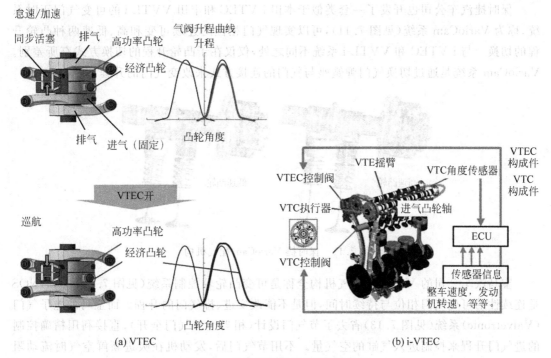

图 7.9 本田 VTEC 和 i-VTEC 技术

VVT-i 是丰田汽车公司独有的发动机可变配气正时技术。VVT-i（Variable Valve Timing-intelligence）的意思是"智能可变气门相位"[图 7.10(a)]。该系统的最大特点是可根据发动机的状态控制进气凸轮轴，通过调整凸轮轴转角对配气相位进行优化，以获得最佳的配气正时，从而在所有速度范围内提高扭矩，并能大大改善燃油经济性。在 VVT-i 系统的基础上，丰田汽车公司又开发了 VVTL-i 系统[图 7.10(b)]，增加了两阶段的可变气门升程（Lift）能力，并且进、排气相位都可以变。在低速时，凸轮轴有一段空行程，之后再驱动进气门开启和关闭，可以获得较小的凸轮升程，增加缸内气流混合速度，改善燃油经济性；在高速时，电磁阀控制液压驱动滑动销，插入凸轮挺柱下端减小间隙，增大凸轮升程，提高发动机的动力性。

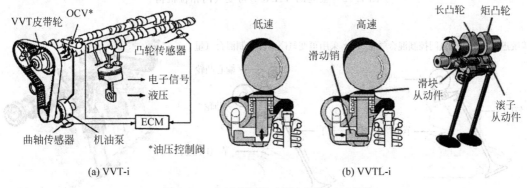

图 7.10 丰田 VVTL-i 可变气门正时机构

保时捷汽车公司也开发了一套类似于本田 i-VTEC 和丰田 VVTL-i 的可变气门正时系统,称为 VarioCam 系统(见图 7.11),可以实现气门相位的连续可变和高、低速两种凸轮升程的切换。与 i-VTEC 和 VVTL-i 系统不同之处,仅仅在于凸轮升程的切换方式有所差别。VarioCam 系统是通过切换气门弹簧座与气门的连接方式来改变气门的升程。

图 7.11 保时捷 VarioCam 配气机构

宝马汽车公司的 VANOS 配气机构全称是可变凸轮轴控制系统(见图 7.12)。VANOS 是连续性的可变气门相位与持续时间,但是不能改变进、排气门的升程。而宝马的电子气门(Valvetronic)系统(见图 7.13)省去了节气门设计(相当于节气门全开),直接利用精确控制的进气门升程来控制进入气缸的空气量。不用节气门后,发动机在吸进新鲜空气时流动阻力更小,可减少泵气损失。Valvetronic 配合双 VANOS 可变配气机构,做到了气门相位、重叠时间和升程都可以连续性变化,是一种近乎完美的机械可变配气正时机构。

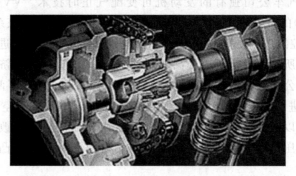

图 7.12 宝马的 VANOS 可变气门相位机构

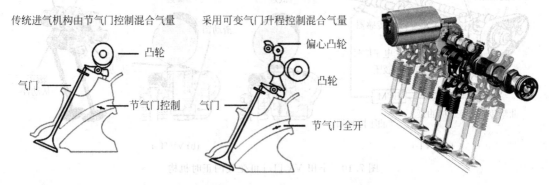

图 7.13 宝马 Valvetronic 配气机构与传统进气机构

4. 汽油机先进后处理系统

20世纪70年代中期以前,内燃机的排放控制主要采用以改善燃烧过程为主的各种机内净化技术,随着排放法规的日益严格,人们开始考虑采用包括催化转化器在内的各种机外净化技术,也称排气后处理技术。汽油机排气后处理技术主要包括热反应器、催化转化器、HC捕集器和颗粒捕集器(GPF),其中催化转化器又分为氧化型、还原型、氧化还原型以及稀燃型,如表7.1所示。

表7.1 汽油机后处理装置及其用途

汽油机	热反应器	CO、THC	主要用于摩托车
	氧化催化器	CO、THC	主要用于摩托车
	三效催化器(TWC)	CO、THC、NO$_x$	欧Ⅰ阶段开始应用,汽油车必备装置
	稀燃NO$_x$吸附还原催化器(LNT)	NO$_x$、CO、THC	用于稀燃汽油机
	HC吸附器	THC	少量应用
	颗粒捕集器(GPF)	PM、PN	用于缸内直喷汽油机

轻型汽油车尤其是采用直喷汽油机驱动的汽油车,满足欧六或国六排放法规的主流后处理技术是采用紧凑耦合三效催化剂(TWC)和颗粒捕集器(GPF)或带催化剂涂层的GPF,TWC与GPF的布置方式有多种形式(见图7.14),需要综合考虑原机排放、使用场合、安装空间和成本等确定。

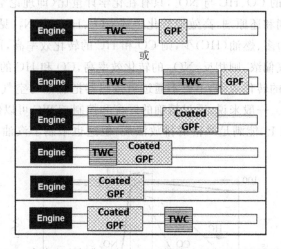

图7.14 直喷汽油车满足欧六/国六排放法规的后处理系统布置

1) 三效催化转化技术

三效催化转化器是安装在汽油车排气系统中最重要的机外净化装置(图7.15)。它可以将汽车尾气排出的CO、HC和NO$_x$等三种有害气体通过氧化和还原作用转变为无害的二氧化碳、水和氮气。

催化器中心是多孔陶瓷蜂窝载体,孔多而壁薄,使废气通过时有很多接触机会,又不产生较大的排气阻力。载体材料一般是高纯度的堇青石,具有适当的吸水性,以便催化剂的涂

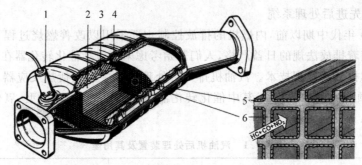

1—氧传感器；2—陶瓷蜂窝载体；3—弹性金属或石棉衬垫；
4—隔热衬垫；5—贵金属涂层；6—陶瓷或金属骨架

图 7.15　三效催化转化器结构

覆，并有极低的热膨胀系数，保证在反复承受热冲击的情况下，不产生大的应力变化和疲劳破损。载体表面涂有很薄的催化剂涂层，其中直接起催化作用的主要是铂族贵金属（Pt、Pd、Rd），稀土材料 Ce 和 La 的氧化物具有储氧功能，并有助催化的作用。将上述多种材料按一定比例（配方）制成催化剂，能起到最佳的催化效果。

TWC 中三种有害物的化学反应机理是

$$2CO + 2NO \longrightarrow 2CO_2 + N_2 \tag{7-1}$$

$$4HC + 10NO \longrightarrow 4CO_2 + 2H_2O + 5N_2 \tag{7-2}$$

$$2H_2 + 2NO \longrightarrow 2H_2O + N_2 \tag{7-3}$$

上述三个反应中的 CO、HC 与 NO_x，只有在化学计量比（即理论空燃比 A/F=14.6）条件下，才能互为氧化剂和还原剂，高效地转化生成 CO_2、H_2O 和 N_2（见图 7.16）。如果混合气偏稀，即空气（氧气）多、燃油（HC）少，则 CO 和 HC 的转化效率高，而 NO_x 在氧化氛围下难以转化；如果混合气偏浓，则相反，NO_x 的转化效率高，CO 和 HC 的转化效率低。为了使三种有害物都具有高的转化效率，不得不通过氧传感器把燃油与空气的混合气浓度严格控制在化学计量比附近。一般来说，通过精确的匹配和控制，TWC 可以使 CO、HC 和 NO_x 的转化效率达到 95% 以上，能满足严格的排放法规，但这也限制了汽油机采用稀薄燃烧技术来提高燃油经济性。

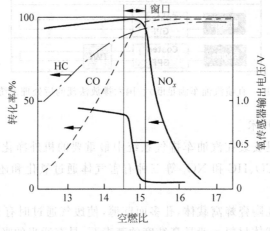

图 7.16　三元催化转化器转化效率随空燃比的变化规律

2) 汽油机颗粒捕集器(GPF)

采用汽油缸内直喷技术可以提高汽油机的动力性和燃油经济性,但是由于汽油喷入缸内,混合气均匀性较进气道喷射汽油机变差,在高温缺氧条件下如燃油碰壁、喷嘴积碳等,容易形成碳烟和颗粒物。从欧六法规(2018年实施)和国六法规(2020年实施)开始,对直喷汽油机(我国甚至对进气道喷射汽油机)的颗粒物质量(PM)和数量(PN)排放提出限值要求。只有安装汽油机颗粒过滤器才能把直喷汽油机排放的颗粒物过滤再生转化掉(见图7.17),满足排放法规要求。

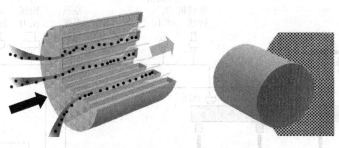

图 7.17 汽油机颗粒捕集器(GPF)

GPF载体中的孔道一端是开口,另一端是闭口(见图7.17),颗粒物随排气流经孔道之间的多孔介质薄壁时被捕集在孔道表层或多孔介质内,颗粒物在GPF中的捕集机理有三种(图7.18):拦截(Interception)、碰撞(Impaction)和扩散(Diffusion)。由于颗粒物难以在孔道形成碳烟层,GPF的过滤效率较柴油机颗粒过滤器(DPF)低,一般在60%~90%。过滤留下的颗粒物在化学计量比高温(大于650℃)或富氧高温(大于500℃)条件下,被氧化为气态物,实现颗粒物的再生。

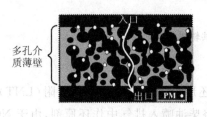
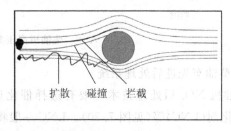

图 7.18 汽油机颗粒捕集器捕集原理

从现有的汽油机后处理技术发展看,紧耦合TWC和GPF在未来相当长的一个时期内,是汽油车满足越来越严格排放法规最有效的后处理技术。

7.1.2 柴油车

1. 柴油机高压共轨电控燃油喷射技术

柴油机具有低速扭矩大、燃油经济性好和CO_2排放低等突出优点,多用在中、重型商用车上。但也存在振动噪声(NVH)大、NO_x和颗粒物(PM)排放高等问题,采用电控燃油喷射技术,通过优化喷油策略可以缓解上述问题。

第一代柴油机电控燃油喷射系统也称位置控制系统,采用电子伺服机构代替机械调速器控制供油滑套位置以实现供油量的调整,如电控直列泵、分配泵等。第二代称为时间控制系统,其特点是供油仍维持传统的脉动式柱塞泵供油方式,但油量和定时的调节由快速响应电磁阀的开闭时刻决定,如泵喷嘴(UIS)、单体泵(UPS)等燃油喷射系统。第三代称为压力—时间控制系统,它完全脱开了传统的油泵分缸燃油供应方式,通过共轨压力和喷油压力、喷油时间的综合控制,实现各种复杂工况所需的供油规律和喷射特性,如高压共轨燃油喷射系统(见图7.19)。高压共轨系统在柴油机上已经得到广泛应用,燃油喷射压力一般为160～200MPa。为应对环保和节能的要求,未来的高压共轨系统可能还会进一步提高喷射压力。

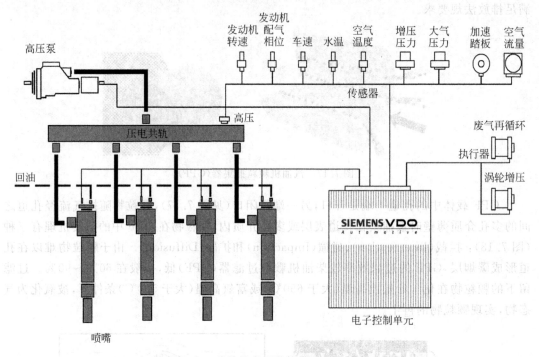

图 7.19 柴油机高压共轨燃油喷射系统

2. 柴油车先进后处理系统

柴油机 NO_x 后处理技术主要有选择催化还原(SCR)、稀燃 NO_x 吸附(LNT)和稀燃 NO_x 催化剂(LNC)等(见图7.20)。LNC 一般将柴油喷入排气中作还原剂,由于 NO_x 转化效率低,所以很少在柴油机上应用。LNT 主要用于轻型柴油车,当发动机在稀燃状态工作时,在贵金属(如 Pt 或 Pd)催化作用下,NO 与 O_2 反应生成 NO_2,并以硝酸盐 MNO_3(M 代表金属,如 Ba)的形式吸附在碱土金属表面,同时 CO 和 HC 被氧化成 CO_2 和 H_2O 排出催化器;当发动机在浓混合气状态(一般通过缸内后喷柴油实现)运转时,硝酸盐 MNO_3 分解析出的 NO_2 和 NO,与 CO、HC 及 H_2 反应生成 CO_2、H_2O 和 N_2,同时使碱土金属得到再生。尿素 SCR 是重型柴油机降低 NO_x 的主流后处理技术。柴油机颗粒物 PM 后处理技术主要有柴油机氧化催化剂(DOC)和颗粒过滤器(DPF)(见图7.20)。只有将 DOC、DPF 和 SCR 等技术集成使用,重型柴油车才能满足欧六或国六排放法规限值要求(见图7.21)。

1) 柴油机氧化催化剂(DOC)

DOC 主要有两类作用,一是将排气中 CO 和 HC(包括颗粒物中的多环芳烃 PAH 以及排气中的醛类物质)氧化为 CO_2 和 H_2O(见图7.22);二是针对欧六或国六后处理系统,把

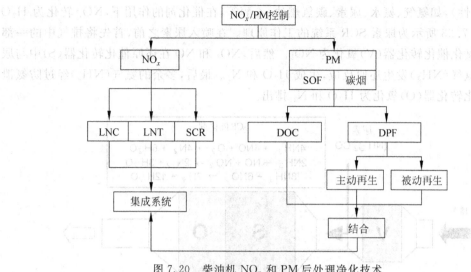

图 7.20　柴油机 NO_x 和 PM 后处理净化技术

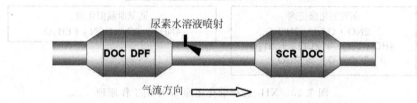

图 7.21　重型柴油机满足欧 6/国 6 主流后处理系统

排气中 NO 氧化为 NO_2。NO_2 是一种强氧化剂,既可以用于 DPF 碳烟被动再生,又可以用于提高 SCR 中的 NO_x 转化效率。

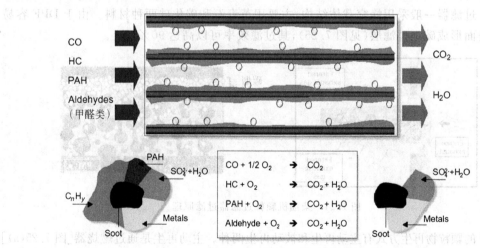

图 7.22　柴油机氧化催化剂(DOC)工作原理

2) NO_x 选择催化还原(SCR)技术

柴油机在高温、富氧条件下容易形成 NO_x 排放,仅通过机内措施如冷却废气再循环(EGR)降低 NO_x 难以满足排放法规要求,还需要采用 NO_x 选择催化还原(SCR)后处理装置进行净化。SCR 工作原理:在氧化氛围的排气中,喷入能与 NO_x 发生还原反应的还原剂

（具有选择性），如氨气、氨水、尿素、碳氢燃油、乙醇等，在催化剂的作用下，NO_x 转化为 H_2O 和 N_2。图 7.23 所示为尿素 SCR 系统的工作原理。在喷入尿素之前，首先将排气中的一部分 NO 经氧化催化转化器（V）氧化为 NO_2。然后，NO_2 和 NO 在还原催化转化器（S）中与尿素分解的氨气（NH_3）发生还原反应，生成 H_2O 和 N_2。最后，多余的氨气（NH_3）经过防氨泄漏氧化催化转化器（O）氧化为 H_2O 和 N_2 排出。

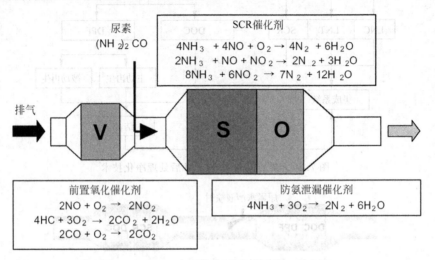

图 7.23　NH_3 选择催化还原 NO_x 的工作原理

3）柴油机颗粒过滤器（DPF）

DPF 的颗粒物过滤工作原理（见图 7.24）与 GPF 类似：当排气进入载体孔道时，由于孔道末端封闭，排气只能通过孔道之间的薄壁过滤材料进入相邻的孔道（起始端封闭）流出过滤器。过滤器一般采用蜂窝载体结构，主要用堇青石和碳化硅两种材料。由于 DPF 容易在孔道表面形成碳烟过滤层（见图 7.25），其过滤效率可以高达 90% 以上。

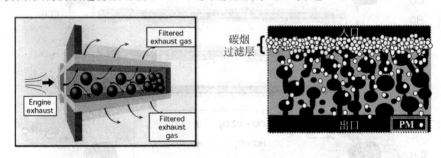

图 7.24　柴油机颗粒过滤器过滤原理

DPF 的颗粒物再生方式有主动再生和被动再生两种。主动再生是通过燃烧器[图 7.25(a)]或电加热方式[图 7.25(b)]提升 DPF 入口的排气温度（超过 600℃），将过滤器中留下的碳烟氧化掉。被动再生是指利用 DOC 将排气中 NO 氧化为 NO_2，然后 NO_2 在排气温度较低（250～300℃）条件下与碳烟发生氧化反应。柴油机一般需要将主动再生与被动再生结合，才能把 DPF 中的颗粒物转化掉。

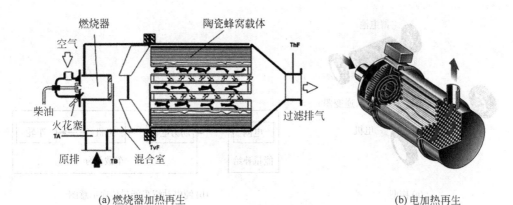

(a) 燃烧器加热再生　　　　　　　　(b) 电加热再生

图 7.25　DPF 主动再生方式

7.2　新能源电驱动力汽车

广义的新能源汽车是指采用非常规车用燃料作为动力来源,或使用常规的车用燃料但采用新型车载动力装置,综合车辆的动力控制和驱动方面的先进技术,形成的技术原理先进、具有新技术、新结构的汽车。非常规车用燃料是指除汽油、柴油之外的天然气、液化石油气、甲醇、乙醇、生物柴油、二甲醚、氢气等燃料。广义的新能源汽车包括混合动力汽车、蓄电池电动汽车、燃料电池电动汽车、氢发动机汽车以及燃气汽车、醇醚汽车等。

在中国,新能源汽车是专指蓄电池电动汽车(BEV)、燃料电池电动汽车(FCEV)和插电混合动力汽车(PHEV)等使用电能和氢能的电驱动力系统的汽车。油电混合动力汽车(HEV)在中国属于节能汽车。本节重点介绍 BEV、FCEV 和 PHEV 三种新能源汽车的基本构型和关键零部件。

7.2.1　蓄电池电动汽车

蓄电池电动汽车也称为纯电动汽车,是指以车载电源为动力源,用电机驱动车轮行驶,符合道路交通、安全法规各项要求的车辆。纯电动汽车虽然已有 100 多年的历史,但一直仅限于某些特定场合应用,市场较小。主要原因是,相比于内燃机动力,现有动力电池普遍存在价格高、寿命短、外形尺寸和重量大、充电时间长、能量密度低等不足。随着汽车节能和排放法规的不断加严,纯电动汽车的局部零排放以及使用能效高等优势受到关注,开始在全球尤其是中国得到推广应用。

1. 基本构型及关键部件

纯电动汽车的动力系统构型较为简单,主要由动力电池、直流(DC)/交流(AC)逆变器、电机和驱动轮构成(见图 7.26)。电机与驱动系统是电动汽车的关键部件,要使电动汽车有良好的使用性能,驱动电机应具有调速范围宽、转速高、起动扭矩大、体积小、质量小、效率高、动态制动强和能量回馈等特性。电机主要有直流电机(DCM)、感应异步电机(IM)、永磁同步电机(PM)和开关磁阻电机(SRM)。下面分别对这四种电机的结构特点和基本工作原理进行简单介绍。

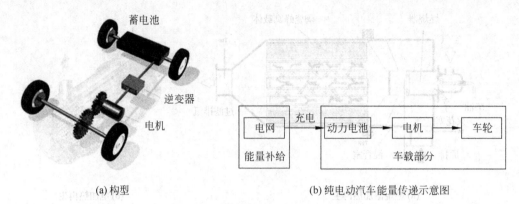

(a) 构型　　　　　　　　　　(b) 纯电动汽车能量传递示意图

图 7.26　纯电动汽车构型和能量传输

1) 直流电机

直流电机的发明人是迈克尔·法拉第(Michael Faraday)(见图 7.27)。传统直流电机主要由转子上的电枢绕组、定子上的励磁绕组、定、转子铁芯、机座和电刷换向器构成,励磁绕组提供励磁磁场,电枢绕组提供产生扭矩的电流。直流电机通过控制励磁绕组的电流可以控制磁场的大小,通过控制电枢绕组的电流可以调节扭矩大小,所以直流电机最大的优点是控制性能好,仅通过外接可变电阻就能近乎线性地调节电机的输出转速和扭矩。但因电刷的存在,可靠性低,维护成本高,且由于电刷接触电阻和外接电阻引起的额外损耗较大,电机效率比较低。目前新研制的电动汽车已不再采用有刷直流电机,直流电机一般只用在车窗升降、驱动雨刮等地方,且有用电子换向器取代电刷换向器的趋势。

图 7.27　法拉第及其发明的直流电机

2) 感应异步电机

感应电机的发明者是尼古拉·特斯拉(Nikola Tesla)(见图 7.28)。一般其定子铁芯上埋有三相交流绕组,转子由铁芯和短接的鼠笼型绕组组成,当定子绕组中通以三相交流电时,将产生一合成的空间同步旋转磁场,切割转子绕组,从而在转子鼠笼型绕组中生成电流,该电流又会受到磁场的作用而产生电磁力,驱动转子旋转。因其转子上不需要电刷,结构简单,可靠性好,生产技术比较成熟,得到广泛应用。现在有用于一些客车,但因功率密度较小,控制复杂,在乘用车上用得很少。美国特斯拉汽车公司在其前期的产品中使用了铜条鼠笼型的感应电机,但因其效率、功率密度等性能还是无法与稀土永磁电机相提并论,特斯拉 Model 3 车型已经改用永磁同步电机作为驱动电机了。

图 7.28　特斯拉及其发明的感应电机

3) 永磁同步电机

新能源汽车上使用最多的是永磁同步电机,与感应电机不同的是其转子铁芯没有绕组,只有表贴的或内置的永久磁钢,其励磁磁场就是由这些磁钢产生的,通过与定子产生的旋转磁场作用而发生机电能量转换(见图 7.29)。因为汽车需要经常调速,电机的转速设计得比较高,所以右边这种内置磁钢的永磁同步电机因其机械强度好更有优势,而且对于这种内置磁钢的电机具有比较高的磁阻扭矩,更利于节省磁钢用量,提升弱磁性能。

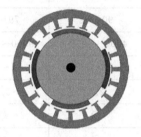 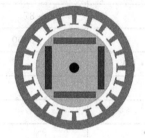

(a) 表贴式　　　　　　　　(b) 内置式

图 7.29　两种不同转子的永磁电动机

4) 开关磁阻电机

磁阻电机是一种新型结构的电机(见图 7.30),其转子上既没有绕组,也没有永磁材料,而是由硅钢片叠成的凸极实心结构。它是基于磁阻最小原理,即磁通总要沿磁阻最小的路

图 7.30　开关磁阻电机

径闭合,通过切换定子凸极上的绕组通电次序,使得转子不断地移到磁阻最小的位置,从而驱动转子旋转。磁阻结构简单、坚固,工作可靠,成本很低,具有很大的发展潜力,因而近年来在牵引调速领域的发展颇为迅速,但因其固有的扭矩波动大,振动噪声明显,目前只在一些客车中得到应用。也有一些新型的混合励磁型磁阻电机,通常是在转子磁阻槽内插入一定的铁氧体永磁材料,这样因为引入了一部分永磁扭矩,电机的性能比磁阻电机要高一些,而成本又不及稀土永磁电机那么高(见表7.2)。

表7.2给出了四种电机性能的比较。通过比较可以看出,直流电机因其可靠性差,性能一般,逐步被淘汰;开关磁阻电机的控制技术还未成熟,低速时噪声和振动明显,效率也较低,属于未来的备选方案;感应电机转子上有二次侧铜耗,发热严重,效率偏低,体积大,往往适于对体积要求不高的客车;对于体积较小的乘用车,目前主要以永磁同步电机为主,而且在我国,稀土永磁材料的储量具有得天独厚的资源优势。但随着新能源汽车需求的增长,对新型的高功效、低成本、安全可靠电机的研究热情也在不断增长。

表7.2 直流电机、永磁电机、感应异步电机和开关磁阻电机性能比较

项 目	直流电机	永磁同步电机	感应异步电机	开关磁阻电机
最大效率/%	88～91	95～97	94～95	<90
效率/%(10%负载)	80～87	90～92	79～85	78～86
最大转速/(r·min^{-1})	4000～6000	4000～10000	9000～15000	<15000
费用/输出功率/(美元·kW^{-1})	10	10～15	8～12	6～10
控制装置成本	1	2.5	3.5	4.5
寿命	△	◎	◎	◎
坚固性	○	○	◎	○
可靠性	△	○	◎	◎
耐用性	△	◎	◎	◎
体积/重量	△	◎	○	◎
低速时平滑运转	◎	○	○	△
抗振性	△	○	◎	◎
技术累积/应用实例	◎	○	◎	△
前景	△	◎	○	○

注:△——差;○——中;◎——好。

电池是制约电动汽车发展的关键,汽车动力电池难在"低成本"、"高容量"及"高安全"三个要求上。早期的电动车使用成本低、安全性较好的铅酸电池,但铅酸电池的能量密度低,自重大,不便携带。镍氢电池单位重量储存能量比铅酸电池多一倍,其他性能也都优于铅酸电池,价格为铅酸电池的4～5倍。锂是最轻、化学特性十分活泼的金属,锂离子电池单位重量储能为铅酸电池的3倍,锂聚合物电池为4倍,而且锂资源较丰富,价格也不很贵,在相当长时间内是主流的车用动力电池,但安全性和使用寿命不如镍氢电池。

2. 典型的纯电动汽车

1) 日产聆风(Leaf)电动车

2010年底，日产汽车公司生产的聆风电动车率先在日本上市，随后面向美国及欧洲市场推出。日产将聆风定位为经济型纯电动车，实用性和经济性都非常出色，是一款全球畅销的电动车(见图7.31)。

(a) 2011款　　　　　　　　　　　　　　(b) 2017款

图7.31 日产聆风电动车

日产聆风由层叠式紧凑型锂离子电池驱动，电动机的输出功率80kW，扭矩峰值可以达到280N·m，续航里程达到160km。通过快速充电，只需30min即可充至80%的电量，使用普通充电桩大约需要8h可以充满。上市仅仅一年后，聆风电驱动力系统被美国权威汽车杂志"Ward's Auto World"评选为2011年度"十佳发动机"。

2015年，日产在美国和欧洲发布了电池容量增至30kW·h的新款聆风，一次充电的续航里程按照美国EPA标准为107英里(171.2km)，比配备24kW·h电池的老款车型增加了27%，按照新欧洲驾驶循环(NEDC)的里程为250km。

全新2018款日产聆风更加强劲，其电机最大输出功率为110kW，最大输出扭矩也增加到320N·m，锂离子电池容量为40kW·h，与2010款相比，能量密度提升67%。在NEDC工况下纯电续航里程为378km。在日本标准JC08工况用燃油模式测试，续航里程为400km。车身上设计了两种模式的充电接口，其中左边为快充接口，从0充至80%仅需40min；右边则是普通慢充接口，用6kW充电器需要8h，而用3kW充电器则需要16h。

2) 特斯拉电动汽车

特斯拉(Tesla)是一家美国电动车及能源公司，产销电动车、太阳能板及储能设备，总部位于美国加利福尼亚州硅谷的帕罗奥多(Palo Alto)，2003年最早由马丁·艾伯哈德(Martin Eberhard)和马克·塔彭宁(Marc Tarpenning)共同创立，2004年埃隆·马斯克(Elon Musk)进入公司并领导了A轮融资。创始人将公司命名为"特斯拉汽车"(Tesla Motors)，以纪念感应电机发明人尼古拉·特斯拉。

特斯拉第一款汽车产品Roadster发布于2008年，为一款两门运动型跑车。2012年，特斯拉发布了其第二款汽车产品Model S，一款四门纯电动豪华轿跑车；第三款汽车产品为Model X，豪华纯电动SUV，于2015年9月开始交付。特斯拉的新款汽车为Model 3，于2017年末开始交付(见图7.32)。

特斯拉使用的是日本松下公司的镍钴铝(NCA)三元正极材料的锂电池。松下18650(直径18mm、长度65mm)圆柱形电池的主要优点：能量密度大，稳定性、一致性高；技术较

图 7.32 特斯拉电动车

为成熟、出货量大、生产自动化程度高,可以有效降低电池系统成本;单体电池尺寸小但可控性高,可降低单个电池发生故障带来的影响。Model 3 采用松下 21700(直径 21mm,长度 70mm)新型电池,21700 单体电池能量密度在 300W·h/kg 左右,比其原来 18650 电池 250Wh/kg 提高约 20%,其单体电池容量可以达到 3.0~4.8A·h,大幅提升 35%,同等能量下所需电池的数量可减少约 1/3(见图 7.33)。标准版 Model 3 续航里程为 350km,电池组容量为 50kW·h,使用了 2976 节 21700 电池。

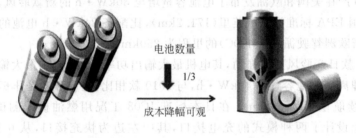

(a) 18650圆柱形小型电池　　　　　(b) 21700圆柱形小型电池

图 7.33 松下 18650 与 21700 电池

2014 年 10 月,特斯拉推出了全新的双电机全轮驱动 D 系列车型,包括 60D(搭载 60kW·h 电池,续航 360km)、85D/P85D(搭载 85kW·h 电池,续航为 475km)等。所谓双电机全轮驱动,就是在后轮驱动 Model S 的基础上,在前轴加装了一台电机(见图 7.34)。双电机一主一副,一强一弱,前电机的功率不到后电机的 1/2(见图 7.35)。特斯拉前后轴独立驱动系统的优点是可充分利用整车的重力产生车辆附着力,提高整车动力性,同时通过两台电机差异化互补设计,既能获得系统的高效率,又能降低每台电机的设计难度,是系统加部件综合解决方案(见图 7.36),采用三相四极交流感应电机、铜转子,具有变频驱动功能的逆变器与动能再生制动系统。不过,特斯拉 Model 3 电机改为永磁同步电机,相同功率情况下,永磁同步电机较感应异步电机效率更高、体积更小、高低速适应性更好,但成本更高,高温容易退磁。

图 7.34 特斯拉 Model S 底盘及电池和电机布置

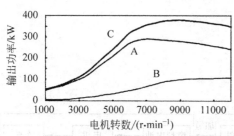

C：总输出功率；A：后（主）电机输出功率；
B：前（辅）电机转出功率。

(a) 功率输出示意图

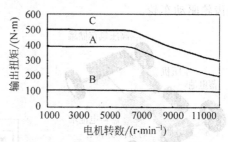

C：总扭矩；A：后（主）电机扭矩；
B：前（辅）电机扭矩。

(b) 扭矩输出示意图

图 7.35 特斯拉双电机功率及扭矩特性

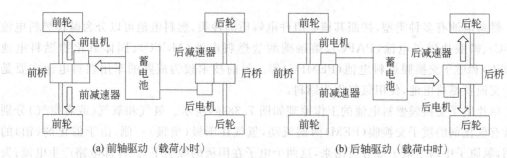

(a) 前轴驱动（载荷小时）　　　　(b) 后轴驱动（载荷中时）

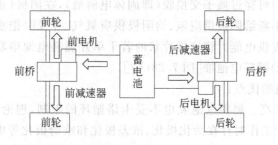

(c) 前后轴同时驱动（载荷大时）

图 7.36 特斯拉前后轴独立驱动动力分配示意图

7.2.2 燃料电池电动汽车

1. 基本构型及关键部件

燃料电池电动汽车(简称燃料电池汽车)主要由氢气罐、空气压缩机、燃料电池、直流(DC)/交流(AC)逆变器、电机和驱动轮等主要部件构成(见图 7.37)。与纯电动汽车相比,燃料电池汽车的动力系统更复杂,用燃料电池取代了动力电池。通过氢气与氧气在燃料电池中发生电化学反应产生电,燃料电池属于在线发电装置,把燃料化学能直接转化为电能。燃料电池汽车还需要一个蓄电池,主要用来存储燃料电池发的电和回收的制动能量。燃料电池汽车的电驱动力系统与纯电动汽车类似,主要由电机与传动齿轮等部件构成,电机通过传动齿轮驱动车轮。

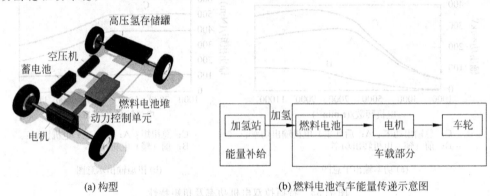

(a) 构型　　　　　　　　　(b) 燃料电池汽车能量传递示意图

图 7.37　燃料电池汽车构型和能量传输

燃料电池有多种类型,按照其核心组件电解质的种类,燃料电池可以分为碱性燃料电池(AFC)、磷酸盐燃料电池(PAFC)、熔融碳酸盐燃料电池(MCFC)、固体氧化物燃料电池(SOFC)和质子交换膜燃料电池(PEMFC)等。目前技术较为成熟的车用燃料电池主要是质子交换膜燃料电池,使用氢气作为燃料。

单片质子交换膜燃料电池的工作原理如图 7.38(a)所示。氢气和氧气(或者空气)分别在含有催化剂的质子交换膜(PEM)两侧流动,氢气在阳极(负极)一侧,由于催化剂(铂)的作用,氢原子中两个电子被分离出来,这两个电子在阳极的吸引下,经外部电路产生电流;失去电子的氢离子(质子)可穿过质子交换膜(即固体电解质),在阴极(正极)与氧原子和电子重新结合为水。只要不断给阳极供应氢、给阴极供应氧气,并及时把水(或水蒸气)带走,燃料电池就可以不断地提供电能。将这样片状的若干单片燃料电池串联起来,就可以形成具有一定功率输出能力的燃料电池堆[图 7.38(b)]。

PEMFC 燃料电池的优点:

(1) 能量转化效率高。燃料电池发电不受卡诺循环的限制,理论上它的发电效率可达到 85%～90%,但由于工作时存在活化极化、浓差极化和欧姆极化等电压损失,目前燃料电池的能量转化效率为 40%～60%。若实现热电联供,燃料电池的总利用率可高达 80%以上。

(2) 无污染。燃料电池的燃料是氢和氧,生成物是清洁的水,工作时不产生 CO 和 CO_2 排放,也没有硫和颗粒物排出,没有高温反应,也不产生 NO_x 排放。如果使用车载的甲醇重

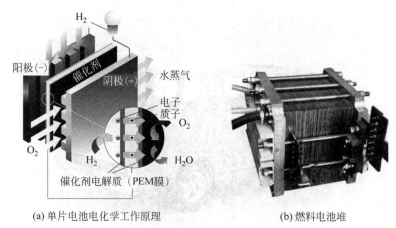

(a) 单片电池电化学工作原理　　(b) 燃料电池堆

图 7.38　质子膜燃料电池工作原理及电池堆

整催化器供给氢气,仅会产生少量的 CO 和 CO_2 排放。

(3) 理论寿命长。燃料电池电堆内部没有运动件,没有振动,噪声极低,其电极仅作为化学反应的场所和导电的通道,本身不因化学反应而消耗,理论上其寿命较长,但实际应用时,PEM 膜的寿命还不够长。

PEMFC 燃料电池的上述优势受到了汽车工业界的广泛关注。1998 年,清华大学研制出了中国第一辆燃料电池城市客车,如图 7.39 所示。

图 7.39　中国第一辆燃料电池城市客车

早在 1966 年,美国通用汽车公司就已经研制成功了一辆可以实际运行的氢氧燃料电池汽车(见图 7.40),电堆功率为 5kW,这一项目是为了登月飞船搭载的月球车进行技术准备(见图 7.41)。尽管登月任务中月球车出色地完成了任务,但燃料电池的成本十分高昂,且性能难以满足汽车用户的日常需求,因此燃料电池在汽车上的推广应用在之后的数十年仍非常缓慢。

车用 PEMFC 燃料电池大规模应用面临以下几方面的挑战:

(1) 使用寿命。车用燃料电池堆的寿命主要取决于质子交换膜的寿命,质子交换膜的催化性能虽然优越,但其化学结构和力学性能较为脆弱,容易被反应气体中的杂质破坏,在液态水过多、热负荷不均衡等情况下,其寿命与性能都可能受到严重影响。目前性能最优的 PEMFC 燃料电池理论最高寿命只有 10000h 左右,要满足一般汽车使用的寿命要求尚存在差距,未来还需较大的提升。

图 7.40　GM 于 20 世纪 60 年代研发的世界第一台燃料电池汽车(Electrovan)

图 7.41　"阿波罗"15 号搭载的氢燃料电池月球车

（2）动态响应。由于汽车行驶工况复杂多变,对动力系统瞬态响应的要求较高,而燃料电池由于内部气体流道复杂,其动态响应直接受制于供气状态等因素,响应特性存在一定局限性。燃料电池动力系统一般需要配储能部件如蓄电池或超级电容,以应对突然的工况变化对动力输出的要求,这些系统要额外占据车上空间和重量,并存在电能存储与转换效率的问题,随着高性能储电装置的应用,这一问题可逐步得到缓解。

（3）氢燃料来源与加注。纯净的氢气在自然界中很难直接获得,作为提供动力使用的氢气,如果使用裂解等化工工艺大规模生产,原料仍依赖碳氢类物质;采用电解水的方式制取会带来较高的电能消耗,只有大规模部署先进民用发电装置才可能真正发挥氢能的环保节能作用。相比传统燃油供给,压缩氢气或液氢加注设备在民用交通系统中还非常少,这些问题给氢燃料电池的推广带来了较大的困难。不过随着环保压力的增长,许多传统能源企业、汽车企业以及政府机构开始关注氢燃料的加注,目前加氢站等设施的建设正在全球广泛推动。

（4）安全性。氢的储存比较困难,氢气分子可以穿透常规的钢制储存器,导致严重损耗,还会导致"氢脆"等变质破坏现象,而且氢气泄漏后容易爆炸,有一定危险性。在汽车碰撞安全方面也面临技术挑战。经过多年的技术攻关，目前车载氢储存、安全预警和防护等技术已经逐步走向成熟，在未来，氢能系统的安全性可以达到与常规内燃动力系统不相上下的水平。

(5) 成本。燃料电池核心部件质子交换膜制备工艺复杂，需要使用铂等贵重金属作为电化学催化剂，目前相关商业化技术和专利被少数国外厂商垄断，配套的氢气储存设施成本较高。未来将通过大规模量产，以规模效应降低燃料电池的生产成本，并需完善相关材料回收再利用的循环体系。这对国家在化工和精细制造方面的核心技术能力提出了较高的要求。

进入21世纪，质子交换膜燃料电池在汽车上的应用已取得重大进展，部分产品已经实现商业化。但要大面积推广应用，还必须在解决前述部分问题上取得较大的进步。当前，工业界普遍看好氢燃料电池动力系统首先在运营路线或模式较为固定、有一定数量规模、实施统一维护和管理的运营性车队中先行推广应用。

2. 典型的燃料电池汽车

1) 丰田 Mirai 氢燃料电池汽车

2014年11月，丰田发布了全球第一款量产的氢燃料电池汽车 Mirai（日文发音同"未来"）。丰田 Mirai 燃料电池汽车的发动机舱内部是永磁同步电机及其控制单元，车身后桥部分放置了一个镍氢动力电池组和前后两个高压储氢罐，如图7.42所示。按照动力布局来看，丰田 Mirai 可以定义为中置前驱(MF)车，因为燃料电池位于驾驶员座椅下方。燃料电池组的最大发电功率为114kW，电池堆功率密度为3.1kW/L。

 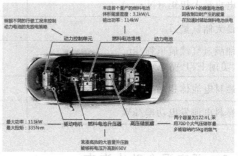

图7.42　丰田 Mirai 燃料电池汽车及动力系统

丰田 Mirai 的两个高压储氢罐一大一小，总容量122.4L（前储罐60L，后储罐62.4L），采用700个大气压储存，最多能容纳约5kg的氢气。高压储氢罐设计成椭圆胶囊式的外形，采用三层不同的材质。罐体内部衬有塑料密封内胆，其外面包裹一层碳纤维强化塑料抗压层，抗压层外侧再有一层玻璃纤维材料的减震保护层，以此来抑制氢气泄漏和保证碰撞安全。Mirai 车充满氢燃料的时间仅需3min，能行驶大约650km。

2) 本田 Clarity 燃料电池汽车

2015年，本田展示了全新一代 Clarity 燃料电池车型（见图7.43）。Clarity 车是一款紧凑型车，与丰田 Mirai 车相比，车身更长、更宽、更低，运动感更强。Clarity 车采用的是前置前驱(FF)布局，燃料电池和驱动电机都布置在发动机舱内。永磁同步电机最大功率为130kW(176马力)，最大扭矩为300N·m，整车整备质量为1890kg。车内有两个70MPa的高压储氢罐，最大储氢量为141L。较小的储氢罐位于后排座椅下方，较大的储氢罐位于后备厢内。由于储氢罐占据了后备厢较大的空间,所以该车的后备厢空间较小。

图 7.43　本田 Clarity 燃料电池汽车及动力系统

从表 7.3 可以看到,本田 Clarity 车与丰田 Mirai 车相比,在最大功率以及续航里程上占有一定优势,但电机最大扭矩输出稍差。由于最大功率较大,Clarity 车有更好的高速巡航性能;最大扭矩较大的丰田 Mirai 车在起步加速性能方面更强一些。Clarity 车的燃料电池发电功率是小于电机最大功率的,中间的差值实际上是通过锂电池组输出电能来弥补的。

表 7.3　本田 Clarity 车与丰田 Mirai 车性能比较

车型名称	本田 Clarity 车	丰田 Mirai 车
电机最大功率	130kW	114kW
电机最大扭矩/(N·m)	300	335
最大储氢量/L	141	122.4
加满氢气续航里程/km（美国 FTP 循环）	589	502
燃料电池体积功率密度/(kW·L^{-1})	3.1	3.1
燃料电池发电功率/kW	103	114

7.2.3　插电混合动力汽车

1. 概述

混合动力汽车指具有两个或两个以上储能系统,且每一个储能系统能够独立或联合其他储能系统提供驱动力的汽车。广义的混合动力汽车并不要求必须由燃油与蓄电池两种储能系统组成,如燃料电池汽车除了氢能储能系统之外,一般还需要蓄电池作为动力调节和储能缓冲装置,实际上也是一种混合能源动力汽车。通常所说的混合动力汽车是指由内燃机和电机提供混合动力的汽车,可分为插电混合动力汽车(PHEV)与油电混合动力汽车(HEV)两大类。PHEV 与 HEV 的差别主要表现在 PHEV 的蓄电池容量大些,且可以外接电网充电(见图 7.44)。

HEV 的优点:

(1) 混合动力专用内燃机在中、高负荷较小范围运行,油耗和污染物排放较低。此外,混动汽车对内燃机的动力性要求降低(电机可以同步提供动力),其峰值热效率较常规内燃机大幅提高,节能效果明显,可以提升汽车行驶里程。

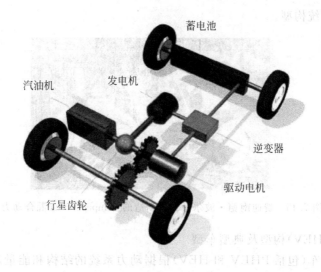

(a) 构型

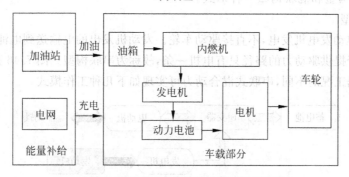

(b) 插电式混动汽车（PHEV）能量传输示意图

图7.44　插电混合动力汽车构型和能量传输

（2）在制动、下坡时，可进行能量回收，给动力电池充电。

（3）在部分负荷或对动力要求不高时，可关停内燃机，由电池单独驱动电机，实现零排放和低噪声。

（4）可以利用现有的加油站加油，使用方便。

HEV的缺点：有内燃机和电机两套动力装置，结构复杂，技术门槛高，价格较常规内燃动力汽车高。

PHEV除了具有HEV的优点之外，还可以外接电网对蓄电池充电，实现较长里程的纯电驱动。但由于增加了动力电池的容量，整车成本较HEV高。

最早的混合动力汽车诞生于1897年，由美国费城动力蓄电池公司的总工程师Justus B. Entz制造。1899年，比利时Pieper研究院和法国Vendovelli与Priestly电动车公司也分别制造了混合动力汽车，前者具有并联构型特征，后者则为串联构型。1900年，费迪南德·波尔舍将蓄电池动力轮毂驱动装置与汽油机组合在一起，制造了混合动力汽车Semper Vivus（见图7.45），为世界上首款功能齐全的混合动力车型。该车装有两台汽油机，各自驱动一台发电机，形成两套独立的充电系统，分别为轮毂电机和蓄电池提供电力，形成了一个串联混合动力系统构型。

图 7.45　费迪南德·波尔舍设计制造的 Semper Vivus 混合动力汽车

2. PHEV(HEV)构型及典型车型

混合动力汽车(包括 PHEV 和 HEV)根据动力系统的结构和能量混合方式,通常分为串联构型、并联构型和混联构型三种形式。

1) 串联构型

发动机只驱动发电机发电,不直接驱动车轮。发动机发出的电输送到电池或电机,由电机驱动车轮。由于提供驱动力的路径只有电机一条,故称为串联构型。图 7.46 是典型的串联构型示意图。根据工况的不同,串联式混合动力可实现如下几种工作模式。

图 7.46　串联构型示意图

(1) 蓄电池单独驱动:发动机和发电机不工作,由蓄电池直接提供电力到电机驱动车辆行驶。

(2) 蓄电池、发动机联合驱动:发动机带动发电机运转,当发电机发出功率小于电动机驱动所需求的功率时,蓄电池放电;当发电机发出功率大于电机驱动所需求的功率时,多余的电能存储到蓄电池中。

(3) 制动能量回收:发电机接受制动力驱动,向蓄电池充电。

(4) 停车充电模式:当车辆短暂停止时,电机不运转,发动机带动发电机发电并全部存储到蓄电池中。该模式可有效避免发动机频繁启停。

串联式混合动力系统结构简单,发动机运行工况与汽车运行工况可以实现完全解耦,但对电池系统性能要求较高,且能量转化环节较多,系统能量转化效率偏低。目前串联混合动力系统多用于客车及增程式混合动力汽车。典型的串联混合动力乘用车有日产 e-Power(见图 7.47)、宝马 i3(见图 7.48)等车型。

2) 并联构型

发动机和电机两套动力驱动系统都可以直接驱动车轮,两者既可以各自分开工作,又可以共同工作。并联构型通常只需一个电机,既可作驱动电机,也可作发电机。与串联构型相

图 7.47 日产 e-Power 串联混合动力汽车

图 7.48 宝马 i3 串联增程混合动力汽车

比,并联构型汽车的功率需求可由发动机和电机同时满足,因此,对电机功率的需求降低,发动机需要适用的工况范围更广。此外,由于发动机可以直接驱动车辆,能量转化损失减少。

图 7.49 是典型的并联构型示意图。根据功率需求不同,并联构型可采取如下工作模式。

图 7.49 并联构型示意图

(1) 纯电动模式:蓄电池→电机→驱动轮。

(2) 联合工作模式:当车辆功率需求较大时,发动机和电机同时驱动车轮,能量流为:发动机→驱动轮和蓄电池→电机→驱动轮;当车辆功率需求较小或蓄电池 SOC 很低时,能量流为:发动机→电机→蓄电池和发动机→驱动轮。

除上述两种工作模式外,并联构型可实现类似于串联构型的制动能量回收。此外,当电机位于离合器之前时,还可以使用电机反拖发动机,实现发动机的快速启停。

典型的并联构型插电混合动力汽车如奥迪 A3 e-tron(见图 7.50),采用 P2 并联构型。P2 的能量流工作模式是:发动机→离合器 1→电机→离合器 2→变速箱→差速器→车轮。

P2在纯电动模式下可以和发动机断开连接,因为电机和发动机之间还有个离合器,因此在纯电动模式下发动机并不会被拖动,同时由于电机后面有变速箱,因此变速箱所有挡位都可以被电机利用。

图 7.50　奥迪 A3 e-tron P2 并联混动系统及汽车

3）混联构型

混联构型能实现串联构型和并联构型的动力传输。与串联混合动力类似,混联动力系统同样至少需要两台电机,一台作发电机,另一台作电动机(及制动能量回收电机)。混联构型能够使发动机、发电机、驱动电机等部件进行更多的组合,从而在结构上保证了发动机和电机能够尽可能工作在高效区,因此节能效果更好。

混联构型主要分为两种,一种是以丰田普锐斯(Prius)为代表的功率分流式,其结构示意图如图 7.51 所示。功率分流式混联构型通过行星齿轮结构对发动机的动力进行分配。行星齿轮的齿圈(R)与驱动轴和电机相连,行星架(C)与发动机相连,太阳轮(S)与发电机相连。发动机动力一部分可通过行星架-太阳轮传递到发电机,由发电机发电给蓄电池或直接驱动电机,另一部分可通过行星架-齿圈直接传递到驱动轴。通过对行星齿轮机构工作状态的控制,可完成多种工作模式的切换。可以看出,功率分流式构型同时具有串联(发动机→

发电机→电机→驱动轴)和并联(发动机可直接驱动,也可与电机一起驱动)的工作特点。

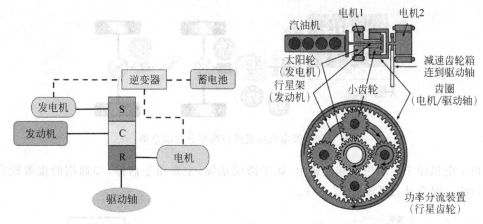

图 7.51　丰田 Prius 功率分流式混联构型及行星齿轮结构

另一种是以本田雅阁(Accord)为代表的混联构型,如图 7.52 所示,其特征是由离合器取代了行星齿轮机构,通过离合器的断开与接合实现不同的工作模式,故又称开关式混联构型。该系统具有三种工作模式:①当发动机不工作时,系统可完全依靠电池驱动电机工作,即纯电模式;②当发动机工作且离合器断开时,发动机带动发电机工作,产生电能供电机驱动车轮,此时系统具有串联构型特征,本田称之为混合驱动模式;③当发动机工作而离合器接合时,发动机动力直接传递到输出轴,此时系统具有并联构型特征,本田称之为发动机驱动模式。值得注意的是,本田雅阁系统由于不存在耦合器,早期型的该系统电机和发动机并不需要同时联动,本田认为这样可以减少不必要的动力损耗。而丰田普锐斯混动系统由于电动机与齿圈相连,齿圈又与驱动轴相连,即使电机不提供驱动力,也必须时刻保持运转状态。

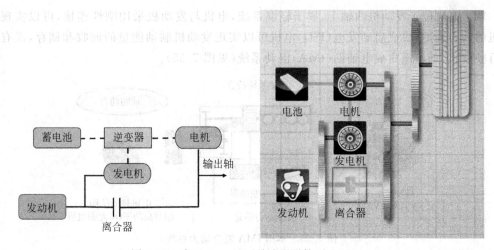

图 7.52　本田 Accord 开关式混联构型(i-MMD)

除上述经典的串联、并联、混联分类方法外,近年来,按照电机位置对混合动力构型进行分类的方法开始受到业内人士的认可。如图 7.53 所示,按电机位置的不同,可分为 P0~P4

等构型,具体定义如下。

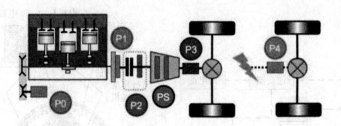

图 7.53 按电机位置进行构型分类示意图

P0:电机位于发动机前端皮带上,属于微混系统,主要用于启停,如通用的皮带轮启动发电(BSG)混合动力系统(图 7.54)。

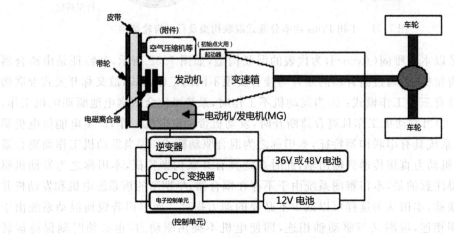

图 7.54 通用 BSG 混合动力系统

P1:电机位于发动机曲轴上,属于轻混系统,电机与发动机采用刚性连接,可以实现发动机的动力辅助,集成启动发电(ISG)电机可以实现发动机制动能量的回收和储存,没有纯电行驶模式,如本田集成电辅助(IMA)混动系统(见图 7.55)。

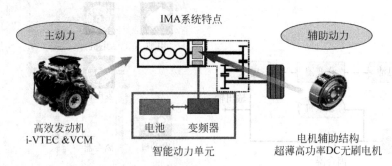

图 7.55 本田 IMA 混合动力系统

P2:电机位于发动机离合器之后,变速箱之前。

P3:电机位于变速箱输出端,与发动机共享一根轴,同源输出,如本田 i-DCD 双离合传动(DCT)混动汽车(见图 7.56)。

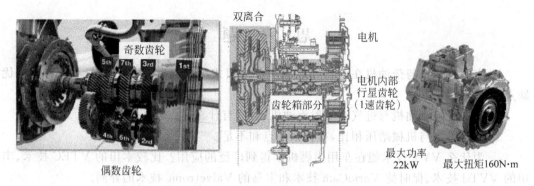

图 7.56　本田 i-DCD 基于 DCT 的单电机后置 P3 构型

P4：电机与发动机轴分离，通常用于驱动无其他动力的车轮。

此外还有电机位于变速箱内部的情况，有人称其为 P2.5 构型。

值得一提的是，上述分类方法与传统的串联、并联、混联的概念并不冲突，反而能起到对传统分类方法的补充作用。例如，本田 Accord 混动系统可以认为是 P13（P1＋P3）混联构型。目前的并联构型混动汽车以 P2 构型为主流。

本 章 小 结

内燃机汽车主要由汽油机和柴油机驱动。汽油车的主要节能新技术有汽油缸内直喷、汽油涡轮增压、汽油机可变气门正时；柴油车的主要节能技术有高压共轨电控燃油喷射、涡轮增压中冷技术等。

汽油车排气后处理技术有三效催化器（TWC）和汽油机颗粒捕集器（GPF），其中 TWC 主要用于化学计量比燃烧条件下降低 CO、HC 和 NO_x 排放；稀燃条件下需要采用吸附还原（LNT）催化剂降低 NO_x 排放；GPF 主要用于降低缸内直喷汽油机的颗粒物（PM）排放。柴油车排气后处理技术主要有氧化催化剂（DOC）、NO_x 尿素选择催化还原器（SCR）、柴油颗粒过滤器（DPF）以及氨泄漏催化剂（ASC）等。

广义的新能源汽车包括混合动力汽车（HEV）、蓄电池电动汽车（BEV）、燃料电池电动汽车（FCEV）、氢内燃机汽车以及燃气汽车、醇醚汽车等。在中国，新能源汽车是指蓄电池电动汽车（BEV）、燃料电池电动汽车（FCEV）和插电混合动力汽车（PHEV）等包含电能和氢能驱动的汽车，而油电混合动力汽车（HEV）属于节能汽车。

蓄电池电动汽车（BEV）具有局部零排放、能量转化效率高等优点，但存在续驶里程短、充电时间长的不足，适合家有停车位和充电桩、短距离出行的要求。燃料电池电动汽车（FCEV）具有行驶里程长、能量转化效率高、零排放等突出优点，但氢的来源、储存、输运以及加注面临挑战，整车成本较高。混合动力汽车兼具常规内燃机汽车和纯电动汽车的优点，能大幅节能减排，行驶里程长，成本较常规内燃机汽车高但较纯电动汽车低，是未来乘用车的主流动力。

思 考 题

1. 车用汽油机与柴油机在混合气形成和点火模式等方面有什么不同？各自有什么优缺点？
2. 缸内直喷汽油机与进气道喷射汽油机相比，有什么优点和不足？
3. 涡轮增压与机械增压相比，有什么优点和不足？
4. 为什么VVT技术能在车用内燃机上得到广泛的应用？比较本田的VTEC技术、丰田的VVT-i技术、保时捷VarioCam技术和宝马的Valvetronic技术的异同。
5. 为什么高压共轨技术成了柴油机电控燃油喷射系统的主流？
6. 汽油机三效催化剂对哪三种有害物排放有效？常规汽油机为什么需要把空燃比控制在化学计量比附近？
7. 轻型汽油车和柴油车满足未来严格排放法规的主流技术路线有何差异？
8. 简述柴油机颗粒过滤器(DPF)的工作原理。DPF技术难在什么地方？
9. 简述汽油机颗粒过滤器(GPF)的工作原理。GPF与DPF有何异同？
10. 新能源汽车是如何分类的？
11. 蓄电池电动汽车常用电机有哪些？各自有什么优缺点？
12. 蓄电池电动汽车常用动力电池有哪些？各自有什么优缺点？
13. 简述质子膜燃料电池的工作原理。为什么燃料电池汽车还需要有动力电池？
14. 插电混合动力汽车构型有哪些？各自有什么优缺点？
15. 插电混合动力汽车(PHEV)与油电混合动力汽车(HEV)各有什么优缺点？

8 智能网联汽车

进入21世纪,得益于计算机、电子控制、互联网、人工智能、大数据和信息等技术的快速发展,智能化和网联化成为汽车未来的重要发展方向。智能化(Intelligent)是一场移动机器智能革命,涉及环境感知、路径规划、决策执行等多个方面,也是人工智能技术应用最为集中的领域。网联化(Connected)是一场交通互联革命,基于大数据和云计算等技术,连接物理世界与数字世界。本章介绍智能网联汽车的定义、分类和关键技术,以及国内外智能网联汽车的现状与未来发展趋势。

8.1 分级与关键技术

8.1.1 定义与分级

智能网联汽车(Intelligent Connected Vehicle,ICV),是指搭载先进的车载传感器、控制器、执行器等装置,并融合现代通信与网络技术,实现车与X(车、路、人、云等)智能信息交换、共享,具备复杂环境感知、智能决策、协同控制等功能,可实现"安全、高效、舒适、节能"行驶,并最终可实现替代人来操作的新一代汽车。

智能网联汽车包括智能化与网联化两个技术层面,其分级也可对应地按照智能化与网联化两个层面来区分。在智能化方面,美国汽车工程师协会(SAE)、国家高速公路安全管理局(NHTSA)及德国汽车工业联合会(VDA)等组织已经给出了各自的分级方案,这里以较权威的美国SAE分级定义(图8.1)为基础,并考虑中国道路交通情况的复杂性,加入了对应级别下智能系统能够适应的典型工况特征。各级定义如表8.1所示。

表 8.1 智能化等级

智能化等级	等级名称	等级定义	控制	监视	失效应对	典型工况
人(驾驶员)监控驾驶环境						
1(DA)	驾驶辅助	通过环境信息对方向和加减速中的一项操作提供支援,其他驾驶操作都由人完成。	人与系统	人	人	车道内正常行驶,高速公路无车道干涉路段,泊车工况。
2(PA)	部分自动驾驶	通过环境信息对方向和加减速中的多项操作提供支援,其他驾驶操作都由人完成。	人与系统	人	人	高速公路及市区无车道干涉路段,换道、环岛绕行、拥堵跟车等工况。

续表

智能化等级	等级名称	等级定义	控制	监视	失效应对	典型工况
		自动驾驶系统监控驾驶环境				
3(CA)	条件自动驾驶	由无人驾驶系统完成所有驾驶操作,根据系统请求,驾驶员需要提供适当的干预。	系统	系统	人	高速公路正常行驶工况,市区无车道干涉路段。
4(HA)	高度自动驾驶	由无人驾驶系统完成所有驾驶操作,特定环境下系统会向驾驶员提出响应请求,驾驶员可以对系统请求不进行响应。	系统	系统	系统	高速公路全部工况及市区有车道干涉路段。
5(FA)	完全自动驾驶	无人驾驶系统可以完成驾驶员能够完成的所有道路环境下的操作,不需要驾驶员介入。	系统	系统	系统	所有行驶工况。

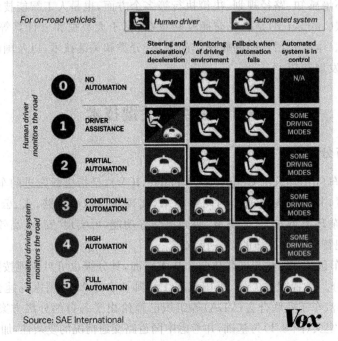

图 8.1 SAE 自动驾驶分级标准

在网联化层面,按照网联通信内容的不同,将其划分为网联辅助信息交互、网联协同感知、网联协同决策与控制三个等级。如表 8.2 所示。

表 8.2 网联化等级

网联化等级	等级名称	等级定义	控制	典型信息	传输需求
1	网联辅助信息交互	基于车—路、车—后台通信,实现导航等辅助信息的获取,以及车辆行驶数据与驾驶员操作等数据的上传。	人	地图、交通流量、交通标志、油耗、里程等信息。	传输实时性、可靠性要求较低。

续表

网联化等级	等级名称	等级定义	控制	典型信息	传输需求
2	网联协同感知	基于车—车、车—路、车—人、车—后台通信,实时获取车辆周边交通环境信息,与车载传感器的感知信息融合,作为自车决策与控制系统的输入。	人与系统	周边车辆/行人/非机动车位置、信号灯相位、道路预警等信息。	传输实时性、可靠性要求较高。
3	网联协同决策与控制	基于车—车、车—路、车—人、车—后台通信,实时并可靠获取车辆周边交通环境信息及车辆决策信息,车—车、车—路等各交通参与者之间信息进行交互融合,形成车—车、车—路等各交通参与者之间的协同决策与控制。	人与系统	车—车、车—路间的协同控制信息。	传输实时性、可靠性要求最高。

8.1.2 智能网联技术架构与体系

智能网联汽车涉及汽车、信息通信、交通等多领域技术,其技术架构较为复杂,可划分为"三横两纵"技术架构。"三横"是指智能网联汽车主要涉及的车辆/设施、信息交互与基础支撑三大领域技术,"两纵"是指支撑智能网联汽车发展的车载平台以及基础设施条件(见图8.2)。

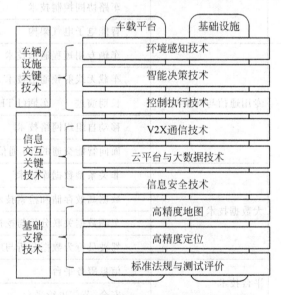

图 8.2 智能网联汽车"三横两纵"技术架构

图 8.2 中基础设施是指除了车载平台外,支撑智能网联汽车发展的所有外部环境条件,比如道路、交通、通信网络等。智能网联汽车需要车路协同,车路一体化,在智能网联汽车推动下,道路、交通等基础设施将逐渐向电子化、信息化、智能化方向发展。

智能网联汽车的横向技术又可细分为三层体系,第一层为车辆/设施关键技术、信息交互关键技术、基础支撑技术三部分,各部分再细分第二层与第三层技术,如表 8.3 所示。

表 8.3 智能网联汽车"三横"技术体系

第 一 层	第 二 层	第 三 层
车辆/设施关键技术	环境感知技术	雷达探测技术
		机器视觉技术
		车辆姿态感知技术
		乘员状态感知技术
		协同感知技术
		信息融合技术
	智能决策技术	行为预测技术
		态势分析技术
		任务决策技术
		轨迹规划技术
		行为决策技术
	控制执行技术	关键执行机构(驱动/制动/转向/悬架)
		车辆纵向/横向/垂向运动控制技术
		车间协同控制技术
		车路协同控制技术
		智能电子电气架构
信息交互关键技术	专用通信与网络技术	车辆专用短程通信技术
		车载无线射频通信技术
		长期演进——车辆(LTE-V)通信技术
		移动自组织网络技术
		面向智能交通的 5G 通信技术
	大数据技术	非关系型数据库技术
		数据高效存储和检索技术
		车辆数据关联分析与挖掘技术
		驾驶员行为数据分析与应用技术
	平台技术	信息服务平台
		安全/节能决策平台
	信息安全技术	车载终端信息安全技术
		手持终端信息安全技术
		路侧终端信息安全技术
		网络信息安全技术
		数据平台信息安全技术

续表

第 一 层	第 二 层	第 三 层
基础支撑技术	高精度地图	三维动态高精度地图
	高精度定位	卫星定位技术
		惯性导航与航迹推算技术
		通信基站定位技术
		协作定位技术
	基础设施	路侧设施与交通信息网络建设
	车载硬件平台	通用处理平台/专用处理芯片
	车载软件平台	交互终端操作系统
		车辆控制器操作系统/公用软件基础平台
	人因工程	人机交互技术
		人机共驾技术
	整车安全架构	整车网络安全架构
		整车功能安全架构
	标准法规	标准体系与关键标准
	测试评价	测试场地规划与建设
		测试评价方法
	示范应用	示范应用与推广

8.1.3 汽车自动驾驶技术

汽车自动驾驶是一个机电一体、软硬件高度集成、以最终实现替代人操作的复杂信息物理融合系统，主要由感知、决策和执行子系统构成。自动驾驶技术涉及环境感知、决策规划、控制执行、V2X(Vehicle-To-Everything)通信等关键技术，其结构如图8.3所示。

(1) 环境感知技术。使用车载传感设备(如GPS/INS系统、毫米波雷达/摄像头)及5G网络，获取汽车所处的交通环境信息和车辆状态信息(位置、姿态)，并将多个传感器的输出信息统一在车辆坐标系下，建立具有时间标记的数据关联和融合的元信息，为自动驾驶的决策规划服务。

(2) 决策规划技术。依据环境感知子系统输出信息，实现路由寻径、交通预测、行为决策、动作规划及反馈控制信号输出等功能。

(3) 控制执行技术。使用线控执行机构完成反馈控制输出指令的执行，以实现转向、油门和制动的控制。

(4) V2X技术。为车与外界信息交互提供实时、可靠的通信服务，为环境感知和决策规划服务。

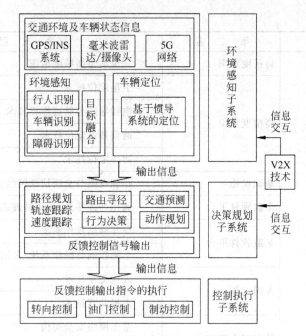

图 8.3　自动驾驶汽车分层结构示意图

8.1.4　V2X 网联技术

V2X 包括四部分：

（1）V2N（Vehicle-To-Network，车—互联网）是目前应用最广泛的车联网形式，其主要功能是使车辆通过移动网络，连接到云服务器，使用云服务器提供的导航、娱乐、防盗等应用功能；

（2）V2V（Vehicle-To-Vehicle，车—车）可以用做车辆间信息交互和提醒，最典型的应用是用于车辆间防碰撞安全系统；

（3）V2I（Vehicle-To-Infrastructure，车—基础设施），车辆可以与道路甚至其他基础设施，例如交通灯、路障等通信，获取交通灯信号时序等道路管理信息；

（4）V2P（Vehicle-To-Pedestrian，车—行人）则是用做给道路上行人或非机动车安全警告（见图 8.4）。

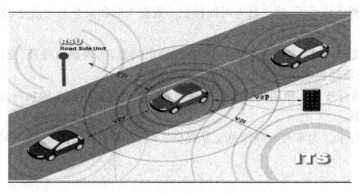

图 8.4　V2X 网联技术应用场景

相比传统智能汽车依赖于车载传感系统和信息终端，V2X 更强调"融合现代通信与网络技术"的概念。车载传感系统在视距范围、反应时间较短的场景下发挥作用，而"现代通信与网络技术"则在非视距范围及反应时间长的情况下更具优势，可探测到较大范围内的潜在关联车辆与路况信息、规划并变更行车路线等，与车载传感系统起到良好的互补作用，共同构筑智能网联汽车的基石。

除具有传统智能汽车信息交换共享和环境感知的功能之外，V2X 还强调了"智能决策""协同控制和执行"功能，以强大的后台数据分析、决策、调度服务系统为基础，最终承载于运营商提供的移动通信网络。V2X 还明确提出了以安全为首，伴随"舒适、节能、高效"的未来驾驶体验，最终目标是"可替代人来操作"，即自动驾驶。这个目标不仅取决于车的智能化，更与驾驶环境的智能化密切相关。运营商的移动通信网络，可为车联网提供的覆盖之广、承载应用之丰富、运营支撑体系之成熟已在得到充分验证，具有其他通信技术无可比拟的独特优势。

8.2 发展现状与趋势

8.2.1 美国、日本和欧洲

纵观美国、日本、欧洲交通系统发展历史，汽车是其中最核心的环节，汽车的智能化与网联化是智能交通系统（Intelligent Transportation Systems，ITS）的两个重要研究领域。汽车智能化技术是提高车辆安全性、经济性以及驾驶舒适性的主要技术手段，汽车网联化是交通管理、信息服务的主要实现方式及提升智能化的新途径。

总体来看，美国、日本、欧洲智能网联汽车发展由政府主导，起步较早，其发展尤其是网联化技术的研发依托于 ITS 的整体发展。美国主要由联邦运输部（DOT）负责，成立了 ITS 联合项目办公室（ITS-JPO），负责美国联邦公路管理局（FHWA）、美国联邦汽车运输安全管理局（FMCSA）、联邦运输管理局（FTA）、联邦铁路管理局（FRA）、美国国家公路交通安全管理局（NHTSA）、海事管理局（MARAD）的协同。1994 年日本政府成立了由建设省、运输省、警察厅、通产省、邮政省五省厅组成的联席会议，共同推进 ITS 的研发与应用，日本政府机构改革以后，目前由警察厅、总务省、经济产业省、国土交通省负责推进 ITS 工作。欧洲的 ITS 研究开发也由官方（主要是欧盟）主导，同时，由于欧洲的大部分国家国土面积比较小，因此，ITS 的开发与应用与欧盟的交通运输一体化建设进程联系密切。

进入 21 世纪，随着无线通信技术、信息技术、汽车电子技术的快速进步，智能网联汽车作为新一代智能交通系统的核心环节，受到美国、日本、欧洲各国政府的高度重视，各国相继出台了以车辆智能化、网联化为核心的发展战略。

2010 年，美国交通运输部提出《ITS 战略计划 2010—2014》，这是美国第一次从国家战略层面，提出大力发展网联技术及其在汽车上的应用，也是无线通信技术、信息技术快速进步的产物，美国 ITS 正式进入新的阶段。2014 年，美国交通运输部与 ITS 联合项目办公室共同提出《ITS 战略计划 2015—2019》，提出了美国 ITS 未来 5 年的发展目标和方向（见图 8.5），这是《ITS 战略计划 2010—2014》的升级版，美国 ITS 战略从单纯的汽车网联化，升级为汽车网联化与智能化（自动化）的双重发展战略。

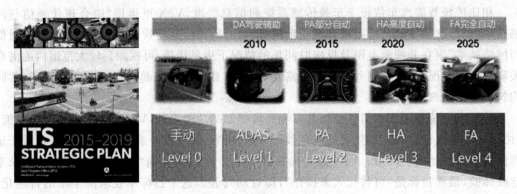

图 8.5 美国 ITS 战略计划(2015—2019)

为了克服欧洲道路交通部署 ITS 行动迟缓和碎片化的问题,2010 年欧盟委员会制定了《2010 ITS 指令》,以实现 ITS 部署的整体化与通用化,使无障碍交通服务成为欧洲道路交通系统的新常态,这是第一个在欧盟范围内协调部署 ITS 的法律基础。2011 年,欧盟委员会发布白皮书《一体化欧盟交通发展路线——竞争能力强、资源高效的交通系统》,提出:2050 年相比 1990 年,将减少温室气体排放 60%;2020 年交通事故数量减少一半,2050 年实现"零死亡",并从建设高效与集成化交通系统、推动未来交通技术创新、推动新型智能化交通设施建设等三个方面,推进具体的工作。

2012 年,欧盟委员会提出了《欧盟未来交通研究与创新计划》,在交通安全领域,重点提出以下研究内容:

(1)加强路—路、车—路、车—车之间的通信,实现信息共享,提高车辆安全性;

(2)综合考虑驾驶员、车辆与道路一体化的道路安全系统,并通过政策、标准、法规的引导,快速推动相关技术的研究与产业化应用;

(3)加速推动主动安全、被动安全以及道路紧急救援相关的应用与服务;

(4)加速推进交通信息化的研究与应用。

2013 年,根据日本内阁《世界最尖端的 IT 国家创造宣言》,日本道路交通委员会、日本信息通信战略委员会共同提出了日本自动驾驶汽车商用化时间表,以及 ITS 2014—2030 技术发展路线图,计划在 2020 年建成世界最安全的道路,在 2030 年建成世界最安全及最畅通的道路。日本正式进入汽车网联化、智能化的发展阶段。该战略时间维度分短期、中期、长期三个阶段,技术维度是从驾驶安全支持系统、自动驾驶系统以及交通数据应用三个方面快速推进。根据上述时间表,在日本经济产业省主导下,于 2016 年完成开发车—车/车—路通信技术演示系统,实现基于 V2X 的车辆智能驾驶功能;2018 年实现自动紧急刹车(AEB)的大规模市场化,并完成行人信息应用测试;2020 年,通过各机构联合,完成评估交通死亡率的方法并建立交通事故共享数据;2025—2030 年,实现完全自动驾驶汽车商业化。具体时间如表 8.4 所示。

美国、日本、欧洲在汽车智能化、网联化领域拥有数十年的积累,尤其在核心芯片、关键零部件、研发体系、标准体系等方面,相比中国具有较大的优势。

目前,美国、日本、欧洲等国家和地区一流的整车企业,如通用、福特、奔驰、宝马、沃尔沃、丰田、日产等,已经实现 Level 1 自动驾驶产品的商业化,部分高端品牌已有 Level 2 级自动驾驶产品,预计 2025 年前后,各大汽车企业将会推出 Level 3、Level 4 的自动驾驶汽车产品。

表 8.4 自动驾驶汽车商用化时间表

智能化等级	商用化技术	日本时间	欧洲时间
Level 2	自动纵向跟随系统	2015—2016	2013—2015
	转向避撞系统		2017—2018
	多车道自动驾驶系统	2017	2016
Level 3	自动合流系统	2020—2025	2020
Level 4	全自动驾驶	2025—2030	2025—2028(高速) 2027—2030(城市)

纵观美国、日本、欧洲智能网联汽车发展情况,各国在整个产业链上的合作日益加强,相互持股与并购的情况日益普遍,通信、信息、电子、汽车等行业深度融合发展。美国在网联化技术、智能控制技术、芯片技术等方面处于优势地位,产业上、中、下游实力均衡。欧洲拥有强大的整车及零部件企业,日本在智能安全技术应用上较为领先,到 2013 年已有多项智能安全技术全面推向了市场。具体对比详见表 8.5。

表 8.5 美国、欧洲和日本产业链主要供应商情况

	产业链	美 国	欧 洲	日 本
上游	芯片	飞思卡尔、英特尔、高通	恩智浦	—
	传感器	德尔福	博世、大陆、奥托立夫	松下、索尼
	ADAS	德尔福、TRW	博世、大陆、奥托立夫、采埃孚	电装
	移动互联操作系统	Android、IOS	—	—
中游	整车企业	通用、福特、特斯拉	宝马、大众、沃尔沃、奔驰	丰田、本田、日产
	通信设备	思科	爱立信	
下游	通信服务	AT&T、Verizon	沃达丰、德国电信	软银

8.2.2 中国

中国智能交通战略和相关基础技术的研究起步始于 20 世纪 90 年代中期。2000 年,成立全国智能交通系统(ITS)协调指导小组及办公室,并在国家科技部"十五"科技重大专项(863)中设立"智能交通系统关键技术开发和示范工程"项目。该 ITS 的体系框架包括 8 大发展领域:交通管理与规划、电子收费、出行者信息、车辆安全和驾驶辅助、紧急事件和安全、运营管理、综合运输及自动公路等,并以中心城市和高速公路应用项目为核心开展科技攻关和应用示范。

近年来,工信部、科技部、交通部、国家自然科学基金委以及地方政府相关部门等都以不同的方式支持智能汽车的发展。从 2011 年开始,工信部连续多年发布物联网专项,智能网联汽车是其支持的重点领域之一;科技部在车路协同、车联网等方面已经进行了多个"863

计划的国家立项和政策支持。交通部要求"两客一危"车辆和货运车辆必须安装符合规定的车联网终端并上报数据,已形成了全国联网的大型交通管理平台。从 2009 年开始,国家自然科学基金委员会定期举办"智能车未来挑战赛",推动中国智能驾驶技术进步。

2016 年 10 月,我国颁布《节能与新能源汽车技术路线图》,对节能汽车、纯电动和混合动力汽车、燃料电池汽车、智能网联汽车和汽车制造、动力电池、轻量化等制定了技术路线图。根据总路线图里程碑规划,至 2020 年,驾驶辅助/部分自动驾驶车辆市场占有率达到 50%。至 2025 年,高度自动驾驶车辆市场占有率达到约 15%。智能网联汽车依据网联化水平,可分为自主式和协同式,自主式是指整车自主的智能化,协同式是通过网络来进行相关的控制(见图 8.6)。按照智能网联汽车技术路线图,中国实现汽车自动驾驶,共分为四步走,至 2025 年或更长时间实现高度或完全自动驾驶,至 2030 年,完全自动驾驶车辆市场占有率接近 10%。第一步:2016—2017 年,实现驾驶辅助功能(DA),包括自适应巡航、自动紧急制动、车道保持、辅助泊车;第二步:2018—2019 年实现部分自动驾驶(PA),包括车道内自动驾驶、换道辅助、全自动泊车;第三步:2020—2022 年实现有条件自动驾驶(CA),包括高速公路自动驾驶、城郊公路自动驾驶、协同式队列行驶、交叉口通行辅助;第四步:2025 年乃至更长时间实现高度及完全自动驾驶(HA/FA),包括车路协同控制、市区自动驾驶和无人驾驶。

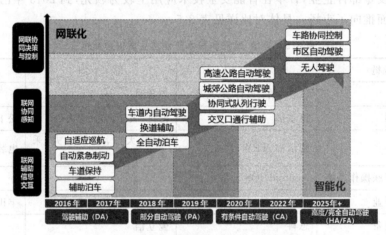

图 8.6　智能网联乘用车技术发展路线图

通过"863"计划实施和国家自然科学基金委项目支持,清华大学、国防科技大学、北京理工大学、北方车辆研究所、第一汽车集团和长安汽车集团等部分高校和科研院所、汽车企业在环境感知、人的行为认知及决策、基于车载和基于车路通信的驾驶辅助系统的研发方面取得了积极进展,并研制出无人驾驶演示样车。清华大学等高校联合企业开发了自适应巡航控制系统、行驶车道偏离预警系统、行驶前向预警系统等先进驾驶辅助系统(ADAS),已进入产业化推广阶段。

目前,国内一汽、上汽、长安、吉利、广汽等汽车品牌虽已开始装备 ADAS 产品,但核心技术主要来自国外的零部件供应商,如博世、德尔福、大陆等。近两年,中国许多互联网企业也纷纷进军汽车行业,但更多的是涉足智能汽车的服务领域。例如,阿里与上汽在"互联网汽车"领域开展合作,共同打造面向未来的互联网汽车及生态圈;百度和腾讯均推出了车机互联产品;此外,博泰、乐视等企业均推出了互联网概念汽车。

1. 中国发展智能网联汽车的优势

智能网联技术是汽车产业向智能化转型的重要途径,也是做强中国品牌汽车、建设汽车强国的重大机遇。中国加快发展智能网联汽车正当其时,具有以下突出优势：

(1) 智能网联汽车需要跨领域、跨部门的协同发展,中国在这方面具有天然的制度优势。智能网联汽车涵盖汽车电子、无线通信、卫星导航、交通管理、道路设施、机器制造等多领域产业,涉及国家多部门管理。和国外相比,国家确定智能网联汽车的发展方向后,中国智能网联汽车产业的推进效率远高于国外,可充分发挥制度优势,协同实现智能网联汽车产业的快速发展。

(2) 科技变革的外部契机与汽车产业转型升级的内部动力兼备。新一轮科技变革期与中国汽车产业转型升级期相互交会,使智能网联汽车发展兼备外部契机和内部动力。在"中国制造 2025"和"互联网＋"战略的指引下,智能网联汽车发展将会迎来前所未有的历史机遇。

(3) 中国拥有规模超大、全球第一的汽车市场,将会发挥重要的引领作用。中国汽车销售市场已接近 3000 万辆规模,远超美国巅峰时期的 1700 万辆。中国可以充分利用自身市场的引领作用,按照自己的需求制定具有中国特色的智能网联汽车标准体系,赢得未来竞争的话语权。

(4) 中国拥有强大的信息产业。全球顶级的互联网公司均分布在美国和中国,如百度、腾讯、阿里巴巴等,这一优势连德国、日本也不具备。中国在通信等行业也拥有一批具有世界影响力的企业,如华为、大唐等,掌握国际先进技术以及标准的话语权。此外,中国独立于 GPS 之外的北斗卫星定位系统,也在国家战略层面上确保了智能网联汽车不会受制于人。

(5) 智能网联汽车国际发展仍处于初级阶段。从国际上看,目前关于智能网联汽车的相关法律法规、环境建设也处于刚刚起步的状态,技术协议定义与应用管理规则处于开发讨论状态,从这个角度上讲,中国完全有机会根据中国的具体使用环境和国情制定自己的智能网联汽车使用规则,并在此框架之下进行新一轮的汽车产业布局。

2. 中国发展智能网联汽车存在的问题

由于中国缺乏智能网联汽车与道路交通智能化发展的系统性、协同性,缺乏研发和产业化布局的导向性及足够的投入,中国智能网联汽车领域的基础技术、研发水平、智能感知系统产业链基础还十分薄弱,产品和产业化发展相比发达国家总体上仍滞后。中国在发展智能网联汽车方面也面临着严峻挑战,存在着明显短板。

(1) 尚未形成国家层面的智能网联汽车发展战略,缺乏大型国家项目支撑。目前,汽车智能化、网联化已经成为美国、日本、欧洲等发达国家的汽车发展战略,经过近 10 年的国家项目积累,以智能化、网联化汽车发展带动传统汽车产业、信息通信产业、电子产业的格局已初步形成。而目前中国还处于技术追赶阶段,同时由于缺乏强有力的大型国家项目支撑,智能网联汽车发展战略尚未在国家层面形成。

(2) 中国智能网联汽车领域的技术基础还十分薄弱。在车载视觉、激光雷达、毫米波雷达等高性能传感器,汽车电子、电控系统、专用芯片等关键基础零部件领域,核心技术与产品主要受制于国外企业,自身掌握积累远远不够,中国核心技术尚落后于世界先进水平。

(3) 自主零部件企业相对弱小,行业缺乏有效协同研发机制。企业缺乏可持续的自主研发体系,行业协同不足无法形成合力,国家尚未形成有效的自上而下的智能网联汽车政产学研体系。

（4）信息产业与汽车融合层次较浅。中国虽有强大的互联网产业基础，但过分偏重销售和服务端，与汽车产业的结合尚停留在信息服务、后市场等领域，未能深入到汽车智能化和网联化的决策与控制的层次层面。

（5）智能网联汽车标准法规及测试能力建设相对滞后。美国、日本、欧洲等发达国家已建立形成了较完善的 ADAS 系统、V2X 测试评价标准法规及相应的测试评价能力和设施，并从国家层面提出了 ADAS 系统强制装配时间表。中国在智能网联汽车相关的测试标准、方法、设施方面严重不足，缺乏系统性和完整性。

8.3　典型驾驶辅助相关技术

8.3.1　基于卫星定位的汽车导航技术

以美国全球定位系统（Global Positioning System，GPS）为代表的各种卫星定位系统以及移动通信的普及，给人类的生活带来了巨大的变化，卫星定位技术的普及给汽车带来的最大变化就是汽车导航对于全世界汽车驾驶者的巨大帮助。

卫星定位系统的基本原理：客户端接收机接收轨道上数颗（一般多于 4 颗）严格按照计划轨道运行的卫星发出的信号，卫星发出的信号由高精度原子钟协调同步，带有时间信息，由于客户端到各个卫星的距离不同，原本同步的信号达到接收机时会存在时间差，根据时间差和无线电信号的传输速度（即光速），并结合卫星当前的位置信息（通过查表计算等方式得到），用多点定位的几何原理即可计算出接收机所在的经度和纬度（图 8.7）。

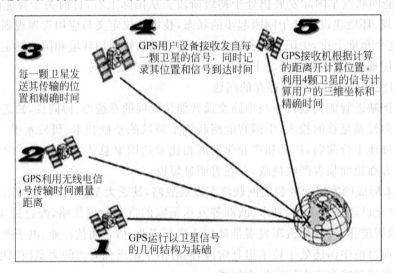

图 8.7　GPS 工作原理

除美国的 GPS 外，目前国外在运行的卫星导航系统还包括俄罗斯的 GLONASS（格洛纳斯）和欧洲的 Galileo（伽利略）系统等，其中 GLONASS 已经完成全球组网运行，Galileo 系统原预计 2020 年完成全球组网。美、俄的卫星导航系统其实都是军用系统，其设计目标是用于军队的作战导航。由于卫星导航系统的客户端是基于卫星广播信号的被动接收系统，因此这类系统的总用户数量没有限制，故该类导航系统均开放部分信号频段给民用，处理信号的接收模块在专利费用方面由卫星系统的拥有方垄断。基于国防安全的考虑,中国独立开发了"北斗"导航系统,目前已完成全球组网建设,全世界均可以使用北斗的民用导航信号。

近年来,随着电子器件性能与集成度的迅速提高,导航系统已经普及到智能手机和汽车车载多媒体电脑上,成为汽车常用的驾驶辅助工具。

以目前最广泛使用的 GPS 民用信号为例,实际的 GPS 定位精度受到大气层中信号传播等因素的影响,定位精度只有 10m 左右。城市中往往建立有 GPS 信号差分站,差分站是地面信号源,它可以按照约定的规则广播辅助信号帮助接收端校正 GPS 定位误差,可将定位误差缩小。在移动通信网络十分普及的今天,手机信号本身也可以作为 GPS 信号的辅助,以进一步提高定位的速度和精度。大部分 GPS 导航软件都有专门设计的算法,使车辆位置显示沿电子地图上的道路移动,避免出现汽车在路上行驶,定位在电子地图上的结果却是汽车在路外移动的情况。

随着技术的进步,卫星导航与移动通信不断结合还给交通带来了很多便利,例如现在的汽车导航系统可以实时显示拥堵情况,帮助司机规划路线,提高出行效率。对于运输危险品的汽车和公交大客车等对安全性要求很高的车辆,其运行状态和位置信息可以实时地传送到管理中心,极大地提高了管理效率和安全性(见图 8.8)。

GSM—全球移动通信系统
SMSC—短消息服务中心

图 8.8 基于 GPS 和移动通信的车辆位置监控系统

8.3.2 平视显示仪

平视显示仪,简称平显,又称抬头显示器(Head-up Displayer,HUD),是一种将信息或者图像投射到风挡玻璃附近,以方便观看的光学装置。平视显示仪的主要作用是使驾驶员可以不用低头看仪表板,只需要正常目视前方即可同时看到投影的图像和信息。

平视显示仪产品出现于 20 世纪 60 年代,主要装备在军用飞机上,技术人员将飞机的主要飞行参数、导航和火力控制集成到平视显示仪中,方便飞行员在观察外界的同时判读数据,避免频繁低头观察仪表。在影视作品中经常出现的战斗机锁定目标的画面就是平视显示仪的画面。

由于飞机平显专用程度较高,价格十分昂贵,因此在半个多世纪的时间里,平显基本上只装备在战斗机和攻击机上。汽车由于仪表相对简单,使用平显的要求并不迫切,因此过去除部分概念车、试验车、赛车以及少数的高档车外,汽车上不装备平显。近年来,由于电子技术的进步,平显相关器件的成本已经大大降低,而人们对汽车功能和使用便利性的要求不断提高,平显设备也开始在大众消费能力范围内的车辆上出现。目前,汽车的平视显示仪不仅可以显示汽车运行主要参数,还可以集成导航提示显示。甚至在结合增强现实技术(Augmented Reality,AR)之后,还可以实现结合外景直接绘制出形象、直观的路面和路边指示标记以方便驾驶。如图 8.9 所示,导航中,平显在地面图像上为驾驶员"绘制"了一个原本并不存在的路面箭头指向标志,以便更好地引导驾驶员,即便是对使用导航软件完全没有经验的人员,也能很轻松地适应这样的引导方式。在一些试验车上,AR 平显系统甚至可以在外景图像上直接叠加红外相机拍摄到的外界红外成像图像,在夜间可以大大增强驾驶员对前方目标的观测能力。

图 8.9 带有 AR 功能的平视显示仪示例

常规平视显示仪的工作原理如图 8.10 所示。表示仪表信息的屏幕成像通过光路投射到风挡处斜置的半透半反镜上,反射进入人眼,同时人眼可以观察到透射通过半透半反镜的外界光线,人眼将两种图像自然合成。一个值得注意的细节是,驾驶员如果要看远方的外景,眼睛就会聚焦于远处,从而导致看不清近处的东西;反之,如果驾驶员的眼睛聚焦于风挡前的近距离图像,远处的外景就会看不清。为了解决这个问题,平视显示仪反射图像的成像位置,一般设计在无穷远或远离驾驶员眼睛的位置,如此驾驶员不需要变换眼睛的聚焦状态

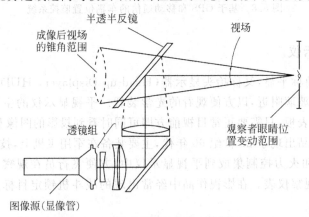

图 8.10 反射式平视显示仪基本原理图

即可同时看清外景与平显投射的图像。当前市面上有一些基于半透半反原理的简易平显,甚至直接使用手机屏幕加半透半反镜投影的方式显示图像,这类装置并不具备避免驾驶员眼睛焦距频繁调节的功能,因此实用性不高,且可能加重眼睛负担,不利于驾驶安全。比较完善的平显,其成像投影距离建议在驾驶员前方3m以上,甚至6~10m。

本 章 小 结

智能化和网联化代表了汽车的未来发展方向。根据智能化水平,智能网联汽车可分为辅助驾驶、部分自动驾驶、条件自动驾驶、高度自动驾驶、完全自动驾驶等5级水平。根据网联化程度,智能网联汽车可分为网联辅助信息交互、网联协同感知、网联协同决策与控制等3级水平。

智能网联汽车主要涉及车辆技术、信息交互技术与基础支撑技术等三大领域技术,以及车载平台和基础设施两大支撑条件。

自动驾驶汽车主要由感知、决策和执行子系统构成,涉及环境感知、决策规划、控制执行、V2X通信等关键技术。V2X是未来实现高度自动驾驶和完全自动驾驶的前提和基础,更强调融合现代通信与网络技术,以及具备智能决策、协同控制和执行等功能。

美国、日本和欧洲的智能网联汽车发展由政府主导,起步较早,其发展尤其是网联化技术的研发依托于ITS的整体发展。中国拥有规模超大、全球第一的汽车市场,车联网具有后发技术优势,将会在智能网联汽车研发和应用领域发挥重要的引领作用。

思 考 题

1. 什么是智能网联汽车?
2. 依据智能化和网联化水平,智能网联汽车是如何分级的?
3. 汽车要实现高度自动驾驶(L4)和完全自动驾驶(L5),需要解决哪些关键技术?
4. V2X技术中的"X"包含哪些网联技术?
5. 简述美国、日本和欧洲智能网联汽车的发展历程,它们在哪些领域具有优势?
6. 中国智能网联汽车的研发历史不长,试分析中国推广使用智能网联汽车存在哪些优势和不足。
7. 卫星定位基本原理是什么?
8. 平显的基本工作原理是什么?

参考文献

[1] 郎全栋,曹晓光. 汽车文化[M]. 北京:高等教育出版社,2008.
[2] 宋景芬. 汽车文化[M]. 北京:人民交通出版社,2018.
[3] 曾壮. 赛车知识大百科[M]. 北京:国防工业出版社,2005.
[4] 李京生,张文杰. 名车梦幻百年史诗:德国册[M]. 北京:中国标准出版社,2004.
[5] 张世荣. 汽车概论[M]. 北京:高等教育出版社,2014.
[6] 俞宁,曹建国,等. 汽车文化[M]. 重庆:重庆大学出版社,2005.
[7] 赵鸣,赵斌. 世界汽车博览[M]. 上海:汉语大词典出版社,2004.
[8] 余志生. 汽车理论[M]. 6版. 北京:机械工业出版社,2019.
[9] 张月相,赵英君. 世界汽车博览手册[M]. 北京:金盾出版社,2003.
[10] 苑士军,赵国华. 汽车史话[M]. 天津:百花文艺出版社,2003.
[11] 郎全栋. 汽车文化[M]. 北京:人民交通出版社,2017.
[12] 吕植中,刘煊. 飞轮载世界——汽车科技[M]. 北京:北京理工大学出版社,2002.
[13] 胡亚庄. 简明汽车知识词典[M]. 北京:北京理工大学出版社,2001.
[14] 叶霭云. 汽车发展史[M]. 北京:北京工业大学出版社,1998.
[15] 刘世恺. 汽车发展史话[M]. 北京:人民交通出版社,1996.
[16] 李承德,马方武. 汽车外形的发展[M]. 北京:人民交通出版社,1991.
[17] 新浪F1频道. http://f1.sina.com.cn
[18] 一级方程式官方网站. https://www.formula1.com/en.html
[19] 国际汽车联合会官网. https://www.fia.com
[20] 节能与新能源汽车技术路线图战略咨询委员会,中国汽车工程学会. 节能与新能源汽车技术路线图[M]. 北京:机械工业出版社,2016.
[21] 王建昕,帅石金. 汽车发动机原理[M]. 北京:清华大学出版社,2011.
[22] 帅石金. 汽车文化[M]. 2版. 北京:清华大学出版社,2007.

附录 A
世界著名汽车博物馆与汽车展览

A.1 汽车博物馆

1. 梅赛德斯—奔驰博物馆(图 A.1)

初建时间：1923 年。

现所在地：德国斯图加特。

梅赛德斯—奔驰博物馆的历史最早可追溯至 1923 年，当时奔驰的第一个小型工厂博物馆落成并启用。此后数十年，梅赛德斯—奔驰博物馆经历数次扩建。到 2006 年 5 月，梅赛德斯—奔驰公司将汽车博物馆迁移到梅赛德斯—奔驰品牌的诞生地——斯图加特。

梅赛德斯—奔驰博物馆建筑造型独特，外观具有金属质感，内部则采用独特的"双螺旋"通道设计，对应两条参观路线，第一条包含有 7 个"传奇区域"，按时间顺序讲述品牌故事，第二条包含 5 个"收藏区域"，展示了梅赛德斯—奔驰产品的多样性。梅赛德斯—奔驰博物馆是世界上唯一一座追溯了汽车从 1886 年诞生起的完整历史的博物馆，共有展品 1500 件，汽车超过 160 辆，包括历史上的经典车型及赛场上屡破纪录的赛车等。

图 A.1 梅赛德斯—奔驰博物馆

2. 保时捷博物馆(图 A.2)

初建时间：1976 年。

现所在地：德国斯图加特。

保时捷博物馆分为旧馆和新馆。旧馆面积不大,除了展出各个时期的保时捷跑车外,还有保时捷警车、消防车乃至拖拉机。旧馆虽然展品不多,但包含不少被剖开的部件甚至整车,且均为保时捷的原件,参观者有机会清楚地观察其内部结构。新馆由维也纳的Delugan Meissl建筑事务所设计,于2004年7月动工,2009年1月正式开放,整个建筑仅通过三个V形立柱支撑,仿佛一块巨石悬浮在空中。新馆包括一个展览大厅与主展示区,展览大厅展示保时捷公司1948年以前的历史,主展示区按年代顺序,展览1948年后的保时捷跑车产品与赛车历史。馆内实际展出车辆超过80辆,可展出车辆约300辆,轮流展出,包括356、550、911、917等世界闻名的标志性车辆。展品还包括费迪南德·波尔舍教授从20世纪初以来取得的杰出技术成就。

图A.2 保时捷博物馆(新馆)

3. 大众汽车城(图A.3)

初建时间:2000年。

现所在地:德国沃尔夫斯堡。

大众汽车城是德国最知名的汽车主题公园,集博物馆、驾驶技术培训、品牌馆、汽车塔于一体,每年参观人数高达200万。在汽车城里,大众集团下的其他品牌如奥迪、宾利、布加迪、兰博基尼、保时捷、西亚特、斯柯达等都有专门的品牌馆。最大的亮点是两座20层高的玻璃汽车塔,被誉为"世界最炫的车库"。

图A.3 大众汽车城

4. 宝马博物馆(图 A.4)

　　初建时间：1973 年。

　　现所在地：德国慕尼黑。

宝马博物馆位于宝马总部四缸大厦的旁边，外观呈碗状。博物馆于 2004—2008 年翻新扩建，新馆保留了碗状建筑，同时新建延展的地下三层建筑，使得新馆总面积比原来增加了 4 倍。博物馆分为 7 个主题展区，不仅展示了宝马历史上的重要车型、技术突破、设计演变，也有赛车、概念车、摩托车等，全方位展示了宝马 90 多年的历史，以及宝马典型、重要的理念。

图 A.4　宝马博物馆

5. 法拉利博物馆(图 A.5)

　　初建时间：1990 年。

　　现所在地：意大利马拉内罗小镇。

法拉利博物馆距离法拉利工厂仅几百米，与测试跑道和赛奥拉诺赛道也只有一街之隔。博物馆设有一级方程式赛车展区、经典车型展区、创兴技术展示区等多个主题区，展示了保留至今的罕见法拉利车型。赛车荣誉展厅陈列着法拉利从 1947 年至今所有一级

图 A.5　法拉利博物馆

方程式冠军赛车,经典车型展区陈列着著名的250系列跑车、车型独特的Dino跑车等,创兴技术展示区则展示法拉利在研发技术领域近年来取得的重大突破,包括法拉利第一款全铝车身跑车360Modena、F12的底盘框架结构、F1赛车上的KERS系统及终极超级跑车LaFerrari等。

6. 米卢斯法国国家汽车博物馆(图A.6)

初建时间：20世纪50年代。

现所在地：法国米卢斯。

米卢斯法国国家汽车博物馆是欧洲最大的汽车博物馆,由热爱汽车的意大利纺织大亨施伦普夫(Schlumpf)兄弟创建。20世纪50年代出现了一次换车潮,当时很多人想把自己二三十年代的车卖掉,以换新车,施伦普夫兄弟趁机大批购入布加迪及其他豪华车,收藏于纺织厂的仓库里。但高昂的费用和纺织业的不景气让他们负债累累。到了20世纪70年代,施伦普夫兄弟因工厂欠薪、逃税等问题逃往瑞士,法国政府为避免这批藏品被损坏、倒卖,将它们接管下来,成为现在的米卢斯法国国家汽车博物馆。

博物馆如今展出车辆约400辆,其中布加迪车共122辆,甚至包括了布加迪创始人的私人座驾——1929 Type 41 Royale Coupe Napoleon,许多车型连布加迪公司都没有。除此之外,馆内还展出了数十辆史上最经典的奔驰、玛莎拉蒂、雷诺、标致、保时捷以及法拉利车型,还有许多已经消失的"曾经著名"的汽车品牌。

图A.6　米卢斯法国国家汽车博物馆

7. 洛曼汽车博物馆(图A.7)

初建时间：1934年。

现所在地：荷兰海牙。

洛曼汽车博物馆是世界上最古老的私人汽车博物馆,也是最大的私人汽车收藏,由美国建筑师迈克尔·格雷夫斯(Michael Graves)设计,从外面看,像是一座欧洲的私人庄园。馆内共有240余辆展车,汇集了洛曼家族两代人从1934年起收藏的汽车,多为稀世珍品,且多为未经修复的原车,包括世界上历史第二悠久的汽车——1887年诞生的De Dion-Bouton et Trépardoux,1895年参加1200km巴黎—波尔多耐力赛获胜的Panhard & Levassor,詹姆斯·邦德的原型座驾阿斯顿—马丁DB5,以及如丘吉尔、猫王等名人的车。

图 A.7　洛曼汽车博物馆

8. 亨利福特博物馆（图 A.8）

初建时间：1929 年。

现所在地：美国密歇根州迪尔伯恩市。

亨利福特博物馆最早是亨利·福特的私藏，如今该博物馆不仅仅有美国汽车发展史上的重要车型，几乎所有美国制造业的发明成果都可以看到。馆中共有 100 多万件陈列品，2600 万份文件，涉及工业革命、交通工具、发电机械、日用工具、美国人生活变迁，甚至家居摆设等多个方面。博物馆包含六大主题：汽车及汽车工业的演变、为驾车人服务的路边商业及娱乐设施的发展、消遣性驾驶、汽车广告对文化的影响、汽车设计的美学影响，以及如何使你的汽车具有自己的风格。馆中还陈列着一些颇有历史意义的珍藏品，包括肯尼迪总统遇刺时乘坐的总统专车、被誉为"美国民权运动之母"的罗莎·帕克斯（Rosa Parks）拒绝让座的公交车，以及福特所生产的第 1500 万辆 T 型车等。

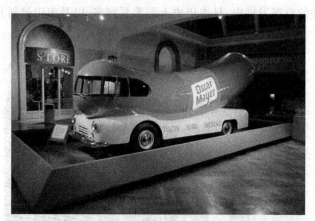

图 A.8　亨利福特博物馆

9. 洛杉矶彼得森汽车博物馆（图 A.9）

初建时间：1994 年。

现所在地：美国加利福尼亚州洛杉矶市。

彼得森汽车博物馆是一家非营利性的汽车博物馆。2014 年，为庆祝其成立 20 周年，重新设计了其外部与内部结构,其中建筑外部三面立面和顶部深红色建筑上安装的不锈钢长丝带极具特色,成为该地独特的地标。

彼得森汽车博物馆以展出历史上的著名豪华汽车而出名,收藏有超过150辆不同时代的名车,包括1953款奔驰W196、1936款布加迪57SC Atlantic Coupe,以及20世纪60年代的迈凯伦M8等。此外,馆内也经常承办各种汽车展览。

图 A.9　洛杉矶彼得森汽车博物馆

10. 东京台场丰田汽车馆(图 A.10)

初建时间:1999年。

现所在地:日本东京。

东京台场丰田汽车馆(Mega Web)的口号是"观赏、驾驶、感受"。博物馆面积2.4万 m^2,陈列着约150辆汽车,包括70种不同的型号。馆内包括了丰田城市展示间、丰田历史车库与丰田未来世界等展场,除丰田车外,还展出了约30车20世纪50—70年代的老爷车。在博物馆中,可以看到完整的汽车发展史、日本历史上的重要跑车,以及丰田最新开发的车款。

图 A.10　东京台场丰田汽车馆

11. 爱知县丰田博物馆(图 A.11)

初建时间:1989年。

现所在地:日本名古屋东郊爱知县。

除东京台场丰田汽车馆外,在名古屋爱知县同样有一个丰田博物馆。博物馆正门口停放着一辆曾作为日本国内主要公交车型,1963年生产的丰田FB80型公交车。共分为日本展厅、欧美展厅以及于1999年开放的新馆三部分,陈列了来自日本及其他各国的120多辆名牌汽车。不仅如此,博物馆还展示了各个时期的汽车生产线模型,系统地介绍了汽车的发展史。

图A.11　爱知县丰田博物馆

12. 马自达博物馆(图A.12)

初建时间:1994年。

现所在地:日本广岛。

马自达博物馆坐落在日本广岛马自达汽车总部内,最早于1994年开幕,并于2005年扩大了展馆及展品规模。博物馆由6个展区组成,展示了众多马自达历史上的经典车型,包括马自达第一款转子发动机汽车Cosmo Sport、20世纪90年代后期唯一量产转子发动机车型RX-7,以及勒芒24小时耐力赛冠军赛车787B等。此外,馆内还展示了马自达当前采用的技术与工艺,包括现在主打的创驰蓝天技术,以及新能源汽车电动版马自达2、RX-8 Hydrogen RE等。

图A.12　马自达博物馆

13. 北京汽车博物馆(图 A.13)

　　初建时间：2006—2007 年。

　　现所在地：中国北京。

北京汽车博物馆由德国海恩建筑师事务所和加拿大 BTH 建筑师事务所联合设计，建筑面积 4.7 万 m^2，从高空俯瞰，就像一只明亮的眼睛。博物馆拥有 80 余辆藏品车，6000 余件各类产品。北京汽车博物馆由创造馆、进步馆与未来馆组成，创造馆回顾了世界汽车的诞生发展与中国汽车工业发展历程；进步馆介绍了汽车结构、工程技术、设计生产的知识，并展示了赛车运动的魅力；未来馆则讨论了汽车与能源、环保、安全等的关系。

图 A.13　北京汽车博物馆

14. 上海汽车博物馆(图 A.14)

　　初建时间：2007 年。

　　现所在地：中国上海。

上海汽车博物馆共分为历史馆、珍藏馆、探索馆、会务休闲区、临展区五部分，总展示面积约 1 万 m^2，展品包括比较具代表性和贡献意义的 20 余个品牌的经典古董车，如世界第一辆汽车(复制品)、中国若干"第一"的汽车、福特 T 型车等多国多款国民之车。

图 A.14　上海汽车博物馆

A.2 汽车展览

1. 德国法兰克福车展(图 A.15)

创办时间:1897 年。

现车展地:法兰克福展览中心。

法兰克福车展是世界上最早举办的国际车展,也是世界规模最大的车展,有世界汽车工业"奥运会"之称。法兰克福车展的官方名称是 IAA(Internationale Automobil-Ausstellung,国际汽车展会),1897 年起源于德国柏林,1951 年 IAA 车展移师法兰克福,设定为每年一届,轿车和商用车轮换展出。随着参观人数和展商数量的逐年增加,1989 年,组织方决定将 IAA 分拨,IAA(即法兰克福车展)集中于乘用车,两年一届,奇数年举办;商用车展移师德国汉诺威,偶数年举办。

法兰克福车展展览时间一般在 9 月中旬,为期两周左右,展商主要来自欧洲、美国和日本,尤其以德国企业为主体,包括奔驰、大众、奥迪等老牌公司均会在车展上一显身手。2005 年,吉利汽车首次参加法兰克福车展,实现了中国汽车品牌亮相世界五大车展(法兰克福车展、巴黎车展、日内瓦车展、北美车展、东京车展)"零的突破"。

图 A.15 法兰克福展览中心

2. 巴黎车展(图 A.16)

创办时间:1898 年。

现车展地:凡尔赛门展览中心。

巴黎车展起源于 1898 年的国际汽车沙龙会,直至 1976 年每年一届,此后每两年一届,与法兰克福车展交替举办,在 9 月底至 10 月初举行。不同于很多车展偏向于本国企业的做法,巴黎车展对所有参展商一视同仁,给国外的参展商以同样充分的空间。巴黎车展总是围绕"新"字做文章,各种新奇古怪的概念车云集,常常使观众眼前一亮。

3. 日内瓦车展(图 A.17)

创办时间:1924 年。

现车展地:巴莱斯堡国际展览中心。

日内瓦车展起源于 1905 年的"国家汽车和自行车"展,1924 年正式创办,如今每年 3 月

图 A.16　巴黎凡尔赛门展览中心

份在瑞士日内瓦的巴莱斯堡国际展览中心举行,是欧洲唯一每年度举办的大型车展。日内瓦车展素有"国际汽车潮流风向标"之称,以展示豪华车及高性能改装车为主,每年大量新车借此平台发布。如今,日内瓦车展已涉及 30 余个国家、250 多个参展商、近千个品牌参展,其实际参展面积约 72000m^2。日内瓦车展对每个参展商一视同仁,所有展台都不允许有过大的公司标牌和展位阻挡视线,体现出公平、中立的特征。

图 A.17　巴莱斯堡国际展览中心室内展览

4. 北美车展(图 A.18)

创办时间:1907 年。

现车展地:美国底特律寇博中心(Cobo Center)。

北美车展原名"底特律车展",1989 年更名为"北美国际汽车展",每年一届,在 1 月份举行,是北美洲规模最大的国际车展。与欧洲的各大车展不同,北美车展一贯以车为主,或者说以消费者的购车意愿为导向,将美国、加拿大等本土消费者作为核心目标,推出一系列的本地化产品,即充满美式风格的汽车产品。参与北美车展的各大厂商也会相应推出旗下产品的北美版本。

附录 A　世界著名汽车博物馆与汽车展览　　**335**

图 A.18　寇博中心

5. 东京车展(图 A.19)

创办时间：1954 年。

现车展地：千叶县幕张展览中心。

东京车展是国际五大车展中历史最短的,也是亚洲最大的国际车展,被誉为"亚洲汽车风向标"。东京车展最初的名称为"全日本汽车展览",起初每年一届。1973 年,国际能源危机爆发,展览改为两年一届。1999—2005 年,展览恢复为周年性活动,但分为轿车、机车及商用车两种类型,轮流举办。2007 年起,轿车、商用车、机车和相关零件合并展览,重新变为两年一届。

日本本土生产的各式小型车向来是东京车展的主角,相比而言,国际汽车厂商的最新产品占少数。东京车展的特点之一是车型极多,但并非概念车,而是针对不同人群量身定做的车型,例如专门为残疾人设计的汽车、针对不同性别与年龄层次设计的车型等,体现了日本汽车定位精细的特点。

图 A.19　幕张展览中心

6. 北京车展(图 A.20、图 A.21)

创办时间：1990 年。

现车展地：中国国际展览中心,新馆整车展览,老馆零部件展览。

北京车展每两年一届,通常在 4 月下旬至 5 月上旬举行,有"中国汽车工业发展风向标"

之称。自创办以来,规模不断扩大,展品品质逐步提高,影响力也日趋扩大。随着车展规模的不断壮大,展会功能也不仅仅是单纯的产品展示,更是企业发展战略发布、形象展示的窗口,是全球汽车公司与零部件厂商体现企业形象、展现科技实力的大舞台。

图 A.20 中国国际展览中心新馆

图 A.21 中国国际展览中心老馆

7. 上海车展(图 A.22)

创办时间:1985 年。

现车展地:上海国家会展中心。

上海国际车展两年一届,在 4 月下旬举行。2004 年 6 月,上海国际车展通过国际博览联盟 UFI 的认证,成为中国第一个经 UFI 认可的汽车展。经过 30 余年的发展,上海车展已成为中国最权威、国际上最具影响力的汽车大展之一,其国际巨头参展阵容之强大、亚洲或全球首发车型数量及概念车数量之多,均是国内车展中少有的,成为上海车展重要特征之一。

附录 A 世界著名汽车博物馆与汽车展览

图 A.22　上海国家会展中心

8. 广州车展（图 A.23）

创办时间：2003 年。

现车展地：中国进出口商品交易会琶洲展馆。

广州车展每年一届，在 11 月或 12 月举行，目的是与北京车展及上海车展错开，避免冷场。广州车展基于"高品位、国际化、综合性"的定位，经过几年的发展，成为中国大型国际车展之一，与北京车展、上海车展并列成为中国三大顶级车展。作为国内经济最发达地区，以及国内汽车行业影响巨大的日本三大车商扎根地的广州，坐拥国内最大最成熟的汽车消费市场和发展迅速的改装、音响等汽车后市场，使得广州车展的影响力日益增强，被誉为"中国汽车市场风向标"。

图 A.23　中国进出口商品交易会琶洲展馆

9. 成都车展（图 A.24）

创办时间：1998 年。

现车展地：成都世纪城新会展中心。

成都车展每年举行一次，时间通常在 8—9 月。作为西部地区最具规模与影响力的车展，经过 20 年的发展与成长，目前已成为我国北京、上海、广州之后第四大 A 级车展，带动着中西部地区汽车工业的发展和汽车消费的普及。

图 A.24　成都世纪城新会展中心

附录 B

车　　标

| 凯迪拉克 | 别克 | 庞蒂亚克 | 雪佛兰 |

| 土星 | 福特 | 林肯 | 水星 |

| 福特野马 | 克莱斯勒 | 道奇公羊 | 普利茅斯 |

| 吉普 | 梅赛德斯—奔驰 | 迈巴赫 | 精灵 |

宝马	大众	奥迪	保时捷

欧宝	标致	雪铁龙	劳斯莱斯

雷诺	宾利	捷豹	罗孚

路虎	MG	迷你	莲花

| 阿斯顿—马丁 | 摩根 | 菲亚特 | 阿尔法—罗密欧 |

| 法拉利 | 兰博基尼 | 玛莎拉蒂 | 蓝旗亚 |

| 布加迪 | 丰田 | 雷克萨斯 | 赛恩 |

| 日产 | 英菲尼迪 | 本田 | 讴歌 |

马自达　　　三菱　　　斯巴鲁　　　铃木

现代　　　大宇　　　起亚　　　双龙

沃尔沃　　　绅宝　　　斯柯达　　　西亚特

霍顿　　　拉达　　　嘎斯　　　塔塔

一汽	解放	红旗	夏利

东风	跃进	北京吉普	福田

奇瑞	中华	金杯	吉利

长安	哈飞	长城	比亚迪

附录 C

F1 旗语

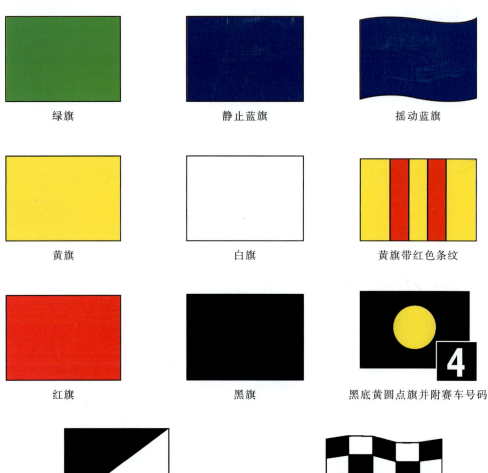

绿旗	静止蓝旗	摇动蓝旗
黄旗	白旗	黄旗带红色条纹
红旗	黑旗	黑底黄圆点旗并附赛车号码
黑白三角旗并附赛车号码		摇动黑白方格旗